中国经济
高质量发展研究
丛书

行政性垄断的法律规制

以国家竞争政策为视角

叶高芬 著

法律出版社 LAW PRESS · CHINA
北京

图书在版编目(CIP)数据

行政性垄断的法律规制 : 以国家竞争政策为视角 / 叶高芬著. -- 北京 : 法律出版社, 2022(2023.10 重印)
ISBN 978 - 7 - 5197 - 7299 - 4

Ⅰ. ①行… Ⅱ. ①叶… Ⅲ. ①行政法 - 研究 - 中国 Ⅳ. ①D922.104

中国版本图书馆 CIP 数据核字(2022)第 210236 号

行政性垄断的法律规制
——以国家竞争政策为视角
XINGZHENGXING LONGDUAN DE FALÜ GUIZHI
—YI GUOJIA JINGZHENG ZHENGCE WEI SHIJIAO

叶高芬 著

策划编辑 周丽君
责任编辑 周丽君
装帧设计 汪奇峰

出版发行 法律出版社
编辑统筹 法律应用出版分社
责任校对 王　丰　郭艳萍
责任印制 刘晓伟
经　　销 新华书店

开本 A5
印张 13.875　**字数** 361 千
版本 2022 年 12 月第 1 版
印次 2023 年 10 月第 2 次印刷
印刷 北京虎彩文化传播有限公司

地址:北京市丰台区莲花池西里 7 号(100073)
网址:www.lawpress.com.cn
投稿邮箱:info@lawpress.com.cn
举报盗版邮箱:jbwq@lawpress.com.cn
销售电话:010 - 83938349
客服电话:010 - 83938350
咨询电话:010 - 63939796

书号:ISBN 978 - 7 - 5197 - 7299 - 4　　**定价**:78.00 元
凡购买本社图书,如有印装错误,我社负责退换。电话:010 - 83938349

本书系教育部人文社会科学研究规划基金“国家竞争政策视角下的行政性垄断规制路径之优化”（批准号 15YJA820037）和国家自然科学基金重大项目“数字经济反垄断理论与政策研究”（批准号 72192842）的研究成果

特别感谢山东大学经济学院对本书出版的资助

序

我国 1993 年修订后的《宪法》第 15 条规定，“国家实行社会主义市场经济”。市场经济条件下的企业应当将其产品或服务拿到市场上接受消费者的选择和评判，市场经济就是竞争性的经济，从而我国需要一个反对垄断和保护竞争的法律制度。2007 年通过的《反垄断法》是我国经济体制改革的里程碑，它标志着我国要以竞争机制和市场机制作为配置资源的基本手段。竞争政策虽然已经成为我国一项经济政策，但在不同时期有着不同的内容，呈现不同画面。《反垄断法》颁布初期，我国竞争政策相当程度受到其他经济政策特别是产业政策的影响，为此《反垄断法》第 4 条规定，国家制定和实施与社会主义市场经济相适应的竞争规则。这说明国家一方面培育和发展市场竞争机制；另一方面也考虑到我国处于经济体制转轨的过程中，市场主体不成熟，市场竞争不充分，竞争政策应兼顾国家各项产业政策，特别是促进经济结构调整的经济政策。

随着我国全面深化经济体制改革，决策机关越来越认识到行政主体滥用行政权力限制竞争是对我国社会主义市场经济健康发展的较大威胁。为此，中共中央和国务院在这方面发布了一系列重要的政策性文件，如2016年《关于在市场体系建设中建立公平竞争审查制度的意见》、2019年《关于营造更好发展环境支持民营企业改革发展的意见》和2022年《关于加快建设全国统一大市场的意见》等。2022年修订后的《反垄断法》第4条还专门规定国家强化竞争政策基础性地位。这些举措包括以下两个方面：一方面，说明在我国构建双循环新格局和强调以国内大循环为主的背景下，国家推动依法行政，坚持公平公正监管，加快打造市场化、法治化和国际化的营商环境；另一方面，这些政策、法律的出台也说明，在强化竞争政策和反对行政性垄断等重大问题上，我国还存在很多问题，特别是土地、劳动力、资金、技术以及数据等各种生产要素不能自主流动。因此，如何有效地打破地方保护和部门垄断，充分发挥市场在资源配置中的决定性作用，更好地发挥政府作用，就成为我国各界特别是法学界应当深入研究的一个重要领域。叶高芬研究员的《行政性垄断的法律规制——以国际竞争政策为视角》就是这个领域一个新的和重要的成果。

本书的内容分为四个部分。第一部分概述行政性垄断及其规制的现状。第二部分探究了行政性垄断与国家竞争政策的关系。作者的基本观点是：只有坚持实行竞争政策，国家方能有效地规制行政性垄断；只有坚持和有效地反对行政性垄断，国家才能真正实行竞争政策，即以竞争机制和市场机制作为配置资源的根本手段。鉴于行政性垄断不仅损害市场公平竞争，损害企业经济效率和消费者的福利，从而构成我国反垄断法的核心内容，而且因为行政性垄断涉及国家经济权力的配置和行使，会直接影响政府与市场、政府与企业的关系，行政性垄断还会影响国家经济体制和政治体制。作者建议提高对事前预防机制的重视程度，预防型路径和矫正型路径双管齐下，对行政性垄断进行全面规制。第二部分还从政策和法律的角度，分析了国家竞争政策视角下行政性垄断规制路径优化的必要性和可行性。作者指出，这既是我国深化经济体制改革和全面推进政治体制改革的迫切需要，也是我国立足国际竞争新格局的现实需要。第三部分分析了预防型的路径,包括竞争倡导、竞争中性和竞争评估。第四部分主要讨论规制行政性垄断的矫正型路径,包括行政执法和司法审查。我认为,本书阐述的行政性垄断预防型路径很有新意。作者指出,预防型路径具有前置性与长效性、全局性和综合性相结合的特点。作者在这里除对公平竞争审查制度做了全面的分析和总结外,还从全球性的视角对竞争倡导和竞争中性进行了比较研究。鉴于我国当前现实经济生活中不同所有制的企业在市场竞争中存在不同的待遇,作者强调政府违反竞争中性可能会构成行政性垄断。作者还提出,我国在构建和推进竞争中性方面,重点应当是推进国有企业的改革和进行相应的政府监管改革,这个观点非常正确。因为行政性垄断不管什么表现方式,其本质都是一样的,即行政主体偏爱个别企业,排斥其他企业,或者偏爱个别地区,排斥其他地区,对市场经济条件下有着平等法律地位的市场主体给予其不平等的待遇,结果就是“优”不能胜,“劣”不能汰,社会资源得不到合理和有效配置。本书还指出,因为规制行政垄断是政府在约束自己的权力,这个任务就不可能一蹴而就,而需要随着国家政治体制改革和经济体制改革的不断深化,特别是随着政府职能的彻底转变和政企不分的状况改变后才能完成。也就是说,仅当政府的经济政策只是在宏观上发挥作用,政府既不偏爱某些企业而排斥其他企业,也不偏爱某些地区而排斥其他地区,全国才能建立真正统一的大市场,才能从根本上实现市场主体间的公平竞争和优胜劣汰。因此,我国反垄断本质上尤其是政府和各个经济部门的任务。

叶高芬研究员是我指导过的博士研究生。她的博士论文题目是《价格歧视的反垄断法规制》,并在这个领域发表了多篇在社会上很有影响的学术论文。2015 年她获得了国家留学基金委的资助,得到在澳大利亚墨尔本大学访学 1 年的机会。2016—2017 年她在艾伦 · 菲尔斯(Allan Fels)教授的指导下,开展“行政性垄断的法律规制”项目研究;同时,在墨尔本大学法学院卡伦 · 比顿 – 威尔斯(Caron Beaton-Wells)

教授的指导下，进行“卡特尔法律责任”相关研究。归国后她进入一家互联网大企业从事竞争政策研究和竞争合规业务，繁忙工作之余笔耕不辍，始终没有放弃她热爱的竞争法研究。不久前她进入山东大学从事竞争法教学和科研工作，并拿出了这样一部高质量的学术专著。作为她的博士研究生导师，我非常欣慰，并且很高兴为她的这部有品位、有思想、视野开阔、理论性和实践意义俱佳的《行政性垄断的法律规制——以国家竞争政策为视角》撰写序言。反垄断法博大精深，尤其是反行政垄断的研究深不可测。我殷切希望叶高芬博士在这个领域继续精耕细作，有更多和更好的学术成果！

王晓晔

2022 年 7 月

目 录

第一编 我国转轨经济中的行政性垄断及规制现状

第四编　行政性垄断的矫正型路径

第一编

我国转轨经济中的行政性垄断及规制现状

2011年，广东省某市易流科技有限公司等3家汽车GPS运营商联名向原广东省工商局投诉，反映该市政府在强制推广汽车GPS工作中的行政行为涉嫌滥用行政权力排除、限制竞争。原广东省工商局通过调查发现，2010年，广东省某市政府在会议纪要、工作方案等中明确指定以新时空导航科技有限公司（以下简称新时空公司）自行筹建的卫星定位汽车行驶监控平台为市级监控平台，要求该市其余几家GPS运营商必须将所属车辆的监控数据信息上传至新时空公司平台，并指示交警部门对未将监控数据上传至新时空公司平台的车辆一律作出“不予通过车辆年审”的处理。而截至2010年年底，该市有11家GPS运营商，其中，新时空公司、威霸公司、易流公司等运营商建有企业监控平台。该市所有GPS运营商管理的车辆监控信息均由市级监控平台直接上传至省级监控数据中心。该市政府的不当介入，使新时空公司变成其他GPS运营商正常经营所必须依赖的对象，严重破坏当地GPS运营商市场的竞争格局，构成行政机关滥用行政权力排除、限制竞争。故原广东省工商局向广东省政府正式提出“依法纠正该市政府上述滥用行政权力排除、限制竞争行为”的建议，该市政府的行为最后得以纠正。①

本案中的滥用行政权力排除、限制竞争行为即本书探讨的行政性垄断行为。作为我国2008年《反垄断法》（或称修订前《反垄断法》）实施以后第一个被查处的行政性垄断案件，本案也引发了学术界关于行政性垄断这一颇具中国特色的反垄断实体制度的热议。

---

① 《会议纪要指定经营者，工商机关首次行使建议权》，载中华人民共和国国家工商行政管理总局官网，http://old.saic.gov.cn/ywdt/gsyw/dfdt/xxb/201107/t20110727_111694.html，最后访问时间2018年3月20日。

CHAPTER 01 >>

第一章

行政性垄断概述

第一节　行政性垄断的概念厘清

一、提法的确定

对于行政机关滥用行政权力排除、限制竞争这一行为,不同学者有不同提法。例如,王晓晔、盛杰民等教授称为“行政性限制竞争行为”,①王保树教授称为“行政型垄断”,②黄勇、郑鹏程等教授称为“行政垄断”,③时建中、王先林等教授称为“行政性垄断”等。④ 有的学

---

① 参见王晓晔:《竞争法学》,社会科学文献出版社 2007 年版,第 362 页;盛杰民:《规制行政性限制竞争行为是中国〈反垄断法〉的必然使命》,载《工商行政管理》2001 年第 9 期。

② 参见王保树:《企业联合与制止垄断》,载《法学研究》1990 年第 1 期。

③ 参见黄勇:《当行政垄断遭遇法律“挑战”》,载《中国报道》2008 年第 8 期;郑鹏程:《行政垄断的法律控制研究》,北京大学出版社 2002 年版,第 12 页。

④ 参见时建中:《打破行政性垄断　使市场在资源配置中起决定性作用——纪念〈中华人民共和国反垄断法〉实施十周年》,载《价格理论与实践》2018 年第 8 期;王先林:《竞争法学》(第 2 版),中国人民大学出版社 2015 年版,第 260 页;郭宗杰:《行政性垄断之问题与规制》,法律出版社 2007 年版,第 10 页。

者甚至区分了行政垄断与行政性垄断,认为行政垄断可能会被误认为是在行政领域发生的垄断,而用行政性垄断则在一定程度上可以表明“行政”一词是用来限定“垄断”的,即行政性垄断是与一般经济性垄断相对应的一个概念,主要是指因行政权力的非法使用而在经济领域形成的一种垄断。[①] 我国《反垄断法》则使用“滥用行政权力排除、限制竞争”的提法。笔者认为,上述各提法之间虽有些许差别,但内涵基本相似。鉴于“行政性垄断”这一术语的表述较为简洁,下文中除引用个别学者观点外,将统一使用“行政性垄断”这一提法。

二、概念的界定

1986年,宫希魁[②]在论文中描述了行政性垄断现象,但没有提出“行政性垄断”这一概念;1987年,张晓阳[③]和陈家彦[④]等学者分别在自己的论文中也使用了“行政垄断”这一概念;1988年,陆德明[⑤]、胡汝银[⑥]等学者分别在自己的文章或著作中论述了“行政垄断”。此后,王保树[⑦]、梁慧星[⑧]、漆多俊[⑨]、王晓晔[⑩]等众多学者在其论文或专著中均尝试对“行政垄断”这个概念进行界定。笔者选择具有代表性的观点列举,

① 参见郭宗杰:《行政性垄断之问题与规制》,法律出版社2007年版,第10页。

② 参见宫希魁:《论社会主义条件下的垄断》,载《经济问题探索》1986年第9期。

③ 参见张晓阳:《社会主义经济垄断初探》,载《贵州财经学院学报》1987年第4期。

④ 参见陈家彦:《关于社会主义竞争和垄断的断想》,载《经济问题》1987年第12期。

⑤ 参见陆德明:《改造产业组织　建立垄断竞争市场》,载《经济研究》1988年第10期。

⑥ 参见胡汝银:《竞争与垄断:社会主义微观经济分析》,三联书店1988年版,第48页。

⑦ 参见王保树:《企业联合与制止垄断》,载《法学研究》1990年第1期。

⑧ 参见梁慧星:《中国反垄断立法的构想》,载《法学与实践》1991年第6期。转引自郭宗杰:《行政性垄断之问题与规制》,法律出版社2007年版,第11页。

⑨ 参见漆多俊:《中国反垄断立法问题研究》,载《法学评论》1997年第4期。

⑩ 参见王晓晔:《竞争法学》,社会科学文献出版社2007年版,第362页。

如表 1 所示：

表 1　行政垄断概念的代表性学者观点

时间	学者	行政性垄断的概念
1990 年	王保树	所谓行政性垄断，是相对于经济性垄断而言的，指国家经济主管部门和地方政府滥用行政权，排除、限制或妨碍企业之间的合法竞争
1991 年	梁慧星	行政垄断是指各级地方政府和经济主管部门运用行政权力，排除、限制或干涉本地区、本部门企业之间及它们与其他地区、部门的企业之间的合法竞争的行为
1997 年	漆多俊	行政性垄断，是指凭借政府行政机关或其授权的单位所拥有的行政权力，滥施行政行为，而使某些企业得以实现垄断和限制竞争的一种状态和行为
1998 年	王晓晔	反垄断法上的行政性限制竞争行为是指政府及其所属机构滥用行政权力限制竞争的行为

这些学者对行政性垄断的概念界定各有侧重，核心区别在于对行政性垄断构成要件的不同理解。

对于行政性垄断的构成要件，郑鹏程教授仿照刑法犯罪构成的“四要件说”提出，行政性垄断应具备四个构成要件：主体是行政主体；主观方面是出于过错；客体是受国家所保护的社会主义市场经济竞争关系；客观方面是行政主体利用行政权力，对竞争造成了实质损害。[①] 王保树教授等学者则认为行政性垄断具有三个构成要件，即主体要件、对行政权力的滥用的主观要件以及对竞争的实质限制的客观要件。[②] 可以看出，“四要件说”主要是增加了主观过错这一要件。笔者认为，主观因素的考量在行政性垄断的构成中不应占据类似于刑法犯罪行为构成中的

① 参见郑鹏程：《行政垄断的法律控制研究》，北京大学出版社 2002 年版，第 46 页。

② 参见王保树：《论反垄断法对行政垄断的规制》，载《中国社会科学院研究生院学报》1998 年第 5 期。

突出位置,行政主体对于自身代表国家实施的任何行政行为都应具有清醒的判断和认识,对此,不应用过错与否去判断是否构成行政性垄断。总体而言,三要件是更多学者的共识,笔者亦赞成三要件的观点。当然,在三要件的主张中,不同学者亦有不同的归纳和理解。笔者倾向于以主体、行为、结果三要件概括。

对于行政性垄断的主体要件,我国《反垄断法》的界定是"行政机关和法律、法规授权的具有管理公共事务职能的组织",学术界对此达成的共识包括:其一,立法机关和司法机关不属于行政性垄断的主体;①其二,中央政府(国务院)的各部门和地方行政机关(包括地方政府及地方政府部门),均为行政性垄断的主体。但对于中央政府是否可以成为行政性垄断的主体,学术界存在一些分歧。主流观点认为中央政府不应成为行政性垄断的主体,如王保树教授②提出其赞成原国家工商行政管理局的观点,即我国行政性垄断的实施主体包括政府和政府部门,前者指地方政府,后者指中央政府部门和地方政府部门;③王先林教授基于行政性垄断和国家垄断的区分,指出,行政性垄断的主体不包括中央政府(国务院),因国务院作为最高国家行政机关,其作出的行政决定和制定的行政法规等规范性文件应被视为国家行为,其中涉及限制竞争的内容也应被视为合法的国家垄断。④ 但也有观点如郭宗杰教授⑤认为,中央政府亦可成为行政性垄断的主体。笔者赞成主流观点,即不将中

---

① 参见王保树:《论反垄断法对行政垄断的规制》,载《中国社会科学院研究生院学报》1998 年第 5 期;王先林:《竞争法学》(第 2 版),中国人民大学出版社 2015 年版,第 260 页。

② 参见王保树:《论反垄断法对行政垄断的规制》,载《中国社会科学院研究生院学报》1998 年第 5 期。

③ 参见国家工商行政管理局条法司:《反不正当竞争法释义》,河北人民出版社 1993 年版,第 51 页。

④ 参见王先林:《竞争法学》(第 2 版),中国人民大学出版社 2015 年版,第 260 页。

⑤ 参见郭宗杰:《多元主体与复合责任——论反垄断法关于行政性垄断的责任设置》,载《武汉大学学报(人文科学版)》2004 年第 6 期。

央人民政府纳入行政性垄断的主体范畴。

关于行政性垄断的行为要件，虽然“行政权力的滥用”被王保树教授归纳为行政性垄断的主观要件，[①]笔者认为归纳为行为要件更合适，即强调其行为属性。从表1所述来看，相关词汇有“滥用行政权力”“运用行政权力”和“凭借行政权力”等，笔者认为这些用词在语义上类似，不妨直接采用《反垄断法》中的“滥用行政权力”一词。

行政性垄断的结果要件，即行政性垄断导致的对市场竞争的限制。王保树教授将之归纳为客观要件。[②] 邓志松博士认为，此种结果要件并不必然要求存在财产方面的损害，只要造成对市场竞争的排除或限制，即可构成。[③] 表1中各学者主要从对市场竞争的影响来阐述结果要件，使用的动词包括“排除”“限制”“妨碍”“干涉”等，有的为单独使用，有的为组合使用。我国《反垄断法》最终使用的是“排除”和“限制”。由于与“妨碍”和“干涉”相比，“排除”和“限制”的词汇更易区分对竞争的影响程度，笔者认为，行政性垄断的结果要件采“排除、限制竞争”等词汇更合适。

通过上述对行政性垄断构成要件的分析，笔者赞同我国《反垄断法》中的界定“行政机关和法律、法规授权的具有管理公共事务职能的组织滥用行政权力，实施排除、限制竞争的行为”（不过，我国《反垄断法》并未使用“行政性垄断”的提法）。需要关注的是，其中的主体包含国务院各部门和地方政府及其各部门，行为要件强调对行政权力的滥用，结果要件强调对市场竞争的排除与限制。

行政性垄断既可以通过具体行政行为，如行政许可予以实施，也可

---

① 参见王保树：《论反垄断法对行政垄断的规制》，载《中国社会科学院研究生院学报》1998年第5期。

② 参见王保树：《论反垄断法对行政垄断的规制》，载《中国社会科学院研究生院学报》1998年第5期。

③ 参见邓志松：《论行政垄断的成因、特点及法律规制》（第2版），法律出版社2017年版，第26页。

以通过抽象行政行为实施,故行政性垄断行为可以区分为具体行政性垄断行为和抽象行政性垄断行为。其中,抽象行政性垄断行为,是指行政机关违反反垄断法律的规定,滥用行政权力,制定排除或限制竞争的规定,妨碍市场竞争的行为。① 不过,更多情形下,行政性垄断是具体行政行为和抽象行政行为同时作用的结果。

三、相邻概念比较

通过行政性垄断与相邻概念的比较,我们可以明确它们之间的界限,并为廓清行政性垄断的含义和法律性质等奠定基础。

(一)行政性垄断与经济性垄断

王保树教授于1990年首次从反垄断法的角度将我国经济生活中的垄断分为"经济性垄断"与"行政性垄断"两类,②可以说,行政性(型)垄断是相对于经济性垄断而出现的概念。虽然二者都是《反垄断法》规制的垄断行为,均会扰乱市场公平竞争秩序,但是行政性垄断与经济性垄断在主体、手段、力量、成因等方面有重要区别。

从垄断的主体上看,经济性垄断的主体是自然人、私法人或其他经济组织;而行政性垄断的主体则是行政主体,包括行政机关及法律、法规授权的具有管理公共事务职能的组织(为了叙述方便,以下并提时可简称行政机关及授权组织)。

就垄断的手段而言,经济性垄断主要是经济主体通过企业兼并、滥用市场支配地位、达成垄断协议等手段实施;而行政性垄断主要是通过制定规范性文件,发布行政命令与禁令、行政许可、行政处罚等手段实施。

在垄断的力量方面,经济性垄断所依靠的力量是经济主体所具有的经济力量,主要是经济主体单独或联合影响市场价格的能力,即经济

---

① 参见张守文:《经济法学》(第6版),北京大学出版社2014年版,第254页。

② 参见王保树:《企业联合与制止垄断》,载《法学研究》1990年第1期。

主体自身具有的市场支配地位,并不具有强制执行的效力;而行政性垄断所依靠的力量是行政主体所控制的行政权力,具有公定力、强制执行力等特征。

从垄断的成因来看,经济性垄断内生于市场经济;而行政性垄断是一种外生于市场经济的垄断形态,是不能作为商品、不能参与市场竞争的行政权力介入市场竞争的结果。①

(二)行政性垄断与国家垄断

关于行政性垄断与国家垄断的关系主要有两种观点:第一种观点认为二者是不同的概念,从实施主体、形成原因、法律性质、存在范围看,行政性垄断是由某一行政主体基于自身狭隘利益实施的违法行为,存在于一切经济领域;而国家垄断是国家实施的根源于国家利益和社会公共利益的合法行为,主要存在于关系国计民生和重大公共利益的领域。② 第二种观点认为行政性垄断与国家垄断并无本质区别,国家垄断是行政性垄断的一种形式,因为国家垄断的主体依然是国家机构,实施垄断所依仗的也是公权力,具有强制性,所实施的也是对市场竞争的禁止或限制行为,所以也属于行政性垄断,只是二者在范围上有所区别,行政性垄断的范围更大。③

笔者赞同前一种观点,即行政性垄断和国家垄断是不同的概念。实施国家垄断依据的是法律、法规,而行政性垄断是违法的,并没有哪一部法律、法规等可以成为实施行政性垄断的依据。并且,国家垄断所依据的法律、法规是由立法机构和中央行政机构所代表的国家制定的,其实施者可视为国家,而行政性垄断的实施者则是具体的行政主体。就此而言,二者具有本质区别,不应混为一谈。

---

① 参见郑鹏程:《行政垄断的法律控制研究》,北京大学出版社 2002 年版,第 32 页。

② 参见漆多俊:《中国反垄断立法问题研究》,载《法学评论》1997 年第 4 期;郑鹏程:《行政垄断的法律控制研究》,北京大学出版社 2002 年版,第 35—36 页。

③ 参见杨兰品:《中国行政垄断问题研究》,经济科学出版社 2006 年版,第 56 页。

（三）行政性垄断与自然垄断

与作为法学概念的行政性垄断相比，自然垄断是经济学概念，是指一家企业生产给定的市场需求量的成本，要低于两家或多家企业分开生产这一需求量的总成本。自然垄断主要源于较高的固定成本，比如交通运输行业、能源行业、电信行业等。当技术状况决定的固定成本较高时，一家企业的生产规模越大，固定成本就可以分摊到更多单位的产量上，产品的单位成本就越低。在自然垄断行业引入竞争，会降低企业的生产规模，从而会提高产品的总成本，反而可能不利于消费者，不利于社会资源的最有效配置。因此，在自然垄断行业，市场竞争机制不能达到生产成本最小化，政府通过发牌照限制市场进入，同时对相关企业的价格等方面进行规制，以达到生产成本和产品价格都较低的目标。

虽然在自然垄断行业实行进入限制是行政性垄断的一种形式，但行政性垄断的范围和内容远远大于对自然垄断行业的准入管制，二者在成因、存在行业等方面存在根本区别。首先，行政性垄断的形成是伴随行政主体行政权力的运用，但自然垄断形成的原因一般是基于行业自身的特性，如行业本身投资规模过于庞大、行业需要特定的“瓶颈”设施等。其次，行政性垄断存在的行业往往是竞争性行业，行政权力的不当运用限制了市场竞争机制的发挥，而自然垄断行业则往往是由行业本身决定了竞争不宜存在。① 最后，就与经济性垄断的关系而言，如前所述，行政性垄断与经济性垄断是基于两种不同垄断现象而提出的概念，二者在本质上是对立的。然而，由于从事自然垄断业务的企业也可能从事市场竞争业务，故自然垄断也可能与经济性垄断存在交叉，即这些企业可能利用其在自然垄断业务中的优势来从事经济性垄断，对其市场竞争业务中的竞争对手进行打击。②

---

① 参见郭宗杰：《行政性垄断之问题与规制》，法律出版社 2007 年版，第 41—42 页。

② 参见邓志松：《论行政垄断的成因、特点及法律规制》（第 2 版），法律出版社 2017 年版，第 18 页。

第二节　行政性垄断的表现形态

我国现行《反垄断法》对行政性垄断采取了原则规定和典型行为列举相结合的方式：一方面，在总则第10条原则性禁止行政性垄断，即“行政机关和法律、法规授权的具有管理公共事务职能的组织不得滥用行政权力，排除、限制竞争”；另一方面，又在第五章用七个条文分别规定了行政性垄断的七种主要表现形态。

一、指定交易

《反垄断法》①第39条规定，“行政机关和法律、法规授权的具有管理公共事务职能的组织不得滥用行政权力，限定或者变相限定单位或者个人经营、购买、使用其指定的经营者提供的商品”。此即法律禁止的指定交易行为。该行为体现了行政机关及授权组织对于市场主体的强大影响力以及行政机关及授权组织对于市场竞争的直接干预，既排除了被指定者以外的经营者在特定市场上的公平竞争机会，也使被限定单位或个人的交易自由受到限制。

以2017年中国证券业协会行政性垄断案为例②，自2002年起，经证监会授权，中国证券业协会开始组织考试。自2007年起，该考试报名采用第三方支付方式。自2016年起，中国证券业协会采用询价方式选择新的服务机构，经内部评审小组打分，最终选择了京东支付。中国证券协会在“证券业从业人员资格考试公告”中规定：考试费为61元/科，通过网络在线京东支付平台缴费。2017年，北京市发展和改革委员

① 我国《反垄断法》2008年颁布后，于2022年第一次修订。

② 参见《中国证券业协会主动纠正滥用行政权力排除限制竞争行为》，载北京市发展和改革委员会，http://fgw.beijing.gov.cn/gzdt/fgzs/gzdt/202004/t20200417_1814330.htm，最后访问时间2020年3月30日。

会对本案进行了调查，在调查过程中，中国证券业协会于 2017 年 12 月 12 日主动作出整改承诺，表示将采用第三方支付综合平台服务，包含支付宝、微信、银联等多种支付渠道，供考生选择；此外，在有条件的地区增加现场报名方式，供考生现场报名、缴费。在本案中，中国证券业协会仅为考生提供京东支付这一唯一的报名费用支付工具，使作为消费者的考生必须与京东支付之间形成资金支付结算服务关系，破坏了提供资金支付结算服务的经营者之间的公平竞争环境，从而损害了消费者和其他经营者的利益。该行为违反了现行《反垄断法》第 39 条构成滥用行政权力排除、限制竞争的行为。

而前述广东省汽车 GPS 运营商诉广东省某市政府案中，市政府指定新时空公司为交易对象的行为也是典型的指定交易型行政性垄断行为。

二、妨碍流通

《反垄断法》第 41 条规定，“行政机关和法律、法规授权的具有管理公共事务职能的组织不得滥用行政权力，实施下列行为，妨碍商品在地区之间的自由流通：(一)对外地商品设定歧视性收费项目、实行歧视性收费标准，或者规定歧视性价格；(二)对外地商品规定与本地同类商品不同的技术要求、检验标准，或者对外地商品采取重复检验、重复认证等歧视性技术措施，限制外地商品进入本地市场；(三)采取专门针对外地商品的行政许可，限制外地商品进入本地市场；(四)设置关卡或者采取其他手段，阻碍外地商品进入或者本地商品运出；(五)妨碍商品在地区之间自由流通的其他行为”。该法第 41 条列举了妨碍商品在地区之间自由流通这种垄断行为在实践中的几种主要具体类型，并设置了兜底条款。这些行为本质上都是歧视外地商品的行为，妨碍了商品在地区之间的自由流通，人为地扭曲了竞争机制的作用和资源的合理配置，损害了广大消费者和受特定保护经营者以外的其他经营者的合法权益。

以2017年山东省枣庄市质量技术监督局行政性垄断案[①]为例，注册地为山东省济南市的山东省安泰化工压力容器检验中心（以下简称安泰检验中心）向山东省枣庄市质量技术监督局特种设备安全监察科（以下简称枣庄市质监局特监科）提交了特种设备定期检验告知书，告知书中提到安泰检验中心是兖矿集团直属二级单位，对集团所属企业兖矿化工进行定期检验。枣庄市质监局特监科工作人员对告知书进行审查，认为安泰检验中心属于兖矿集团的自检机构，根据国家质监局和省质监局的规定，其不符合自检机构开展检验业务的相关要求，因此，不允许安泰检验中心进入兖矿化工开展定期检验工作。在本案中，枣庄市质监局特监科没有对安泰检验中心的资质进行细致审查，先入为主地认为该中心属自检机构，并在与山东省特种设备检验研究院枣庄分院（以下简称枣庄分院），枣庄市质监局下属的特种设备检验机构）商议后，以不符合特种设备安全监察要求的名义下发了《关于山东省安泰化工压力容器检验中心在我市开展压力容器和压力管道定期检验工作的函》，限制来自济南市的安泰检验中心在枣庄市开展检验业务，而指定由本市的枣庄分院到兖矿化工进行检验工作。该局上述做法不仅违反了现行《反垄断法》第39条关于禁止指定交易的规定，还同时违反了该法第41条第4项不得滥用行政权力，实施“设置关卡或者采取其他手段，阻碍外地商品进入或者本地商品运出”的规定，涉嫌滥用行政权力排除、限制竞争。

三、招投标地方保护

《反垄断法》第42条规定，“行政机关和法律、法规授权的具有管理公共事务职能的组织不得滥用行政权力，以设定歧视性资质要求、评审

---

① 参见《枣庄市质量技术监督局主动纠正滥用行政权力排除限制竞争行为》，载山东省物价局官网，http://www.sdwj.gov.cn/ggfw/jcfx/gzdt/01/173395.shtml，最后访问时间2018年3月20日。

标准或者不依法发布信息等方式,排斥或者限制外地经营者参加招标投标以及其他经营活动”。本条禁止的是在招投标活动中行政主体进行地方保护的垄断行为。在我国大力推行招标投标制度、充分发挥市场竞争机制在公共资金采购中的作用的背景下,行政主体在招投标活动中进行地方保护的行为,这种行为大大缩小了竞争规模,致使充分竞争的优越性难以发挥,破坏了市场的统一性,违反了公平竞争的原则,既严重影响招投标活动的正常开展,也给腐败行为留下了可乘之机。①

以 2011 年广东省深圳市教育局行政性垄断案②为例,2011 年,广东省深圳市教育局(以下简称深圳教育局)在招标前通过公布成本价引导企业统一报价并在招标中要求“投标人必须为深圳注册的企业,或在深圳有经工商注册的分支经营机构的企业”。同时,深圳教育局在评分规则中将企业在深圳纳税额、本地学生装服务经验与分值挂钩。2014 年,深圳教育局招标限定最高价格且以 2011 年中标执行价格为基础报价。在本案中,深圳教育局的行为构成引导经营者达成实施价格垄断协议,且在招投标活动中附加了不合理条件实施地方保护,违反了现行《反垄断法》第 42 条和第 44 条的规定。

四、歧视性对待外地企业

《反垄断法》第 43 条规定,“行政机关和法律、法规授权的具有管理公共事务职能的组织不得滥用行政权力,采取与本地经营者不平等待遇等方式,排斥、限制、强制或者变相强制外地经营者在本地投资或者设立分支机构”。这种为保护本地经营者的利益、使外地经营者无法对本地经营者形成挑战而出现的垄断行为,会导致可竞争的统一市场转

① 王先林:《竞争法学》(第 2 版),中国人民大学出版社 2015 年版,第 267 页。

② 参见《国家发改委公布四起行政垄断案件》,载人民网,http://sn.people.com.cn/n2/2016/1230/c378291-29534848.html,最后访问时间 2020 年 3 月 30 日。

变为垄断趋向的市场结构,不利于地区经济的发展。[①]

以2017年陕西省延安市卫计局行政性垄断案[②]为例,2017年2月,陕西省物价局反垄断分局在落实公平竞争审查制度工作中发现,延安市卫计局在推动公立医院药品耗材集中采购工作中,审定同意该市公立医疗机构药品(耗材)集中采购联合体出台《延安市药品(耗材)集中采购药品配送企业遴选管理办法(试行)》(延市药采联发〔2017〕1号,以下简称《遴选管理办法》),并面向全省公告。《遴选管理办法》对药品配送企业申报条件设置了市外市内歧视性资质要求,违反了现行《反垄断法》第43条等相关规定。

五、强制从事垄断行为

《反垄断法》第44条规定,"行政机关和法律、法规授权的具有管理公共事务职能的组织不得滥用行政权力,强制或者变相强制经营者从事本法规定的垄断行为"。行政机关及授权组织本应对市场公平竞争秩序担负起指导和监督的职责,但其有时却滥用行政权力,强制或者变相强制经营者从事垄断行为。这种做法违反了建立和完善社会主义市场经济体制的要求,既侵害了经营者依法享有的经营自主权,又损害了消费者的合法权益。

以2010年甘肃省武威市道路运输管理局行政性垄断案[③]为例,2010年4月,武威市具有一、二类机动车维修资质的24家企业共同签订了以武威市维修行业协会名义拟定的"武威市一、二类机动车维修企

---

① 参见王先林:《竞争法学》(第2版),中国人民大学出版社2015年版,第267页。

② 参见《延安市卫计局主动纠正滥用行政权力排除限制竞争行为》,载陕西省物价局,http://www.snprice.gov.cn/html/100001/1017066.html,最后访问时间2018年3月20日。

③ 参见《甘肃省发改委建议纠正武威市运管局滥用行政权力行为》,载中国新闻网,http://www.chinanews.com/gn/2015/12-02/7652233.shtml,最后访问时间2018年3月20日。

业自律公约”,对机动车二级维护收费制定了限定价格和统一派送服务制度。2010年5月,上述具有一、二类机动车维修资质的企业车辆二级维护收入被统一纳入武威市道路运输协会实行代管,代扣相关费用后逐月向企业返还。2010年11月,武威市道路运输管理局印发了《武威市道路运输车辆二级维护监督管理办法(试行)的通知》,要求道路运输经营者持维修合同、出厂合格证、汽车维修专用发票、维修结算凭证和二级维护监督服务单到市、县(区)运管机构审核备案。2014年4月,武威市道路运输协会结束代管。武威市道路运输管理局及所属道路运输协会的此种做法,客观上起到了限制企业竞争和强制企业实施“武威市一、二类机动车维修企业自律公约”制定的垄断服务价格的作用,加重了机动车维修企业的负担,维护了垄断协议价格的持续执行,排除和限制了武威市道路运输车辆二级维护市场的竞争。相关行为属于现行《反垄断法》第44条所列“强制经营者从事本法规定的垄断行为”的行为。

六、制定含排除限制竞争内容的规定

《反垄断法》第45条规定,“行政机关和法律、法规授权的具有管理公共事务职能的组织不得滥用行政权力,制定含有排除、限制竞争内容的规定”。与仅通过具体行政行为实施的行政性垄断相比,通过“制定含有排除、限制竞争内容的规定”这一抽象行政行为实施的行政性垄断,由于针对对象不特定,且可以反复适用,效力更具普遍性,影响面更广,对市场公平竞争秩序的破坏更大,因此《反垄断法》有必要对其进行规制。以2014年浙江省台州市住房和城乡建设局行政性垄断案①为例,2014年9月,台州市住房和城乡建设局制定出台了《关于进一步加强工程勘察市场管理的通知》,该文件要求具有“工程勘察综合资质”和

① 参见《浙江省物价局纠正台州市住建局行政垄断行为》,载浙江省物价局,https://www.sohu.com/a/213401520_742371,最后访问时间2018年3月20日。

“工程勘察专业资质甲级”的本地和外地工程勘察企业在台州市行政区域范围内承接相关业务时均必须在台州市设立土工实验室。该文件表面上看是同等要求本地和外地企业承揽台州项目时均须在本地设立土工实验室,但因台州本地工程勘察企业在注册成立时已经根据住房和城乡建设部有关要求设立了土工实验室,所以其实质是强制要求具备同业竞争资格的外地工程勘察企业进入台州市场时必须重新设置土工实验室。这种通过文件出台(抽象行政行为)的方式对外地工程勘察企业采取的歧视性技术措施,限制了市场公平竞争,违反了现行《反垄断法》第 41 条和第 45 条规定,属于滥用行政权力排除、限制竞争的行为。

七、“协议型”不平等待遇

《反垄断法》第 40 条“行政机关和法律、法规授权的具有管理公共事务职能的组织不得滥用行政权力,通过与经营者签订合作协议、备忘录等方式,妨碍其他经营者进入相关市场或者对其他经营者实行不平等待遇,排除、限制竞争”的规定是我国《反垄断法》实施 13 年后首次修订时的新增条款。

本条主要规定通过“协议型”行为方式滥用行政权力不当干预经济的行为类型,即行政机关通过“签订政企合作协议”或“备忘录”的特定方式使特定企业获得特殊优待。该特殊优待可以是给予特定经营者直接的或间接的“独家经营”的特权,也可以是给予企业经营过程中的特殊优待,导致在位或潜在的竞争者处于竞争劣势,从而导致排除、限制竞争的反竞争效应。这条规定有助于进一步扩充负面行为清单,织密打破行政性垄断制度之网。①

① 参见时建中:《更加完善的反垄断制度保障高质量发展》,载《中国法律评论》2022 年第 4 期。

第三节 行政性垄断的成因与危害

一、行政性垄断的成因

行政性垄断在不少国家中都存在,我国也不例外。究其原因,学术界从不同角度作出了回答,具体可归纳为以下几种。

(一)体制因素说

该学说认为,虽然我国经济体制改革不断深入,但我国仍处于经济转型时期,旧经济体制所推崇的单纯依靠行政权力管理经济生活的残余因素还存在,政企不分的状况还未彻底改变,政府干预微观经济的现象还普遍存在。这为地方政府和地方企业、行业主管部门与该行业内的企业等结成利益共同体限制竞争提供了客观条件。同时,在由计划经济向市场经济转变、中央逐步放开经济管理权限的过程中,由于权力刚性使然,中央所放之权往往被地方和部门变相截留,形成以地方和部门行政权力为依存的地方垄断和部门垄断。此外,在我国从高度集中的计划经济体制向社会主义市场经济体制转轨的过程中,市场的不完善和政府管理经济活动的不规范也很容易导致其滥用行政权力排除、限制市场竞争的问题。①

(二)利益因素说

该学说又可分为两种观点。其一,认为利益配置不合理是行政性垄断产生的根源。我国财政分权制度存在导致行政性垄断严重的缺陷:(1)按企业隶属关系划分财政收支范围创造了行政机关及授权组织投资于竞争性行业的激励,使其参与市场竞争;(2)现行利益分配制度没有缩小各行政机关及授权组织间的经济发展差距,反而加大了这种差距;(3)这种利益分配制度缺乏规范性与稳定性,中央政府可能经常

① 参见郭宗杰:《行政性垄断之问题与规制》,法律出版社2007年版,第49页。

改变分配规则,使行政性分利集团的逐利行为呈现出较多的无序性。①

其二,认为不正当地追求经济利益是行政性垄断发生的根本动力。行政性垄断的出现与存在经济利益的多元化为前提。在改革过程中,我国经历了从行政利益的一元到多元的转变,地方和部门独立利益的存在和强化构成了滥用行政权力排除、限制竞争的动因。②

(三)法制因素说

该学说认为,缺乏有效的法律规制也是我国行政性垄断长期得不到根治的一个重要原因。尽管我国在改革开放以后颁布了不少规制行政性垄断的法律文件,但由于这些文件比较分散,没有形成一个专门和完整的法律体系,且反行政性垄断执法机构的独立性和权威性不足,加之立法对行政性垄断没有设置相应的法律责任等原因,相关机关无法对行政性垄断进行有效规制。③

(四)观点评析

上述观点从不同方面解释了行政性垄断在我国较为普遍的原因,都有一定的合理性,但笔者认为,不能将行政性垄断仅归咎于其中一个因素。

就如体制因素说而言,尽管体制转变在行政性垄断发生和发展过程中有重大作用,但不容忽视的是,行政性垄断并不是中国特有的现象,其他发展中国家甚至一些发达国家在不同时期亦存在不同程度的行政性垄断现象,若仅以体制转型为根源解释行政性垄断现象,则无从解释那些根本没有经历过体制转型、一直处在市场经济模式下的国家或现在虽是高度发达的市场经济国家但仍然存在行政性垄断的现象。④

① 参见杨兰品:《中国行政垄断问题研究》,经济科学出版社2006年版,第155—156页。

② 参见王先林:《竞争法学》(第2版),中国人民大学出版社2015年版,第263页。

③ 参见关保英等:《行政垄断之行政法规制》,中国政法大学出版社2008年版,第37—42页;蒲艳:《行政垄断与寻租行为研究》,科学出版社2013年版,第11—13页。

④ 参见郭宗杰:《行政性垄断之问题与规制》,法律出版社2007年版,第50—51页。

并且，将各种具体社会问题的根源归结为体制问题，很容易为某些人推卸责任或从事违法活动提供冠冕堂皇的托词。① 笔者认为，将行政性垄断的成因问题放在经济转型的大背景下考虑有其重要意义，但不能因此将行政性垄断的产生与发展完全归咎于体制因素。

具言之，笔者认为，在探讨行政性垄断的成因时，可以综合考虑上述各因素。行政性垄断现象不仅是一个法律问题，更是我国经济、政治、法律、社会、文化传统等诸多因素长期、综合作用的结果。因此，在思考其成因的时候，也应从多方面予以思考。

与其他市场经济国家相比，我国没有经历过从自由竞争的近代市场经济体制到国家对经济运行进行适度宏观调控和市场规制的现代市场经济体制的过渡阶段，而是直接从计划经济体制进入现代市场经济体制。随着经济体制改革的不断深化，我国社会主义市场经济体系逐步完善，市场机制作用日趋增强，政府与市场的关系不断优化。但高度集权的特征在逐渐弱化的趋势下，仍将在一段时期内以各种形式存在于我国的经济体制之中。行政性垄断即是表现之一，这一体制因素是不可忽视的。同时，利益因素的驱动也对我国行政性垄断的存在产生了重要影响。如前所述，财政分权制度使地方财政状况与地方税收状况密切相关，并且政府部门的考核是以经济指标为首要指标，公务员的工资福利保障亦源于本机关的创收。地方及其各部门为获得更多的财政收入，也会想方设法推动本地和本行业经济发展，排斥外地商品和企业。另外，我国对行政性垄断的法律规制不足也使行政性垄断时有发生。而封建社会长期形成的历史惯性也对人们的观念产生了重要影响。长期的行政中心观念和权力本位思想，直接或间接地导致了形形色色的行政性垄断行为。②

① 参见郑鹏程：《行政垄断的法律控制研究》，北京大学出版社2002年版，第64页。
② 参见张守文：《经济法学》（第6版），北京大学出版社2014年版，第255页。

二、行政性垄断的危害

行政性垄断出现于改革开放之前的计划经济时代。国家通过行政权力介入经济活动，可以在一定程度上集中有限的资源办大事，有助于国家经济的复苏。但是随着改革开放的推进，我国的经济体制改革开始进入转轨时期，此时应注重发挥市场在资源配置中的决定性作用，即有必要收回“政府的手”，淘汰行政性垄断这一历史产物，以避免产生危害。就行政性垄断的具体危害后果，已有不少学者作出论述，①可归纳为以下几点：

其一，阻碍我国统一市场的形成。我国地域辽阔，地区间的经济发展水平不一，加上政绩考量要求，当地政府往往会为了本地利益而出台一些阻碍市场统一的制度，这极大地破坏了我国统一市场经济的形成。例如2014年河北省交通厅等部门行政性垄断案②中，河北省交通厅、物价局和财政厅调整全省收费公路车辆通行费车型分类，对本省客运班车实行通行费优惠政策，并且这种优惠政策只适用于本省经道路运输管理机构批准，有固定运营线路的客运班线车辆。如此一来，河北省客运班车经营者的通行费成本大幅低于其他省份相关经营者，导致外省经营者处于不利的竞争地位。以天津至石家庄线路为例，天津公司单程需缴纳通行费360元，与之对开的河北省公司仅需缴纳180元，单次差额180元。据天津一运输公司测算，仅这一线路天津公司比河北公司每年多支出130余万元。此种行为显然不利于外地竞争者，也就容

---

① 参见王晓晔：《行政垄断规制的困境与展望》，载《中国物价》2014年第3期；刘启：《我国的行政垄断及其法律规制》，载《哈尔滨师范大学社会科学学报》2016年第3期；黄欣、周昀：《行政垄断与反垄断立法研究》，载《中国法学》2001年第3期；周宁宁：《论我国行政垄断法律规制的路径选择》，载《社会科学辑刊》2009年第3期。

② 参见《我委依法建议河北省人民政府纠正交通运输厅等部门违反〈反垄断法〉滥用行政权力排除限制竞争行为》，载国家发展和改革委员会官网，http://www.ndrc.gov.cn/gzdt/201409/t20140926_626775.html，最后访问时间2018年3月23日。

易使得外地竞争者退出本地市场,最终导致出现地区性封闭市场,脱离于国家统一市场。

其二,破坏市场公平竞争秩序。市场经济环境中,资源自由流通、经营者公平竞争是最为基本的要求,但是行政性垄断会破坏这一基本秩序,使其他企业无法公平参与市场竞争。这种不充分竞争又会使企业效率低下,浪费资源,并难以保证产品质量。例如,2017 年甘肃省白银市住房和城乡建设局行政性垄断案①中,白银市住房和城乡建设局向各县(区)建设局,白银高新技术产业开发区规划建设局,各施工、监理、检测、商砼企业下发通知。该通知存在以下问题。一是规定监管信息系统由移动白银分公司代建,变相指定了网络运营商。该局将“视频监控平台”升级改造,购置设备、服务器等设施均交由中国移动白银分公司代建,还允许该分公司设置端口接入密码等技术壁垒,致使建筑施工企业不得不与中国移动白银公司签订互联网专线接入合同,并每年支付 7000 元专线接入费保证数据实时传输。二是规定可选型号和参数要求,变相指定了设备供应商。通知提出“各单位必须采购符合以下要求的硬件设备及软件系统”,并对视频信息采集设备,网络高清球形摄像机、网络高清枪型摄像机、无限 AP 型号、技术参数做了规定。经调查发现,通知规定的可选型号实际特指一家名为海康威视的产品,且这些产品均符合通知提出的参数要求。此种指定的危害后果十分明显,即排除了其他网络运营商和设备供应商参与竞争,破坏了该市场的公平竞争环境,不利于该市场的良性、有序发展。

其三,侵害消费者合法权益。市场经济的一个基本原则是经济自由,这其中包括了消费者选择符合自己要求的产品和服务的自由,而行政性垄断限制了消费者的选择自由,使其被迫接受价格高昂而质量低

① 参见《甘肃省发展改革委建议白银市人民政府纠正滥用行政权力排除、限制竞争行为》,载陇南市政府网,http://www.longnan.gov.cn/4455529/6268639.html,最后访问时间 2018 年 3 月 23 日。

下的产品或服务,严重侵害了消费者的合法权益。以 2014 年云南省通信管理局行政性垄断案①为例,云南省通信管理局牵头组织中国移动通信集团云南分公司、中国电信股份有限公司云南分公司、中国联合网络通信有限公司云南分公司和中国铁通集团有限公司云南分公司多次会议协商,于 2009 年年底达成云南基础电信运营企业规范各类赠送活动的协议,对四家电信运营商开展相关赠送活动的内容、额度、频次等进行了约定。由于四家电信运营商是电信市场上的主要经营者,各电信运营商在市场营销中对消费者给予话费、充值卡等礼品赠送,直接影响到产品最终价格,消费者被迫接受此种垄断协议达成的最终价格,其选择自由被限制,合法权益遭受损失。

其四,容易导致权力寻租,滋生腐败。行政性垄断的存在意味着行政权力被用于控制市场资源。因此,部分企业为获取经济利益而对行政官员行贿。由此可能出现的权力滥用、权钱交易、以权谋私等腐败现象,无疑将造成政府公信力下降的后果,会损害党和政府的权威和形象,不利于社会稳定。2009 年,浙江省环保局原局长戴备军因涉嫌受贿罪和滥用职权罪被提起公诉,其中一项指控就是其在担任环保局局长期间,在实施全省污染源在线自动监控项目过程中,违反有关规定,滥用行政权力,先后以省环保局的名义下发文件向全省污染源单位推荐污染源自动监控系统主要仪器设备,强行要求全省污染源单位必须使用被推荐的由浙江弘申信息技术有限公司以及其控股的浙江环茂自控科技有限公司所生产或代理销售的仪器设备,致使上述两公司生产或代理的仪器设备垄断了浙江省污染源项目建设市场,从而把其他厂家的仪器设备排除在浙江省污染源项目建设市场之外,损害了其他厂商

① 参见《发展改革委:云南省通信管理局违反〈反垄断法〉滥用行政权力排除限制竞争被依法纠正》,载中国政府网,http://www.gov.cn/xinwen/2015-06/03/content_2872715.htm,最后访问时间 2018 年 3 月 23 日。

的公平竞争。① 戴备军指定的单位——浙江弘申信息技术有限公司以及其控股的浙江环茂自控科技有限公司,其董事长、总经理张琰为谋取利益不仅向戴备军行贿,也与戴备军关系暧昧,成为其情妇。此案例体现出行政性垄断具有不同于经济垄断的危害,即政治危害。握有行政权力的行政官员以权谋私,既扰乱了市场竞争秩序,也滋生了社会腐败问题,损害了政府应有的公正形象。

其五,影响我国履行"入世"承诺。我国在成为 WTO 成员方之后,应该遵守 WTO 的相关要求,履行相应的承诺。行政性垄断对一部分国内市场主体(本地区的、本行业的或者被指定的企业)给予特殊"保护""优惠"或授予特许权,而对其他主体进入本地市场规定极其苛刻的条件,必然导致国内的其他市场主体以及国外的市场主体受到不平等待遇甚至被不公正地排挤出市场。这种行为在多方面违反了 WTO 相关要求。一是这种差别待遇直接构成了对 WTO 国民待遇原则的违反;二是据以实施行政性垄断的规范性文件往往并不公开,违反了 WTO 透明度原则;三是行政性垄断以不正当限制竞争的方式在某一行业或某一地区妨碍了正常的市场准入,建立了新的壁垒,违反了 WTO 自由贸易的原则;四是由于行政性垄断往往表现为地方政府及其部门采取与中央精神相悖的立法、政策和措施,违反了 WTO 法制统一的原则;五是在实施行政性垄断的情况下,WTO 的公平竞争原则更是无法实现。②

本章小结

本章从基础性知识入手,并与经济性垄断、国家垄断、自然垄断等

---

① 参见《浙江环保局原局长讨情妇欢心强权垄断环保市场》,载中国法院网 2009 年 12 月 17 日,https://www.chinacourt.org/article/detail/2009/12/id/386432.shtml,最后访问时间 2018 年 3 月 23 日。

② 参见王先林:《竞争法学》(第 2 版),中国人民大学出版社 2015 年版,第 263 页。

相邻概念进行比较,厘清行政性垄断这一概念。根据我国《反垄断法》的规定,行政性垄断有七种表现形态。该行为的主体包含国务院各部门和地方政府及其各部门,行为要件强调对行政权力的滥用,结果要件强调对市场竞争的排除与限制。

研究表明,我国行政性垄断的存在是经济、政治、法律、社会、文化传统等诸多因素长期、综合作用的结果。因此,行政性垄断的成因应从体制因素、利益因素、法制因素和思想文化等角度综合考虑。在我国经济转轨时期,行政性垄断的危害主要包括阻碍统一市场的形成、破坏公平竞争秩序、侵犯消费者权益、容易导致权力寻租、滋生腐败,并且与WTO基本原则相冲突,影响我国履行"入世"承诺等危害。因此,有必要加强对行政性垄断的法律规制。

CHAPTER 02 >>

第二章

我国行政性垄断规制的现状

基于行政性垄断具有阻碍全国统一市场形成、破坏公平竞争秩序、损害消费者权益等危害，我国一直将行政性垄断的规制作为立法、司法和执法的重要任务。由此形成了我国以“单一控权”为着眼点，以“事后矫正”为唯一手段的行政性垄断规制的路径，但该路径从立法到执法、司法方面都存在不同程度的不足，致使我国目前对行政性垄断的规制已经陷入“效果甚微、规制乏力”的困境。

第一节　我国反行政性垄断的立法情况

一、反行政性垄断的政策法规出台情况

改革开放之前，我国实行高度集中的计划经济体制，高度的国家垄断和全面的政府管制之下，行政权力对市场竞争不当干预十分严重，对行政性垄断的规制无从谈起。直到1978年中共十一届三中全会决定将工作重心转移到经济建设上来，逐步放开民营经济，市场才开始逐步恢复。此时，行政主体滥用行政权力排除、限制市场竞争的现象增多，对市场的培育

和经济的发展产生了较大危害。

鉴于此，自20世纪80年代以来，我国开始对行政机关及授权组织滥用行政权力的行为进行规制。作为执政党的中国共产党出台了较多的政策以强调对行政性垄断的规制。在这些政策的指导下，国家机关又出台了一系列法律、法规和规范性文件①对行政性垄断进行规制。如无特殊说明，本节是从广义上使用“法律”和“法”，即包括了所有根据我国《宪法》和《立法法》所赋予的立法权力和一定的立法程序制定的规范性法律文件。

(一)中共中央政策文件

规范行使行政权力是依法行政、建设社会主义法治国家的重要内容，是现代政治文明的必然要求，而行政性垄断却是行政主体滥用行政权力排除、限制竞争的行为，不符合依法行政、建设法治政府的要求。对此，自2013年起，中共中央多次发布政策文件，如表2所示，强调破除各种形式的行政性垄断，强化对行政权力的制约和监督，“把权力关进制度的笼子里”。

表2　与行政性垄断规制相关的中共中央文件

生效时间	文件名称	涉及规制行政性垄断的相关内容
2013年11月	《关于全面深化改革若干重大问题的决定》	准确界定不同国有企业功能。国有资本加大对公益性企业的投入，在提供公共服务方面作出更大贡献。国有资本继续控股经营的自然垄断行业，实行以政企分开、政资分开、特许经营、政府监管为主要内容的改革，根据不同行业特点实行网运分开、放开竞争性业务，推进公共资源配置市场化。进一步破除各种形式的行政性垄断。
2014年10月	《关于全面推进依法治国若干重大问题的决定》	推进政府依法全面履行政府职能。强化对行政权力的制约和监督。

① 本书关于行政性垄断相关政策法规的汇总，依有限的搜索，恐未穷尽。——笔者注

续表

生效时间	文件名称	涉及规制行政性垄断的相关内容
2015年3月	《关于深化体制机制改革 加快实施创新驱动发展战略的若干意见》	打破地方保护,清理和废除妨碍全国统一市场的规定和做法,纠正地方政府不当补贴或利用行政权力限制、排除竞争的行为。
2015年5月	《关于构建开放型经济新体制的若干意见》	加快转变政府职能,完善经济管理体制和运行机制,逐步建立权力清单制度,加强知识产权保护和反垄断制度建设,健全全社会诚信体系,清理妨碍全国统一市场和公平竞争的各种规定和做法,保证各类所有制企业依法平等使用生产要素、公开公平公正参与市场竞争、同等受到法律保护。
2015年9月	《深化科技体制改革实施方案》	打破地方保护,清理和废除各地妨碍全国统一市场的规定和做法,纠正地方政府不当补贴或利用行政权力限制、排除竞争的行为。
2015年10月	《关于制定国民经济和社会发展第十三个五年规划的建议》	加快形成统一开放、竞争有序的市场体系,建立公平竞争保障机制,打破地域分割和行业垄断。
2015年12月	《法治政府建设实施纲要(2015—2020年)》	清理、废除妨碍全国统一市场和公平竞争的各种规定和做法,破除部门保护、地区封锁和行业垄断。
2017年10月	《决胜全面建成小康社会 夺取新时代中国特色社会主义伟大胜利——在中国共产党第十九次全国代表大会上的报告》	全面实施市场准入负面清单制度,清理废除妨碍统一市场和公平竞争的各种规定和做法,支持民营企业发展,激发各类市场主体活力。深化商事制度改革,打破行政性垄断,防止市场垄断,加快要素价格市场化改革,放宽服务业准入限制,完善市场监管体制。

续表

生效时间	文件名称	涉及规制行政性垄断的相关内容
2018 年 2 月	《关于深化党和国家机构改革的决定》	加强和优化政府反垄断、反不正当竞争职能，打破行政性垄断，防止市场垄断，清理废除妨碍统一市场和公平竞争的各种规定和做法。
2019 年 10 月	《关于坚持和完善中国特色社会主义制度　推进国家治理体系和治理能力现代化若干重大问题的决定》	加快完善社会主义市场经济体制。建设高标准市场体系，完善公平竞争制度，全面实施市场准入负面清单制度，改革生产许可制度，健全破产制度。强化竞争政策基础地位，落实公平竞争审查制度，加强和改进反垄断和反不正当竞争执法。
2020 年 3 月	《关于构建更加完善的要素市场化配置体制机制的意见》	深化"放管服"改革，强化竞争政策基础地位，打破行政性垄断、防止市场垄断，清理废除妨碍统一市场和公平竞争的各种规定和做法，进一步减少政府对要素的直接配置。深化国有企业和国有金融机构改革，完善法人治理结构，确保各类所有制企业平等获取要素。
2020 年 10 月	《关于制定国民经济和社会发展第十四个五年规划和二〇三五年远景目标的建议》	依托强大国内市场，贯通生产、分配、流通、消费各环节，打破行业垄断和地方保护，形成国民经济良性循环。 健全公平竞争审查机制，加强反垄断和反不正当竞争执法司法，提升市场综合监管能力。
2021 年 1 月	《建设高标准市场体系行动方案》	增强公平竞争审查制度刚性约束。探索建立公平竞争审查举报处理和回应机制，及时核查举报涉及的问题。健全公平竞争审查机制，进一步明确和细化纳入审查范围的政策措施类别。出台公平竞争审查例外规定适用指南，建立例外规定动态调整和重大事项实时调整机制。研究制定行业性审查规则，进一步细化认定标准。

续表

生效时间	文件名称	涉及规制行政性垄断的相关内容
2021年3月	《国民经济和社会发展第十四个五年规划和2035年远景目标纲要》	坚持鼓励竞争、反对垄断,完善竞争政策框架,构建覆盖事前、事中、事后全环节的竞争政策实施机制。统筹做好增量审查与存量清理,强化公平竞争审查制度的刚性约束,完善公平竞争审查细则,持续清理废除妨碍全国统一市场和公平竞争的规定及做法。完善市场竞争状况评估制度,建立投诉举报和处理回应机制。加大反垄断和反不正当竞争执法司法力度,防止资本无序扩张。推进能源、铁路、电信、公用事业等行业竞争性环节市场化改革,放开竞争性业务准入,进一步引入市场竞争机制,加强对自然垄断业务的监管。
2021年8月	《关于强化反垄断深入推进公平竞争政策实施的意见》	要加快健全市场准入制度、公平竞争审查机制、数字经济公平竞争监管制度、预防和制止滥用行政权力排除限制竞争制度等。
2022年4月	《关于加快建设全国统一大市场的意见》	打破地方保护和市场分割,打通制约经济循环的关键堵点,加快建设高效规范、公平竞争、充分开放的全国统一大市场,维护统一的公平竞争制度。坚持对各类市场主体一视同仁、平等对待。健全公平竞争制度框架和政策实施机制,建立公平竞争政策与产业政策协调保障机制。健全反垄断法律规则体系,加快推动修改反垄断法、反不正当竞争法,完善公平竞争审查制度,研究重点领域和行业性审查规则,健全审查机制,统一审查标准,规范审查程序,提高审查效能。破除地方保护和区域壁垒。及时清理废除各地区含有地方保护、市场分割、指定交易等妨碍统一市场和公平竞争的政策,全面清理歧视外资企业和外地企业、实行地方保护的各类优惠政策,对新出台政策严格开展公平竞争审查。
2022年9月	《关于进一步优化营商环境降低市场主体制度性交易成本的意见》	全面落实公平竞争审查制度,2022年10月底前,组织开展制止滥用行政权力排除、限制竞争执法专项行动。

(二)法律、法规和规范性文件

1. 法律和司法解释

我国规制行政性垄断的法律及司法解释根据其内容可以分为以下几类,如表 3 所示:

(1)规制行政性垄断的一般法,包括 1993 年《反不正当竞争法》① (已失效)和《反垄断法》(2008 年生效,2022 年修正)。值得一提的是,在《反垄断法》尚未颁布之前,1993 年《反不正当竞争法》承担了规制行政性垄断的主要任务,其中规定的行政性垄断类型主要是限定交易和限制商品自由流通两种,同时其也规定了行政性垄断的法律责任,包括对行政性垄断主体的责令改正和责任人员的处分,以及对行政性垄断获益者的处罚。2017 年《反不正当竞争法》进行第一次修订,由于《反垄断法》已经对行政性垄断规定得较为详备,2017 年修订后的《反不正当竞争法》删除了与行政性垄断规制相关的内容,即剥离了其所承担的反行政性垄断任务,成为一部真正意义上的"反不正当竞争法"。

(2)从某一方面规定反行政性垄断的特别法,包括《价格法》《招标投标法》《产品质量法》《药品管理法》《行政许可法》。其分别从价格、招投标、产品质量、药品管理和行政许可的角度规制行政性垄断,但涉及的法条均不多。

(3)与反行政性垄断有关的司法诉讼程序的规定,包括 2017 年《行政诉讼法》《关于执行〈中华人民共和国行政诉讼法〉若干问题的解释》(已失效)《关于适用〈中华人民共和国行政诉讼法〉的解释》。这些法律规定主要是将行政性垄断明确作为公民、法人或者其他组织提起行政诉讼的事由,给予其司法救济途径。

---

① 我国《反不正当竞争法》1993 年颁布后,于 2017 年、2019 年两次修订。

表3　与行政性垄断规制相关的法律及司法解释

类型	条款生效时间	时效性	名称	与行政性垄断规制相关的内容
一般法	1993年12月	2017年第一次修订，行政性垄断相关条文被删除；2019年第二次修订为现行版本。	《反不正当竞争法》	第7条　政府及其所属部门不得滥用行政权力，限定他人购买其指定的经营者的商品，限制其他经营者正当的经营活动。 政府及其所属部门不得滥用行政权力，限制外地商品进入本地市场，或者本地商品流向外地市场。（已于2017年被删除） 第30条　政府及其所属部门违反本法第7条规定，限定他人购买其指定的经营者的商品、限制其他经营者正当的经营活动，或者限制商品在地区之间正常流通的，由上级机关责令其改正；情节严重的，由同级或者上级机关对直接责任人员给予行政处分。被指定的经营者借此销售质次价高商品或者滥收费用的，监督检查部门应当没收违法所得，可以根据情节处以违法所得一倍以上三倍以下的罚款。（已于2017年被删除）
	2008年8月	2022年修订，为现行版本	《反垄断法》	第10条　行政机关和法律、法规授权的具有管理公共事务职能的组织不得滥用行政权力，排除、限制竞争。 第9条　行政机关和法律、法规授权的具有管理公共事务职能的组织不得滥用行政权力，限定或者变相限定单位或者个人经营、购买、使用其指定的经营者提供的商品。 第40条　行政机关和法律、法规授权的具有管理公共事务职能的组织不得滥用行政权力，通过与经营者签订合作协议、备忘录等方式，妨碍其他经营者进入相关市场或者对其他经营者实行不平等待遇，排除、限制竞争。

续表

类型	条款生效时间	时效性	名称	与行政性垄断规制相关的内容
				第41条　行政机关和法律、法规授权的具有管理公共事务职能的组织不得滥用行政权力，实施下列行为，妨碍商品在地区之间的自由流通：（一）对外地商品设定歧视性收费项目、实行歧视性收费标准，或者规定歧视性价格；（二）对外地商品规定与本地同类商品不同的技术要求、检验标准，或者对外地商品采取重复检验、重复认证等歧视性技术措施，限制外地商品进入本地市场；（三）采取专门针对外地商品的行政许可，限制外地商品进入本地市场；（四）设置关卡或者采取其他手段，阻碍外地商品进入或者本地商品运出；（五）妨碍商品在地区之间自由流通的其他行为。 第42条　行政机关和法律、法规授权的具有管理公共事务职能的组织不得滥用行政权力，以设定歧视性资质要求、评审标准或者不依法发布信息等方式，排斥或者限制经营者参加招标投标以及其他经营活动。 第43条　行政机关和法律、法规授权的具有管理公共事务职能的组织不得滥用行政权力，采取与本地经营者不平等待遇等方式，排斥、限制、强制或者变相强制外地经营者在本地投资或者设立分支机构。 第44条　行政机关和法律、法规授权的具有管理公共事务职能的组织不得滥用行政权力，强制或者变相强制经营者从事本法规定的垄断行为。

续表

类型	条款生效时间	时效性	名称	与行政性垄断规制相关的内容
				第45条　行政机关和法律、法规授权的具有管理公共事务职能的组织不得滥用行政权力，制定含有排除、限制竞争内容的规定。 第54条　反垄断执法机构依法对涉嫌滥用行政权力排除、限制竞争的行为进行调查，有关单位或者个人应当配合。 第55条　经营者、行政机关和法律、法规授权的具有管理公共事务职能的组织，涉嫌违反本法规定的，反垄断执法机构可以对其法定代表人或者负责人进行约谈，要求其提出改进措施。 第61条　行政机关和法律、法规授权的具有管理公共事务职能的组织滥用行政权力，实施排除、限制竞争行为的，由上级机关责令改正；对直接负责的主管人员和其他直接责任人员依法给予处分。反垄断执法机构可以向有关上级机关提出依法处理的建议。行政机关和法律、法规授权的具有管理公共事务职能的组织应当将有关改正情况书面报告上级机关和反垄断执法机构。法律、行政法规对行政机关和法律、法规授权的具有管理公共事务职能的组织滥用行政权力实施排除、限制竞争行为的处理另有规定的，依照其规定。

续表

类型	条款生效时间	时效性	名称	与行政性垄断规制相关的内容
特别法	1998年5月	有效	《价格法》	第22条第1款　政府价格主管部门和其他有关部门制定政府指导价、政府定价，应当开展价格、成本调查，听取消费者、经营者和有关方面的意见。 第23条　制定关系群众切身利益的公用事业价格、公益性服务价格、自然垄断经营的商品价格等政府指导价、政府定价，应当建立听证会制度，由政府价格主管部门主持，征求消费者、经营者和有关方面的意见，论证其必要性、可行性。 第45条　地方各级人民政府或者各级人民政府有关部门违反本法规定，超越定价权限和范围擅自制定、调整价格或者不执行法定的价格干预措施、紧急措施的，责令改正，并可以通报批评；对直接负责的主管人员和其他直接责任人员，依法给予行政处分。 第47条第1款　国家行政机关的收费，应当依法进行，严格控制收费项目，限定收费范围、标准。
	2000年1月	2017年修订	《招标投标法》	第6条　依法必须进行招标的项目，其招标投标活动不受地区或者部门的限制。任何单位和个人不得违法限制或者排斥本地区、本系统以外的法人或者其他组织参加投标，不得以任何方式非法干涉招标投标活动。 第12条　……任何单位和个人不得以任何方式为招标人指定招标代理机构。 ……任何单位和个人不得强制其委托招标代理机构办理招标事宜。 第14条　招标代理机构与行政机关和其他国家机关不得存在隶属关系或者其他利益关系。

续表

类型	条款生效时间	时效性	名称	与行政性垄断规制相关的内容
				第62条　任何单位违反本法规定,限制或者排斥本地区、本系统以外的法人或者其他组织参加投标的,为招标人指定招标代理机构的,强制招标人委托招标代理机构办理招标事宜的,或者以其他方式干涉招标投标活动的,责令改正;对单位直接负责的主管人员和其他直接责任人员依法给予警告、记过、记大过的处分,情节较重的,依法给予降级、撤职、开除的处分。个人利用职权进行前款违法行为的,依照前款规定追究责任。
	2000年9月	2009年、2018年修订	《产品质量法》	第11条　任何单位和个人不得排斥非本地区或者非本系统企业生产的质量合格产品进入本地区、本系统。
	2001年12月	2013年、2015年、2019年修订	《药品管理法》	第110条　地方人民政府及其药品监督管理部门不得以要求实施药品检验、审批等手段限制或者排斥非本地区药品上市许可持有人、药品生产企业生产的药品进入本地区。 第111条　药品监督管理部门及其设置不得参与药品生产经营活动,不得以其名义推荐或者监制、监销药品。药品监督管理部门及其设置或者指定的药品专业技术机构的工作人员不得参与药品生产经营活动。 第145条　药品监督管理部门或者其设置、指定的药品专业技术机构参与药品生产经营活动的,由其上级主管机关责令改正,没收违法收入;情节严重的,对直接负责的主管人员和其他直接责任人员依法给予行政处分。药品监督管理部门或者其设置、指定的药品专业技术机构参与药品生产经营活动的,依法给予处分。

续表

类型	条款生效时间	时效性	名称	与行政性垄断规制相关的内容
	2004 年 7 月	2019 年修订	《行政许可法》	第 15 条第 2 款　地方性法规和省、自治区、直辖市人民政府规章，不得设定应当由国家统一确定的公民、法人或者其他组织的资格、资质的行政许可；不得设定企业或者其他组织的设立登记及其前置性行政许可。其设定的行政许可，不得限制其他地区的个人或者企业到本地区从事生产经营和提供服务，不得限制其他地区的商品进入本地区市场。 第 16 条第 4 款　法规、规章对实施上位法设定的行政许可作出的具体规定，不得增设行政许可；对行政许可条件作出的具体规定，不得增设违反上位法的其他条件。
	2019 年 1 月	有效	《电子商务法》	第 4 条　国家平等对待线上线下商务活动，促进线上线下融合发展，各级人民政府和有关部门不得采取歧视性的政策措施，不得滥用行政权力排除、限制市场竞争。
	2020 年 1 月	有效	《外商投资法》	第 24 条　各级人民政府及其有关部门制定涉及外商投资的规范性文件，应当符合法律法规的规定；没有法律、行政法规依据的，不得减损外商投资企业的合法权益或者增加其义务，不得设置市场准入和退出条件，不得干预外商投资企业的正常生产经营活动。
司法诉讼程序相关规定	2000 年 3 月	已失效（为2018 年司法解释所废止）	《关于执行〈中华人民共和国行政诉讼法〉若干问题的解释》	将“被诉的具体行政行为涉及其相邻权或者公平竞争权”作为公民、法人或者其他组织可以依法提起行政诉讼的事由。

续表

类型	条款生效时间	时效性	名称	与行政性垄断规制相关的内容
	2015年5月	2017年修订	《行政诉讼法》	第12条　人民法院受理公民、法人或者其他组织提起的下列诉讼：……（八）认为行政机关滥用行政权力排除或者限制竞争的；…… 第53条　公民、法人或者其他组织认为行政行为所依据的国务院部门和地方人民政府及其部门制定的规范性文件不合法，在对行政行为提起诉讼时，可以一并请求对该规范性文件进行审查。 前款规定的规范性文件不含规章。
	2018年2月	有效（取代2000年司法解释）	《关于适用〈中华人民共和国行政诉讼法〉的解释》	将"被诉的行政行为涉及其相邻权或者公平竞争权"作为《行政诉讼法》第25条第1款规定的"与行政行为有利害关系"的情形之一。

2. 国务院及其各部门文件

针对行政性垄断，国务院及其各部门发布了一系列文件，如表4所示，如1980年发布的被称为"竞争十条"的《关于开展和保护社会主义竞争的暂行规定》（已失效）首次提出了反垄断，尤其是反对行政性垄断的任务，强调"开展竞争必须打破地区封锁和部门分割。任何地区和部门都不准封锁市场，不得禁止外地商品在本地区、本部门销售。对本地区出产的原材料必须保证按国家计划调出，不准进行封锁。"

表4　国务院及其各部门的行政性垄断规制文件

序号	生效时间	时效性	颁布主体	文件名称
1	1980年7月	失效	国务院	《关于推动经济联合的暂行规定》
2	1980年10月	失效	国务院	《关于开展和保护社会主义竞争的暂行规定》

续表

序号	生效时间	时效性	颁布主体	文件名称
3	1982 年 4 月	有效	国务院	《关于在工业品购销中禁止封锁的通知》
4	1986 年 3 月	失效	国务院	《关于进一步推动横向经济联合若干问题的规定》
5	1990 年 11 月	失效	国务院	《关于打破地区间市场封锁进一步搞活商品流通的通知》
6	1991 年 10 月	失效	国务院	《关于进一步搞活农产品流通的通知》
7	1996 年 8 月	有效	原国家计划委员会	《关于取消地方限制经济型轿车使用的意见》
8	1999 年 11 月	失效	中国证券监督管理委员会	《关于不得限制中介机构跨地区执行证券相关业务的通知》
9	2000 年 9 月	2014 年、2016 年修订保留	国务院	《电信条例》
10	2001 年 4 月	有效	国务院	《关于整顿和规范市场经济秩序的决定》
11	2001 年 4 月	2011 年修订保留	国务院	《关于禁止在市场经济活动中实行地区封锁的规定》
12	2001 年 7 月	有效	国家烟草专卖局	《关于禁止卷烟经营实行地区封锁的规定》
13	2004 年 5 月	失效	国务院办公厅	《2004 年全国整顿和规范市场经济秩序工作要点》
14	2009 年 7 月	失效	原国家工商行政管理总局	《工商行政管理机关制止滥用行政权力排除、限制竞争行为程序规定》
15	2011 年 2 月	失效	国家发展和改革委员会	《反价格垄断规定》
16	2011 年 2 月	失效	国家发展和改革委员会	《反价格垄断行政执法程序规定》
17	2011 年 2 月	失效	原国家工商行政管理总局	《工商行政管理机关制止滥用行政权力排除、限制竞争行为的规定》

续表

序号	生效时间	时效性	颁布主体	文件名称
18	2012 年 8 月	有效	国务院	《关于深化流通体制改革加快流通产业发展的意见》
19	2014 年 3 月	有效	国务院	《关于进一步优化企业兼并重组市场环境的意见》
20	2014 年 9 月	有效	国务院	《物流业发展中长期规划(2014—2020 年)》
21	2015 年 5 月	有效	国务院	《关于大力发展电子商务加快培育经济新动力的意见》
22	2015 年 8 月	有效	国务院	《关于推进国内贸易流通现代化建设法治化营商环境的意见》
23	2015 年 11 月	有效	国务院办公厅	《关于加快发展生活性服务业促进消费结构升级的指导意见》
24	2015 年 12 月	有效	国务院	《关于实行市场准入负面清单制度的意见》
25	2016 年 3 月	有效	国务院	《批转国家发展改革委关于 2016 年深化经济体制改革重点工作意见的通知》
26	2018 年 8 月	有效	国务院办公厅	《关于印发全国深化“放管服”改革转变政府职能电视电话会议重点任务分工方案的通知》
27	2019 年 9 月	有效	国家市场监管总局	《制止滥用行政权力排除、限制竞争行为暂行规定》
28	2019 年 9 月	有效	国家市场监管总局	《禁止滥用市场支配地位行为暂行规定》
29	2019 年 9 月	有效	国家市场监管总局	《禁止垄断协议暂行规定》
30	2020 年 1 月	有效	国务院	《优化营商环境条例》
31	2021 年 2 月	有效	国务院反垄断委员会	《关于平台经济领域的反垄断指南》
32	2021 年 11 月	有效	国务院反垄断委员会	《关于原料药领域的反垄断指南》

还有一些文件是对某一具体领域进行行政性垄断规制的。例如1991年《关于进一步搞活农产品流通的通知》(已失效)强调打破农产品的地区封锁;2001年《关于禁止卷烟经营实行地区封锁的规定》列举了禁止各级烟草专卖局(公司)违反法律、行政法规和国务院及国家烟草专卖局的规定实行的地区封锁行为;2014年《物流业发展中长期规划(2014—2020年)》指出要深化物流业管理体制改革,进一步简政放权,打破行业、部门和地区分割。

另外,也有一些文件规定了行政性垄断的执法程序,如原国家工商行政管理总局于2009年发布的《工商行政管理机关制止滥用行政权力排除、限制竞争行为程序规定》(已失效),国家发展和改革委员会于2011年发布的《反价格垄断行政执法程序规定》(已失效),以及国家市场监管总局2019年7月颁布的《制止滥用行政权力排除、限制竞争行为暂行规定》。

(三)反行政性垄断的创新之举——公平竞争审查

公平竞争是市场经济的基本原则,也是市场机制高效运行的重要基础,但是我国目前仍存在的行政性垄断现象并不符合建设全国统一市场和公平竞争基本原则的要求。为了更好地规范行政主体的行政行为,从源头上减少其滥用行政权力排除、限制竞争行为的发生,我国自2015年3月开始探索,并于2016年6月通过国发〔2016〕34号文(《关于在市场体系建设中建立公平竞争审查制度的意见》,以下或简称《公审意见》)正式建立公平竞争审查制度。这是我国确立竞争政策基础性地位迈出的关键一步,是维护市场公平竞争的一项重大制度性安排,也是防止滥用行政权力排除、限制竞争的一项具有中国特色的、创新性的顶层设计。2022年《反垄断法》更是指出,要"建立健全公平竞争审查制度",明确了公平竞争审查制度作为规制行政性垄断的重要抓手,具有重要的意义。笔者整理了公平竞争审查制度的相关文件,如表5所示。

表5　公平竞争审查制度相关文件

序号	生效时间	颁布主体	文件名称
1	2015年3月	中共中央、国务院	《关于深化体制机制改革加快实施创新驱动发展战略的若干意见》
2	2015年6月	国务院	《关于大力推进大众创业万众创新若干政策措施的意见》
3	2015年9月	中共中央办公厅、国务院办公厅	《深化科技体制改革实施方案》
4	2015年10月	中共中央、国务院	《关于推进价格机制改革的若干意见》
5	2016年3月	国务院	《批转国家发展改革委关于2016年深化经济体制改革重点工作意见的通知》
6	2016年6月	国务院	《关于在市场体系建设中建立公平竞争审查制度的意见》
7	2016年12月	国务院办公厅	《关于同意建立公平竞争审查工作部际联席会议制度的函》
8	2017年7月	国家发展和改革委员会、财政部、商务部、原国家工商行政管理总局	《关于印发推进落实公平竞争审查制度2017年工作重点的通知》
9	2017年10月	国家发展和改革委员会、财政部、商务部、原国家工商行政管理总局、原国务院法制办公室	《关于印发〈公平竞争审查制度实施细则(暂行)〉的通知》
10	2017年12月	国家发展和改革委员会、财政部、商务部	《关于印发〈2017—2018年清理现行排除限制竞争政策措施的工作方案〉的通知》
11	2018年5月	国务院办公厅	《关于加强行政规范性文件制定和监督管理工作的通知》

续表

序号	生效时间	颁布主体	文件名称
12	2018年5月	国务院办公厅	《关于开展涉及产权保护的规章、规范性文件清理工作的通知》
13	2018年8月	国务院办公厅	《关于印发全国深化“放管服”改革转变政府职能电视电话会议重点任务分工方案的通知》
14	2019年2月	国家市场监管总局	《公平竞争审查第三方评估实施指南》
15	2019年2月	国家市场监管总局、国家发展和改革委员会、财政部、商务部	《关于印发全面推进落实公平竞争审查制度2019年工作重点的通知》
16	2019年12月	国家市场监管总局、国家发展和改革委员会、财政部、商务部	《关于开展妨碍统一市场和公平竞争的政策措施清理工作的通知》
17	2020年5月	国家市场监管总局、国家发展和改革委员会、财政部、商务部	《关于进一步推进公平竞争审查工作的通知》
18	2020年6月	国家市场监管总局、国家发展和改革委员会、财政部、商务部	《关于印发公平竞争审查工作部际联席会议2020年工作要点的通知》
17	2021年6月	国家市场监管总局、国家发展和改革委员会、财政部、商务部、司法部	《公平竞争审查制度实施细则》

二、我国行政性垄断规制立法的不足

通过上述对我国行政性垄断规制的政策文件与法律、法规、规范性文件的梳理,我们可以发现,中共中央对行政性垄断规制问题一直高度重视,其多次发布相关政策文件强调对行政权力行使的约束和监督。在这些政策文件的指导下,许多法律、法规和规范性文件也陆续出台,但就目前来看,这些法律文件的规制效果并不尽如人意,相关规定存在一些不足,制约着行政性垄断的规制效果。

(一)权威性待提高

行政性垄断规制的法律文件的权威性可以由其颁布主体和效力级别两个方面看出,笔者分别对上述法律文件的颁布主体和效力级别作简单的描述性统计,如表6所示。

表6　我国规制行政性垄断的法律文件的颁布主体和效力级别情况①

序号	颁布主体	文件效力级别	文件数量/件	占比/%
1	全国人大常委会	法律	10	16.39
2	国务院	国务院规范性文件	17	34.43
		行政法规	4	
3	国务院办公厅	国务院规范性文件	7	11.48
4	国务院反垄断委员会	国务院规范性文件	2	3.28
5	国家发展和改革委员会	部门规范性文件	3	8.20
		部门规章	2	
6	原国家工商行政管理总局	部门规章	2	3.28
7	原国家计委	国务院规范性文件②	1	1.64
8	国家烟草专卖局	部门规范性文件	1	1.64
9	中国证券监督管理委员会	部门规范性文件	1	1.64

续表

序号	颁布主体	文件效力级别	文件数量/件	占比/%
10	国家市场监管总局	部门规章	6	14.75
		部门规范性文件	3	
11	最高人民法院	司法解释	2	3.28
共计			61	100.0

注:①对于同一法律文件有多个颁布主体的,一般是顺序在第一位的主体为主要颁布主体,故笔者仅对其进行统计。

②此处原国家计委颁布的文件由于经国务院办公厅同意并转发,故文件的效力级别定为国务院规范性文件。

由表6可以看出,颁布行政性垄断规制的法律文件最多的主体为国务院,其共颁布了21份文件,占比34.43%,其中17份为规范性文件,4份为行政法规。再加上国务院办公厅的7份文件、国务院反垄断委员会的2份文件、国家发展和改革委员会的5份文件、原国家工商行政管理总局的2份文件、原国家计委的1份文件、国家烟草专卖局的1份文件、中国证券监督管理委员会的1份文件、国家市场监管总局的9份文件,共计28份文件,国务院及其部委等颁布的行政法规、国务院及其部门的规范性文件、部门规章共49份,占比80.33%。其次,全国人大常委会亦有10份法律文件涉及反行政性垄断,占比16.39%。另外,最高人民法院有2份司法解释涉及反行政性垄断的相关内容,占比3.28%。

总体而言,我国反行政性垄断的法律文件中约4/5由国务院及其部委颁布,主要为行政法规、国务院及其部门的规范性文件以及部门规章,效力等级较低,权威性不够。而由于欠缺必要的权威性,这些文件的执行效果并不理想。尽管全国人大常委会颁布的10份文件为法律,但专门对行政性垄断进行规定的目前仅有《反垄断法》,其他法律都只是仅用几个法条对本身规制领域所涉及的行政性垄断进行规定。

(二)体系不够完整

要有效地调整某一社会关系,必须建立一套完备的法律体系,形成以专项基本法律为主体、相关法律法规为补充的制度体系。对于行政性垄断问题也需要这样一套法律体系。但到目前为止,我国仅颁布了《反垄断法》这一基本法律,《反垄断法》已经把公平竞争审查制度纳入,但其之下与之配套的仅有《制止滥用行政权力排除、限制竞争行为暂行规定》。

就表6中我国61份行政性垄断规制的法律文件而言,其中从法律、行政法规到国务院及其部门的规范性文件、部门规章、司法解释均有涉及,并且多数为颁布主体为规制某一领域的行政性垄断问题而出台,相关领域的反行政性垄断规定散见于各种法律文件中,如《关于禁止卷烟经营实行地区封锁的规定》是针对卷烟经营领域的地区封锁问题进行的规定,《关于不得限制中介机构跨地区执行证券相关业务的通知》(已失效)是就禁止证券中介机构跨地区执业限制的问题进行规定,《行政许可法》《产品质量法》《药品管理法》《招标投标法》分别就行政许可、产品质量、药品管理、招标投标中可能涉及的行政性垄断进行了相应规定。但法条数量极其有限,整体上缺乏统一的立法依据对立法活动进行指导,过于注重行为立法,而对体系立法关注不够,在规范体系、责任体系和执法体制等方面都有待完善。总而言之,我国的相关法律规定还不够完善,尚未形成一个反行政性垄断的完整、有机联系的法律体系。

(三)法律责任设置不够合理

在行政性垄断的法律关系中,法律关系主体往往呈现出多元化的特点。其中不仅有作为国家机关或法律法规授权的组织实施相应行政性垄断行为的行政主体,还有协助实施行政性垄断行为并因此获得保护或经济利益的获益经营者,以及因行政性垄断行为而被侵犯合法竞争权益的行政性垄断受害者。因此,在设置行政性垄断的法律责任时,也应该考虑法律关系主体多样性的问题,全面关注各方行为主体,确保由各方行为主体为自己的行为承担可能的法律后果，即全面设定行政主体、行政性垄断获益者的法律责任，并适当地关注行政性垄断受害者的权益，由此才符合法律责任设定上责任自负原则的要求。然而，据此检视我国规制行政性垄断的法律文件，却发现有关法律责任的设置不够合理。

从性质来看，这些法律文件中的禁止性规范多于制裁性规范。围绕是否对行政性垄断设置了相应的法律责任和制裁性规范，笔者对61份法律文件进行了统计，发现其中46份法律文件仅有禁止性规范，而未设置制裁性规范。如《关于推动经济联合的暂行规定》（已失效）、《关于开展和保护社会主义竞争的暂行规定》（已失效）、《关于进一步推动横向经济联合若干问题的规定》（已失效）、《关于整顿和规范市场经济秩序的决定》、《2004年全国整顿和规范市场经济秩序工作要点》（已失效）、《关于深化流通体制改革加快流通产业发展的意见》、《关于进一步优化企业兼并重组市场环境的意见》、《关于实行市场准入负面清单制度的意见》等文件中，更多采用“不得”“禁止”“严禁”“防止”等禁止性规范对行政性垄断进行规制，缺乏对行政性垄断行为的制裁性规定。

而另15份法律文件虽对行政性垄断规定了相应的法律责任，但是法律责任的设置并不健全、并不完善，从而导致对于行政性垄断的惩罚力度过于轻微。其中的《关于打破地区间市场封锁进一步搞活商品流通的通知》（已失效）中仅规定“在本通知发布后仍继续搞地区封锁的，要追究有关领导者的责任”，即其尽管规定了行政性垄断实施者应承担法律责任，但规定得十分概括，并没有明确领导者应该承担的具体责任形式。关于其他14份法律文件中法律责任条款的具体设置情况，笔者将其统计列表如表7所示。

表7　我国规制行政性垄断法律文件中的法律责任条款

序号	发布时间	文件名称	法律责任条款
1	1984年9月（2013年、2019年修订）	《药品管理法》	第145条　药品监督管理部门或者其设置、指定的药品专业技术机构参与药品生产经营活动的，由其上级机关责令改正，没收违法收入；情节严重的，对直接负责的主管人员和其他直接责任人员依法给予行政处分。药品监督管理部门或者其设置、指定的药品专业技术机构的工作人员参与药品生产经营活动的，依法给予行政处分。
2	1993年9月（2017年、2019年修订）	《反不正当竞争法》	第30条　政府及其所属部门违反本法第七条规定，限定他人购买其指定的经营者的商品、限制其他经营者正当的经营活动，或者限制商品在地区之间正常流通的，由上级机关责令其改正；情节严重的，由同级或者上级机关对直接责任人员给予行政处分。被指定的经营者借此销售质次价高商品或者滥收费用的，监督检查部门应当没收违法所得，可以根据情节处以违法所得一倍以上三倍以下的罚款。（已在修订法中做删除处理）
3	1997年12月	《价格法》	第45条　地方各级人民政府或者各级人民政府有关部门违反本法规定，超越定价权限和范围擅自制定、调整价格或者不执行法定的价格干预措施、紧急措施的，责令改正，并可以通报批评；对直接负责的主管人员和其他直接责任人员，依法给予行政处分。
4	1999年8月（2017年修订）	《招标投标法》	第62条第1款　任何单位违反本法规定，限制或者排斥本地区、本系统以外的法人或者其他组织参加投标的，为招标人指定招标代理机构的，强制招标人委托招标代理机构办理招标事宜的，或者以其他方式干涉招标投标活动的，责令改正；对单位直接负责的主管人员和其他直接责任人员依法给予警告、记过、记大过的处分，情节较重的，依法给予降级、撤职、开除的处分。

续表

序号	发布时间	文件名称	法律责任条款
5	2001年4月	《关于禁止在市场经济活动中实行地区封锁的规定》	第21条 对地方人民政府或者其所属部门违反本规定,实行地区封锁的,纵容、包庇地区封锁的,或者阻挠、干预查处地区封锁的,由省、自治区、直辖市人民政府给予通报批评;省、自治区、直辖市人民政府违反本规定,实行地区封锁的,纵容、包庇地区封锁的,或者阻挠、干预查处地区封锁的,由国务院给予通报批评。对直接负责的主管人员和其他直接责任人员,按照法定程序,根据情节轻重,给予降级或者撤职的行政处分;构成犯罪的,依法追究刑事责任。
6	2001年7月	《关于禁止卷烟经营实行地区封锁的规定》	第7条 省级烟草专卖局(公司)违反本规定,实行地区封锁的,纵容、包庇地区封锁的,或者阻挠、干预查处地区封锁的,由国家烟草专卖局给予通报批评。对直接负责的主管人员和其他直接责任人员,按照法定程序,根据情节轻重,给予降级或者撤职处分;构成犯罪的,依法移送司法机关追究刑事责任。 各级烟草专卖局(公司)违反本规定,制定实行地区封锁或者含有地区封锁内容的规定的,对该单位的主要负责人和签署该规定的负责人,按照法定程序,根据情节轻重,给予降级或者撤职的行政处分。

续表

序号	发布时间	文件名称	法律责任条款
7	2007年8月（2022年修订）	《反垄断法》	第55条　经营者、行政机关和法律、法规授权的具有管理公共事务职能的组织，涉嫌违反本法规定的，反垄断执法机构可以对其法定代表人或者负责人进行约谈，要求其提出改进措施。 第61条　行政机关和法律、法规授权的具有管理公共事务职能的组织滥用行政权力，实施排除、限制竞争行为的，由上级机关责令改正；对直接负责的主管人员和其他直接责任人员依法给予处分。反垄断执法机构可以向有关上级机关提出依法处理的建议。行政机关和法律、法规授权的具有管理公共事务职能的组织应当将有关改正情况书面报告上级机关和反垄断执法机构。法律、行政法规对行政机关和法律、法规授权的具有管理公共事务职能的组织滥用行政权力实施排除、限制竞争行为的处理另有规定的，依照其规定。
8	2009年6月	《工商行政管理机关制止滥用行政权力排除、限制竞争行为程序规定》（已失效）	第2条　行政机关和法律、法规授权的具有管理公共事务职能的组织滥用行政权力，实施排除、限制竞争行为的，由上级机关责令改正；对直接负责的主管人员和其他直接责任人员依法给予处分。国家工商行政管理总局和省、自治区、直辖市工商行政管理局（以下简称省级工商行政管理局）可以向有关上级机关提出依法处理的建议。

续表

序号	发布时间	文件名称	法律责任条款
9	2010年12月	《反价格垄断行政执法程序规定》(已失效)	第19条　行政机关和法律、法规授权的具有管理公共事务职能的组织滥用行政权力,实施排除、限制竞争行为的,政府价格主管部门可以向有关上级机关提出依法处理的建议:(一)停止强制经营者从事价格垄断行为;(二)废止含有排除、限制价格竞争内容的规定;(三)对直接负责的主管人员和其他直接责任人员依法给予处分;(四)纠正滥用行政权力行为的其他处理建议。法律、行政法规对行政机关和法律、法规授权的具有管理公共事务职能的组织滥用行政权力实施排除、限制竞争行为的处理另有规定的,依照其规定。
10	2019年6月	《制止滥用行政权力排除、限制竞争行为暂行规定》	第19条　经调查,反垄断执法机构认为构成滥用行政权力排除、限制竞争行为的,可以向有关上级机关提出依法处理的建议。在调查期间,当事人主动采取措施停止相关行为,消除相关后果的,反垄断执法机构可以结束调查。经调查,反垄断执法机构认为不构成滥用行政权力排除、限制竞争行为的,应当结束调查。
11	2019年6月	《禁止滥用市场支配地位行为暂行规定》	第37条第3款　经营者因行政机关和法律、法规授权的具有管理公共事务职能的组织滥用行政权力而滥用市场支配地位的,按照前款规定处理。经营者能够证明其从事的滥用市场支配地位行为是被动遵守行政命令所导致的,可以依法从轻或者减轻处罚。
12	2019年6月	《禁止垄断协议暂行规定》	第32条第4款　经营者因行政机关和法律、法规授权的具有管理公共事务职能的组织滥用行政权力而达成垄断协议的,按照前款规定处理。经营者能够证明其达成垄断协议是被动遵守行政命令所导致的,可以依法从轻或者减轻处罚。

续表

序号	发布时间	文件名称	法律责任条款
13	2019年10月	《优化营商环境条例》	第69条　政府和有关部门及其工作人员有下列情形之一的,依法依规追究责任: (一)违法干预应当由市场主体自主决策的事项; (二)制定或者实施政策措施不依法平等对待各类市场主体; (三)违反法定权限、条件、程序对市场主体的财产和企业经营者个人财产实施查封、冻结和扣押等行政强制措施; (四)在法律、法规规定之外要求市场主体提供财力、物力或者人力; (五)没有法律、法规依据,强制或者变相强制市场主体参加评比、达标、表彰、培训、考核、考试以及类似活动,或者借前述活动向市场主体收费或者变相收费; (六)违法设立或者在目录清单之外执行政府性基金、涉企行政事业性收费、涉企保证金; (七)不履行向市场主体依法作出的政策承诺以及依法订立的各类合同,或者违约拖欠市场主体的货物、工程、服务等账款; (八)变相设定或者实施行政许可,继续实施或者变相实施已取消的行政许可,或者转由行业协会商会或者其他组织实施已取消的行政许可; (九)为市场主体指定或者变相指定中介服务机构,或者违法强制市场主体接受中介服务; (十)制定与市场主体生产经营活动密切相关的行政法规、规章、行政规范性文件时,不按照规定听取市场主体、行业协会商会的意见; (十一)其他不履行优化营商环境职责或者损害营商环境的情形。

续表

序号	发布时间	文件名称	法律责任条款
14	2019 年 10 月	《公平竞争审查制度实施细则》	第 27 条　政策制定机关的上级机关经核实认定政策制定机关未进行公平竞争审查或者违反审查标准出台政策措施的，应当责令其改正；拒不改正或者不及时改正的，对直接负责的主管人员和其他直接责任人员依据《中华人民共和国公务员法》、《中华人民共和国公职人员政务处分法》、《行政机关公务员处分条例》等法律法规给予处分。本级及以上市场监管部门可以向政策制定机关或者其上级机关提出整改建议；整改情况要及时向有关方面反馈。违反《中华人民共和国反垄断法》的，反垄断执法机构可以向有关上级机关提出依法处理的建议。相关处理决定和建议依法向社会公开。

由表 7 可以看出，我国法律文件对行政性垄断的法律责任主要设置了两类主体的责任。一是行政性垄断实施者的责任，包括单位责任和个人责任。单位责任一般包括通报批评、上级机关责令改正、有违法收入的予以没收；个人责任则包括行政处分、没收违法所得、行政罚款、构成犯罪的追究刑事责任。但目前的行政性垄断法律责任体系中，单位责任主要是责令改正，而正如有学者所指出的，责任改正仅仅是行政确认权的结果，并非法律责任的形式，①与实施行政性垄断后带来的巨大部门利益和地方利益相比，这种畸轻的违法成本不仅不会遏制行政性垄断，反而会变相诱使经济理性的当事人实施行政性垄断。同时，尽管法律文件中规定了行政性垄断的个人责任，但其在实践中是否得到落实，难以考证。二是行政性垄断获益经营者的责任。

① 参见魏琼：《追究行政性垄断法律责任的对策——从“责令改正”谈起》，载《政治与法律》2009 年第 11 期。

就目前而言，我国法律文件中，只有在《禁止滥用市场支配地位行为暂行规定》和《禁止垄断协议暂行规定》中提到，经营者证明被动遵守行政机关命令实施垄断的可以从轻减轻处罚。值得一提的是，1993年《反不正当竞争法》曾规定“被指定的经营者借此销售质次价高商品或者滥收费用的，监督检查部门应当没收违法所得，可以根据情节处以违法所得一倍以上三倍以下的罚款”，但2017年修订版《反不正当竞争法》已将此条删除。

至于行政性垄断受害者的权益保护，目前并未有法律文件对其进行规定。这一点具体体现在相关违法者责任的缺乏，即并没有任何法律文件规定了行政性垄断的实施者或获益者对受害者的赔偿责任，或者通过国家赔偿等途径对受害者予以补偿。这也是法律责任设置不足的表现之一。

第二节　我国反行政性垄断的执法现状

我国《反垄断法》第61条第1款规定，行政机关和法律、法规授权的具有管理公共事务职能的组织滥用行政权力，实施排除、限制竞争行为的，由上级机关责令改正；对直接负责的主管人员和其他直接责任人员依法给予处分。反垄断执法机构可以向有关上级机关提出依法处理的建议。行政机关和法律、法规授权的具有公共事务职能的组织应当将有关改正情况书面报告上级机关和反垄断执法机构。据此，对行政性垄断案件，反垄断执法机构只有向行政性垄断主体的上级机关提出依法处理的建议权，案件的处理由上级机关负责。

一、我国反行政性垄断执法情况

笔者以修订前《反垄断法》实施日（2008年8月1日）截至2022年3月31日为实证分析样本采集的区间，共收集198例反行政性垄断行政执法案例，具体如表8所示。

表8　行政性垄断执法案例统计

序号	时间	案件名称
1	2009年7月	江西省新闻出版局行政性垄断案
2	2011年6月	广东省某市政府行政性垄断案
3	2011年10月	四川省成都市交通管理委员会行政性垄断案
4	2013年8月	江西省多市县政府办或相关部门行政性垄断案
5	2013年8月	中国人民银行南昌中心支行行政性垄断案
6	2013年12月	新疆维吾尔自治区乌鲁木齐市气象局行政性垄断案
7	2014年1月	海南省教育厅勤工俭学办行政性垄断案
8	2014年1月	湖南省邵阳市新宁县政府及有关部门行政性垄断案
9	2014年2月	湖南省永州市政府及有关部门行政性垄断案
10	2014年3月	江西省学校后勤与产业办公室行政性垄断案
11	2014年5月	四川省达州市政府行政性垄断案
12	2014年6月	内蒙古自治区赤峰市松山区安全生产监督管理局行政性垄断案
13	2014年7月	四川省西昌市政府行政性垄断案
14	2014年9月	河北省交通厅等行政性垄断案
15	2014年11月	吉林省长春汽车产业开发区政府相关部门行政性垄断案
16	2015年1月	江西省九江市物资集团公司等行政性垄断案
17	2015年1月	云南省西双版纳州旅游局行政性垄断案
18	2015年3月	山东省交通运输厅行政性垄断案
19	2015年6月	云南省通信管理局行政性垄断案
20	2015年7月	江西省建设工程安全质量监督管理局行政性垄断案
21	2015年8月	安徽省蚌埠市卫生和计划生育委员会行政性垄断案
22	2015年10月	湖南省永州市江永县政府行政性垄断案
23	2015年11月	甘肃省道路运输管理局行政性垄断案

续表

序号	时间	案件名称
24	2015 年 11 月	甘肃省武威市道路运输管理局行政性垄断案
25	2015 年 11 月	四川省卫生和计划生育委员会行政性垄断案
26	2015 年 11 月	浙江省卫生和计划生育委员会行政性垄断案
27	2015 年 12 月	山东省教育厅行政性垄断案
28	2015 年 12 月	山东省枣庄市人民政府行政性垄断案
29	2016 年 1 月	贵州省安顺市关岭县人民政府行政性垄断案
30	2016 年 2 月	宁夏回族自治区避雷装置检测站行政性垄断案
31	2016 年 2 月	山东省济南市老龄工作委员会办公室等行政性垄断案
32	2016 年 5 月	山东省济宁市鱼台县人民政府行政性垄断案
33	2016 年 5 月	四川省内江市资中县住房和城乡规划建设局行政性垄断案
34	2016 年 6 月	广东省某区水务局行政性垄断案
35	2016 年 10 月	中国人民银行合肥中心支行行政性垄断案
36	2016 年 12 月	安徽省宿州市卫生和计划生育委员会招投标领域行政性垄断案
37	2016 年 12 月	北京市城乡和住房建设委员会行政性垄断案
38	2016 年 12 月	甘肃省“新居配”排除、限制竞争案
39	2016 年 12 月	广东省深圳市教育局行政性垄断案
40	2016 年 12 月	贵州省“新居配”排除、限制竞争案
41	2016 年 12 月	河北省“新居配”排除、限制竞争案
42	2016 年 12 月	黑龙江省“新居配”排除、限制竞争案
43	2016 年 12 月	黑龙江省龙江县政府等行政性垄断案
44	2016 年 12 月	湖北省荆州市监利县城市综合管理局行政性垄断案
45	2016 年 12 月	吉林省“新居配”排除、限制竞争案
46	2016 年 12 月	江西省“新居配”排除、限制竞争案

续表

序号	时间	案件名称
47	2016年12月	辽宁省“新居配”排除、限制竞争案
48	2016年12月	山西省“新居配”排除、限制竞争案
49	2016年12月	陕西省榆林市环境保护局行政性垄断案
50	2016年12月	上海市交通委员会行政性垄断案
51	2016年12月	天津市“新居配”排除、限制竞争案
52	2016年12月	重庆市“新居配”排除、限制竞争案
53	2017年1月	山东省济南市卫生局、教育局行政性垄断案
54	2017年1月	广西壮族自治区“新居配”排除、限制竞争案
55	2017年1月	青海省“新居配”排除、限制竞争案
56	2017年2月	贵州省遵义市凤冈县人民政府行政性垄断案
57	2017年3月	湖南省长沙市卫生和计划生育委员会行政性垄断案
58	2017年3月	山东省潍坊市住房城乡建设局等“新居配”排除、限制竞争案
59	2017年3月	新疆维吾尔自治区塔城市卫生和计划生育委员会行政性垄断案
60	2017年3月	重庆市永川区公共资源综合交易管理办公室行政性垄断案
61	2017年4月	广东省深圳市卫生和计划生育委员会行政性垄断案
62	2017年4月	山东省聊城市冠县卫生和计划生育局行政性垄断案
63	2017年5月	湖南省国税局行政性垄断案
64	2017年6月	国家能源局福建监管办公室等“新居配”排除、限制竞争案
65	2017年7月	内蒙古自治区包头市住房保障和房屋管理局行政性垄断案
66	2017年7月	四川省成都市国有资产监督管理委员会行政性垄断案
67	2017年7月	浙江省台州市住房和城乡建设局行政性垄断案

续表

序号	时间	案件名称
68	2017 年 8 月	福建省龙岩市永定区某行政机关行政性垄断案
69	2017 年 8 月	湖南省娄底市商务粮食局行政性垄断案
70	2017 年 8 月	内蒙古自治区乌海市住房和城乡建设委员会行政性垄断案
71	2017 年 8 月	宁夏回族自治区银川市环境保护局行政性垄断案
72	2017 年 8 月	浙江省丽水市造价管理处行政性垄断案
73	2017 年 9 月	福建省三明市沙县教育局行政性垄断案
74	2017 年 9 月	广西壮族自治区道路运输管理局行政性垄断案
75	2017 年 9 月	江苏省质量技术监督局行政性垄断案
76	2017 年 9 月	青海省人力资源和社会保障厅行政性垄断案
77	2017 年 9 月	云南省迪庆藏族自治州政府行政性垄断案
78	2017 年 10 月	江苏省连云港市公安局交通警察支队车辆管理所行政性垄断案
79	2017 年 10 月	辽宁省葫芦岛市建昌县城乡规划建设局行政性垄断案
80	2017 年 10 月	宁夏回族自治区银川市环保局行政性垄断案
81	2017 年 10 月	陕西省西安市住房保障和房屋管理局行政性垄断案
82	2017 年 11 月	黑龙江省方正林区管委会及方林公司行政性垄断案
83	2017 年 11 月	山西省大同市政府金融办公室等行政性垄断案
84	2017 年 12 月	安徽省涡阳县政府行政性垄断案
85	2017 年 12 月	安徽省芜湖市药品医用耗材管理中心行政性垄断案
86	2017 年 12 月	北京市朝阳区农村工作委员会行政性垄断案
87	2017 年 12 月	北京市住房公积金管理中心行政性垄断案
88	2017 年 12 月	甘肃省白银市住房和城乡建设局行政性垄断案
89	2017 年 12 月	甘肃省兰州市安全生产监督管理局行政性垄断案
90	2017 年 12 月	广西壮族自治区百色市房产管理局行政性垄断案

续表

序号	时间	案件名称
91	2017 年 12 月	河北省蔚县政府农民贷款行政性垄断案
92	2017 年 12 月	河北省蔚县政府农业保险行政性垄断案
93	2017 年 12 月	河南省汝州市政府行政性垄断案
94	2017 年 12 月	黑龙江省甘南县政府行政性垄断案
95	2017 年 12 月	黑龙江省牡丹江市城乡建设局燃气管道安装行政性垄断案
96	2017 年 12 月	黑龙江省绥芬市政府行政性垄断案
97	2017 年 12 月	黑龙江省肇源县建设环境保护局行政性垄断案
98	2017 年 12 月	湖北省黄冈市国土资源局行政性垄断案
99	2017 年 12 月	湖北省武汉市江夏区公安分局行政性垄断案
100	2017 年 12 月	湖南省张家界市发展和改革委员会等行政性垄断案
101	2017 年 12 月	湖南省长沙市等七市州政府“新居配”排除、限制竞争案
102	2017 年 12 月	江西省鄱阳县城市管理局行政性垄断案
103	2017 年 12 月	江西省上饶市广丰区政府办公室行政性垄断案
104	2017 年 12 月	辽宁省锦州市古塔区卫生监督所行政性垄断案
105	2017 年 12 月	辽宁省锦州市商务局行政性垄断案
106	2017 年 12 月	青海省环境保护厅行政性垄断案
107	2017 年 12 月	山东省枣庄市质量技术监督局行政性垄断案
108	2017 年 12 月	山西省太原市城乡和住房建设委员会行政性垄断案
109	2017 年 12 月	陕西省延安市卫生和计划生育局行政性垄断案
110	2017 年 12 月	四川省都江堰市财政局行政性垄断案
111	2017 年 12 月	四川省宜宾市江安县卫生和计划生育委员会行政性垄断案
112	2017 年 12 月	天津市住房和城乡建设委员会行政性垄断案
113	2017 年 12 月	天津市人力社保局行政性垄断案

续表

序号	时间	案件名称
114	2017年12月	浙江省湖州市住房和建设局行政性垄断案
115	2017年12月	中国证券业协会行政性垄断案
116	2017年12月	重庆市黔江区发展和改革委员会行政性垄断案
117	2018年1月	河南省洛宁县农业局等行政性垄断案
118	2018年1月	吉林省白山市社会治安综合治理委员会等行政性垄断案
119	2018年1月	江苏省苏州市道路运输管理机构行政性垄断案
120	2018年1月	江西省南昌市新建区“营改增”工作协调推进领导小组行政性垄断案
121	2018年1月	上海市商务委员会行政性垄断案
122	2018年2月	海南省琼海市交通运输局行政性垄断案
123	2018年3月	甘肃省酒泉市肃州区房地产管理局行政性垄断案
124	2018年3月	湖南省多地市州经信部门行政性垄断案
125	2018年3月	湖南省怀化市卫生和计划生育委员会行政性垄断案
126	2018年3月	湖南省张家界市卫生和计划生育委员会行政性垄断案
127	2018年3月	山东省济南市城乡建设委员会行政性垄断案
128	2018年3月	山东省某市建委行政性垄断案
129	2018年4月	北京市房山区燃气中心行政性垄断案
130	2018年4月	甘肃省庆阳市西峰区政府行政性垄断案
131	2018年4月	江西省宜春市盐务局行政性垄断案
132	2018年4月	江西省鹰潭市盐务局行政性垄断案
133	2018年6月	北京市公安局公安交通管理局行政性垄断案
134	2018年6月	广东省中山市住房和城乡建设局行政性垄断案
135	2018年6月	内蒙古自治区公安厅行政性垄断案
136	2018年6月	陕西省西安市国土资源局行政性垄断案

续表

序号	时间	案件名称
137	2018 年 6 月	四川省南充市西充县人民政府行政性垄断案
138	2018 年 6 月	河南省封丘县人民政府行政性垄断案
139	2018 年 7 月	青海省西宁市车辆管理所行政性垄断案
140	2018 年 7 月	山东省临沂市莒南县公共资源交易服务中心行政性垄断案
141	2018 年 7 月	山西省晋中市住房保障和城乡建设局行政性垄断案
142	2018 年 8 月	湖北省天门市人力资源和社会保障局行政性垄断案
143	2018 年 11 月	安徽省六安市安全生产监督管理局行政性垄断案
144	2019 年 11 月	贵州省遵义应急管理局行政性垄断案
145	2019 年 12 月	云南省曲靖市工业和信息化局行政性垄断案
146	2020 年 2 月	江西省南昌市教育局行政性垄断案
147	2020 年 3 月	安徽省滁州市住房和城乡建设局行政性垄断案
148	2020 年 3 月	安徽省合肥市肥西县城市管理局行政性垄断案
149	2020 年 6 月	黑龙江省市场监管局查处并纠正部分政府部门行政性垄断案
150	2020 年 6 月	山东省荣成市海洋发展局行政性垄断案
151	2020 年 7 月	安徽省亳州市应急管理局等部门行政性垄断案
152	2020 年 8 月	湖南省怀化市住房和城乡建设局行政性垄断案
153	2020 年 9 月	山东省淄博市淄川区人力资源和社会保障局行政性垄断案
154	2020 年 10 月	山东省济宁市财政局行政性垄断案
155	2020 年 11 月	山东省日照市城市管理局行政性垄断案
156	2020 年 11 月	湖北省鄂州市住房和城乡建设局行政性垄断案
157	2020 年 11 月	湖北省荆门市自然资源和规划局行政性垄断案
158	2020 年 11 月	广东省普宁市教育局行政性垄断案

续表

序号	时间	案件名称
159	2020 年 12 月	山东省临沂市兰山区卫生健康局行政性垄断案
160	2020 年 12 月	山东省日照市卫生健康委员会行政性垄断案
161	2020 年 12 月	福建省福州市交通运输局行政性垄断案
162	2020 年 12 月	福建省古田县人民政府行政性垄断案
163	2020 年 12 月	江西省安福县水利局行政性垄断案
164	2021 年 2 月	甘肃省武山县道路运输管理局行政性垄断案
165	2021 年 2 月	甘肃省张掖市甘州区人力资源和社会保障局行政性垄断案
166	2021 年 3 月	云南省德宏州人民政府办公室行政性垄断案
167	2021 年 3 月	福建省仙游县工业和信息化局行政性垄断案
168	2021 年 3 月	甘肃省天水市财政局行政性垄断案
169	2021 年 3 月	甘肃省嘉峪关市财政局行政性垄断案
170	2021 年 5 月	河南省洛阳市城市管理局行政性垄断案
171	2021 年 8 月	安徽省和县人民政府及和县住建局行政性垄断案
172	2021 年 8 月	福建省明溪县人民政府行政性垄断案
173	2021 年 8 月	福建省诏安县人民政府办公室行政性垄断案
174	2021 年 8 月	广东省深圳市交通运输局和公安局交通警察局行政性垄断案
175	2021 年 9 月	山西省晋中市人民政府有关部门行政性垄断案
176	2021 年 9 月	安徽省老龄工作委员会办公室行政性垄断案
177	2021 年 9 月	黑龙江省鸡西市鸡冠区人民政府行政性垄断案
178	2021 年 9 月	黑龙江省鸡西市住房和城乡建设局行政性垄断案
179	2021 年 10 月	山东省汶上县人民政府行政性垄断案
180	2021 年 10 月	河北省沧州市城市管理综合行政执法局行政性垄断案
181	2021 年 11 月	宁夏回族自治区石嘴山市应急管理局行政性垄断案

续表

序号	时间	案件名称
182	2021 年 11 月	山东省淄博市张店区人民政府办公室行政性垄断案
183	2021 年 11 月	重庆市巫山县教委行政性垄断案
184	2021 年 11 月	吉林省长春经济技术开发区相关部门行政性垄断案
185	2021 年 11 月	吉林省松原市教育局行政性垄断案
186	2021 年 11 月	新疆维吾尔自治区青河县人民政府行政性垄断案
187	2021 年 11 月	贵州省遵义市气象局行政性垄断案
188	2021 年 11 月	江西省万载县财政局行政性垄断案
189	2021 年 11 月	江西省永丰县人民政府办公室行政性垄断案
190	2021 年 11 月	江西省分宜县财政局行政性垄断案
191	2021 年 12 月	安徽省芜湖市湾沚区人民政府行政性垄断案
192	2022 年 1 月	山东省市济南市生态环境局行政性垄断案
193	2022 年 2 月	山东省菏泽市应急管理局行政性垄断案
194	2022 年 2 月	湖北省黄冈市城市管理执法委员会行政性垄断案
195	2022 年 2 月	湖北省随州市自然资源和规划局行政性垄断案
196	2022 年 3 月	重庆市两江新区国有资产监督管理局行政性垄断案
197	2022 年 3 月	重庆市涪陵区农业农村委员会行政性垄断案
198	2022 年 3 月	重庆市合川区教育委员会行政性垄断案

注：关于行政性垄断执法案例，笔者主要检索各反垄断执法机构官方网站并向原国家工商总局反垄断与反不正当竞争执法局调研取得。需要说明的是，对案件数量的统计，以当事人的数量为准，若公布的案件中涉及多个当事人，笔者将按照当事人的数量进行统计。

（一）时间分布特点

如图 1 所示，从 2008 年《反垄断法》开始实施到 2013 年，反行政性垄断的执法案件并不多见。究其原因，可能是在《反垄断法》实施初期，竞争文化尚未普及，处于成长期的反垄断执法力量更为关注垄断协议等经济性垄断行为的查处，因此，行政性垄断行政执法案件较少。

2013 年 11 月 12 日，中共中央第十八届三中全会通过了中共中央《关于全面深化改革若干重大问题的决定》，其中提到要“进一步破除各种形式的行政垄断”“清理和废除妨碍全国统一市场和公平竞争的各种规定和做法，严禁和惩处各类违法实行优惠政策行为，反对地方保护”，这为反行政性垄断的执法工作开展提供了政策指导。反垄断执法机构自 2014 年开始越来越关注行政领域的排除、限制竞争问题，且 2015 年我国开始建立旨在遏制行政性垄断的公平竞争审查制度，因此，执法案件数量得以持续增加，尤其是 2017 年出现多达 64 例行政性垄断案件，迎来反行政性垄断的执法高潮，而 2018—2022 年案件数量大幅降低，可能的原因是 2018 年我国机构改革，反垄断执法机构“三合一”过程中的工作调整导致行政性垄断的查处或案件公布不够及时。

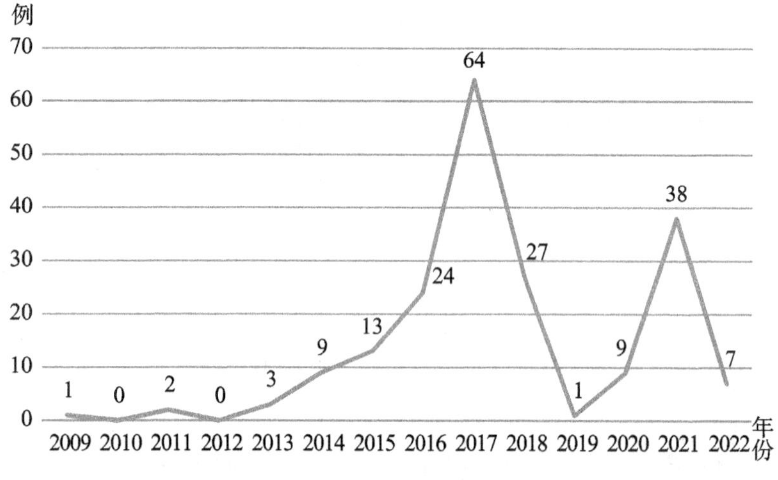

图 1　执法案例的时间分布

（二）地域分布特点

由表 9 和图 2 可以看出，行政性垄断的执法案件在地域分布上呈现三大特征：一是地域分布范围广泛，除西藏暂时未出现行政性垄断执法案件之外，样本案例涉及了全国其余 30 个省市，据此可以认为，行政性垄断行为在全国广泛、普遍地存在；二是重点省市的案件高度集中，其中，山东、江西、湖南、甘肃、安徽和黑龙江六省的案件达 10 例以上，四川、北京、福建、湖北、广东、云南、山西、河北、贵州、吉林、重庆则有 5 例以上的行政性垄断案件，其余省市的案件一般为 2—4 例；三是各地区案件分布不均，华东地区排第一，有 51 例，华中紧随其后，有 41 例，西北、西南和华北次之，有 23—26 例，东北和华南地区相对较少，仅为 12—19 例。笔者推测，地域分布特点和地区经济发展水平以及反垄断执法力量强弱有一定的关联。

表 9　执法案例的地域分布①　　单位：例

序号	省份	地区	案件数量	序号	省份	地区	案件数量
1	山东	华东	22	17	河北	华北	5
2	江西	华中	17	18	辽宁	东北	4
3	湖南	华中	12	19	陕西	西北	4
4	甘肃	西北	11	20	贵州	西南	5
5	四川	西南	9	21	河南	华中	4
6	安徽	华东	12	22	吉林	东北	5
7	黑龙江	东北	10	23	江苏	华东	3
8	北京	华北	6	24	宁夏	西北	4
9	广东	华南	7	25	天津	华北	3
10	福建	华东	8	26	重庆	西南	7
11	湖北	华中	8	27	广西	华南	3
12	云南	西南	5	28	海南	华南	2
13	浙江	华东	4	29	上海	华东	2
14	内蒙古	华北	4	30	新疆	西北	3
15	青海	西北	4	31	西藏	西南	0
16	山西	华北	5		总计		198

注：除香港、澳门、台湾之外，我国其余 31 个省级行政单位均列入统计范围。

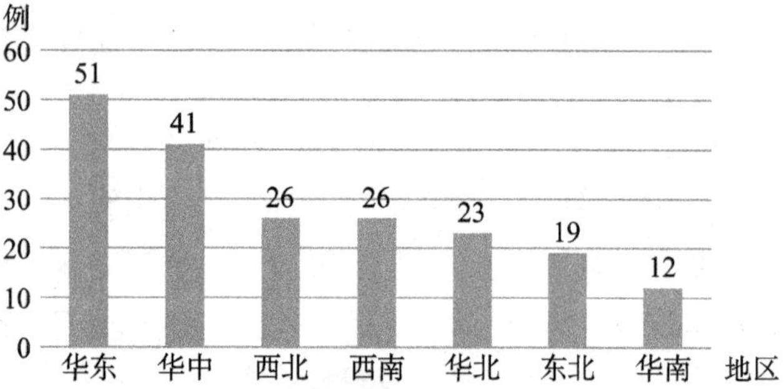

图 2　执法案例的地区分布

(三)领域覆盖情况

由图 3 可知,行政性垄断主要分布在建设工程、金融保险、医药卫生、电力、交通运输、燃气、招标采购和教育领域,这些领域的执法案件数量均在 10 例以上,有的领域如建设工程领域甚至高达 32 例。咨询服务、教育、食品、网络通信、物业管理等领域亦存在少数行政性垄断行为。

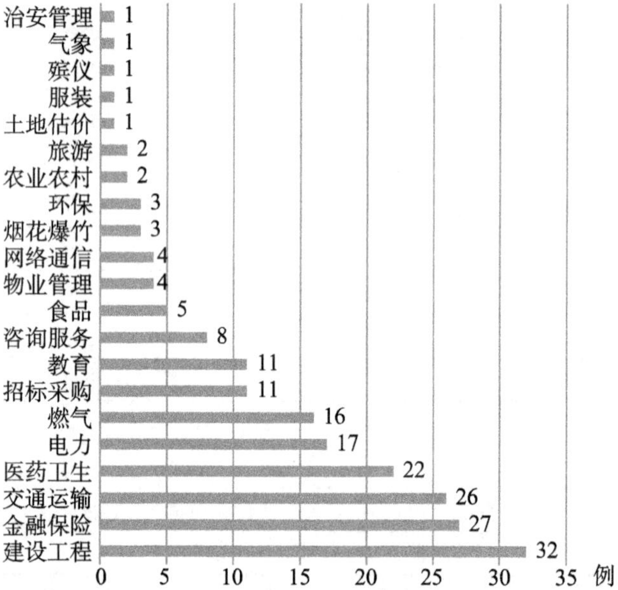

图 3　执法案例的领域分布

从这些执法案例的领域分布情况来看，以电力、燃气、医药卫生、建设工程、交通运输、金融保险等为代表的公用事业领域是滥用行政权力排除、限制竞争的高发区域。鉴于这些重点行业和民生紧密相连，我国竞争执法机构及时针对这些领域的行政性垄断行为进行反垄断执法，有助于在经济发展的同时保障和改善民生，增进民生福祉。

（四）执法情形

我国法律对行政性垄断的表现形态的规定主要在 1993 年《反不正当竞争法》第 7 条（该条目前已删除）以及《反垄断法》第 39—45 条。其中，1993 年《反不正当竞争法》第 7 条规定了指定交易和妨碍商品在地区之间自由流通两种形态；《反垄断法》第 39 条规定了指定交易，第 40 条规定了“协议型”不平等待遇，第 41—43 条规定了地区封锁几种形式，包括妨碍商品在地区之间自由流通、招投标活动中的地方保护、排斥或限制在本地投资或设立分支机构，第 44 条规定了强制经营者从事垄断行为，第 45 条规定了以抽象行政行为实施的行政性垄断。另外，《反垄断法》第 10 条对禁止行政性垄断做了原则性规定。除此之外，2019 年 6 月 26 日公布的《制止滥用行政权力排除、限制竞争行为暂行规定》中对规制行政性垄断的实体和程序性要件作出了详细的规定，为规制行政性垄断提供了更加具体化的指南。

由图 4 可以看出：(1)指定交易是最常见的行政性垄断行为的表现形态，198 例执法案例中有 98 例案件表现为指定交易，占比 49.49%；(2)制定含有排除、限制竞争内容的规定是仅次于指定交易的行政性垄断行为的表现形态，而且多数行政性垄断行为是靠发布含有排除、限制竞争内容的文件来实施的，由此可见，这类文件（抽象行政行为）是行政性垄断行为的源头，应加强对这类文件的审查；(3)图中法条数量之和超过了案例数量之和，这表明多例案件中，行政性垄断行为的表现形态不止一种，而是多种类型的行政性垄断行为的竞合，可称为“复合型行政性垄断行为”，这类案件由于多种行政性垄断行为的存在，案情更加复杂，对市场竞争的影响更为严重，应重点关注和追查；(4)有相当数量的案件在其公布内容中并未说明其所违反的具体法条，而部分案件在说明当事人违反的具体法条时仅提及修订前《反垄断法》第 8 条，笔者推测，前者或因案件公开工作还不够完善，后者则或因当事人的行政性垄断行为超出了其他法条列举的具体情形，因此执法机关以修订前《反垄断法》第 8 条进行兜底。

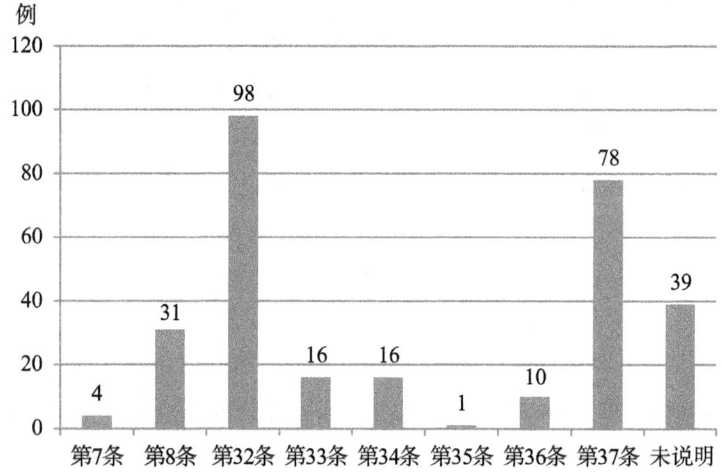

图 4　执法案例涉及的法条(修订前《反垄断法》)统计

二、我国反行政性垄断执法的不足

(一)执法机构独立性仍然欠佳

在 2018 年国务院机构改革之前，我国由原国家工商总局反垄断与反不正当竞争执法局、原国家发展和改革委员会价格监督检查与反垄断局、原商务部反垄断局分别负责相关的反垄断执法工作，由国务院反垄断委员会负责组织、协调、指导反垄断工作。由原发改反垄断系统①

① 同样包括国家层面和地方层面的，前者指原国家发展和改革委员会价格监督检查与反垄断局，后者指原各省发改委或物价局内设的反垄断处室，为了叙述需要，笔者将它们统称为原发改反垄断系统。

和原工商反垄断系统①负责查处行政性垄断行为。2018 年我国反垄断行政执法机构“三合一”，将国家发展和改革委员会、原国家工商行政管理总局和商务部三部委下属的反垄断职能进行整合，和国务院反垄断委员会办公室一起，统一并入新组建的国家市场监督管理总局。机构改革后，由国家市场监督管理总局反垄断局(2021 年 11 月，国家反垄断局挂牌成立)及省级市场监管部门负责查处行政性垄断行为。

因此，自 2008 年《反垄断法》实施以来，行政性垄断执法案例的查处主体有原发改反垄断系统、原工商反垄断系统，以及“三合一”后的国家和地方市场监管部门三类。如图 5 所示，原发改委反垄断系统查处的案件共占比 48.99%，原工商反垄断系统查处的案件占比 22.22%，“三合一”后的国家和地方市场监管部门查处的案件占比 28.79%。总体而言，原发改反垄断系统在行政性垄断案件的调查中占据主导作用，笔者推测，这可能和国家发展和改革委员会这个部级单位的“较大话语权”有一定的关联。

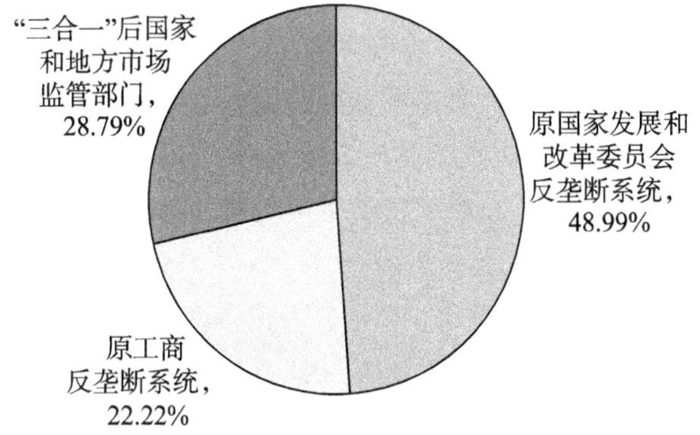

图 5 案例查处主体情况

① 包括国家层面和地方层面的，前者指原国家工商总局反垄断与反不正当竞争执法局，后者指原各省工商局内设的竞争执法处室，为了叙述需要，笔者将它们统称为原工商反垄断系统。

反行政性垄断要求反垄断执法机构必须有着相当大的独立性和足够的权威性。尽管机构改革后,原本我国反垄断多头执法的三执法机构统一成一个,随着国家反垄断局的挂牌成立,如韩伟副教授所言,我国反垄断执法机构更向高级别、权威性和独立性的方向迈进了重要一步。但是,在具体反垄断执法工作中,国家反垄断局独立性仍然欠佳。尤其是行政性垄断行为关涉部门利益等复杂因素,执法机构要调查同为行政机关的其他部门的行政行为,还可能面临层级不够对等的问题,难以对行政性垄断进行有效查处。

(二)执法权力有限

根据现行《反垄断法》的规定,反行政性垄断具体案件中,只有行政性垄断当事人的上级机关才有依法处理的权力,而反垄断执法机构仅有调查权和建议权。笔者考察了 198 例行政执法案件中反垄断执法机构行使调查权和建议权的情况:(1)如图 6 所示,行政性垄断案件调查权的行使主体主要是反垄断执法机构,占比近 70%。而行政性垄断当事人的上级机关很少主动调查下级机关的行政性垄断行为。(2)反垄断执法机构真正行使建议权(责令改正)的案件,占比约 30%。据此,尽管反垄断执法机构在行政性垄断案件的调查中起着主要作用,但是真正行使建议权,建议上级机关对行政性垄断进行依法处理的情形只是少数。这些数据也多少反映了执法中可能遇到的阻力,毕竟目前我国反垄断执法机构对行政性垄断的执法权力非常有限。

一般而言,反垄断法执法主体的权力包括调查权、许可权、制裁权、一般调研权、规则制定权、起诉权等,①其中,与行政性垄断行政执法相关的主要是调查权和制裁权。笔者认为,与调查权相比,制裁权才是行政性垄断案件行政执法中的核心权力。但根据我国《反垄断法》第 61 条第 1 款的规定,对行政性垄断案件的处理(制裁)由行政性垄断主体的上级机关负责,反垄断执法机构仅可对行政性垄断案件进行调查和

---

① 参见张守文:《经济法学》(第 6 版),北京大学出版社 2014 年版,第 257—258 页。

行使所谓的“建议权”，即其仅可以向有关上级机关提出依法处理的建议。也就是说，执法机构在仅具有调查权和建议权的情况下，即使经过调查后确认当事人的行为属于行政性垄断行为，也仅能向当事人的上级机关提出建议，但该建议是否会被采纳、行政性垄断是否被查处均不取决于反垄断执法机构的意志，而取决于行政性垄断当事人的上级机关。这极大地打击了执法机构对行政性垄断的执法积极性和有效性，致使多数行政性垄断案件的规制效果并不理想。

（三）法律责任分层且设置不够合理

根据《反垄断法》第 61 条的规定，行政性垄断案件的处理主要是由行政性垄断当事人的上级机关责令改正，同时其也可对直接负责的主管人员和其他直接责任人员依法给予处分。

就行政性垄断行为的改正情况而言，如图 6 所示：在 65.66% 的案件中，当事人在调查主体展开调查或对其进行约谈之后作出整改承诺并积极落实整改；在 31.82% 的案件中，处理结果为调查主体向上级机关提出依法处理建议后，由上级机关责令当事人改正；还有 2.53% 的案件为当事人自己主动纠正其行政性垄断行为。总体而言，几乎所有案件都按《反垄断法》的规定完成了对行政性垄断行为的纠正。

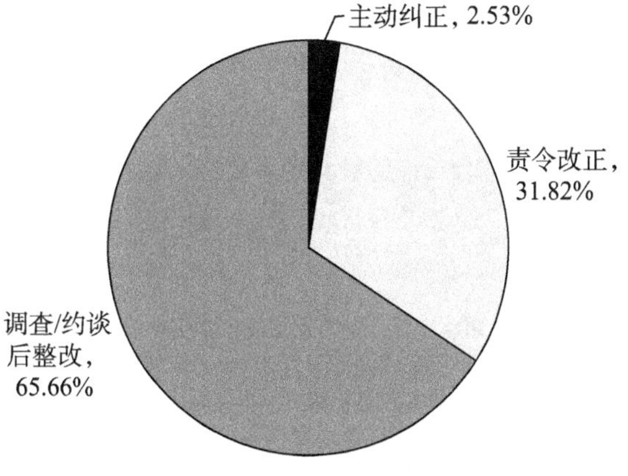

图 6　行政性垄断行为的改正情况

需要指出的是,笔者发现部分案件在公告中使用了“主动纠正”一词,但其中的多数案件本质上是执法机构进行调查或约谈之后才进行的整改。笔者认为这不是真正意义上的“主动纠正”,而是当事人担心被严厉处罚或被曝光后损害其形象和公信力而被迫采取的措施。对于这类案件,笔者依旧将其归入图 6 中的“调查/约谈后整改”这一项中。真正意义上的主动纠正应该是当事人在执法机构还未开始调查之前,主动对其行政行为进行反行政性垄断的审查和纠正,因此,笔者认为,仅有 2017 年江苏省质量技术监督局行政性垄断案等 5 例案件①,即图 6 所示 2.53% 的案件属于“自我纠正”的范畴。

我国《反垄断法》第 61 条规定行政性垄断的法律责任分为两层,一是行政性垄断当事人改正其违法行为,二是“对直接负责的主管人员和其他直接责任人员依法给予处分”。对于前者,根据统计,几乎所有案件中的当事人最终都按《反垄断法》的规定完成了对行政性垄断行为的纠正;但是针对直接负责的主管人员和其他直接责任人员的处理,《反垄断法》规定的“依法给予处分”的处理方式在实际的执法过程中并未得到有效落实,198 例案件中仅有 2 例②提及了“对直接负责的主管人员和其他直接责任人员依法给予处分”,但这 2 例案件具体如何进行处分亦未见公布,处分结果不得而知。例如,在 2018 年江苏省苏州市道路运输管理机构行政性垄断案中,苏州市交通主管部门及道路运输管理机构为提高驾驶培训市场准入门槛,以招投标方式增设驾驶培训市场的准入条件,限制了符合条件的经营者正常进入驾驶培训市场,导致该市场竞争不充分,损害了消费者的利益。对此,原江苏省工商行政管理局在

① 这 5 例案件是指:2017 年江苏省质量技术监督局行政性垄断案、2017 年湖南省张家界市发展和改革委员会等行政性垄断案、2018 年上海市商务委员会行政性垄断案、2019 年贵州遵义应急管理局主动规范烟花爆竹经营管理行政性垄断案,以及 2020 年江西省市场监督管理局纠正南昌市教育局行政性垄断案。

② 这 2 例案件为 2018 年江苏省苏州市道路运输管理机构行政性垄断案和 2018 年甘肃省庆阳市西峰区政府行政性垄断案。

给予江苏省苏州市人民政府的行政建议书中,建议苏州市人民政府责令改正上述滥用行政权力排除、限制竞争行为,并对直接负责的主管人员和其他直接责任人员依法给予处分。而在之后国家市场监督管理总局公布的典型案例中,仅提及“苏州市人民政府已要求各级交通管理部门全面开放驾培市场,不得增设任何额外条件。同时,下发《关于做好机动车驾驶培训经营许可工作的通知》,要求各地道路运输管理机构严格执行”,①并未公布责任人员的处分结果。由此看来,在行政性垄断的行政执法中,对《反垄断法》现有规定的法律责任落实是否到位值得反思。

同时,《反垄断法》本身为行政性垄断配置的法律责任也是极其轻微的,“责令改正”和“依法给予处分”的处罚力度较小,对行政性垄断行为更无法起到真正的打击和威慑作用。在行政性垄断的法律关系中,法律关系的主体往往呈现多元化的特点,不仅有实施行政性垄断行为的行政机关及授权组织,还有协助或配合实施行政性垄断行为并因此获得保护或经济利益的获益者,以及可能因行政性垄断行为而被侵犯合法的竞争权利等权益的行政性垄断受害者。因此,在为行政性垄断行为配置法律责任时,有必要考虑法律关系主体的多样性问题,对各方主体给予同等关注,确保各方主体均为自己的行为承担可能的法律后果,即应全面设定行政主体、行政性垄断获益者的法律责任,并且有必要适当地关注行政性垄断受害者,由此才符合法律责任设定上责任自负原则的要求。然而,我国《反垄断法》第61条仅规定了行政机关及授权组织的“责令改正”责任,以及对直接负责的主管人员和其他直接责任人员的“依法给予处分”的个人责任,此种法律责任的配置是比较轻微的,对行政性垄断主体不足以形成有效的威慑。另外,对行政性垄

---

① 《市场监管总局关于发布2018年市场监管部门制止滥用行政权力排除、限制竞争行为典型案例的公告》,载国家市场监督管理总局官网,http://www.samr.gov.cn/fldj/tzgg/qlpc/201903/t20190313_291971.html,最后访问时间2020年3月30日。

断的获益者和受害者也有欠考虑①,仅有部分案件如2015年云南省通信管理局行政性垄断案②、2015年甘肃省武威市道路运输管理局行政性垄断案③、湖南省怀化市住房和城乡建设局行政性垄断案④以及2017年广东省发改委纠正中山住建局行政性垄断案⑤等关注了获益者的责任⑥,而多数案件对此考虑较少。以2017年浙江省丽水市造价管理处行政性垄断案为例,丽水市建设工程造价管理处通过出台文件将该市行政区域内200万元以下房建、市政工程政府性投资小额项目工程量清单和招标控制价审核工程咨询业务指定由丽水市造价协会承揽,排除了相关市场其他具备资质的经营者参与公平竞争,截至浙江省物价

① 值得关注的是,目前我国的《制止滥用行政权利排除、限制竞争行为暂行规定》未见关于行政性垄断获益经营者的法律责任规定,但在《禁止垄断协议暂行规定》《禁止滥用市场支配地位行为暂行规定》中有所涉及,即如获益经营者能够证明其达成垄断协议、其从事的滥用市场支配地位行为是被动遵守行政命令所导致的,可以依法从轻或者减轻处罚。

② 云南省发展与改革委员会依法对在云南省通信管理局组织下达成价格垄断协议的四家电信运营商进行了罚款处罚,罚款金额共计约1318万元。参见《发展改革委:云南省通信管理局违反〈反垄断法〉滥用行政权力排除限制竞争被依法纠正》,载中国政府网,http://www.gov.cn/xinwen/2015-06/03/content_2872715.htm,最后访问时间2020年3月30日。

③ 甘肃省发展和改革委员会通过另案对涉案经营者进行了行政处罚。参见《甘肃省发展和改革委员会行政处罚决定书[2015]25号至46号》,载甘肃省发展和改革委员会官网,http://fzgg.gansu.gov.cn/category/sjgjdjcj-fld,最后访问时间2020年3月30日。

④ 湖南省市场监督管理局通过另案对涉案经营者进行了行政处罚。参见《市场监管总局发布湖南中民燃气有限公司与怀化铁路经济技术开发有限公司达成并实施垄断协议案行政处罚决定书》,载国家市场监管总局官网,http://www.samr.gov.cn/fldj/tzgg/xzcf/202007/t20200702_319339.html,最后访问时间2020年7月30日。

⑤ 该案中,广东省发改委充分考虑了一个客观事实,即具有竞争关系的相关经营者(燃气企业)或是被动地遵守了具有行政强制性的"行业自律准则"从而实施分割市场的横向垄断协议,或是被动地遵守了本不该设定的市场进入门槛(燃气器具备案制度)。虽然这些获益经营者因该备案制度获得了外地竞争对手所没有的公平竞争机会,但他们对行政性垄断完全没有"贡献",所以不要求其承担法律责任。

⑥ 参见叶高芬:《中国竞争法律与政策实施的现状与发展——垄断协议的反垄断规制》,载中国世界贸易组织研究会竞争政策与法律专业委员会编著:《中国竞争法律与政策研究报告(2018—2019年)》,法律出版社2019年版,第43页。

局开展调查、丽水市建设工程造价管理处开始整改时，丽水市造价协会收取小额项目工程量清单和招标控制价审核服务费结余共计约138.95万元，之后将其全部上交丽水市财政。在本案中，对于行政性垄断的获益，获益者将其上交了市财政部门。那么，因行政性垄断而遭受损失的受害者可否从财政中获得补偿？还是由行政性垄断的获益者进行赔偿呢？如果可以从财政中获得补偿，这是否意味着"政府做错事，财政（人民）买单"呢？如果由行政性垄断的获益者进行赔偿，对于获益者，是否对其强加了赔偿义务呢？这一系列问题有必要在行政性垄断的法律责任配置中进行考虑。

（四）其他不足

1.来源披露制度不完善

由表10可以看出，我国行政性垄断执法案例的来源结构呈现如下特点：投诉举报为行政性垄断执法案例的主要线索来源，执法机构主动启动调查的案例亦占多数，其既可能是在检查当事人工作中发现行政性垄断行为，也可能在调查其他案件时发现行政性垄断行为从而启动调查。但本应发挥重要作用的媒体报道和行政主体自查这两个启动行政性垄断案件的渠道却仅占极低的比例，甚至还有为数不少的案件来源并未被披露。

表10　执法案例的来源情况

序号	来源	案件数量/件	百分比/%
1	投诉举报	89	44.95
2	媒体报道	5	2.53
3	执法机构检查工作中发现	29	14.65
4	执法机构调查其他案件时发现	5	2.53
5	行政主体自查	4	2.02
6	未披露	66	33.33
	总计	198	100.0

总体而言,我国行政性垄断执法案例来源的披露制度还有待完善。具体来说,首先,应切实落实举报人信息保护制度,让举报人无须担心"报复"以解后顾之忧,并通过相应的奖励办法来推进鼓励投诉举报来发现更多的行政性垄断案件。因为企业是直接面对行政行为的主体,该行政行为是否构成行政性垄断直接关乎其合法权益。以海南省琼海市交通运输局行政性垄断案为例,购砂企业对于不能自主选择运砂车辆,还被迫接受较高的运砂价格颇有意见,但由于河砂供不应求,购砂企业敢怒不敢言。因此,购砂企业为维护自身权益,就更有动力去发现和举报行政性垄断。

其次,要建立和完善我国的舆论监督反馈机制,扩大媒体报道在案件来源中的比例,充分发挥群众监督的作用。媒体报道是舆论监督的重要方式,其特有的公开曝光形式产生的作用和效果与其他诸如举报、自查等途径是不一样的,它具有很强的公众震慑力,能够引起社会公众对相关行政性垄断案件的关注,进而形成一股社会舆论压力,促使执法机构对行政性垄断行为展开调查。媒体报道启动的案源较少的原因,有可能是多数媒体迫于行政主体的压力,在无执法机构介入之前不敢就行政性垄断行为展开报道。故相关主体对新闻媒体的批评性报道,要本着有则改之、无则加勉的态度,实事求是地进行及时调查和处理,并在报道后的一定时间内,将整改结果或查处进展情况向有关部门和新闻媒体反馈。当然,媒体报道也应本着实事求是的态度,客观、真实地反映案件有关情况,不应为博取眼球而进行夸张、失实的报道。

最后,有必要督促各地加快落实公平竞争审查制度,由行政主体自身对其存量文件和增量文件广泛开展公平竞争审查,提高当事人自查在行政执法启动调查案例中的比例,发现并纠正更多的行政性垄断行为,促进建立社会主义市场经济的公平竞争秩序。

由表10可见,还有为数不少的、原因不得而知的、案件来源并未披露的案件。笔者认为,出于公开执法信息以提高政府公信力的考虑,充分披露案件来源可能更有助于展现政府依法行政、公正执法的形象。

2. 后续监督有待加强

行政性垄断执法案例中,在执法机构对行政性垄断案件展开调查后,部分案件当事人会主动提出对其违法行为进行整改,部分案件在执法机构发出建议函后,当事人的上级机关会责令当事人进行整改。但按照上述流程,这些行为都不意味着案件的结束。当事人是否真正进行了整改、如何进行整改、整改结果如何等都是执法机构应该继续关心的问题。

总体而言,在笔者所统计的执法案例中,绝大多数案件的披露信息中并未涉及后续监督的问题,只有少数案件中的执法机构表示会督促当事人落实整改承诺或者要求当事人或当事人的上级机关在指定日期前函告执法机构整改情况。笔者认为,督促整改和要求当事人或其上级机关在指定日期前函告整改情况,并及时向全社会公开,应是行政性垄断规制真正有可能落到实处的后续监督措施,值得坚持。

第三节　我国反行政性垄断的司法现状

深圳市斯维尔科技有限公司诉广东省教育厅涉嫌行政性垄断一案普遍被认为是我国《反垄断法》颁布实施以来首个反行政性垄断诉讼案件,①但其实在此之前,已有涉及反行政性垄断诉求的司法案件,如在修订前《反垄断法》生效首月的 8 家防伪公司诉原国家质检总局涉嫌行政

① 参见《反行政垄断诉讼首案终审,广东省教育厅滥用行政权力被判败诉》,载人民网,http://legal.people.com.cn/n1/2017/0807/c42510-29454034.html,最后访问时间 2020 年 7 月 30 日。

性垄断案①。在该系列案件中,据查,原国家质量监督检验检疫总局(以下简称原国家质检总局)从2005年4月开始,不断推广一家名为中信国检信息技术有限公司(以下简称中信国检)的企业经营的中国产品质量电子监管网(以下简称电子监管网)的经营业务,强制要求企业对产品包装加印电子监管网的监管码以方便消费者查询所购产品是否为假冒产品,为此,加入电子监管网的企业需向电子监管网缴纳数据维护费,使用电子监管网查询的消费者需支付查询信息费和电话费。原国家质检总局还将电子监管网的推广与中国名牌、免检产品等评选挂钩,并规定一些产品不赋码入网不得销售。这实际上确立了电子监管网的经营者——中信国检的垄断地位。据调查发现,原国家质检总局信息中心实为中信国检的股东之一,其强力推行中信国检经营的电子监管网,涉嫌构成利用本部门主管行业的管理权力,对本部门所属企业或关联企业给予优惠倾斜的行为,属于部门垄断行为。但法院指出该诉讼已超过诉讼期限,故作出了不予受理的裁定,并未就实体问题进行认定。

随着2014年第一次修订和2017年第二次修订的《行政诉讼法》开始施行,以及我国反行政性垄断进程的不断推进,行政性垄断司法规制问题越来越受关注。

---

① 参见朱小雯:《四家防伪企业诉质检总局因超期限被驳回》,载国家食品质量监督检验中心2008年9月10日,https://www.antpedia.com/viewspace-15611;《事件进展之四:反垄断第一案原告再添两公司》,载北大法律信息网,http://chinalawinfo.com/News/NewsFullText.aspx? NewsId=60650;《国家质检总局不到20天内遭遇第三波反垄断诉讼》,载中国网,http://www.china.com.cn/policy/txt/2008-08/18/content_16257986.htm,最后访问时间2020年7月30日。8家公司包括:北京兆信信息技术有限公司、东方惠科防伪技术有限责任公司、中社网盟信息技术有限公司、恒信数码科技有限公司、上海中网网络有限公司、江苏南大数码科技有限公司、深圳市倍诺通讯技术有限公司,以及贵阳高新华美龙技术有限公司。

一、我国反行政性垄断司法情况

截至2022年3月31日，笔者共收集77例与行政性垄断相关的司法案例①，其中，行政诉讼60例，民事诉讼17例。

(一)行政诉讼案例

由于行政性垄断的主体为行政机关及授权组织，其行政性决定了涉及行政性垄断的诉讼一般为行政诉讼。笔者收集到的与行政性垄断相关的60例行政诉讼案例，具体如表11所示。

表11 与行政性垄断相关的行政诉讼案例统计

序号	裁判时间	案件名称	案件简称	出处
1	2000年3月	江西湖哒药业有限公司诉海南某市卫生局案	湖哒公司案	反垄断反不正当竞争律师网①
2	2001年7月	福建省福鼎市点头隆胜石材厂诉福鼎市人民政府案	点头隆胜石材厂案	中国法院网②
3	2001年8月	刘某超诉北京市环保局等案	刘某超案	110法律咨询网③
4	2002年8月	闽东远大有限责任会计师事务所诉宁德市旅游局案	闽东远大所案	(2002)宁行终字第53号
5	2008年8月	浙江省余姚市名邦税务师事务所诉余姚市政府案	余姚名邦所案	宁波日报网④
6	2008年8月	北京兆信信息技术有限公司等四家防伪企业诉国家质量监督检验检疫总局案	兆信公司等四家企业案	国家食品质量监督检验中心网站⑤

① 案例主要通过北大法宝、开放法律(openlaw)联盟数据库和其他网络检索获得。

续表

序号	裁判时间	案件名称	案件简称	出处
7	2008年8月	上海中网网络有限公司等两家防伪企业诉国家质量监督检验检疫总局案	中网公司等两家企业案	北大法律信息网⑥
8	2008年8月	深圳市倍诺通讯技术有限公司等两家防伪企业诉国家质量监督检验检疫总局案	倍诺公司等两家企业案	中国网⑦
9	2009年6月	平湖市南市白蚁防治站诉平湖市规划与建设局案	南市防治站案	（2009）浙嘉行终字第24号
10	2014年4月	京山县机动车综合性能检测站诉荆门市工商行政管理局案	京山县检测站案	（2014）鄂东宝行初字第2号
11	2014年4月	钟祥市众信机动车综合性能检测站诉荆门市工商行政管理局案	钟祥市检测站案	（2014）鄂东宝行初字第3号
12	2014年6月	马某华、明溪县植物激素厂诉浙江省农业厅案	马某华诉浙江农业厅案	（2014）浙杭行终字第161号
13	2014年8月	马某华诉金华市工商行政管理局案	马某华诉金华工商案	（2014）金婺行初字第39号
14	2014年9月	泰州市鑫龙旧机动车交易市场有限公司诉泰州工商行政管理局医药高新技术产业开发区分局案	鑫龙公司案	（2014）泰中行监字第30号
15	2014年9月	南京建工集团有限公司混凝土分公司诉江苏省物价局案	建工集团案	（2014）宁行初字第70号

续表

序号	裁判时间	案件名称	案件简称	出处
16	2014年11月	魏某兵诉天门市安全生产监督管理局案	魏某兵案	（2014）鄂汉江中行再终字第2号
17	2014年12月	金某发诉盱眙县运输管理所案	金某发案	（2014）盱行初字第4号
18	2015年2月	王某山诉汕头市交通运输局案	王某山案	（2014）汕龙法行初字第14号
19	2015年4月	马某华诉绍兴市市场监督管理局案	马某华诉绍兴市监案	（2015）浙绍行终字第34号
20	2015年6月	南京发尔士新能源有限公司诉南京市江宁区人民政府案	发尔士公司案	（2015）宁行初字第16号
21	2016年3月	湖北省磐诚石材有限公司诉咸丰县经济和信息化局案	磐诚公司案	（2015）鄂咸丰行初字第34号
22	2016年4月	陈某富诉吉林市松花湖风景区管理局等案	陈某富案	（2016）吉02行终107号
23	2016年6月	王某诉岳阳县人民政府案	王某案	（2016）湘06行初43号
24	2016年8月	应城市和和投资有限公司诉应城市人民政府案	和和公司案	（2016）鄂09行初4号
25	2016年10月	垫江县东渝燃气有限公司与垫江县经济和信息化委员会等案	东渝公司案	（2016）渝03行终113号

续表

序号	裁判时间	案件名称	案件简称	出处
26	2016 年 11 月	邯郸金狮棉机有限公司诉新疆生产建设兵团第三师工业局等案	金狮公司案	(2016)兵 0301 行初 2 号
27	2016 年 12 月	天津市河西区速捷网络技术服务部诉中国互联网络信息中心等案	速捷服务部案	(2016)京 73 民初 505 号
28	2016 年 12 月	陈某诉福建侨隆房地产开发有限公司案	陈某案	(2016)闽 01 民终 5659 号
29	2017 年 1 月	上海龙骑计算机科技有限公司诉广西壮族自治区卫生和计划生育委员会案	龙骑公司案	(2016)桂 01 行终 244 号
30	2017 年 1 月	丁某胜诉息烽县小寨坝镇人民政府案	丁某胜案	(2016)黔 0103 行初 224 号
31	2017 年 5 月	南昌市洪发白蚁防治有限公司诉南昌市住房保障和房产管理局等案	洪发公司案	(2017)赣 01 行终 47 号
32	2017 年 6 月	岳阳县通达运输有限公司诉岳阳县道路运输管理所案	通达公司案	(2017)湘 0621 行初 31 号
33	2017 年 6 月	深圳市斯维尔科技股份有限公司诉广东省教育厅等案	斯维尔公司案	(2015)粤高法行终字第 228 号
34	2017 年 7 月	怀化市宏宇印刷厂诉怀化市财政局案	宏宇印刷厂案	(2017)湘 1202 行初 12 号
35	2017 年 8 月	台州市黄岩书胜西恩网络技术服务部诉中国互联网络信息中心案	黄岩书胜西恩公司案	(2017)京民申 2849 号

续表

序号	裁判时间	案件名称	案件简称	出处
36	2017年9月	西昌市光恒混凝土有限公司诉西昌市人民政府等案	光恒公司案	（2016）川34行赔初8号
37	2017年10月	娄底市普众二手车交易服务有限公司诉娄底市公安局交通警察支队案	普众公司案	（2017）湘1302行初20号
38	2017年10月	娄底市湘吉二手车交易服务有限公司诉娄底市公安局交通警察支队案	湘吉公司案	（2017）湘1302行初22号
39	2017年10月	娄底市征求二手车交易服务有限公司诉娄底市公安局交通警察支队案	征求公司案	（2017）湘1302行初23号
40	2017年10月	涟源市东鑫二手车交易服务有限公司诉娄底市公安局交通警察支队案	东鑫公司案	（2017）湘1302行初21号
41	2017年10月	同望科技股份有限公司等诉广东省建设工程造价管理总站等案	同望公司案	（2017）粤01民终12532号
42	2017年10月	秦某丽诉天津中环电子信息集团有限公司、天津市南开城市建设投资有限公司案	秦某丽案	（2017）津01民终7373号
43	2017年11月	三江县诚兴机动车驾驶员培训有限公司诉柳州市道路运输管理处案	诚兴公司案	（2017）桂0204行初42号
44	2018年3月	上海辰昕礼仪用品服务中心诉上海市工商行政管理局等案	辰昕礼仪中心案	（2018）沪01行终6号
45	2018年4月	汪某木与含山县盐务管理局、含山县人民政府案	汪某木案	（2018）皖05行终32号

续表

序号	裁判时间	案件名称	案件简称	出处
46	2018 年 7 月	汕尾市真诚公共汽车运输有限公司诉汕尾市人民政府案	真诚公司案	（2016）粤行终 1455 号
47	2019 年 1 月	广州柏赛罗药业有限公司诉国家市场监督管理总局案	柏赛罗案	（2018）京行终 6353 号
48	2019 年 3 月	象山捷达网络技术服务部诉中国互联网络信息中心案	象山诉互联网中心案	（2019）京 01 行终 256 号
49	2019 年 4 月	即墨区灵山液化气站诉青岛市即墨区市场监督管理局案	即墨区灵山液化气站案	（2018）鲁 0282 行初 105 号
50	2019 年 6 月	福建省泉州海丝船舶评估咨询有限公司与福鼎市海洋与渔业局案	海丝船舶评估公司案	（2019）闽行终 159 号
51	2019 年 10 月	广东能龙教育股份有限公司诉阳江市教育局案	能龙教育公司案	（2018）粤行申 1469 号
52	2020 年 3 月	江西翰龙公章刻制有限公司诉赣州市公安局章贡分局案	翰龙公章公司案	（2020）赣 07 行终 26 号
53	2020 年 4 月	吴某星诉泉州市民政局案	吴某星案	（2020）闽 0503 行初 28 号
54	2020 年 5 月	滨州市东振吕剧团诉滨城区文旅局等案	滨州东振吕剧团案	（2020）鲁 16 行终 53 号
55	2020 年 8 月	新乡县盐业公司诉洛阳市工业和信息化局案	新乡盐业公司案	（2020）豫 03 行终 188 号

续表

序号	裁判时间	案件名称	案件简称	出处
56	2020年9月	临颍中房燃气有限公司诉漯河市人民政府案	临颍中房公司案	（2019）豫行终4074号
57	2020年10月	宁波莎丽服饰有限公司诉宁波市鄞州区东吴镇人民政府案	宁波莎丽公司案	（2020）浙02行终346号
58	2020年12月	杭州青奇科技有限公司与洛阳市城市管理局案	杭州青奇公司案	（2020）最高法知民辖终503号
59	2020年12月	广东金瓯机械制造有限公司诉四会市自然资源局案	广东金瓯公司案	（2020）粤1203行初295号
60	2021年4月	枞阳县雨坛乡黄公山凝灰岩矿业有限公司诉安徽省枞阳县人民政府等案	枞阳凝灰岩矿业公司案	（2021）皖07行初22号

①参见《海南省某市卫生局垄断案》，载反垄断反不正当竞争律师网，http://www.ant-lawyer.com/?action-viewnews-itemid-497，最后访问时间2020年7月30日。

②参见《点头隆胜石材厂不服福鼎市人民政府行政扶优扶强措施案》，载中国法院网，https://www.chinacourt.org/article/detail/2002/11/id/18131.shtml，最后访问时间2020年7月30日。

③参见《公民刘工超诉北京市环保局案》，载110法律咨询网，https://www.110.com/falv/huanjingbaohufa/hjbhfal/2010/0802/205303.html，最后访问时间2020年7月30日。

④参见《全国反行政垄断诉讼第一案》，载宁波日报网，http://daily.cnnb.com.cn/nbrb/html/2010-09/25/content_239243.htm，最后访问时间2020年7月30日。

⑤参见朱小雯《四家防伪企业诉质检总局因超期限被驳回》，载国家食品质量监督检验中心2008年9月10日，https://www.antpedia.com/viewspace-15611，最后访问时间2020年7月30日。

⑥参见《事件进展之四：反垄断第一案原告再添两公司》，载北大法律信息网，http://chinalawinfo.com/News/NewsFullText.aspx?NewsId=60650，最后访问时间2020年7月30日。

⑦参见《国家质检总局不到20天内遭遇第三波反垄断诉讼》，载中国网，http://www.china.com.cn/policy/txt/2008-08/18/content_16257986.htm，最后访问时间2020年7月30日。

笔者尝试从时间、地域、领域、裁判结果四个维度对上述案例进行解析。

1. 时间分布特点

由图 7 可见,2015 年之前,涉及行政性垄断的行政诉讼案例仅有少量。而从 2016 年开始,反行政性垄断的行政诉讼案例逐渐增多,在 2017 年甚至出现了 15 例。究其原因,笔者推测,2015 年 5 月第一次修订后的《行政诉讼法》开始施行,“行政机关滥用行政权力排除或者限制竞争”被明确作为公民、法人或者其他组织提起行政诉讼的事由,极大地鼓励了行政性垄断的相关受害者通过司法诉讼的方式寻求救济,加之竞争文化的普及随着 2016 年我国公平竞争审查制度的出台到达新高度,2016 年开始法院审结的相关案件数量开始攀升。

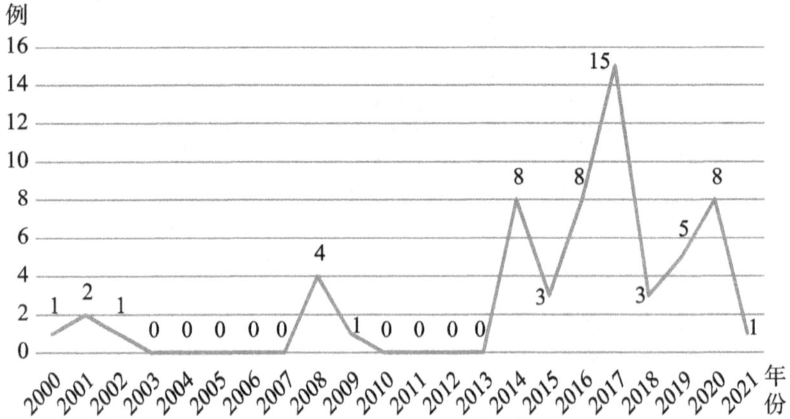

图 7　行政诉讼案例的时间分布

2. 地域分布特点

由表 12 可见,案件广泛分布于我国 21 个省市,其中华中、华东、华南和华北地区为高频发生区域。不难理解,由于这些地区的经济发展较快,相关市场主体更有动力和需求去冲破行政性垄断对市场竞争的不当干预,以谋求一个更公平公正的市场竞争环境。

表12　行政诉讼案例的地域分布

地区	省份	案件数量	地区案件总数/件	地区案件总数占比/%
华中	湖南	7	17	28.33
	湖北	5		
	河南	3		
	江西	2		
华东	江苏	4	21	35
	福建	5		
	浙江	6		
	上海	2		
	安徽	2		
	山东	2		
华南	广东	7	10	16.67
	广西	2		
	海南	1		
华北	北京	5	6	10
	天津	1		
西南	贵州	1	3	5
	四川	1		
	重庆	1		
西北	新疆	1	2	3.33
	陕西	1		
东北	吉林	1	1	1.67
共计			60	100.0

3. 领域覆盖情况

由图 8 可见，首先在建设工程、交通运输这两大领域案例较多；其次，在网络通信、医药卫生、二手车、餐厨食品等领域也出现部分司法案例；最后，在渔业、烟花爆竹、矿业、盐业、税务、自然资源、服饰、戏剧等领域也各有 1 例案件。整体而言，在与国计民生息息相关的领域出现的行政性垄断易损害市场主体利益，也更易引发行政诉讼。

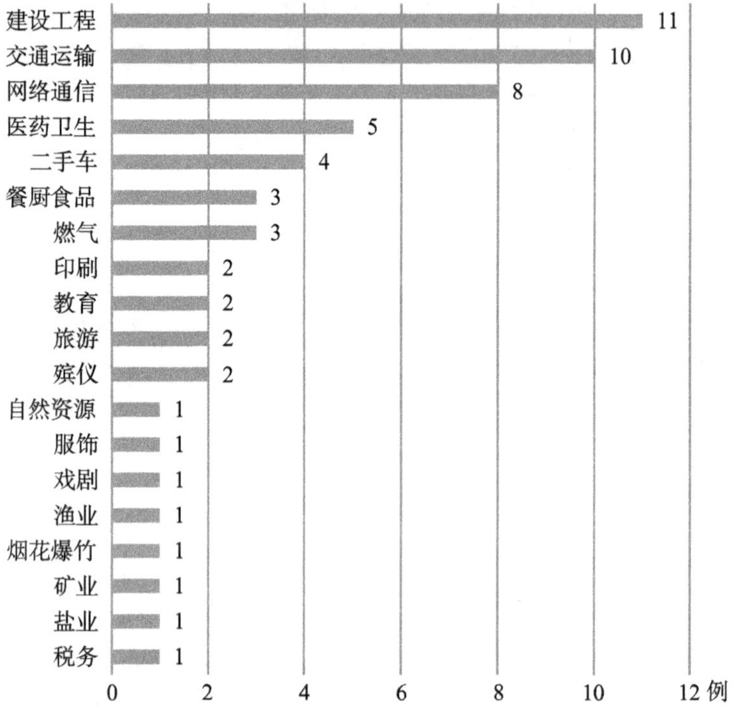

图 8　行政诉讼案例的领域分布

4. 裁判结果

笔者根据法院最终是否支持原告的诉讼请求，将相关案例分为“不予支持”“部分支持”“和解后撤诉”三大类（如表 13 所示）。表格显示，原告诉讼请求不受支持的案例居绝对多数，占比近 70%。

表 13　行政诉讼案例的裁判结果及理由

序号	支持与否	具体结果	说理归纳及相关案例	数量	总数及占比
1	不支持（共 41 例，占比 68.33%）	不予立案	不属于行政行为（陈某富案、枞阳凝灰岩矿业公司案）	2	共 4 例（6.67%）
			不属于垄断行为，原告主体不适格（王某案）	1	
			内部行政行为不可诉（龙骑公司案）	1	
		不予受理	超过法定诉讼期限（兆信公司等四家企业案、中网公司等两家企业案、倍诺公司等两家企业案）	3	3 例（5%）
		驳回起诉	不属于法院的受案范围 行政救济前置（刘某超案）、不是同一法律关系（即墨区灵山液化气站案）、对相对人等权利义务不产生影响（广东金瓯公司案、临颍中房公司案、宁波莎丽公司案）、不属于法律规定列举的范围（滨州东振吕剧团案）	6	16 例（26.67%）
			因级别管辖而不属该院管辖（金狮公司案）（杭州青奇公司案）	2	
			超过法定起诉期限（建工集团案）	1	
			因缺乏事实根据和法律依据（能龙教育公司案）（吴某星案）	2	
			不符二审和再审申请的情形（马某华诉浙江省农业厅案、黄某书诉西恩案、汪某木案、象山诉互联网中心案、鑫龙公司案）	5	

续表

序号	支持与否	具体结果	说理归纳及相关案例	数量	总数及占比
			被告对原告的认定和处罚合法(京山县检测站案、钟祥市检测站案、辰昕礼仪中心案、新乡盐业公司案)	4	18 例(30%)
			被告属于履行法定行政管理职责(磐诚公司案、洪发公司案)	2	
			被告与原告签订独家合同构成行政性垄断,应认定无效,而原告认为合同有效请求确认被告违约,其诉讼主张无事实和法律依据(光恒公司案)	1	
			原告并未证明被告构成行政性垄断(诚兴公司案)	1	
			原审判决确认被诉行政行为违法,并无不当。(海丝船舶评估公司、同望公司案、陈某案、柏赛罗案、翰龙公章公司案、秦某丽案、马某华诉绍兴市监案、马某华诉金华工商案、速捷服务部案、王某山案)	10	
2	部分支持(共 17 例,占比 30.36%)	确认违法	被告超越职权,但诉讼过程中已改变原行政行为(普众公司案、湘吉公司案、征求公司案、东鑫公司案)	4	12 例(20%)
			构成行政性垄断,但不具有可撤销内容(斯维尔公司案、南市防治站案、闽东远大所案、点头隆胜石材厂案)	4	
			构成行政性垄断,但撤销不利(东渝公司案、真诚公司案)	2	
			被告超越职权,但撤销不利(宏宇印刷厂案)	1	
			被告主体不具有行使行政权力资格,其行政行为当然无效(丁某胜案)	1	

续表

序号	支持与否	具体结果	说理归纳及相关案例	数量	总数及占比
		撤销	构成行政性垄断(发尔士公司案、和和公司案、通达公司案)	3	4例(6.67%)
			行政行为的法律依据违反上位法,适用法律、法规错误(金某发案)	1	
		由上级机关责令改正	法院认定被告行为构成部门垄断,依法应由上级机关责令改正(湖哒公司案)	1	1例(1.67%)
3	和解后撤诉(共2例,占比3.57%)		余姚名邦所案、魏某兵案	2	2例(3.33%)
总计				60	100%

(二)民事诉讼案例

尽管行政性垄断的主体主要是行政机关及授权组织,其作为被告的诉讼类型一般应为行政诉讼,但实践中也存在涉及行政性垄断的一些民事诉讼。据笔者的有限搜索,与行政性垄断相关的民事诉讼案例共有17例。(如表14所示)

表14　与行政性垄断相关的民事诉讼案例统计①

序号	裁判时间	案件名称	案件简称	裁判文书
1	1995年12月7日	永春照相馆等诉江都市教育实业公司、江都市教育局不正当竞争案	永春照相馆案	(1995)扬民终字第529号

续表

序号	裁判时间	案件名称	案件简称	裁判文书
2	2013年12月10日	江苏中源物联网技术发展有限公司诉南通市交安电子科技有限公司、江苏省安全生产应急救援指挥中心移动危险源监控总站南通分站合作协议纠纷案	中源公司案	（2013）通中商终字第0539号
3	2014年5月26日	王某柳诉东方海盛渔港管理有限公司、东方市海洋与渔业局、中国石油化工股份有限公司海南石油分公司垄断协议纠纷案	王某柳案	（2014）琼海法事初字第7号
4	2015年12月14日	广东粤超体育发展股份有限公司诉广东省足球协会、广州珠超联赛体育经营管理有限公司垄断纠纷案②	粤超公司案	（2015）民申字第2313号
5	2016年12月23日	天津市河西区速捷网络技术服务部诉厦门易名科技股份有限公司、中国互联网络信息中心垄断纠纷案	速捷服务部案(1)	（2016）京73民初485号
6	2016年12月26日	象山捷达网络技术服务部诉厦门三五互联科技股份有限公司、中国互联网络信息中心、三峡市人民政府垄断纠纷案	捷达服务部案	（2016）京73民初314号
7	2016年12月26日	顾某文诉中国互联网络信息中心垄断纠纷案	顾某文案	（2015）京知民初字第1853号
8	2016年12月26日	王某诉中国互联网络信息中心垄断纠纷案	王某案	（2016）京73民初12号
9	2016年12月26日	台州市黄某书诉西恩网络技术服务部诉广东时代互联科技有限公司、中国互联网络信息中心垄断纠纷案	书诉西恩服务部案	（2015）京知民初字第894号
10	2016年12月26日	郑某杰诉中国互联网络信息中心垄断纠纷案	郑某杰案(1)	（2015）京知民初字第1939号

续表

序号	裁判时间	案件名称	案件简称	裁判文书
11	2016年12月26日	北京网电博通科技有限公司诉中国互联网络信息中心垄断纠纷案	网电博通公司案	（2015）京知民初字第891号
12	2017年7月20日	郑某杰诉阿里巴巴通信技术(北京)有限公司、浙江贰贰网络有限公司、中国互联网络信息中心垄断纠纷案	郑某杰案(2)	（2017）京民终380号
13	2017年12月25日	象山捷达网络技术服务部诉中华人民共和国工业和信息化部等案	象山诉工信部案	（2017）京73民初567号
14	2018年6月11日	象山捷达网络技术服务部诉北京市国信公证处、浙江贰贰网络有限公司等案	象山诉北京国信公证处案	（2017）浙01民初722号
15	2018年10月09日	永州市冷水滩区物资行业事务管理办公室诉永州市平安民爆器材专营有限责任公司案	永州平安民爆器材案	（2018）湘1103民初2966号
16	2020年9月25日	天津市河西区速捷网络技术服务部诉宁波市奉化区人民政府等案	速捷服务部案(2)	（2020）京73民初848号
17	2020年11月10日	北京市朝阳区平房乡石各庄村民委员会等诉北京平安聚源建材批发市场有限公司案	北京平安聚源建材案	（2020）京0105民初56265号

注：①下文中笔者对相关案件的引用直接使用本表中的案件简称，对应裁判文书号详见本表。

②值得关注的是，最高人民法院指出，本案系民事诉讼，而对于“滥用行政权力排除、限制竞争”的行政行为本应提起行政诉讼，粤超公司在再审申请中将此作为支持其诉讼主张的一个重要理由，且司法实践中对具有公共事务管理职能的组织提起行政诉讼存在较大争议，最高人民法院结合本案整体情况，仅对该涉案诉讼理由进行判断，而并非将民事诉讼、行政诉讼一并审理。

根据案由和案情,以上民事诉讼案例大致可以分为以下三类。

第一类为不正当竞争纠纷案件。例如 1995 年的永春照相馆案。在该案中,被告江都市教育局通过下发文件实际上把新生学籍卡照片的拍摄经营权限定给了其下属公司江都市教育实业公司独家经营,排斥了其他照相馆,构成了滥用行政权力限定他人购买指定商品或服务的行为。但是当时对于该行政性垄断行为的法律规制只有《反不正当竞争法》(1993 年版,2017 年修订后删除有关反行政性垄断的条款),故法院将其界定为不正当竞争纠纷。该案中,法院援引当时的《反不正当竞争法》第 30 条[①]的规定认为,被告江都市教育局的不正当竞争行为应由其同级人民政府或上级教育管理机关予以制止和纠正,不属于法院民事案件受案范围。但是,原告在法院告知应向有关机关申请解决的情形下仍坚持起诉,法院对该案进行立案审理。

第二类为合同类纠纷案件。包括 2013 年中源公司案、2014 年王某柳案、2015 年粤超公司案,以及 2018 年永州平安民爆器材案和 2020 年北京平安聚源建材案,在前三个案件中,原告均以涉案协议违反《反垄断法》中与行政性垄断相关的规定为由主张涉案协议无效。在后两个案件中,被告均认为原告的行为构成行政性垄断。

具体而言,在中源公司案中,原告中源公司主张其与被告南通交安公司、移动危险源监控南通分站签订的合作协议违反修订前《反垄断法》第 32 条的规定,构成指定交易。[②]

在王某柳案中,原告王某柳主张被告海盛公司与被告海南石油分公司、被告东方海洋局分别签订的油品购销协议和经营管理承包合同属于垄断协议,尽管形式是合法的,但其目的是通过行政行为达到海南

---

① 1993 年版《反不正当竞争法》第 30 条规定:“政府及其所属部门违反本法第七条规定,限定他人购买其指定的经营者的商品、限制其他经营者正当经营活动,或者限制商品在地区之间正常流通的,由上级机关责令其改正。”

② 本案中,法院认为,南通分站并非行政机关、法律法规授权的具有管理公共事务职能的组织,因此涉案协议无效的理由不能成立。

石油分公司和海盛公司垄断经营柴油的非法目的，应归于无效，并且，被告海盛公司借助与被告东方海洋局签订的经营管理承包合同，使东方海洋局通过市政府发文《整治成品油工作方案》，在柴油经营市场设置关卡，限制其他合法经营企业的柴油进入港区，违反了修订前《反垄断法》第33条第1款第4项的规定。①

在粤超公司案中，原告粤超公司认为被告广东省足协作为代表广东省体育局行使足球管理职能的机关，通过与被告珠超公司签订新广东省室内五人制足球联赛协议书，并向珠超公司出具《举办广东省室内五人制足球联赛批准书》（以下简称《足球批准书》），批准珠超公司举办广东省室内五人制足球联赛，并独家享有协议书约定的赛事权利，独家批准珠超公司运营、举办室内五人制足球联赛，限定交易相对人只能与其指定的珠超公司进行交易，属于滥用行政权力指定交易的行为，该协议应认定为无效。②

① 本案中，法院认为，海洋局作为市政府的下级单位，无权让市政府发文，因此在上述两协议签订时，合同双方均不可能已达成通过市政府发文来排除、限制竞争以达到垄断港区成品油经营的故意，客观上合同双方也未作出垄断协议的行为，更没有获取高额的垄断利润，并且《整治成品油工作方案》禁止的是不合格的成品油进入港区销售的行为，属于市政府履行其法定行政管理职责的行为，未违反《反垄断法》，故法院指出，油品购销协议和经营管理承包合同不属于垄断协议，协议无效的理由不成立。

② 本案中，最高人民法院首先确定了广东省足协的主体性质，尽管广东省足协具有与足球运动、足球竞赛有关的特定范围和事项的公共事务管理性质的职能，可以认定其系《反垄断法》第39条所称的具有管理公共事务职能的组织，但从有关法律法规规章以及广东省足协章程的规定看，广东省足协不具有行政许可性质的行政审批权，而且一些更能体现行政机关行政权力的职能由广东省体育局及其下属职能部门而非广东省足协行使，另外，也不能因"一套人马，两块牌子"的组织架构而得出广东省体育局在足球赛事方面的行政管理职权均由广东省足协行使的结论，更不能进而得出广东省体育局这方面的行政管理职权由广东省足协行使的结论。其次，对于广东省足协向珠超公司出具《足球批准书》的行为是否属于履行公共事务管理职能的行为，最高人民法院认为，在广东省足协向珠超公司出具《足球批准书》时，广东省人民政府已取消所有省内足球赛事的行政审批，广东省足协无足球赛事的行政审批权，亦无须行使行政审批权，广东省足协虽具有一定范围的足球赛事公共事务管理职能，但《足球批准书》与行使其公共事务管理职能无关，其是作为赛事权利所有者和竞赛经营管理者授权珠超公司行使其相应赛事权利的商业授权。也正因为《足球批准书》非行使公共事务管理职能，当然也难以构成滥用行政权力，排除、限制竞争。

在永州平安民爆器材案中，原告永州市冷水滩区物资行业事务管理办公室请求法院判令被告永州平安民爆公司继续履行双方于2008年3月18日签订的冷水滩区民爆器材经营权转让协议。被告则表示，原告并没有转让经营权给自己，该协议系原告利用行政性垄断权对市场经济进行干预，是对民爆器材销售许可证进行违法转让的结果，该协议因违反相关强制性规定应是无效协议。①

在北京平安聚源建材案中，原告北京市朝阳区平房乡石各庄村民委员会、北京市朝阳区平房乡石各庄村经济合作社和北京市隆华商贸公司主张，和被告北京平安聚源建材公司签订的合作开发项目协议书超过20年部分的约定无效，被告则认为原告的行为属于行政性垄断行为，干扰了正常的市场秩序。②

第三类是垄断纠纷案。例如表14中序号为5—12的8例案例③都以中国互联网络信息中心为被告，且案由相同、案情类似。各原告的主张大同小异，都认为被告中国互联网络信息中心违反《中国互联网络域名管理办法》，收到原告投诉后，不依法注销域名，放任违法注册的域名继续存续，妨碍了原告对涉案域名的注册申请，原告认为，被告作为工业和信息化部授权的具有公共事务管理职能的组织，其行为构成修订前《反垄断法》第36条规定的滥用行政权力强制经营者从事垄断行为的情形。④ 再如，表14中的象山诉工信部案、象山诉国信公证处案、速

---

① 本案中，法官表示，因行业规则的重大调整，双方签订的冷水滩区民爆器材经营权转让协议已违反了行政法规的规定，从2017年1月1日起已实际终止，双方均无过错，但被告平安民爆公司所欠原告物资行业办2016年转让金8万元应予偿付。

② 本案中，三原告主张超过20年部分约定无效的诉求获得了法院的支持。

③ 这8例案件包括速捷服务部案、捷达服务部案、顾某文案、王某案、书胜西恩服务部案、郑某杰①案、网电博通公司案和郑某杰②案。

④ 而法院经审理后认为，这些案件均属于民事诉讼，而民事诉讼以平等民事主体之间的法律关系所产生的纠纷为受案范围，原告主张的前述行为并非民事诉讼的受理范围，且原告亦未能举证证明被告互联网中心实施了前述行为，故对原告的主张不予支持。

捷服务部②案也属于垄断纠纷案。①

值得关注的是，这 17 个民事诉讼案例中，原告的诉讼请求几乎很少得到法院的支持。

二、我国反行政性垄断司法的不足

与行政执法相比，司法规制行政性垄断有无可比拟的优越性。首先，通过司法规制行政性垄断符合现代分权制衡的法治原则，与行政机关内部纠正机制相比，司法具有的独立性和中立性能够公正地评判公权力对市场经济的干预是否适当，是否具有排除、限制竞争的危害，也能够克服公权力机关自我约束不足的问题，纠正公权力对经济的不当干预，维护市场竞争秩序。其次，司法诉讼具有较强的公信力，通过独立的司法机关对行政主体的行政性垄断行为进行公正的审判，更能够使行政相对人、行政性垄断的受害者在心理上接受，在社会上也会有更高的认可度。同时，司法判决能够在社会上产生巨大影响力，能够威慑潜在的行政性垄断实施者，使其严格自律，依法行政。另外，司法的专职性和专业性也是规制行政性垄断的重要保障。司法具有优越的制度保障，它可以运用严格的法律程序和规定，公平、公正、公开地解决矛盾争端，还有专业的人员、专门的场所、法定的时间和裁判依据去专职性地解决问题。但是，目前我国对行政性垄断的司法规制还存在一些不足，一定程度上影响了行政性垄断的规制效果。

（一）抽象行政行为审查不足

如前所述，行政性垄断既可以仅通过具体行政行为实施，也可以仅通过抽象行政行为实施，当然更多情形是具体行政行为和抽象行政行

---

① 在象山诉工信部案中，法院认为工信部等非适格被告，驳回了起诉。在象山诉北京国信公证处案中，法院则认为原告未能举证证明七被告实施了被控垄断行为，其提出的诉讼请求缺乏事实和法律依据，同样驳回了起诉。在速捷服务部②案中，法院认为原告未举证证明其对涉案域名等具有可保护的权利基础，与本案被诉行为不具有利害关系，故其提起本案诉讼缺乏法律依据，因此驳回了起诉。

为同时作用构成了行政性垄断。与通过具体行政行为实施的行政性垄断相比，借由抽象行政行为实施的行政性垄断行为由于针对的对象不特定，影响范围更广，对市场公平竞争制度的破坏性更大，有必要对其加强规制。

1990 年实施的《行政诉讼法》第 12 条规定，人民法院不受理公民、法人或者其他组织对“行政法规、规章或者行政机关制定、发布的具有普遍约束力的决定、命令”提起的诉讼，明确否定了抽象行政行为的可诉性。这是一直以来抽象行政性垄断行为难以进入司法程序、启动司法救济的重要原因。

2014 年修订《行政诉讼法》时，尽管依然保留了上述规定，但新增了第 53 条，“公民、法人或者其他组织认为行政行为所依据的国务院部门和地方人民政府及其部门制定的规范性文件不合法，在对行政行为提起诉讼时，可以一并请求对该规范性文件进行审查。前款规定的规范性文件不含规章”，并在 2017 年第二次修订时保留下来。也就是说，现行《行政诉讼法》已将规章以下的规范性文件纳入了行政诉讼的审查范围。这在一些案件中也有所体现。例如在 2017 年“通达公司案”中，法院就对被告作出行政许可依据的合法性进行了附带审查，原告通达公司向被告岳阳县道路运输管理所申请了两台客车的某一客运班线的线路许可，被告在审查该许可时将其 2009 年制作的《关于协调解决县汽车运输总公司与县通达运输公司有关矛盾问题的会议纪要》（以下简称《协调解决矛盾会议纪要》）作为适用依据作出了不予许可的决定。法院在附带审查《协调解决矛盾会议纪要》的合法性时，指出《协调解决矛盾会议纪要》通过“通知”的形式发送相关单位及当事运输公司时，对协调双方当事人的权利义务会产生实际影响，具有行政管理和内部管理的特征，具有了可诉性，而《协调解决矛盾会议纪要》的部分条款明显有限制和歧视原告通达公司、支持和保护岳阳县汽车运输总公司扩大市场占有率的效果，故法院最终认定该《协调解决矛盾会议纪要》违法。

总体来说，现行《行政诉讼法》已在一定程度上破解了对于通过抽象行政行为实施的行政性垄断案件的立案和审查难题，但依旧遗留了一些问题。例如，该法仅规定了规章以下的规范性文件的附带审查问题，规章及规章以上的规范性文件若构成行政性垄断，此种审查仅为附带性审查，又该如何获得救济？对抽象行政行为不服的，公民、法人和其他组织仍然不能单独提起行政诉讼。

（二）法律责任落实不到位

如前文对我国行政性垄断的立法规制不足的分析中所述，我国目前主要对行政性垄断实施者的单位和个人规定了畸轻的法律责任，且未考虑对行政性垄断受害者的赔偿或补偿。这一点明显地表现在既往的司法实践中，如表13表明的，法院主要支持了原告对被诉行政行为的“确认违法”和“撤销”请求，其余诉讼请求基本没有获得法院支持。

笔者重点关注了案件中原告提出要求被告赔偿损失的诉讼请求的情况以及法院对此诉讼请求的审查情况。77例样本案例中，一共有12例案例①的原告提出了赔偿损失的请求。法院对这些诉讼请求的审查和说理各异，具体可分为这几类：(1)法院认为行政性垄断案件应由上级机关处理，对于原告的赔偿请求也应视上级机关的处理结果而定，相关案例为永春照相馆案；(2)法院指出被告的行政性垄断行为未对原告的合法权益造成实际损害，故不支持原告赔偿损失的诉讼请求，相关案例为发尔士公司案；(3)法院认为对于原告的赔偿损失的诉讼请求应按行政赔偿诉讼另行立案，另案审理，相关案例为和和公司案；(4)法院指出本案为垄断协议纠纷，赔偿损失的请求与其无关，不予受理，相关案例为王某柳案；(5)法院认为原告依据合同主张违约责任，要求被告赔

① 这12例案件包括：1995年的永春照相馆案、2014年的王某柳案、2015年的发尔士公司案、2016年的和和公司案、2017年的宏宇印刷厂案、2017年的光恒公司案、2017年的普众公司案、2017年的湘吉公司案、2017年的征求公司案、2017年的东鑫公司案、马某华诉金华工商案，以及马某华诉浙江农业厅案。

偿损失,但是法院最终认定合同无效,对其赔偿请求也就不予支持,相关案例如光恒公司案;(6)法院指出原告未提供损失的证据或者证据不充分、不具体,且其赔偿损失的诉讼请求没有事实和法律依据,相关案例为宏宇印刷厂案、普众公司案、湘吉公司案、征求公司案和东鑫公司案。概言之,法院对于原告的赔偿损失的诉讼请求基本都不予支持。这意味着在行政性垄断实施者法律责任方面,目前司法实践还未形成警戒效果,而行政主体作出行政性垄断行为后所需承担的法律责任过轻、违法成本过低,这可能也正是行政性垄断行为时有发生、屡禁不止的原因之一。

本章小结

本章基于74份与行政性垄断规制相关的中共中央文件、法律、法规和规范性文件、198件反行政性垄断执法案例和77件反行政性垄断司法案例样本展开实证分析,分别从立法、执法和司法三个角度对我国行政性垄断的规制现状和存在的问题进行剖析。

在立法层面实证分析表明:我国自20世纪80年代以来,开始对行政机关及授权组织滥用行政权力排除、限制竞争的行为进行规制。中共中央对行政性垄断规制问题高度重视,多次发布政策文件强调反行政性垄断,立法机关、国务院及其各部门也颁布了较多的法律、法规和规范性文件。特别值得一提的是,作为规制行政性垄断行为的一个好抓手,我国公平竞争审查制度已经出台并在逐步完善中。目前针对反行政性垄断的立法仍然存在不足:首先,相关文件的效力等级较低,权威性不足。其次,对体系立法关注不够。最后,法律规制体系中行政性垄断的法律责任分层且设置不够合理。

在执法层面实证分析表明:自2015年以来,我国行政性垄断的行政执法案件数量逐渐增多,2017年迎来反行政性垄断的执法高潮;案发地域广泛,且华东和华中案件居多;行政性垄断的高发领域在与民生紧密相连的公用事业领域;行政性垄断的当事人主要为行政机关,也有事业单位、社会团体和行业协会等法律法规授权的具有管理公共事务职能的组织;涉案常见的行政性垄断行为主要是指定交易和制定含有排除、限制竞争内容的规定,并且存在"复合型行政性垄断行为",其对市场竞争的不良影响尤为严重。目前的执法还存在一些不足,如反垄断执法机构的独立性仍然欠佳、执法权力有限、执法案例的处理结果也不尽理想等。此外,畸轻的违法成本、案例来源披露制度不够完善、后续监督不足等问题,亦对执法效果产生影响。

在司法层面,实证分析表明:在2015年前诉讼案件较少,自2016年开始逐年增多,且在我国华中、华东、华南和华北地区较为频发,主要分布领域与执法案例的分布大体类似,建设工程、交通运输、网络通信、医药卫生等与国计民生息息相关的领域为高发领域。实证分析还发现,法院主要支持了原告对被诉行政行为的"确认违法"和"撤销"请求,其余如赔偿损失等诉讼请求基本没有获得法院支持。目前来看,我国行政性垄断的司法规制在抽象行政行为的审查、法律责任的落实等方面尚有完善空间。

总体而言,我国目前的行政性垄断规制侧重事后矫正,对事前的预防机制重视程度还不够,故而,整体规制效果还不够理想,行政性垄断案件依旧频发。因此,有必要探讨规制路径的优化问题。

第二编

反行政性垄断路径优化的必要性和可行性

行政性垄断是国家“干预”的异化，可能导致市场竞争机制的扭曲和资源配置效率的低下，不利于市场经济的健康发展。禁止行政性垄断的规定是我国《反垄断法》的特色之一。然而，正如第一编所分析的，当前我国对于行政性垄断的规制无论是在立法层面、执法层面还是在司法层面上都存在不足之处，对行政性垄断的规制效果总体不够理想。因此，有必要优化现有的路径来提升对行政性垄断的规制效果。

我国正处于经济体制转轨的关键时期，2020 年 3 月中共中央、国务院《关于构建更加完善的要素市场化配置体制机制的意见》（以下简称《要素机制意见》）表明，战略要求已经从“要素市场全面开放”走向“健全要素市场运行机制”。这就要求对政府权力的运行进行有效的监督与规制，提高要素监管水平，以健全要素的运行机制。因此，政府角色的重新定位成为提高经济体制效率的关键。而国家竞争政策与市场经济体制改革紧密相连，其重点内容是破除行政性垄断和建立全国统一大市场。也就是说，从维护竞争机制出发，厘清政府和市场的关系，通过竞争发挥市场配置资源的决定性作用。

《反垄断法》在市场经济发展中被视为“经济宪法”，其对实现市场经济健康发展的意义毋庸置疑，但仅仅依靠一部法律的实施是不够的，而应当将规制行政性垄断置于全面规制政府经济权力运行的整体目标之下，在国家竞争政策的框架内建立规制行政性垄断的制度体系，加强竞争倡导，弘扬竞争文化，使《反垄断法》的实施转变成常态化的外部监督和内部自律，[①]市场经济才能持续健康发展。

---

① 参见徐士英：《竞争政策：反垄断法实施的政策前提》，载《中国价格监管与反垄断》2014 年第 11 期。

CHAPTER 01 >>

第一章

国家竞争政策概述

第一节　国家竞争政策的基本理解

自1978年改革开放以来，我国在传统的经济体制中逐步引入市场竞争机制。在中国共产党的领导下，经过数十年的艰苦探索和努力，我国在经济发展方面取得了举世瞩目的成就。竞争机制在促使优胜劣汰、实现资源有效配置方面切实发挥了积极作用。但在当前全面深化改革的关键时期，我国在经济发展上仍然面临一些问题，如地区封锁、某些行业竞争不充分等，这些都将妨碍市场机制的运行，扼杀经济活力。我国政府对此高度关注，从顶层设计方面推行了一些重要政策，其中包括本书探讨的国家竞争政策。

一、国家竞争政策的概念与内涵

（一）国家竞争政策的概念

关于“国家竞争政策”的概念，学者们定义不一。例如，徐士英教授认为，国家竞争政策是为维持和发展市场竞争机制所采取的各种公共措施，包括产权改革政策、垄断行业管制政策、政府补贴政策、贸易自由化政策等；[1]王先林教授认为，国家竞争政策是市场经济国家为保护和促进市场竞争而实施的一项基本的经济政策；[2]于立教授认为，国家竞争政策是指由政府制定，旨在保护、倡导和规范市场竞争，顺从并促进市场决定性作用发挥的一系列政策的总称。[3]

而更多的学者是对“竞争政策”而非“国家竞争政策”进行定义。例如，国外学者马西莫·莫塔认为，竞争政策是所有保护竞争确保社会经济福利的一整套政策和法律的综合；[4]黄勇教授认为，竞争政策是政府制定并实施的促进和保护竞争的策略选择；[5]于良春教授和张伟教授指出，竞争政策是一整套确保市场竞争不因受限制而减少经济福利的政策与法律；[6]史际春教授认为，广义上的竞争政策是以市场为导向，着重修复和弘扬市场机制，促进或优化竞争的政策；[7]吴汉洪教授指出，竞争政策是政府为保护和促进市场经济中的有效竞争而采取的行动措施、法规条例和设立的监督实施机构的总和；[8]刘劲松认为，广义的竞争

① 参见徐士英：《在国家竞争政策目标下建设良善的市场秩序》，载《中国市场监管研究》2018 年第 4 期。

② 参见王先林：《我国反垄断法修订完善的三个维度》，载《华东政法大学学报》2020 年第 2 期。王教授还指出，国家竞争政策通常是在国家层面来说的，只有在特别说明的情况下才有其他的竞争政策如 WTO 竞争政策、区域性竞争政策等。

③ 参见于立、刘玉斌：《中国市场经济体制的二维推论：竞争政策基础性与市场决定性》，载《改革》2017 年第 1 期。

④ 参见[西]马西莫·莫塔：《竞争政策——理论与实践》，沈国华译，上海财经大学出版社 2006 年版，第 3 页。

⑤ 参见黄勇：《推进落实竞争政策　有效监管行政垄断》，载《中国工商管理研究》2014 年第 9 期。

⑥ 参见于良春、张伟：《产业政策与竞争政策的关系与协调问题研究》，载《中国物价》2013 年第 9 期。

⑦ 参见史际春、赵忠龙：《竞争政策：经验与文本的交织进化》，载《法学研究》2010 年第 5 期。

⑧ 参见吴汉洪、周炜、张晓雅：《中国竞争政策的过去、现在和未来》，载《财贸经济》2008 年第 11 期。

政策指一切有利于竞争的政策。[①] 有学者还区分了狭义和广义的竞争政策，将狭义的竞争政策理解为基于《反垄断法》而制定的鼓励竞争、限制垄断的反垄断政策；而将广义的竞争政策理解为不仅包括竞争法律，还包括其他一切政府作出的以促进竞争为目的的非法律性质的政策措施。[②]

从以上学界观点来看，国家竞争政策和广义的竞争政策基本可作同解。各国竞争政策的实践也表明，竞争政策除了刚性的法律——竞争法之外，还需要运用其他多种政策措施才能达到保护和促进竞争的目的。因此，竞争政策不仅应该包括竞争法律，还包括其他一切政府作出的以促进竞争为目的的非法律性质的政策措施。

笔者仅对“国家竞争政策”做如下定义：国家为建立全国统一大市场而在国家层面推行的一系列有利于市场竞争的经济政策。为了叙述方便，本书中的“竞争政策”一词，如未做特殊说明，均从广义理解，且和“国家竞争政策”一词通用。

（二）国家竞争政策的内涵

自《反垄断法》实施以来，我国其实已经通过反垄断竞争执法等实践和做法逐渐搭建起国家竞争政策的基本框架，只是尚未以制度的形式固定下来。

根据本书对“国家竞争政策”的定义，对国家竞争政策含义的理解可以包括以下三层含义：第一层，国家竞争政策是为保护和促进市场竞争而实施的基本经济政策，内容上既包括竞争法律，也包括旨在促进国内经济竞争自由和市场开放的各项政策措施。第二层，国家竞争政策是立足于全国统一大市场的一系列政策，应注意去“地方化”，着眼于全国范围内的全盘统筹和持续推进。第三层，国家竞争政策应从全行业

---

① 参见刘劲松、舒玲敏：《论产业政策与竞争政策的战略搭配——以日本为例》，载《当代财经》2006 年第 7 期。

② 参见徐士英：《竞争政策视野下行政性垄断行为规制路径新探》，载《华东政法大学学报》2015 年第 4 期。

发展的角度出发，立足于全方位开放的整体市场经济。

在内容方面，徐士英教授指出，国家竞争政策应涵盖五大块内容：(1)以反垄断法为核心的竞争法律制度；(2)在垄断行业进行竞争政策改革；(3)规制政府反竞争行为；(4)规制国有企业的垄断行为；(5)竞争推进和竞争文化建设。① 笔者赞成该观点。在此基础上，笔者认为，国家竞争政策应以《反垄断法》及配套制度为核心，同时，应注重实施其他一切促进竞争的政策或制度如竞争倡导和竞争评估等。

二、国家竞争政策的特征与地位

(一)国家竞争政策的特征

国家竞争政策与市场经济体制改革是紧密相连的。概括起来，以促进竞争为核心导向的国家竞争政策具有以下三个特征：

第一，依赖市场配置资源的长效机制。② 从长远角度来看，发挥市场配置资源的决定性作用，指导经营者在市场竞争的各个方面作出最适当的决定，必然需要坚决落实国家竞争政策、保障市场竞争机制。尽管竞争的形式与短期表现可能存在消极或者不符合预期的情形，但这并不意味着市场竞争机制存在漏洞。即使出现"无形的手"调节失灵的情况，需要"有形之手"的介入，也应坚守国家竞争政策基础性地位的原则，坚持维护市场竞争的一贯立场，即国家竞争政策的目标在任何情形下都不应发生根本性动摇。例如，在面对金融危机时，欧盟始终坚持竞争规则并确保规则实施的稳定性，防止由于采取不当的应对措施而对欧盟统一市场自由竞争的环境造成破坏。③

第二，须以符合法治的形式实施。国家竞争政策往往以法律法规

① 参见徐士英：《中国竞争政策论纲》，载《经济法论丛》2013 年第 2 期。

② 参见黄勇：《推进落实竞争政策　有效监管行政垄断》，载《中国工商管理研究》2014 年第 9 期。

③ 参见徐士英：《竞争政策与反垄断法实施》，载《华东政法大学学报》2011 年第 2 期。

为手段,依赖竞争法,对市场中的不正当竞争行为和排除、限制竞争行为进行规制,保障市场竞争机制的稳定并持续发挥作用。有别于发达国家,我国作为典型的发展中国家和经济转型国家,国家竞争政策的兴起既有市场经济自身天然发展的因素,也有政治力量的主导作用。我国国家竞争政策的实施就更依赖法律制度的完善。概言之,竞争法律制度是我国国家竞争政策和竞争秩序建立和形成的必要条件。也就是说,必须回归法律法规来落实国家竞争政策,法治思路应当体现在国家竞争政策规制的准入机制、市场规则和认定标准之中。

第三,以反行政性垄断为重点。我国在从计划经济体制向市场经济转型的过程中,政府职能的转变是关键。政府干预经济的模式将逐渐被市场调节机制取代,但由于历史和体制运行的惯性,政府也可能对经济进行不合理干预从而扭曲竞争机制。这甚至比市场垄断行为对竞争的损害更甚。因此,破除行政性垄断应是我国国家竞争政策设计中的难点,也是重中之重。在我国《反垄断法》对垄断行为的规制中,行政性垄断单独成章,与传统的三大反垄断支柱并列,构成了我国竞争政策的一大特点。

(二)国家竞争政策的地位

在市场经济国家的经济政策体系中,国家竞争政策应处于基础性地位。2013 年党的十八届三中全会强调经济体制改革要发挥市场在资源配置中的决定性作用。党的十八届三中全会中共中央《关于全面深化改革若干重大问题的决定》中共有 19 处提到竞争,还有多处提到“破除垄断、反对垄断”。这充分说明,竞争机制在深化改革中需要扮演重要角色,以竞争引领经济体制的市场化改革已是大势所趋。党的十八届四中全会再次重申将“公平竞争”作为完善社会主义市场经济法律制度的基本导向之一。2015 年中共中央、国务院发布的《关于推进价格机制改革的若干意见》(中发〔2015〕28 号文)第一次明确提出“逐步确立竞争政策的基础性地位”。这是中央层面首次就竞争政策在我国经济政策中应处的地位做的明确回应。2019 年,中央甚至将“强化竞争政策的基础性地位”提升到国家治理体系和治理能力现代化的高度。2022年修订《反垄断法》时，“强化竞争政策基础地位”正式入法。上述顶层设计对理顺政府与市场的关系，发挥市场在资源配置中的决定性作用，具有重要的战略意义。

对竞争政策基础性地位的正确理解，应注意把握以下两个要点。第一，竞争政策的基础性地位取决于也服务于市场的决定性作用（包括配置资源作用和激励主体作用）。竞争是市场机制的灵魂和核心，竞争政策的本质是维护市场竞争机制的运行。同时，市场在资源配置和激励主体方面所发挥的决定性作用均通过竞争产生的价格信号来实现。竞争政策的作用在于，一方面，为市场起决定性作用提供场景；另一方面，防止和纠正因实施其他政策而产生的资源错配或激励失当等问题。① 第二，《反垄断法》为确立国家竞争政策的基础性地位奠定了法律基础。作为狭义竞争法的《反垄断法》是维护市场秩序的最基础的法律，素有“经济宪法”之称。不仅市场经营者在参与市场竞争时不能违反国家竞争政策的具体规定，实施有损竞争的行为，行政机关制定的政策法规也不得与国家竞争政策相抵触，否则有关主体可以依据国家竞争政策阻止该政策法规的出台或继续施行；而当其他政策在实施过程中与竞争政策相抵触时，应当以其是否损害竞争机制为标准，通过政策之间的协调将冲突降到最低或者寻找替代方案。具化到行政性垄断规制，可以说，一方面，只有坚持实施国家竞争政策，才能有效地规制行政性垄断；另一方面，只有坚决制止和有效规制行政性垄断，国家才能真正实施国家竞争政策。

三、国家竞争政策的目标与功能

从国家竞争政策的兴起及变迁来看，国家竞争政策往往是在某种

① 参见于立、刘玉斌：《中国市场经济体制的二维推论：竞争政策基础性与市场决定性》，载《改革》2017年第1期。

特定经济环境下作出的决定。[1] 其往往需要依据一国的基本经济制度、分配制度、社会资源供需情况、市场经济发展程度、政治体制现状及发展趋势等复杂多样的因素而制定。也就是说,国家竞争政策的目标选择必须与本国国情和经济发展阶段相适应,并且随着经济发展的变化而变化,如此才能最大限度地发挥出国家竞争政策的功能。

此外,行政性垄断之所以成为竞争执法的难点,正如时建中教授指出的,主要原因是国家竞争政策与产业政策、竞争法与产业监管法以及竞争执法机构和产业监管机构之间的关系没有理顺,尤其是国家竞争政策在经济政策体系中的地位不明晰。[2] 因此,只要确立了国家竞争政策在经济政策体系中的基础性地位,就有望破解行政性垄断给社会和经济带来的难题。

(一)国家竞争政策的目标

国家竞争政策的制定和实施取决于其目标选择。如何具体运用国家竞争政策,实施程度应如何,需要根据国家竞争政策的目标而定;如何看待国家竞争政策与产业政策之间的关系以及如何协调它们之间的冲突,也与国家竞争政策的目标息息相关。[3]

国家竞争政策目标的确定受一国经济发展水平、市场机制的运行、对国内竞争法的解释、国际经济环境,甚至对不同经济理论的推崇等因素的影响。一国在不同的发展时期,国家竞争政策的目标价值取向也会有所差异。例如,美国竞争政策目标在每一个竞争政策演变阶段都有差异。在竞争政策产生之初(19 世纪 90 年代),其竞争政策目标是缓和社会矛盾,保护中小企业和消费者福利。到了竞争政策的早期发展

---

① 参见张伟、于良春:《中国竞争政策体系的目标与设计分析》,载《财经问题研究》2010 年第 6 期。

② 参见时建中:《论竞争政策在经济政策体系中的地位——兼论反垄断法在管制型产业的适用》,载《价格理论与实践》2014 年第 7 期。

③ 参见肖竹:《竞争政策与政府规制——关系、协调及竞争法的制度构建》,中国法制出版社 2009 年版,第 42 页。

阶段(19世纪90年代—20世纪40年代),即第二次世界大战和全球经济大萧条阶段,其竞争政策目标变成了两个,增加了经济自由和恢复经济,同时延续保护中小企业和保护消费者福利。到了竞争政策的严格执行阶段(20世纪70年代),在哈佛学派的影响下,其竞争政策的实施目标变为维护公平竞争、保护中小企业和消费者福利。之后随着经济复苏和发展,受芝加哥学派影响,其竞争政策的实施目标开始倾向于经济效率。不过,迄今为止,提高经济效率和提高消费者福利一直是美国竞争政策的两大目标。尤其是,无论经济处于何种发展阶段,消费者福利都是美国竞争政策追求的目标和竞争当局处理竞争问题的出发点及判定标准。这和欧盟有所不同,欧盟竞争政策的举措多是围绕能为成员国在欧盟境内提供公平的竞争机会而展开的。

也有不少国家的竞争政策目标选择呈现多元化的特点,尤其是发展中国家。例如,我国作为典型的发展中国家兼经济体制转型国家,我国国家竞争政策的目标选择体现了多元性特点。从我国现行《反垄断法》总则第1条可以看出,我国国家竞争政策目标是多元化的:公平竞争、鼓励创新、经济效率、消费者福利和社会公共利益。目标的多元性也意味着目标之间可能会产生冲突,尤其是"公平"与"效率"之间哪个优先的问题。解决的方式之一是设置主目标作为指引。笔者认为,我国国家竞争政策的本质是防止竞争受到限制而降低社会总福利,主目标的设置也应以此为导向。就我国竞争政策发展的当前阶段来说,笔者认为,两大主要目标应为公平竞争和社会总福利。其中,公平竞争是促进经济发展和增强社会总福利的手段。换言之,可将公平竞争视为直接目标,在此基础上实现竞争政策的终极目标,即消费者福利和社会总福利的提高。即使存在竞争例外的情况,国家竞争政策依旧要确保不因市场竞争机制受限而减少社会总体福利。

需要注意的是,明确国家竞争政策的目标之后,国家竞争政策不能随意让步于政府部门基于"经济调节权"作出的限制竞争行为或其他产业政策,当以竞争法为内容的竞争政策与产业政策相矛盾时,不应轻易以牺牲竞争为代价。

(二)国家竞争政策的功能

作为基础性经济政策,国家竞争政策应具有统领性作用或功能,具体来说:

(1)国家竞争政策统领其他各项经济政策。众所周知,一个国家的经济政策是竞争政策、产业政策、贸易政策、外资政策、财政政策等一系列与经济相关的政策措施的总和。在克服市场失灵这一问题上,国家竞争政策与其他经济政策具有共同的目标,但是在具体运行过程中,其他经济政策常常会直接影响到竞争政策的有效性。例如,政府有可能出于各种原因(如增加就业、提升国际竞争力等)出台行业保护政策,也可能在特定产业中直接配置资源使某些市场主体取得竞争优势,这些措施就与竞争政策的目标相违背。尽管竞争政策和其他经济政策具有协同性和互补性,但是竞争政策应当始终起基础性作用且保持长效。因此,在实施其他经济政策时,要充分考虑其对竞争的影响,应建立竞争政策优先机制,注重发挥竞争政策的统领作用。

(2)国家竞争政策可以有效促进经济发展。经济学研究证明,竞争能够为消费者提供价格更低、质量更好的产品,能够实现资源的优化配置。而激励理论的研究则证明,在信息不对称情况下,竞争能够减少信息不对称带来的激励不足问题,通过增强激励来提高企业的效率。因此,竞争是提高经济效率和促进经济发展的最基本机制。但市场竞争与经济发展的变量之间存在倒“U”形关系。①这表明市场竞争的增强会促进经济增长,但竞争超过一定限度反而会阻碍经济增长。而国家竞争政策的作用恰在于没有竞争与过度竞争之间的中间状态,即以有效竞争的状态维持竞争机制,并使市场机制有效运转。②

① See Bucci Alberto, *An Inverted-u Relationship between Product Market Competition and Growth in an Extended Romerian Model*, Working Paper of CUTS, 2004, p. 26.

② 参见徐士英:《中国竞争论纲》,载《经济法论丛》2013 年第 2 期。

(3)国家竞争政策可以维护市场竞争秩序,加强竞争推进。作为市场经济国家的经济政策体系中的重要一员,国家竞争政策和财政政策、货币政策、贸易政策等经济政策分别发力,从不同方面对国家宏观经济进行调控。其中,国家竞争政策起到了维护市场竞争秩序的作用,使市场能够有效、充分地发挥作用。同时,国家竞争政策有助于加强竞争推进,使竞争的理念在竞争执法机关和其他行政部门得以强化,并在日积月累中,使以上机构和市场主体、消费者等形成公平竞争的意识,在全社会弘扬竞争文化。

第二节　国家竞争政策的发展历程

一、域外竞争政策的发展历程

国家竞争政策肇始于19世纪的美国,研究起源于竞争与垄断的理论基础。根据古典经济学原理,竞争是市场经济存在和发展的前提和基础。《国富论》中有句经典名言“市场有如一只看不见的手”,市场引导完全竞争市场结构中的经济主体在追求个人利益最大化的同时也将带来社会福利的最大化。但是,完全竞争只是一种理想化的状态,“看不见的手”在缺乏外部约束的情况下会造成市场失灵。垄断的出现就是市场失灵的一种表现,同时也存在公权力下的垄断势力,即某种意义上的“政府失灵”。这些行为都造成对竞争的限制,对消费者利益的损害和对社会福利的减损。因此完全依靠市场之手调节或政府干预过度,都是行不通的。国家竞争政策正是在这二者之间寻求到平衡点,通过国家权力机构运用法律手段和经济政策工具的方式,平衡政府和市场二者在资源配置中的作用,维护市场竞争机制。

继美国之后,欧盟、澳大利亚和日本都建立起相对完善和先进的竞争政策体系,其推行国家竞争政策的经验值得我国借鉴。

(一)美国的竞争政策

美国的竞争政策是法律化的政策,以三大法律为基础——1890年

《谢尔曼法》、1914年《克莱顿法》和1914年《联邦贸易委员会法》，至今已形成了一套较完备的竞争政策体系。3部法律规定了竞争政策的基本法律框架内容：禁止限制竞争行为、竞争垄断和控制企业合并。其中，《联邦贸易委员会法》明确规定，联邦贸易委员会作为竞争政策的独立执法监察机构，并对其权限、任务和机构的设置也作了明确规定。这3部法律各有侧重又相互交叉，依据变化着的经济环境调整执行力度，以达到维护价格竞争和促进创新的目的。值得一提的是，美国的经济体制虽然以私有制为基础，但依旧存在滥用政府权力以服务于地方利益的行政性垄断行为。在竞争政策体系下，美国建立了有效规制行政性垄断的制度。一方面，美国通过宪法中的贸易条款来规制地方保护主义；美国最高法院通过判决确立了"州行为"控制制度①；另一方面，美国根据国情发展阶段放松对关键部门企业的政府管制，以规制管制期间可能导致的行政性垄断行为。以上经验对于我国明确行政性垄断的适用边界和评判标准，以及推进"竞争中性"制度等具有借鉴意义。

（二）欧盟的竞争政策

欧盟的竞争政策产生于20世纪50年代。欧盟竞争政策由3个层面组成：第一层面是欧盟关于竞争的基本规则；第二层面是欧盟理事会制定的规则；第三层面是欧盟委员会制定的竞争规则、指令和决定。这3个层面的竞争政策涵盖四方面内容：对限制性商业行为、滥用市场支配地位、合并审查、国家援助的规制。欧盟竞争政策最大的特殊之处在于跨国性和内部一体化，该特征也决定了欧盟竞争政策的目标有别于美国等其他西方市场经济国家。欧盟委员会在2002年明确指出欧盟竞争政策的目标：一是维护和促进共同体市场的竞争；二是推动欧盟内

① 根据"州行为"控制制度中的"州行为理论"，凡是带有"私益性"并具有排除、限制竞争后果的行为都应视为"私主体"，其行为就是"私行为"，有必要加以规制。

部统一市场的形成。[①] 可见,竞争政策体系只是欧盟一系列共同政策的一部分,与其他共同政策共同致力于推动欧盟经济一体化。欧盟的做法对于我们依据国家竞争政策建设全国统一大市场具有参考价值。

(三)澳大利亚的国家竞争政策

澳大利亚于1995年开始竞争政策改革,建立起了在国际上相对完善和先进的国家竞争政策体系。不同于上述美国和欧盟竞争政策体系,澳大利亚国家竞争政策体系致力于排除澳大利亚各级政府及其部门的限制竞争政策。其国家竞争政策改革包括一系列鼓励竞争的改革:一是将竞争法的适用对象扩展到所有企业;二是引入"竞争中立"[②]原则,使国有企业在市场竞争中与私营企业处于公平竞争的状态;三是对所有限制竞争的法律法规进行竞争审查和评估,以尽可能减少对竞争的限制和损害;四是完善国家重要基础设施的第三方使用限度,使市场新进入者能够合理使用国家重要的基础设施,从而公平参与竞争。[③]其中,竞争审查和评估制度颇具特色。通过彻底的竞争审查,澳大利亚废除不少含有限制竞争内容的法律文件,不仅为培育健康有序的竞争环境扫清了障碍,也具有明显的行政性垄断规制成效。澳大利亚国家竞争政策在竞争评估等方面的做法非常值得我国借鉴。

(四)日本的竞争政策

日本是亚洲最早实施反垄断法的国家。日本于第二次世界大战后制定了《关于禁止私人垄断和确保公正交易的法律》(以下简称日本反垄断法)。日本反垄断法是日本竞争政策的核心,迄今为止,该法经历了多次修改。2000年,日本政府废除了反垄断法关于自然垄断行业的豁免规定,这意味着公共服务领域从部门法的规制范围进入反垄断法

① 参见[西班牙]马西莫·莫塔:《竞争政策——理论与实践》,沈国华译,上海财经大学出版社2006年版,第10页。

② 本书中,"竞争中性"和"竞争中立"提法通用。

③ 参见叶高芬:《澳大利亚行政性垄断规制经验及其启示——基于"国家竞争政策"的解读》,载《中国社会科学院研究生院学报》2015年第3期。

规制之下,但这并不是排除部门法对它的监管,而是进入二者的共管阶段。鉴于此,部门法和反垄断法之间的协调,以及公正交易委员会和部门主管机关之间的协调等问题都有待解决。日本政府作了不少有益的探索。例如,在2001年,公正交易委员会和电信产业主管部门——总务省联合制定了《电信产业促进竞争指南》。该指南确立了二者合作共管电信业限制竞争行为的体制,对于电信产业的限制竞争行为,公正交易委员会和总务省应尽最大可能进行协调,减少法律适用的混乱和可能给企业造成的不必要的负担。[①] 日本竞争政策的实施经验对我国竞争政策的落实也具有一定的借鉴意义。

20世纪90年代以来,实施竞争政策的国家数量明显增加,其中发展中国家和经济体制转型国家占大多数。这一现象的产生,一方面是由于各国经济发展水平的提高,基于经济改革的需求,需要打破高度集中的旧体制以促进竞争,设立市场经济体制所需要的法律框架;另一方面,是由于发展中国家和经济体制转型国家需要融入世界经济体系,根据该需求所作的国家层面的策略性选择。我国也不例外。

二、我国国家竞争政策的发展历程

虽然在过去很长一段时间,我国并没有“国家竞争政策”这一概念,但是国家竞争政策蕴含于改革开放以来的经济体制转型之中。从早期的放松管制,在各种领域引入竞争机制,再到20世纪90年代后的国企改革,以及持续的对外开放,放宽市场准入,其实都是国家竞争政策的体现。

具体来说,从1978年改革开放至今,我国经历了从计划经济体制到社会主义市场经济体制转变的过程,我国经济得到快速且稳定的发展。与此相对应,国家竞争政策也经历了一个从无到有并不断发展和

---

① 参见戴龙:《日本垄断法实施中的竞争政策和产业政策》,载《环球法律评论》2009年第3期。

完善的过程。

我国国家竞争政策的发展历程可分为5个阶段：

第一阶段是国家竞争政策的萌芽期(1978—1991年)。在该阶段，我国正处于从计划经济转向市场经济的时期，市场竞争机制的引进是有限度的。虽然竞争机制提高了经济效率，但是由于我国缺乏对竞争机制的全面认识，市场上出现的一些不正当竞争行为也没有得到很好的规制，因此，我国开始加强市场竞争的立法。① 例如，1980年国务院颁布了我国最早的关于保护市场竞争的行政性法规——《关于开展和保护社会主义竞争的暂行规定》(已失效)，首次提出反垄断特别是反对行政性垄断的任务，并对保护竞争的必要性、打破地区封锁和行业垄断做了原则性规定。又如，1987年国务院发布的《价格管理条例》对经营者之间或行业组织的价格垄断行为作出禁止性规定；1988年原国务院法制局成立了反垄断法起草小组，提出了《反对垄断和不正当竞争暂行条例草案》(但因多种原因终未出台)；1990年国务院发布《关于打破地区间市场封锁进一步搞活商品流通的通知》(已失效)从商品流通、税费、价格等方面打破地区封锁，旨在促进商品在地区间的自由流通。一系列有关竞争政策的初步探索表明我国竞争政策和竞争立法建设工作已经启动。

第二阶段是国家竞争政策的发展期(1992—2003年)。从1992年党的十四大提出建立社会主义市场经济体制的目标开始，尤其是党的十四届三中全会通过《关于建立社会主义市场经济体制若干问题的决定》以后，竞争机制开始作用于更多的领域。我国开始放开价格管制、开展公平竞争的尝试，主要体现在机械基础件、棉花市场、海洋运输等领域。例如，1993年，我国对交通运输(陆路、港口、机场)、邮电通信、城市公用事业等公关基础领域的发展规划中就提出了引进竞争机制、打

---

① 参见吴汉洪、周炜、张晓雅：《中国竞争政策的过去、现在和未来》，载《财贸经济》2008年第11期。

破行业垄断的规划思路。

竞争立法也是这一时期的重要任务。为了保护和促进有效竞争，维护消费者利益和社会公共利益，一系列规制滥用市场地位、行业垄断、串通投标、地区封锁、垄断高价等行为的竞争立法纷纷出台。真正具有国家竞争政策意义上的制度建设开始起步，如1993年《反不正当竞争法》、1997年《价格法》、1999年《招标投标法》、2000年国务院颁布的《电信条例》，以及2001年国务院颁布的《关于禁止在市场经济活动中实行地区封锁的规定》和《关于整顿和规范市场经济秩序的决定》等。此外，随着《外国投资者并购境内企业暂行规定》（2003年）等规章的发布，企业并购也开始被纳入竞争法的审查范围。这些都意味着我国竞争政策建设正朝着体系化的方向发展。

第三阶段是国家竞争政策的形成期（2004—2007年）。2007年8月30日通过的《反垄断法》是我国竞争政策体系形成的重要标志。该法对滥用行政权力排除、限制竞争作了明确规定，这是历史性的大进步。其意义在于：一是对滥用行政权力排除、限制竞争做了明确的禁止性规定；二是在法律意义上明确了国家竞争政策的优先地位。[①] 随着该法的出台，国家竞争政策问题的研究在我国开始得到重视，比如修订前《反垄断法》第9条明确规定了国务院反垄断委员会的职责有“研究拟订有关竞争政策”，这表明，反垄断法的实施已经成为我国竞争政策的重要内容。同时，这也意味着自1978年以来，我国的国家竞争政策从无到有、从分散到系统，终于以法律的名义走上历史舞台，为国家竞争政策进一步发展完善奠定了坚实基础。可以说，竞争政策的政策法律体系在这个阶段已经逐渐形成。

第四阶段是国家竞争政策基础性地位的确定期（2008—2015年）。自我国国家竞争政策在修订前《反垄断法》中以法律的形式确立下来以后，相关执法机关先后颁布了一系列的配套立法措施，如国务院反垄断

---

① 参见李青：《中国竞争政策的回顾与展望》，载《竞争政策研究》2018年第2期。

委员会制定的《关于相关市场界定的指南》为执法细化了有关标准,并规范了执法程序。同时,竞争执法机关查处了一大批典型垄断案件,推进了国家竞争政策的发展进程。

作为全面深化改革的宣言书,2013 年党的十八届三中全会中共中央《关于全面深化改革若干重大问题的决定》虽然全文没有出现"国家竞争政策"的表述,但从贯彻落实全面深化改革的战略部署的层面高度地肯定了竞争机制的作用。① 这表明,国家在推进经济发展转型过程中,逐步重视通过落实竞争政策来营造更加公正的市场竞争秩序。②

2015 年以来,中共中央、国务院对国家竞争政策重视程度越来越高,在一系列的高层级文件中提出了明确的要求。例如,中发〔2015〕8 号文③提到"打破地方保护,清理和废除妨碍全国统一市场的规定和做法,纠正地方政府不当补贴或利用行政权力限制、排除竞争的行为,探索实施公平竞争审查制度"和"强化竞争政策和产业政策对创新的引导,促进优胜劣汰"。国发〔2015〕26 号文④继续提出"制定清理、废除妨碍全国统一市场和公平竞争的各种规定、做法的意见。促进产业政策和竞争政策有效协调,建立和规范产业政策的公平性、竞争性审查机制"。再如,中发〔2015〕28 号文⑤明确指出要逐步确立竞争政策的基础性地位,这是党中央和国务院第一次明确竞争政策在市场经济中的核心地位。

---

① 《关于全面深化改革若干重大问题的决定》提出的三方面要求体现了党中央和国务院对国家竞争政策的高度重视:其一,明确市场在资源配置中起决定性作用;其二,着重处理好政府和市场的关系;其三,进一步加强反垄断和不正当竞争执法。

② 黄勇:《推进落实竞争政策 有效监管行政垄断》,载《中国工商管理研究》2014 年第 9 期。

③ 中发〔2015〕8 号文即 2015 年 3 月中共中央、国务院《关于深化体制机制改革加快实施创新驱动发展战略的若干意见》。

④ 国发〔2015〕26 号文即 2015 年 5 月《关于 2015 年深化经济体制改革重点工作意见的通知》。

⑤ 中发〔2015〕28 号文即 2015 年 10 月中共中央、国务院《关于推进价格机制改革的若干意见》。

值得关注的是,从中发〔2015〕8 号文要求“强化竞争政策和产业政策对创新的引导”,到国发〔2015〕26 号文要求“促进产业政策和竞争政策有效协调”,再到国发〔2015〕32 号文[①]提出“加快出台公平竞争审查制度”,以及中发〔2015〕28 号文强调“加快建立竞争政策与产业、投资等政策的协调机制”。上述文件对“竞争政策”的表述,从“强化竞争政策……对创新的引导”到“加快落实竞争政策……的协调”,再到“逐步确立竞争政策的基础性地位”,这充分说明了我国中央政府对竞争政策认识的深入。因此,可以说,该阶段是我国国家竞争政策的确定期。

第五阶段是国家竞争政策基础性地位的落实期(2016 年至今)。修订前《反垄断法》在第 8 条以及第 32—37 条对“滥用行政权力排除、限制竞争”做了禁止性规定,虽然比较原则,但却是一个里程碑式的进展。国发〔2016〕34 号文[②]的出台弥补了该缺陷。该文件再次重申“竞争政策基础性地位”,并提出公平竞争审查制度。可以说,公平竞争审查制度的出台是落实国家竞争政策的有力制度工具和重要环节。此后,这一制度工具被施以高度关注并在 2017 年[③]和 2021 年[④]得到逐步完善。

2018 年 12 月 21 日,中央经济工作会议指出,要“强化竞争政策的基础性地位,创造公平竞争的制度环境”。2019 年 10 月,党的十九届四中全会制定中共中央《关于坚持和完善中国特色社会主义制度　推进国家治理体系和治理能力现代化若干重大问题的决定》,提到要“强化

---

① 国发〔2015〕32 号文即 2015 年 6 月《关于大力推进大众创业万众创新若干政策措施的意见》。

② 国发〔2016〕34 号文即 2016 年 6 月国务院《关于在市场体系建设中建立公平竞争审查制度的意见》。

③ 2017 年 10 月,国家发展和改革委员会、财政部、商务部、原国家工商行政管理总局、原国务院法制办公室会同有关部门研究制定了《公平竞争审查制度实施细则(暂行)》。

④ 2021 年 6 月,国家市场监管总局、国家发展和改革委员会、财政部、商务部、司法部会同有关部门研究制定了《公平竞争审查制度实施细则》。

竞争政策基础地位,落实公平竞争审查制度,加强和改进反垄断和反不正当竞争执法”。这意味着中央将“强化竞争政策基础地位”提升到国家治理体系和治理能力现代化的高度,充分体现了从国家层面推行促进竞争的经济政策的高站位。

2020年1月,“国家强化竞争政策基础地位”被写入《〈反垄断法〉修订草案》。这意味着我国国家竞争政策基础性地位的确立又迈出了关键而坚实的一步。2020年《要素机制意见》又再次重申了“强化竞争政策基础地位”的表述,并指出,“强化竞争政策基础地位”要完善公平竞争审查制度和坚持竞争中性,并最终服务于完善要素市场化配置机制。

2020年10月,党的十九届五中全会制定《关于制定国民经济和社会发展第十四个五年规划和二〇三五年远景目标的建议》指出,“十四五”时期经济社会发展主要目标包括“公平竞争制度更加健全”,还指出要“健全公平竞争审查机制”“加强反垄断和反不正当竞争执法司法”“推进……竞争性环节市场化改革”等。2021年3月《国民经济和社会发展第十四个五年规划和2035年远景目标纲要》(以下简称《“十四五”纲要》)更是将“强化竞争政策基础性地位”作为十四五规划和2035年远景目标的重要一环,彰显着中央强化竞争政策基础性地位的决心。①

① 《十四五纲要》围绕完善竞争政策框架和构建全环节的竞争政策实施机制这一核心主题,从四个维度对“强化竞争政策基础性地位”展开论述。其一,“强化竞争政策基础性地位”需要健全公平竞争审查制度,完善实施细则,强化刚性约束,统筹政策清理。这意味着竞争政策框架下的公平竞争审查制度将愈加发挥制度工具的作用。其二,“强化竞争政策的基础性地位”需要“完善市场竞争状况评估制度,建立投诉举报和处理回应机制”。这一点体现了对竞争评估制度和社会监督机制的展望。其三,“强化竞争政策的基础性地位”需要强化竞争执法,防止资本无序扩张。这一点是对中央经济工作会议“强化反垄断和防止资本无序扩张”的回应。其四,“强化竞争政策的基础性地位”需要推动自然垄断行业竞争性环节市场化改革,并强化对自然垄断行业的监管。这意味着放松管制和国有企业改革也是竞争政策实施的重要方面。《“十四五”纲要》完善了对“强化竞争政策基础性地位”的诠释,为构建全环节的竞争政策实施机制提供了指引,也突出强调了“强化竞争政策基础性地位”对建设高标准市场体系,构建高水平社会主义市场经济体制的重要意义。

2021 年 8 月《关于强化反垄断深入推进公平竞争政策实施的意见》指出，强化反垄断、深入推进公平竞争政策实施，是完善社会主义市场经济体制的内在要求。2022 年 4 月《关于加快建设全国统一大市场的意见》（以下简称《大市场意见》）强调“强化竞争政策基础地位，加快转变政府职能”，作为建设全国统一大市场的工作原则之一“有效市场、有为政府”的重要举措。由此可见，强化竞争政策的基础性地位已经上升到经济体制的高度，充分体现党中央对国家竞争政策的高度重视。2022 年 6 月，“国家强化竞争政策基础地位”“建立健全公平竞争审查制度”被写入修订后《反垄断法》，这就从法律层面对强化国家竞争政策的基础性地位做了落实。

本章小结

本章主要对国家竞争政策的基本理念和基本内容进行阐述。笔者认为，国家竞争政策同广义的竞争政策基本可作同解，其不仅应该包括竞争法律，还包括其他的一切由政府作出的以促进竞争为目的的非法律性质的政策措施。国家竞争政策具有依赖市场配置资源的长效机制、须以符合法治的形式实施和以反行政性垄断为重点三个特征。从长期来看，保障市场竞争机制是经济体制改革的重要推进器，所以需要确立国家竞争政策的基础性地位。尽管我国国家竞争政策具有公平竞争、经济效率、消费者福利和社会公共利益等多元价值目标，但笔者认为，我国应该将公平竞争和社会总福利作为两大主要目标。从国家竞争政策的发展历程来看，竞争政策肇始于美国，欧盟、澳大利亚和日本等也都先后建立起相对完善和先进的竞争政策体系，域外经验对我国国家竞争政策的实施有一定的借鉴意义。我国自改革开放以来，国家竞争政策不断得到重视。从中发〔2015〕28 号文第一次明确提出“逐步确立竞争政策的基础性地位”到 2019 年中央开始将“强化竞争政策的基础性地位”提升到国家治理体系和治理能力现代化的高度，再到 2022

《反垄断法》中再次强调“国家强化竞争政策基础地位”。中央这些回应体现了对国家竞争政策基础性地位的高度重视,对理顺政府与市场的关系、发挥市场在资源配置中的决定性作用具有重要的战略意义。

CHAPTER 02 >>

第二章

反行政性垄断路径优化的必要性

第一节　经济转型关键期的迫切需要

在一个国家的经济转型关键期,需要坚定不移地进行经济体制改革和政治体制改革,而行政性垄断是改革“深水区”中的“绊脚石”。鉴于目前我国行政性垄断规制效果不甚理想,而国家竞争政策,如前所述,有助于有效地破除行政性垄断和建立全国统一公平竞争的市场秩序,笔者建议,在国家竞争政策的视角下对我国行政性垄断规制路径进行优化。具体而言,建议提高对事前预防机制的重视程度,预防型路径和矫正型路径双管齐下,对行政性垄断进行全方位的规制。

在以国内大循环为主体、国内国际双循环相互促进的我国新发展格局下,以国家竞争政策视角对反行政性垄断路径优化,既是我国深化经济体制改革和全面推进政治体制改革的迫切需要,也是我国立足于国际竞争新格局的现实需要。

一、我国深化经济体制改革和政治体制改革的迫切需要

(一)完善市场经济体系的紧迫需求

当前我国经济发展存在的主要问题有:经济增长面临巨大的下行压力,新冠肺炎疫情影响之下更为加剧;生产要素市场发展仍然滞后、要素闲置和大量有效需求得不到满足两个问题并存;地方保护主义不见明显削减;企业创新动力仍然不足;等等。这些问题归根结底是因为市场竞争不够充分、不够有效。“冰冻三尺,非一日之寒”,通过观察《反垄断法》实施十余年来执法机构所查办的行政性垄断案件,可以发现,政府对市场的不当干预,包括指定交易、增设不必要准入条件或设置歧视性招投标资质进行地方保护等,都产生了明显的排除、限制市场公平竞争效果,不仅限制了消费者的选择权,还严重阻碍经济持续健康发展。例如,新能源领域是得到我国政策大力扶持的重点发展领域,为此,各地政府通过各类政策措施对本地区研发新能源汽车的企业给予扶持,以行政权力干预本地企业在新能源汽车的生产成本投入,意在维护本地企业和本地区新能源汽车的发展。尽管其形式上和国家给予新能源领域的支持是一致的,但是实际上却对市场公平竞争造成严重的破坏,表现出新的地方保护主义倾向。① 这与形成全国统一大市场、建立公平竞争环境的经济体制改革目的背道而驰。

竞争是市场经济的灵魂,是市场经济的本质要求。而统一开放、竞争有序的市场体系是市场在资源配置中起决定性作用的基础,政府的经济职能只能是且必须是促进和保障公平竞争,维护市场竞争机制的良好运行。党的十九大报告强调改革必须以要素市场配置为重点,这就要求充分发挥市场在资源配置中的决定性作用,处理好政府和市场的关系,规制行政权力在资源配置中的不合理干预,全面落实国家竞争

---

① 参见黄勇:《推进落实竞争政策　有效监管行政垄断》,载《中国工商管理研究》2014 年第 9 期。

政策下维护公平竞争的各项制度安排，加大执法力度破除行政性垄断。然而，目前我国市场公平竞争面临的障碍之一是公权力所致的行政性垄断行为。仍然大量存在的准入限制、指定交易、专项补贴等扭曲公平竞争的政策措施遏制了竞争机制的发挥，严重拖慢了改革步伐。

党的十九大报告强调“经济体制改革必须以完善产权制度和要素市场化配置为重点”，《要素机制意见》提出“健全要素市场运行机制”的要求。“完善要素市场配置”和“健全要素运行机制”就必须坚持并落实国家竞争政策在基础性地位中的作用。首先，需要完善价格决定机制、健全优胜劣汰市场化退出机制、严格依照负面清单执行市场准入制度。其次，需要加强反垄断执法。最后，需要正确处理好政府和市场的关系，使市场在资源配置中起决定性作用和更好地发挥政府作用，并提高政府的要素监管水平。最为重要的是，政府需要严于律己，自觉树立竞争意识，在严格执行《反垄断法》禁止“滥用行政权力排除、限制竞争”的法律规定基础上落实秉持“市场调节优先、政府干预次优”理念。

鉴于处理好政府和市场关系是经济体制改革的主线，而旨在建立全国统一大市场的国家竞争政策通过厘清政府和市场的关系、通过促进竞争来实现市场在配置资源中的决定性作用。从国家竞争政策视角出发对行政性垄断规制路径进行优化可谓完善市场经济体系的紧迫需求。

（二）“把权力关进制度的笼子里”的深刻践行

党的十八大以来，中国的政治体制改革进入一个新阶段。党的领导集体强调要全面深化改革，推动国家治理体系和治理能力现代化。2017年10月18日，习近平总书记在党的十九大报告中指出，“要长期坚持、不断发展我国社会主义民主政治，积极稳妥推进政治体制改革，推进社会主义民主政治制度化、规范化、程序化……巩固和发展生动活泼、安定团结的政治局面。”2018年，十三届全国人大一次会议通过《宪法修正案》和《监察法》，产生国家监察委员会及其领导人员，标志着中国特色国家监察体制已经形成。

行政性垄断是行政权力“异化”的表现，它不仅破坏经济体制改革，还对政治体制改革造成极大的破坏。因此,需要有效制止这个权力“异化”现象。政治体制改革的重要内容是行政管理体制改革,深化行政管理体制改革的核心是转变政府职能。转变政府职能即全面推动政府部门权责清单制度建设,减少政府微观管理事务和具体审批事项,使政府“有形之手”不随意干预经济,有助于解决上述行政权力“异化”问题。从本质上说,这个问题的解决就是要监督和约束公权力,使权力有边界,也就是“把权力关进制度的笼子里”。①

习近平总书记在十八届中央纪委二次全会上发表重要讲话,“要加强对权力运行的制约和监督,把权力关进制度的笼子里,形成不敢腐的惩戒机制、不能腐的防范机制、不易腐的保障机制。”②“把权力关进制度的笼子里”不能仅仅停留在口号层面。而国家竞争政策作为市场经济体系中的基础性政策,是政府主动调节竞争机制的重要手段,其框架内的制度工具正是对“把权力关进制度的笼子里”的深刻践行。例如,旨在约束政府行为的公平竞争审查制度,从源头上对政府经济权力在市场准入、招标投标、财政补贴等方面的干预进行规范,防止政府滥用行政权力扰乱市场对资源配置的决定性作用。又如,旨在赋予不同市场主体平等竞争权利的竞争中性制度,可以使所有制不再成为政府给予国有企业特殊待遇的理由,防止政府滥用行政权力干预经济,使所有制不同的企业处于不平等竞争的地位。

党全心全意为人民服务的宗旨,体现在凡是涉及群众切身利益的决策都要充分听取群众意见,凡是损害群众利益的作法都要坚决防止和纠正。作为行政主体滥用权力实施的行政行为,行政性垄断破坏了市场竞争,损害了人民利益。而国家竞争政策视角下的行政性垄断规制路径优化,可以更好地纠正不当的行政性垄断行为,进而使人民获

---

① 参见姜琪:《转轨期行政垄断的形成机理与改革路径》,载《现代经济探讨》2012年第6期。

② 习近平:《把权力关进制度的笼子里》,载中国共产党新闻网,http://fanfu.people.com.cn/n/2013/0122/c64371-20288751.htm,2022年11月14日访问。

益,毫无疑问是契合党的宗旨的。

总之,国家竞争政策视角下反行政性垄断路径优化也是全面推进政治体制改革的需要。此外,完善矫正型路径之一——司法审查,有利于提高法治实施体系、法治监督体系的实效。可见,路径优化也与我国全面推进依法治国的司法改革进程①保持一致。

二、我国立足于国际竞争新格局的现实需要

较长的一段时期内,受计划经济思想影响,我国政府多以行政手段干预市场经济。改革开放和加入世贸组织后,尤其是在当前的国际竞争新格局下,如果不能调动本国市场,营造一个公平、和谐的竞争环境,提升本国企业的国际竞争力,我国将难以在国际大环境中立足。同时,综观世界范围内反垄断法发展比较成熟及对行政性垄断规制比较成熟的国家,其国家竞争政策抑或竞争政策的理念都切实且充分地贯穿在整个市场经济之中。例如,澳大利亚关于国家竞争政策的运用已经非常成熟,其竞争政策的创新之一体现为强有力的财政激励机制,实施政绩考核。② 此外,其也通过大力推进竞争政策的宣传和培训,全面普及了竞争文化。③ 在遏制行政性垄断和引入竞争机制的过程中,其不是简单地“放手”或强制执行,而是在充分尊重竞争机制和市场规律的前提下,以经济手段配合法律调整,达到干预效果的最优化。

---

① 2014 年 10 月党的十八届四中全会通过中共中央《关于全面推进依法治国若干重大问题的决定》,明确“依法加强和改善宏观调控、市场监管,反对垄断,促进合理竞争,维护公平竞争的市场秩序”,强调以法院为代表的司法机关应该独立于行政机关,要求“完善确保依法独立公正行使审判权和检察权的制度……对干预司法机关办案的,给予党纪政纪处分;造成冤假错案或者其他严重后果的,依法追究刑事责任”,提出“健全行政机关依法出庭应诉、支持法院受理行政案件、尊重并执行法院生效裁判的制度”。目前,我国所有省份都已经启动司法改革,且在持续深化。

② 参见叶高芬:《澳大利亚行政性垄断规制经验及其启示——基于“国家竞争政策”的解读》,载《中国社会科学院研究生院学报》2015 年第 3 期。

③ Government of School, http://www. anzsog. edu. au/userfiles/files/ANZSOG_School_Bklt_2009_web. pdf, accessed March 13, 2015.

因此,在经济全球化和中美贸易摩擦的时代背景下,国际竞争环境是一国采取国家竞争政策的重要考量因素,要有效应对贸易保护主义,也离不开国家竞争政策引导构建的公平市场竞争秩序。而在当前国际背景之下,行政性垄断的危害后果绝不仅仅限于国内市场,也必然影响一国在国际市场上的竞争力。因此在国家竞争政策视野下优化行政性垄断规制路径,从而实现有效规制行政性垄断的目的,是我国立足于国际竞争新格局的应然选择,也有力地回应了时代需求。

第二节　提升行政性垄断规制效果的必由之路

现有行政性垄断规制路径以《反垄断法》为核心,但局限于行政系统内部的救济。鉴于行政性垄断是政府经济权力运行失灵的表现,如果依旧以自我纠偏为主,已"异化"的行政权力能否得到实质且彻底的矫正可能令人存疑。现有规制路径无论是在立法层面、执法层面还是司法救济层面,都未置于国家竞争政策的框架内加以思考,这是其规制效力不足的关键因素。① 因此,在国家竞争政策视角下优化现有规制路径是加强规制力度的现实需要。

从十余年的行政性垄断执法案例来看,破除行政性垄断不能仅仅依靠个案执法和事后矫正。2017 年 11 月之后行政性垄断执法案件增多,这与党的十九大传达的命题,即全面落实国家竞争政策下维护公平竞争的各项制度安排,加大执法力度破除行政性垄断,紧密相关。尽管国家竞争政策基础性地位的落实尚在推进中,从政府到社会大众对国家竞争政策的认知程度可能不够,尤其是某些政府部门可能还没有深刻意识到用国家竞争政策来主导市场经济发展的重要性,进而导致市场经济体制改革与国家竞争政策的理论有所分离,但在《反垄断法》规制行政性垄断的效果不够理想的现状下,国家竞争政策应当也必将发

① 参见顾敏康:《竞争政策对竞争法制的影响》,载《法学》2011 年第 9 期。

挥更为重要的积极作用。因此,将行政性垄断规制路径置于国家竞争政策的视角下重新考量具有必要性,这也是提升行政性垄断规制效果的必由之路。

一、现有规制路径的"瓶颈"掣肘

现有行政性垄断规制路径虽然是以《反垄断法》为核心,但深受"行政法思维"的影响,与应有的"反垄断法思维"下有关行政性垄断规制路径的设计存在差别。具言之,现有规制路径以"单一控权"为着眼点,偏重"事后矫正",存在评判标准模糊、法律实施不确定、司法审查虚空等弊端,在立法、执法和司法层面均存在诸多不足。

(一)立法层面

(1)我国立法在规制行政性垄断这一问题中尚未形成一整套完备的法律体系。虽然《反垄断法》对行政性垄断做了禁止性规定,尽管《制止滥用行政权力排除、限制竞争行为暂行规定》、《禁止垄断协议暂行规定》和《禁止滥用市场支配地位行为暂行规定》也作为配套规章业已出台,但相关规定仍然比较原则,可操作性还不强,亟待修订,以更好地与修订后的《反垄断法》配套。

(2)现有的法律文件效力层级偏低,法律权威性不足。目前,关于规制行政性垄断的文件大多停留在国务院及其部委颁布的规范性文件层面,如公平竞争审查制度的最高效力文件的是国发〔2016〕34 号[①]文,效力层级是国务院规范性文件。若想让其能够持续、稳定地发挥作用还需提高其法律方面的层级。[②] 总的来说,文件效力层级参差不齐且普遍较低,缺乏必要的权威性。

---

① 国发〔2016〕34 号文即 2016 年 6 月《关于在市场体系中建立公平竞争审查制度的意见》。

② 参见王先林:《庆祝〈反垄断法〉实施十周年学术研讨会上的讲话》2018 年 7 月 30 日。

(3)法律责任体系有待完善,责任规制举措力度不够。行政性垄断能否得到有效规制,关键的一点在于是否有一套行之有效的法律责任体系。然而,我国目前关于行政性垄断规制的法律责任体系还不完善。

(二)执法层面

针对行政性垄断的反垄断执法效果不够理想主要有两个方面的原因:

(1)我国反垄断执法机构权威性不足。许多国家的经验表明,反垄断法本身不能创造一个公平、自由的交易环境,而需要一个高效、权威和统一的反垄断执法机构予以落实。我国原三大反垄断执法机构"三合一"的机构改革举措实现了竞争执法机构的统一性,2021 年 11 月还挂牌成立了国家反垄断局,这些做法值得肯定,但同时,如何树立竞争执法机构真正的"独立性和权威性"仍须付出更多努力。

反行政性垄断实际上就是同政府滥用行政权力限制竞争的行为作斗争,滥用行政权力限制竞争的行为往往是出于地方利益或部门利益,立案和查处的难度非常大。如果反垄断法的行政执法机关没有足够的独立性和权威性,其在审理案件的过程中就会受到各种利益集团的干扰和影响,难以保持中立。

(2)执法机构的执法权力有限,仅有的建议权效力不足。《反垄断法》第 10 条和第 61 条把行政性垄断纳入反垄断执法框架,使得反垄断执法机构在禁止行政性垄断行为中得以发挥作用。但是,和查处市场主体之间的垄断协议、滥用市场支配地位和经营者集中案件时反垄断执法机构有权直接给予行政处罚的相关规定有所不同,在行政性垄断案件中,反垄断执法机构只有向违法主体的有关上级机关提出行政处罚建议的权力,并不具有实质性的管辖权,其弊端显而易见。在本书第一编对执法案例的梳理中发现,多数执法案例的处理结果是不理想的。比如反垄断执法机构向有关上级机关作出处罚建议时,上级机关未必会完全采纳或甚至不予采纳。这种建议权缺乏威慑力,长效性也不足,难以真正起到规制行政性垄断的作用。

(三)司法层面

司法是维护社会公平正义的最后一道防线,司法救济应被纳入行政性垄断的规制路径之中。司法救济相对于行政执法具有先天的优越性:第一,司法具有的相对独立性和中立性能够最大限度地以竞争损害为审查尺度,公正地去评判公权力机关对市场经济的干预是否合理,克服公权力机关自我约束不足的难题。第二,司法具有完善的制度保障,可以运用严格的法律程序和规定公平、公正、公开地去解决矛盾。但是,在本书第一编对涉及行政性垄断司法案例的梳理中发现,我国行政性垄断的司法规制现状仍存在不足,尤其是在抽象行政行为的附带性审查和法律责任设置上。前者是指行政相对人和相关人仍旧不能对抽象行政性垄断行为单独提起诉讼,即存在行政性垄断行为的司法审查程序启动难这一问题,这导致很多行政性垄断行为无法确定能否通过行政诉讼得到救济;后者是指司法救济能否真正落到实处关键在于法律责任的落实,但在目前的司法实践中,法院判决往往只停留在撤销原行政行为或确认违法的层面,行政相对人或相关人的损失依旧无法通过司法救济得到弥补。

二、国家竞争政策的能动性

(一)增强《反垄断法》实施的确定性

政府对经济不合理的干预可能会排除、限制市场竞争,甚至对市场竞争机制造成严重的破坏。由于执法和司法等事后救济往往不足以消除行政机关等滥用行政权力排除、限制竞争造成的不利竞争后果,因此,也有必要强化对行政性垄断行为的事前预防和规制。作为维护公平竞争和统一市场的经济政策,国家竞争政策框架中有多种规制行政性垄断的政策工具,包括以培育市场竞争文化为目标的竞争倡导制度,以实现政府对不同所有制主体一视同仁为目标的竞争中性制度,旨在防止行政机关等滥用行政权力排除限制竞争的公平竞争审查制度等。因此，有必要充分发挥国家竞争政策的能动性，不仅要在事后从执法和司法的层面对行政性垄断进行规制，还要主动地对事前、事中的政府干预经济行为进行审查、评估和倡导。

此外，反垄断法多元化的立法宗旨及其背后的利益权衡博弈是反垄断法实施不确定性的重要原因。我国《反垄断法》第1条规定的立法宗旨既包括保护公平竞争和提高经济运行效率，又包括维护消费者利益和社会公共利益，还包括促进社会主义市场经济健康发展。多元化的立法宗旨在实践中往往会引发不同价值和利益的冲突，进而使反垄断法的实施缺乏可预期性、明确性。例如，某一项产业政策的实施可能会产生排除、限制竞争的后果时，产业政策的制定者可能会援引《反垄断法》立法宗旨中的“提高经济运行效率”乃至“促进社会主义市场经济的健康发展”为自己辩护。此外，《反垄断法》第8条规定既肯定了“国有经济占控制地位的关系国民经济命脉和国家安全的行业以及依法实行专营专卖的行业”的市场支配地位，也要求这些企业不得利用其市场地位损害消费者利益。这一规定也增加了规制政府对管制行业、国有垄断企业的不合理优待（如补贴、减税等）的不确定性。因此，也有必要发挥国家竞争政策的能动性，权衡和协调不同价值、利益的冲突，引导相关政策符合竞争机制的要求，并引导不同的法律和政策向维护全国统一市场和公平竞争秩序方向前进，以竞争优先为原则，在垄断行业逐渐引入市场竞争机制，提高反垄断法实施的确定性。

（二）弥补行政系统内自我纠偏的不足

作为行政性垄断的实施主体，公权力机关跟市场主体一样具有逐利的可能性。公权力机关既有可能为了地域利益或者部门利益而实施地方保护主义或行业垄断/管制，也可能为了部门或个人的政绩而推进具有排除限制竞争效果的产业政策等，还可能为了个人的违法利益而实施行政性垄断行为（这一点可能会涉及权钱交易等腐败问题）。在行政性垄断的规制实践中可以发现，公权力部门常通过下发规范性文件的方式干预市场。行政性垄断兼具行政行为和经济行为的色彩。因此，仅凭行政系统内的自我纠偏无法解决行政性垄断的经济属性带来的问题。

行政性垄断的政治和经济双重属性对其规制路径提出了更高的要求。一方面，由于科层制的存在，反行政性垄断仍然需要行政系统内部纠偏，通过"上级责令改正"等手段促使行政机关及时修正不合理的经济干预行为；另一方面，反行政性垄断更需要发挥竞争机制和竞争制度的作用，以竞争法律（反垄断法）为核心，形成全方位的规制。因此，有必要坚持国家竞争政策的统筹引领，通过事后矫正的竞争执法建议上级机关责令政策制定机关改正，从而协调行政纠偏和竞争规制；并通过公平竞争审查等事前审查制度评判政府干预经济的行为是否符合竞争政策的要求，并形成审查结论供政策制定机关参考，从而解决行政层级部门互不隶属的规制难题，也能更好地发挥竞争政策的核心作用。

国家竞争政策在经济政策体系中基础性地位的确立，是对市场经济运行规律的尊重。只有尊重市场规律，才能使市场在资源配置中起决定性作用，才能纠正其他经济政策在实施过程中出现的偏差，并有效约束政府对市场运行的不当干预。①

本章小结

鉴于我国反行政性垄断现有规制路径在立法、执法和司法层面存在不足，笔者建议在国家竞争政策视角下对现有的行政性垄断规制路径进行优化，即提高对事前预防机制的重视程度，预防型路径和矫正型路径双管齐下，对行政性垄断进行全方位的规制。本章主要从以下两个方面阐述国家竞争政策视角下反行政性垄断路径优化的必要性：

① 参见时建中：《论竞争政策在经济政策体系中的地位——兼论反垄断法在管制型产业的适用》，载《价格理论与实践》2014 年第 7 期。

(1)这是经济转型关键期的迫切需要。我国经济体制改革进入了关键时期,因为涉及政府经济权力配置和行使的改变,经济体制转型(市场化改革)势必需要政治体制改革同步进行。政治体制改革的重要内容是行政管理体制改革,深化行政管理体制改革的核心是转变政府职能。政府职能转变的重要体现,即处理好政府和市场的关系,这成为全面深化改革的重点。国家竞争政策旨在以竞争为核心导向,实现市场在配置资源中的决定性作用,并厘清市场和政府的关系,从而构建全国统一大市场。因此,国家竞争政策视角下反行政性垄断路径优化是完善市场经济体系的紧迫需求,也是"把权力关进制度的笼子里"的深刻践行。概言之,它是深化经济体制改革和全面推进政治体制改革的迫切需求。此外,鉴于经济全球化和中美贸易摩擦等国际环境的变化,国家竞争政策视角下反行政性垄断路径优化还是我国立足于国际竞争新格局的现实需要,将有助于营造一个公平、和谐的竞争环境,并提升我国企业的国际竞争力。

(2)这是提升行政性垄断规制效果的必由之路。我国现有的行政性垄断规制仍然局限于行政系统内部救济、自我纠偏的路径,已经暴露规制乏力的弊端。因此,有必要将反行政性垄断置于国家竞争政策的视角下重新考量,发挥国家竞争政策的能动性,通过竞争优先、兼顾多主体利益的价值导向,完善和改进当前的规制标准,通过事前、事中、事后全过程的规制,协调竞争政策和产业政策,弥补事后自我纠偏的规制路径的不足。

CHAPTER 03 >>

第三章 反行政性垄断路径优化的可行性

第一节　政策和法律的高度支撑

国家竞争政策的发展和完善与我国的经济体制转型是相辅相成的，和行政性垄断的规制也是相辅相成的。我国的政策和法律对从国家竞争政策视角出发的行政性垄断规制具有高度的支撑作用。改革开放以来，多份中央文件提出引入市场竞争机制，打破地区保护和行业壁垒，改革国有企业等内容，为国家竞争政策视角下反行政性垄断路径的优化奠定了基础。修订前的《反垄断法》首次以法律的形式提出"竞争政策"的概念，并将行政性垄断作为反垄断法规制的四大垄断行为，为法律的规范预留了实施的空间。《"十四五"纲要》单节阐述"强化竞争政策基础地位"，在政策层面强调了竞争政策的地位，并明确了规制行政性垄断的未来方向。《〈反垄断法〉修订草案》则明确了"国家强化竞争政策基础地位"，并提出"建立健全公平竞争审查制度"，从法律层面为坚持国家竞争政策、用好公平竞争审查制度，有效规制行政性垄断提供了重要的支持和依据。

一、中央文件提供指导支持

1980年国务院《关于开展和保护社会主义竞争的暂行规定》(现已失效)指出,开展竞争必须打破地区封锁和部门分割,并指出重点部门必须尽快修订规章制度中的妨碍竞争内容,从某种意义上来说,这也属于对重点部门的规章制度进行的早期公平竞争审查。这一规定是早期的行政性垄断规制在竞争视域下的一个反映。

1993年《关于建立社会主义市场经济体制若干问题的决定》提出要引入竞争机制,培育和发展市场体系和推进国有企业改革等。在早期市场机制尚不健全的情况下,这可谓一个重大突破,竞争政策的引入为之后的行政性垄断规制提供了良好的方向。

2013年中共中央《关于全面深化改革若干重大问题的决定》指出,要"建设统一开放、竞争有序的市场体系",进而"清理和废除妨碍全国统一市场和公平竞争的各种规定和做法""严禁和惩处各类违法实行优惠政策行为"。这表明,国家重视通过落实竞争政策来营造更加公正的市场竞争秩序,①进而破除行政性垄断。正如原国家发展和改革委员会价格监督检查与反垄断局局长张汉东先生指出的,反行政性垄断执法就是国家竞争政策的具体化。②

2015年以来,中共中央、国务院对国家竞争政策和行政性垄断的重视程度越来越高。中发〔2015〕8号文要求"强化竞争政策和产业政策对创新的引导""打破地方保护,清理和废除妨碍全国统一市场的规定和做法,纠正地方政府不当补贴或利用行政权力限制、排除竞争的行为,探索实施公平竞争审查制度",该文件明确了国家竞争政策的功能

① 参见黄勇:《推进落实竞争政策　有效监管行政垄断》,载《中国工商管理研究》2014年第9期。

② 参见张汉东:《进一步加强反行政垄断执法推动确立竞争政策的基础性地位——在反行政垄断培训班上的讲话》,载《中国价格监管与反垄断》2015年第12期。

和行政性垄断规制的新要求。[①] 国发〔2016〕34 号文则明确规定，各地区各部门要按照确立竞争政策基础性地位的要求，以公平竞争审查制度"防止出台排除、限制竞争的政策措施，逐步清理废除妨碍全国统一市场和公平竞争的规定和做法"。公平竞争审查制度可谓运用国家竞争政策防止滥用行政权力排除、限制竞争的一项顶层设计，[②]该文件可以看作国家竞争政策视域下行政性垄断规制的一个重要的阶段性进展。

《要素机制意见》又再次重申了"强化竞争政策基础地位"的表述，并指出，"强化竞争政策基础地位"不仅要"打破行政性垄断……清理废除妨碍统一市场和公平竞争的各种规定和做法"，还要"深化国有企业和国有金融机构改革……确保各类所有制企业平等获取要素"。这一表述意味着国家竞争政策在规制行政性垄断方面有两大重要任务——完善公平竞争审查制度和坚持竞争中性。这是中央文件对国家竞争政策视域下反行政性垄断工作的进一步具体部署。

《"十四五"纲要》则专节强调"强化竞争政策基础地位"，并明确规制行政性垄断的各项任务。[③]《大市场意见》再次强调"强化竞争政策基础地位"。可以说，《"十四五"纲要》和《大市场意见》为国家竞争政策视角下的行政性垄断规制路径提出了重要战略性方向指引。

---

① 具体来说，包括以下 3 个维度：其一，确立国家竞争政策的基础性地位需要清理和废除妨碍全国统一市场和公平竞争的各种规定和做法，严禁和惩处各类违法实行优惠政策行为，破除行政性垄断；其二，破除上述行政性垄断行为是在国家竞争政策框架下开展的；其三，公平竞争审查制度是在国家竞争政策视角下规制行政性垄断的重要抓手。

② 参见《打破行政性垄断，加快完善社会主义市场经济体制》，载法制网，http://www.legaldaily.com.cn/index/content/2018-08/06/content_7610985.htm，最后访问时间 2019 年 3 月 30 日。

③ 任务包括：其一，强化公平竞争审查制度的刚性约束，完善公平竞争审查细则，持续清理废除妨碍全国统一市场和公平竞争的规定及做法；其二，完善市场竞争状况评估制度；其三，改进反垄断执法司法；其四，放开竞争性业务准入，推进市场化改革。

二、法律规范明确空间

社会主义市场经济本质上是法治经济，①国家竞争政策的引入也需要符合法治化的要求。我国《宪法》第15条提出“国家实行社会主义市场经济”，为市场机制的实施奠定了基础。而市场机制的核心则是竞争机制，良好的市场机制必然是促进竞争、反对垄断的。《宪法》第15条还规定了“国家依法禁止任何组织或者个人扰乱社会经济秩序”。这意味着行政机关不得滥用行政权力排除和限制竞争，阻碍竞争机制的运行，进而破坏市场秩序和经济秩序。因此，《宪法》是我国推行国家竞争政策的基础。

我国《反垄断法》则为国家竞争政策提供了直接的法律依据。修订前的《反垄断法》第9条规定由国务院反垄断委员会“研究拟订有关竞争政策”，为国家竞争政策基础性地位的确立预留了法律空间。这意味着竞争政策蕴涵我国《反垄断法》的内涵，国家竞争政策的引入具有合法性。在《反垄断法》出台之前，《反不正当竞争法》和《价格法》也体现了国家竞争政策的精神。

如前所述，“国家强化竞争政策基础地位”在2022年6月《反垄断法》修订时被写入法律，这意味着我国在法律层面对“强化国家竞争政策基础性地位”正式予以肯定，具有高度的战略意义。更为重要的是，修订后的《反垄断法》将强化国家竞争政策基础性地位的表述置于总则，统领整部《反垄断法》，也就当然地涵摄行政性垄断。这意味着国家从法律层面认可了国家在政策视角下反行政性垄断路径优化的可行性。修订后的《反垄断法》还首次规定“建立健全公平竞争审查制度”，也即明确了公平竞争审查制度可以作为国家竞争政策视域下规制行政性垄断的重要抓手。综上，中央文件为确立和强化国家竞争政策基础性地位，

---

① 参见中共中央《关于全面推进依法治国若干重大问题的决定》，载中国人大网，http://www.npc.gov.cn/zgrdw/npc/zt/qt/sbjszqh/2014-10/29/content_1883449.htm，最后访问时间2019年3月30日。

规制行政性垄断提供了顶层设计上的高度支持。法律规范则为国家竞争政策视野下的反行政性垄断明确了空间，足见国家竞争政策视角下反行政性垄断路径的优化具有充分的可行性。

第二节　域外成熟经验可供借鉴

世界主要法域规制行政性垄断的经验也表明，将国家竞争政策融合在行政性垄断规制中是可行的。竞争倡导、竞争执法、竞争评估（审查）和竞争司法都是域外反行政性垄断的重要工具，对地方保护主义、过度管制、不合理补贴等行政性垄断行为是可以加以有效规制的。囿于篇幅限制，本书仅评介美国、欧盟、澳大利亚的经验。

一、美国："州行为"控制制度和放松管制改革

美国是最早实施国家竞争政策规制行政性垄断的国家之一。尽管美国自建国以来就一直实行市场经济，大力鼓励自由竞争，但是，由于公权力主体与市场主体一样，都是"理性决策人"，都有可能进行逐利，因此，美国同样存在行政性垄断的问题。

（一）"州行为"控制制度

由于美国各州在经济管理方面具有较强的独立性，从某种意义上来说，各州经济层面也存在"竞争"的关系，如通过对外地企业和商品施加较高的关税以保护本地企业和商品。因此，美国的行政性垄断多体现于各州及下属的地方政府实施地方保护主义、排除和限制竞争。为了促进国内市场的统一和消除地方保护主义，美国在国家竞争政策的框架下，以《谢尔曼法》《克莱顿法》《联邦贸易委员会法》为基础，形成了"州行为"控制制度。

在国家竞争政策的框架下，"州行为"控制制度主要通过司法手段实现。1943 年的 Paker v. Brown 案确立了"州行为"理论，即"州行为"不属于《谢尔曼法》规制的范围，可以豁免《谢尔曼法》的适用。但是，不受限制的"州行为"无疑会助长地方保护主义，损害竞争。20 世纪六

七十年代,“州权力”日益扩张导致地方行政性垄断普遍增多。此外,由于州政府和地方政府也存在被俘获的可能性,公权力可能会被私用,以实现某一些私人利益,最终损害了社会公共利益和消费者福利。因此,需要对不受约束的“州行为”进行控制,并将其纳入国家竞争政策的规制框架之中。美国控制“州行为”的制度主要包括对“州行为”的司法审查制度,以及司法判例确立的“州行为”豁免控制制度。

美国主要通过《歧视性标准审查法》和《平衡测试法》对“州行为”进行司法审查。“歧视性标准审查法”主要审查“州行为”是否对州际商业实施歧视性待遇,主要考虑该行为是否对州内利益和州外利益进行了不公平的对待,以及是否加重了州际商业负担。① 在具体的考虑因素中,美国法院主要考虑“州行为”的制定目的和实施效果是否具有歧视性。“平衡测试法”则主要通过经济学分析该行为的正反效果,对地方公共利益的促进和州际商业负担的增加进行权衡比较。由于平衡测试法较为复杂也过于灵活,一般法院较少采用这一方法。

值得关注的是,美国“州行为”控制制度对“州行为”的“州”作狭义认定,即“州”不包括州授权的下属机构,除非该下属机构贯彻和执行州政府法令的行为经州政府以法律形式明确认可并在州政府的监督之下进行。因美国联邦制度只承认联邦政府和州政府这两级的自主权,所以,基于“州行为豁免原则”的州公共政策只能在州一级制定。此外,美国“州行为”控制制度还设立了“市场参与者例外”。美国最高法院指出,如果州不是作为管理者,而是作为商业参与者从事行为的话,就不能基于“州行为豁免原则”享受豁免。

(二)放松管制改革

美国是典型的自由市场经济国家,国有经济成分非常低,国家经济政策的作用不太可能通过对国有经济的直接控制和管理来发挥,只能通过政府对关键部门的企业进行管制来实现国家宏观和微观的经济目

① 参见郑鹏程:《美国规制地方保护主义法律制度研究》,载《中国法学》2010 年第 2 期。

标。例如,在经济大萧条后,美国推行罗斯福新政,强化了国家对经济领域的干预程度,在电信业、民航业、铁路业等行业以行政监管取代了反垄断法的适用。随着管制的加强,市场不公平竞争行为开始出现,权力“寻租”与腐败现象不断发生,形成某种程度上的行政性垄断。这些受管制行业的企业竞争力下降,企业经营低效率或者无效率现象引发了社会的广泛关注,到了20世纪五六十年代,反对政府规制的呼声日益高涨。[①] 为打破管制行业造成的低效率和缺乏竞争现象,美国遂开始放松对管制行业的行政监管,同时引入国家竞争政策,结合《反托拉斯法》(美国的《反垄断法》),为管制行业引入竞争机制,实现竞争化改革。

20世纪70年代后,美国在电信业、民航业、铁路业等逐步放松了行政监管。首先,美国放松对这些管制行业的价格控制和准入管控,允许市场主体自由进入和市场定价。其次,美国也同时强化了对这些管制行业的反垄断监管,通过系列法案要求放松管制后的企业不得实施限制、排除竞争的行为,并强化了对并购的监管等。更为重要的是,美国充分运用了竞争政策对放松监管后的多元利益进行协调,平衡竞争、安全、消费者利益和社会公共利益。

放松管制改革减少了行政机关对经济的干预,消除了行政机关“合法”实施的一些垄断行为(如行政监管中的统一定价,事实上产生了固定价格的效果),从而更好地维护了市场竞争机制。可见,放松管制改革是在国家竞争政策框架下规制行政性垄断的重要手段,它不仅可以直接维护竞争秩序,提高资源配置的效率,也可以间接从源头上规制政府反竞争行为,可以促进竞争文化的发展,最终有利于消费者福利的最大化。

我国虽然是单一制国家,与美国的国情也迥异,但是地方政府逐利性的存在[②]使地方保护主义成为建立全国统一市场和公平竞争秩序的

---

① 郭宗杰:《行政监管与反垄断互动演进的历史逻辑——以传统垄断行业的规制改革为视角》,载《华南师范大学学报(社会科学版)》2014年第4期。

② 参见本编第二章。

阻碍,此外,管制行业和国有垄断企业的“合法”垄断也对竞争秩序产生了不利的影响。因此,我国可以借鉴美国规制地方保护主义和放松管制改革的经验,在国家竞争政策框架下破除行政性垄断,维护统一市场,提高资源配置效率,推进公平竞争。

二、欧盟:国家援助控制制度

欧盟的国家援助制度是欧盟规制行政性垄断的重要制度。国家援助,是指国家公共机构有选择地授予企业的任何形式的利益。[①] 而国家援助控制制度,则是对国家援助进行控制,以维护欧盟成员国之间的市场竞争和欧洲的市场统一的制度总称。

欧盟是由各成员国组成的超国家实体,各成员国基于地方保护主义的诉求,往往会具有地方或行业的特殊利益。基于此,各成员国倾向于对本国企业采取优惠性的政策或补贴,而对欧盟其他国家或地区的企业采取歧视性措施。这种做法既阻碍了欧盟市场的一体化,也不利于欧盟内部市场的公平竞争。为了解决上述问题,国家援助控制制度应运而生。

欧盟的国家援助控制是一系列法律化的制度,其核心法律是《欧洲联盟条约》和《欧盟运行条约》,[②]《欧盟运行条约》第 107 条、第 108 条和第 109 条是规定国家援助控制的核心条款,形成国家援助控制制度的基本法律框架。《欧盟运行条约》第 107 条第 1 款(第 107. 1 条)[③]是

---

① 《欧盟运行条约》第 107 条第 1 款规定:“除非二部条约另有规定,否则,由某一成员国提供的或通过无论何种形式的国家资源给予的任何援助,凡通过给予某些企业或某些商品的生产以优惠,从而扭曲或威胁扭曲竞争,重要影响到成员国之间的贸易,均与内部市场不符合。”

② 2007 年 12 月 13 日,欧盟 27 个会员国在里斯本签署《修正欧盟联盟与欧洲共同体条约之里斯本条约》(简称《里斯本条约》),该条约包含《欧洲联盟条约》和《欧洲共同体条约》,《欧洲共同体条约》后更名为《欧盟运行条约》。

③ 《欧盟运行条约》第 107 条第 1 款规定:“除非二部条约另有规定,否则,由某一成员国提供的或通过无论何种形式的国家资源给予的任何援助,凡通过给予某些企业或某些商品的生产以优惠,从而扭曲或威胁扭曲竞争,重要影响到成员国之间的贸易,均与内部市场不符合。”

关于国家援助控制的一般性条款，该条约第107条第2款（第107.2条）和[①]该条约第3款（第107.3条）[②]是相关豁免规定。欧盟根据成员国提供的国家援助的情形不同，设定绝对豁免和相对豁免。属于绝对豁免范围的援助可直接通过欧盟委员会的审查；属于相对豁免范围的援助原则上不能通过审查，除非有合理理由。《欧盟运行条约》第108条[③]是对申报程序的严格规定。成员国的援助措施无一例外必须申报，即使

① 《欧盟运行条约》第107条第2款规定："（1）具有社会性质的、给予消费者个人援助的，但此等援助的给予不得存在与有关产品的原产地相关的任何歧视；（2）用于弥补自然灾害或特殊事件所造成损失的援助；（3）给予受德国分裂影响的德国某些地区的经济援助，此等援助对于补偿由分裂造成的经济损失来说是必要的。在《里斯本条约》生效5年后，经委员会提议，理事会可通过一项决定废除本项。"

② 《欧盟运行条约》第107条第3款规定："下列情况可视为不与内部市场相抵触：（1）旨在帮助生活水平异常低下或失业严重的地区，以及第349条所提及地区的经济发展，鉴于其结构、经济和社会情况而给予的援助；（2）旨在推动具有共同欧洲利益的重要项目的实施，或旨在补救某一成员国经济的严重动荡而提供的援助；（3）旨在促进某些活动或某些经济区域的发展，而此等援助对贸易条件的不利影响不得导致违反共同利益；（4）旨在推动文化和遗产保护的援助，但此等援助对欧盟内的贸易条件和竞争产生的不利影响不得导致违反共同利益；（5）其他。"

③ 《欧盟运行条约》第108条第1款规定："委员会应与成员国合作，对这些国家现有的所有援助制度进行不断审查，并向成员国提出内部市场不断发展或运行所要求的适当措施。"第2款第一分段"在通知有关方面提交意见后，如委员会在考虑第107条后，认为某一成员国给予的或通过国家资源形式给予的援助与内部市场不符，或此等援助被滥用。委员会应通过一项决定，要求有关国家在委员会规定的期限内取消或改变此等援助"。第2款第二分段"如有关成员国未在规定期限内遵守该决定，委员会或任何其他利益相关的成员国可经减损适用第258条和第259条，直接将此事项提交欧洲联盟法院"。第2款第三分段"应某一成员国请求，理事会可在特殊情况证明其具有合理性的情况下，一致通过一项决定，减损适用第107条或第109条规定的条例，认定该国正在给予的或打算给予的援助与内部市场相符。如委员会已就相关援助启动本款第一分段的程序，则有关成员国向理事会提交请求的事实具有中止此程序的效力，直至理事会表明其态度"。第2款第四分段"但是，如理事会在上述请求提出后三个月内未标明态度，委员会应采取行动。"第3款"成员国应将任何给予或改变援助的计划通报委员会，并给予委员会充分的时间使之能够提出意见。如委员会在考虑第107条后认为此等计划与内部市场不符，则应立即启动本条第2款规定的程序。在以该程序作出最终决定前，有关成员国不得将拟议中的措施付诸实施"。第4款"委员会可就理事会依据第109条已经决定可以不适用本条第3款规定之程序的国家援助范畴通过条例"。参见《欧洲联盟基础条约——经〈里斯本条约〉修订》，程卫东、李靖堃译，社会科学文献出版社2010年版，第89—90页。

在实施前通过审查,在实施期间也要接受经常性审查。审查程序分为初步评估和正式评估两个阶段,一旦初步评估涉嫌《欧盟运行条约》第107条的"扭曲竞争或造成扭曲竞争威胁"情形,则进入正式评估。

《欧盟运行条约》在程序设计上的一大亮点在于设置了竞争执法机关(欧盟委员会)与司法机关(欧盟法院)之间的衔接。经审查,欧盟委员会决议要求成员国取消或改变此项援助,如果成员国不履行决议,委员会或其他利益相关方可根据《欧盟运行条约》第258条和第259条提交欧盟法院。该条约第108条同时也赋予了成员国在面对被提交至欧盟法院时的抗辩权,但该条约第108条也相应地设置了欧盟委员会可以采取的制衡措施。① 在基本法律条文奠定框架的前提下,欧盟法院针对个案作出的判决和裁定完善和细化了国家援助控制的具体执行内容,评估时限等。

欧盟的国家援助制度与我国公平竞争审查制度具有一定的相似之处。我国在国家竞争政策框架下推行公平竞争审查制度可以借鉴欧盟经验,提高公平竞争审查机构的专业性和权威性。其一,细化竞争限制的合理性判断标准,借鉴均衡性审查中关注社会总体福利的成本收益分析,完善豁免标准。其二,完善公平竞争审查的程序性规定,保障各个程序的公开透明度。其三,完善公平竞争审查的司法救济,探索建立行政公益诉讼制度等。

三、澳大利亚:"国家竞争政策"改革

澳大利亚是较早提出"国家竞争政策"概念的国家。与美国情况相仿,澳大利亚是实行联邦制的国家,各州的经济管理独立性较强。各州出于自身利益的考量,往往也更有意愿和能力实施地方保护主义,对全

---

① 《欧盟运行条约》第109条规定:"经委员会提议,并在咨询欧洲议会后,理事会可通过任何适当的条例,以适用第107条和第108条,特别是确定第108条第3款适用的条件,以及免予适用第108条第3款所规定程序的援助范畴。"

国统一市场产生不利的影响。“二战”以后，凯恩斯主义在西方资本主义国家盛行，澳大利亚也深受影响，加强了政府对经济的干预和管控，政府所有制的企业也得到了迅速的发展。由于各州具有较强的经济管理权，且政府所有制的企业与政府部门密切相关，因此，各州纷纷对本州内的国有企业实施优惠性质的补贴，从而使这些企业获得了不合理的竞争优势。20世纪七八十年代，澳大利亚经济出现持续下滑和总体低迷的态势。澳大利亚政府逐步认识到，政府的过度监管和对经济的不当干预可能是造成澳大利亚企业缺乏竞争力的主要原因，而各州的不合理补贴和对不同所有制企业的歧视性待遇也可能是关键原因。

1991年，澳大利亚联邦、各州和各地区的行政长官达成共识：所有市场主体的竞争行为都适用普遍和统一的竞争规则；凡称符合社会公共利益的反竞争行为均应当经过一个程序透明和适当的审查/评估。这一审查制度可以审查政府制定的法律政策，清理排除限制竞争的规定；审查国有企业的组织结构，判断其是否排除限制了竞争；审查价格管制等公共管制行业；等等。1992年，澳大利亚政府成立了由希尔默(Hilmer)教授为主席的“国家竞争政策”独立调查委员会，对澳大利亚国内的市场竞争等情况进行评估和调查。1993年，“国家竞争政策”独立调查委员会经调查后认为，需要在澳大利亚国内推行“国家竞争政策”。1995年，“国家竞争政策”在澳大利亚正式实施。

澳大利亚的“国家竞争政策”主要包括以下一系列鼓励竞争的改革措施：

首先，澳大利亚完善了《竞争法》(1974年《贸易行为法》)的适用范围和标准。澳大利亚各州政府签订了《行为准则协定》，承诺联邦成员政府将《贸易行为法》中禁止反竞争行为的规定扩大到几乎所有澳大利亚企业。《行为准则协定》为扩大《贸易行为法》的范围奠定了基础。随后，澳大利亚发布《竞争政策改革法》。在《竞争政策改革法》中，澳大利亚修订了《贸易行为法》中的竞争行为规则，将其涵盖范围扩大到州和地方政府企业以及非法人企业，即不仅私人企业的反竞争行为要被禁止,政府所拥有的企业如果限制竞争也不能免责。①

其次,澳大利亚首次提出了“竞争中立”原则。该原则指出,政府商业活动不应仅仅凭借其公共部门所有权而享有优于私营部门竞争者的竞争优势。② 澳大利亚“竞争中立”的提出最早是针对联邦各州的地方政府对于当地公共部门的非普惠性补贴,进而致力于对整体市场竞争机制和竞争政策构建起一个公平的制度框架。澳大利亚“竞争中立”并非否定政府一切的干预,其仍然认可并发挥反垄断法即《贸易行为法》的作用,以防范市场失灵带来的竞争秩序失控和垄断。澳大利亚的“竞争中立”还通过对国企的组织结构进行审查,对具有反竞争组织结构的国有企业进行垄断性结构调整,包括分离企业的服务职能和监管职能、通过招标等竞争性方式为自然垄断行业引入竞争、拆分垄断性国有企业以形成竞争等。

最后,澳大利亚各州还签订了《竞争原则协议》,致力于推进公共垄断性结构改革,在《竞争法》中专门规定了必需设施的准入原则、条件以及适用范围。

澳大利亚规制行政性垄断的竞争改革取得了巨大的成功,这对我国在国家竞争政策视角下规制行政性垄断具有重要参考价值。其一,引进和完善“竞争中立”原则,政府不得利用其行政权力使国有企业获得比私企更多的人为竞争优势,逐步消除国企垄断和不合理的优待。一方面,推进国有企业分类改革,放开对那些“自然垄断”属性逐渐淡化的行业的市场准入;另一方面,明确国企垄断豁免的范围,并合理补偿国有企业承担的公共义务。其二,借鉴澳大利亚有效的政策设计,如高效促进“国家竞争政策”施行的财政激励制度和监督检查制度,将我国

① 参见叶高芬:《澳大利亚行政性垄断规制经验及其启示——基于“国家竞争政策”的解读》,载《中国社会科学院研究生院学报》2015 年第 3 期。

② See OECD, Competitive Neutrality: National Practices in Partner and Accession Countries, 2014.

国家竞争政策的推行效果纳入政绩考核指标之中。其三，提高执行机构的权威性。澳大利亚执行“国家竞争政策”的澳大利亚竞争和消费者委员会具有绝对的独立性和权威性，有权对包括政府在内的所有主体的反竞争行为进行管辖和查处。我国可以考虑进一步提高反垄断执法机构的独立性，提高执法的权威性。

总结以上国家和地区在规制行政性垄断上的成功经验，我国可以从两个方面加以借鉴：其一，强化国家竞争政策的基础性地位，将行政性垄断的规制全面融入国家竞争政策的框架体系之中；其二，既要重视实体规则的完善，也要健全程序规则。

第三节　具备可操作性强的规制工具

国家竞争政策本身为反行政性垄断提供了可操作性较强的规制工具，有利于实现对行政性垄断从预防到矫正的全方位规制。这也充分体现了国家竞争政策视角下反行政性垄断路径的可行性。

一、具有可行的行为认定标准

从行政法的视角来看，行政性垄断是行政机关实施的一种具体或者抽象的行政行为。这一行为既有可能是合乎行政法的，也有可能是违反行政法的。其判断的关键就是这一行政性垄断行为是否违反了依法行政的行政法基本原则，即“是否符合法律规定”这一判断标准。由于实施行政性垄断行为的公权力机关很容易借用所谓的“程序合理性”来否定“实质合理性”，[①]因此，从行政法的路径规制行政性垄断有一定的局限性。正如史际春教授和张占江教授所主张的：在评判行政权力的正当性问题上，不能仅以行政程序与形式合法为标准，而应以对市场

① 参见张志伟、应品广：《反垄断思维下的行政性垄断新探》，载《江西财经大学学报》2013 年第 4 期。

运行机制是否造成影响为标准进行。[①] 在国家竞争政策的分析框架下，判断某一行为是否构成行政性垄断，可以采用合法性标准和合理性标准两大标准，既要注重分析程序和形式的合法，也要注重分析行为的构成要件，还要注重分析行为对竞争所产生的后果。

合法性标准关注某一行政行为是否违反《反垄断法》和其他法律规定，构成《反垄断法》和其他法律规定所禁止的行为；合理性标准则关注这一违法性行为排除、限制竞争的后果。合法性标准和合理性标准相辅相成，构成认定行政性垄断行为的有机体系。判断一项行政行为是否构成行政性垄断，可以遵循以下步骤：首先判断其是否违反法律的规定，是否不符合依法行政的原则，程序上是否构成违法；其次，如果这一行为程序上不违法，需要判断其是否构成《反垄断法》第39—45条所禁止的行政性垄断行为（指定交易，妨碍商品在地区之间自由流通，招投标活动中的地方保护，排斥或者限制在本地投资或者设立分支机构，强制经营者从事垄断行为，制定含有排除、限制竞争内容的规定，以及“协议型”不平等待遇等）；最后，也是最重要的，需要权衡这一行政性垄断行为限制竞争的后果和促进社会公共利益的效果。如果一个行政性垄断行为只具有限制竞争的后果，而不具有促进社会公共利益的效果，那么很明显这一行为就是违法的。但是，当这一行为同时具有维护国家安全、促进社会公共利益上的提升等积极效果时，如何权衡便成为难点。澳大利亚“公共利益测试法”的经验是，假定该行政行为（如所制定的公共政策）因限制竞争而应当予以删除或不予通过，除非能证明该限制对维护公共利益是必要的，且实现该行政行为所期冀的目标只能通过限制竞争实现，即该项限制给社会整体带来的收益超过了成本。我

① 参见史际春、冯辉：《“问责制”研究——兼论问责制在中国经济法中的地位》，载《政治与法律》2009年第1期；张占江：《政府反竞争行为的反垄断法规制路径研究——基于路径适用的逻辑展开》，载《上海财经大学学报》2014年第5期。

国学者构建的修正后的 SCP 范式①指出，具体检验合理和不合理的标准是市场绩效。也就是说，能够提高资源配置效率，增加社会福利的行政性垄断行为就是合理的；降低资源配置效率，减少社会福利的行政性垄断行为就是不合理的。②

在具体的经济调控中，国家可能会出于扶贫开发、实现共同富裕的目的等考量而对落后地区实施优惠性的补贴政策，又或者对新兴产业或高科技产业给予财政补贴。这些行为有可能会产生排除限制竞争的效果。但是，如果从社会总体利益和竞争影响的角度综合进行分析，这些行为可能产生的社会效益大于对竞争产生的负面影响，且是必不可少的，有利于实现创新、协调、可持续的发展。这种情形下，这些行为则可因其积极效应和正当理由得以豁免，具有了实施的合理性。

在国家竞争政策框架下，公平竞争审查制度是体现认定标准可行性最具代表性的制度。公平竞争审查制度的审查标准首先明确了市场准入和退出标准、商品和要素自由流动标准、影响生产经营成本标准、影响生产经营行为标准等。如果一项政策措施违反了上述标准，即不符合合法性标准，那么则构成了行政性垄断。但是，公平竞争审查制度还规定了国家安全、社会保障、环保节能、公共健康等例外情形，并说明相关政策措施对实现政策目的不可或缺，且不会严重限制市场竞争，并明确实施期限。例外规定可以视为合理性标准分析。公平竞争审查制度通过运用合法性标准和合理性标准，首先明确了竞争优先的价值，对排除限制竞争的各类政策性措施进行审查、清理，其次权衡了社会公共利益和竞争影响，为特殊情形下的社会公益要求作出豁免，并作出限

---

① SCP 模式，即市场结构（Structure）—市场行为（Conduct）—市场绩效（Performance）相结合的研究模式，它是 20 世纪六七十年代美国哈佛大学产业经济学权威贝恩（Bain）、谢勒（Scherer）等建立的三段论式的产业分析范式。

② 参见王俊豪、王建明：《中国垄断性产业的行政垄断及其管制政策》，载《中国工业经济》2007 年第 12 期。

制。这一可行性的行为标准使公平竞争审查制度能够更好地协调竞争政策和产业政策,平衡竞争、安全、社会公平等多元价值,避免了公平竞争审查仅限于形式主义。

二、具有全方位的制度工具

在国家竞争政策框架下规制行政性垄断不仅具有可行的行为认定标准可供参照,还具有全方位的、有效的制度工具可供适用。在行政法和传统的反垄断法视角下,规制行政性垄断较多依赖事后矫正的制度工具。而国家竞争政策不仅内在地蕴涵了事后意义上的矫正政府滥用行政权力排除限制竞争行为的有效工具,而且还蕴涵了事前意义上的规范政府行为、发挥预防作用的制度措施。换言之,国家竞争政策具有本身内含了从预防到矫正行政性垄断的全方位规制工具。在国家竞争政策的视角下,形成预防型路径和矫正型路径双管齐下的规制合力,是非常可行的。

在预防型路径中,公平竞争审查制度(竞争评估)、竞争中性执法理念、竞争倡导是最为重要和有效的制度工具。公平竞争审查制度针对当前《反垄断法》难以规制的抽象行政性垄断行为作出审查、清理,从制定环节就对抽象行政行为作出规范,并发挥协调竞争政策和产业政策的作用,是有效的制度工具。竞争中性执法理念则针对国企垄断、管制行业垄断的问题,规范和引导政府一视同仁对待不同所有制主体,也具有实践可行性。竞争倡导则贯以始终,发挥柔性规制的作用,培育政府和市场主体的竞争意识,具有高度的灵活性和可行性。在矫正型路径中,竞争执法和竞争司法是主要的制度工具。我国的竞争执法积累了丰富的经验,直接高效地矫正了“政府失灵”,经实践验证是具有可行性、有效性的制度工具。我国的竞争司法也逐步发展起来,其中立性和终局性对规制行政性垄断具有不可替代的作用。

预防型路径和矫正型路径应是国家竞争政策规制行政性垄断的两个重要部分,犹如“鸟之双翼、车之两轮”。在国家竞争政策视角下,运用好这两个有效的制度工具,可以实现行政性垄断规制效率与规制效果的有机统一。

本章小结

本章主要介绍国家竞争政策视角下反行政性垄断路径优化的可行性。首先,具有顶层设计和法律规范的高度支撑。其次,美国、欧盟、澳大利亚等市场经济成熟的法域都是在国家竞争政策的框架下对行政性垄断提出规制的,具有较为系统和成熟的规制经验,如美国的“州行为”控制制度和放松管制改革、欧盟的国家援助控制制度,以及澳大利亚的“国家竞争政策”改革,对我国具有一定的参考价值。最后,国家竞争政策本身可以为规制行政性垄断提供可操作性较强的制度工具,如可行的行为认定标准,及其内在蕴涵的全方位制度措施。总之,在国家竞争政策的视野下,优化现有的行政性垄断规制路径,形成预防型路径和矫正型路径双管齐下的规制合力,不仅具有可行性,而且可以实现对行政性垄断从预防到矫正的全面规制,切实提升规制效果。

第三编

行政性垄断的预防型路径

以规制时机在行政性垄断行为作出前后为标准，行政性垄断的规制路径可以划分为预防型路径和矫正型路径。其中，预防型路径强调，通过影响和改变行政性垄断的成因，事前防范行政机关滥用行政权力而作出排除、限制市场竞争的行为。矫正型路径则强调，在行政性垄断行为作出后及时予以纠正，弥补产生的损失，避免行政性垄断继续造成严重的后果，主要包括竞争执法与竞争司法。

前已述及，预防型路径和矫正型路径是国家竞争政策视角下规制行政性垄断的两个重要部分。二者共同发挥作用，有助于实现行政性垄断规制效率与规制效果的有机统一。

CHAPTER 01 >>

第一章

预防型路径概述

第一节　预防型路径的界定

与矫正型路径不同，行政性垄断的预防型路径侧重于挖掘行政性垄断的成因，意在通过事前影响和改变行政性垄断的成因从而防范行政机关滥用行政权力排除和限制市场竞争。行政性垄断的成因包括经济体制转轨时期行政机关经济管理职权行使方式的惯性、行政机关追求经济利益的动机、行政权力运行的制约与监督机制的程度、社会公平竞争的文化等。预防型路径关注如何通过事前影响和改变上述成因，以遏制行政机关作出行政性垄断行为。因此，培养竞争意识与弘扬竞争文化是主要切入点。

一、预防型路径的分类

从培养竞争意识与弘扬竞争文化切入，本书界定的行政性垄断预防型路径包括竞争倡导、竞争中性与竞争评估等制度。

竞争倡导指的是由竞争主管机构采取的为提升经济活动所处环境的竞争状况而实施的竞争法以外

的所有措施，主要包括建立竞争主管机构与其他政府机构的联系，以及增强公众对竞争带来的收益的认识。在规制行政性垄断方面，竞争倡导通常表现为，竞争主管机构就政策制定机关在制定政策过程中提交的竞争问题作出解答和提出意见，竞争主管机构通过制定指南、举办培训活动等方式指导行政机关进行竞争合规工作等。

竞争中性主要指的是在国有企业与其他所有制企业相互竞争的市场中，国有企业不仅仅因为其国家所有制而享有净竞争优势。不存在净竞争优势强调的是，国有企业因其国家所有制所负担的特殊义务而带来的竞争劣势和其因国家所有制而享有的净竞争优势应当恰好中和。也就是说，国有企业应当与其他所有制企业在市场中平等竞争。在规制行政性垄断方面，竞争中性通常要求对处于竞争性行业的国有企业与其他所有制企业一样平等地适用反垄断法，要求政府在税收、监管、利润率、债务担保等方面不随意给予国有企业优待。

竞争评估作为评估方法和相应的程序制度，用来识别不合理地限制或扭曲竞争的既有或拟议中的公共政策或措施，并对其作出修订，促使制定部门最终采纳一种与原公共政策所追求的目标保持一致且又更有利于市场竞争的替代政策或措施。竞争评估通常表现为，特定机关按照一定的程序和标准审查行政机关制定的法规、规范性文件和其他政策措施对市场竞争的影响，并建议修改或废止不合理排除、限制市场竞争的法规政策文件，如澳大利亚国家竞争政策中的立法评估项目，经济合作与发展组织（Organization for Economic Co-operation and Development，OECD）制定的竞争评估程序，以及我国实施的公平竞争审查制度。

其中，竞争倡导与竞争评估存在一定的交集，①特别是竞争主管机构在和其他政府机构沟通与倡导竞争的过程中，往往会介入政策制定

① See OECD，Experiences with Competition Assessment-Report on the Implementation of the 2009 OECD Recommendation，2014，p. 13.

过程并发表有关政策对市场竞争的影响的看法，或者应政策制定机关的请求就制定中的政策提出建议，而竞争主管机构发表看法或提出建议的基础，往往源于对有关政策开展的竞争评估。

当然，随着预防型路径和矫正型路径在实践中的发展与交融，二者的划分也不是绝对的，某些预防型路径也可以在行政性垄断行为作出后发挥一定的矫正作用。例如，竞争倡导中也包括竞争主管机关在行政机关作出行政性垄断行为后向其提出停止实施和及时调整的建议；又如，竞争评估中还包括对行政机关的存量政策文件开展评估。但总体而言，本书界定的预防型路径主要通过事先咨询、政策评估、培训、宣传等方式在全社会特别是在行政机关中培养竞争意识与弘扬竞争文化，防范行政机关作出行政性垄断行为。

二、预防型路径的特点

（一）前置性与长效性

通常来说，反垄断法是国家竞争政策的核心，现有的基于反垄断法的矫正型路径是规制行政性垄断的主要手段，但是，各个国家的反垄断法在执行中往往受到现实条件的制约，在规制行政性垄断方面存在不足，特别是许多国家的反垄断法仅针对经济性垄断进行规制，缺乏规制行政性垄断的规定。此外，反垄断法实施还存在诸如地方政府的决策行为可能得到反垄断法豁免、政府商业活动以及国有企业可能由于组织形态而免受反垄断法规制、反垄断法难以规制管制行业中的抽象行政性垄断行为等缺陷，从而无法通过竞争执法全面有效地在全国范围内规制行政性垄断。因此，国家竞争政策在反垄断法的实施之外，还构建了用于摆脱行政性垄断规制困境的预防型路径。

1. 可在行政性垄断的事前阶段及时介入

防微杜渐，忧在未萌。由于政府履行经济管理职责影响重大，而行政权力一旦行使又难以制约，即便通过一定的程序对构成行政性垄断的行政行为予以矫正，也往往需要较长时间，在此期间，行政性垄断足以严重损害经济效率和消费者利益。据经济学家测算,我国在2001—2006年,行政性垄断在电力行业和石油行业中平均每年造成了约4804.4亿元和6936.5亿元的损失,而且每年损失额占当年GDP比例有逐年上升的趋势。① 在科技发展日新月异的当代社会,行政性垄断对企业技术创新的阻碍甚至有可能危及国家科技战略的推进与国家综合实力的提升。对于日益严重的行政性垄断,适用矫正型路径的一大问题在于难以恢复原状,即该路径不仅难以弥补遭到排挤的企业所受到的损失,还难以使企业和国家经济恢复到不存在行政性垄断的情形下的发展程度。在赔偿损失方面,行政性垄断造成的损失数额往往十分巨大以至于作出决策的行政机关的财力无法覆盖。在由谁最终承担赔偿损失方面,行政机关赔偿损失的支出并非直接出自行政机关决策人员的个人财产,而是源自通过税收等方式征集而来的财政收入,不仅对决策人员的威慑有限,还会产生"羊毛出在羊身上"的质疑,然而一旦对行政机关决策人员科以重责,又容易打击行政机关工作人员的工作积极性,有可能导致另一个极端——行政不作为,后果同样严重。综上所述,对于行政性垄断的规制而言,单独适用以事后追究为主的矫正型路径存在固有的局限,需要预防型路径在行政行为作出前及时介入。

就本书述及的预防型路径的三种制度而言,无论是竞争倡导、竞争评估还是竞争中性,均可以在构成行政性垄断的行政行为作出之前及时介入。例如,在行政机关决策过程中,竞争主管机构可以积极开展竞争倡导活动,通过与决策机关的制度联系及时获取相关信息,或者应决策机关的请求,就相应问题和拟将作出可能对市场竞争造成影响的行政行为发表意见,并向决策机关提出修改建议;又如,在竞争评估制度下,在规范性文件等抽象行政行为的制定过程中,决策机关或者竞争主管机构应按照对市场竞争影响程度的评估标准对其进行评估,并对照

① 参见于良春、张伟:《中国行业性行政垄断的强度与效率损失研究》,载《经济研究》2010年第3期。

标准反复修改后方可最终出台。此外,竞争中性制度还可以对国有企业采取结构性措施,如要求将政府商业活动或国有企业的非竞争性业务与竞争性业务相分离,对非竞争性业务进行独立核算与独立运营,并要求政府因非竞争性业务给企业带来负担而提供给企业的各种形式的补偿应当与该业务的完全成本核算的结果相对应,鼓励直接通过财政补助的形式作出,避免通过税收优惠、放松监管、提供显性或隐性的债务担保等难以准确衡量数额的形式间接地给予企业补偿。因为政府针对政府商业活动、国有企业的非竞争性业务制定的不适当的税收优惠、放松监管、债务担保等行政措施容易导致行政性垄断。

2. 成本低,效益高

行政性垄断规制不仅需要讲究效果,也需要考虑规制路径的成本与效益。相较于矫正型路径,行政性垄断的预防型路径具有成本低、效益高的特点。

就预防型路径自身的"成本—收益"角度而言,预防型路径给消费者带来的收益远大于预防型路径所花费的成本。行政性垄断的实施给消费者福利带来的损害往往是巨大的,而且一旦实施还有可能产生"蝴蝶效应",所造成的损害往往难以弥补,因此,预防型路径在事前的及时介入可以较好地避免或减轻潜在的损害。竞争倡导能及时消除不合理的政府排除、限制竞争的行为,可以为消费者带来潜在的收益。以美国联邦贸易委员会(Federal Trade Commission,FTC)的竞争倡导项目为例,竞争倡导工作促成了纽约州放松其有关牛奶零售的限制,这一举措预计每年可为消费者节省 100 万美元,该收益比 FTC 全年工作预算都要高。①

相较于矫正型路径,预防型路径本身的成本更低。这是因为后者事前及时介入可以较好地控制潜在的行政性垄断行为的发展以及可能

---

① See Report of the American Bar Association Section of Antitrust Law-Special Committee to Study the Role ofthe Federal Trade Commission,1989,p. 94.

带来的危害后果,比前者所进行的事后查处惩戒、采取预防措施以及消除不良影响等所耗费的人力、物力更少。同样,以美国 FTC 的竞争倡导项目为例,其参与司法诉讼(矫正型路径)往往需要支出高额费用,而且判决结果还存在不确定性,与之相比,在其开展竞争倡导(预防性路径)明显成本更低。此外,其可以将竞争倡导活动的花费分摊到此后对类似问题的处理上,因为一旦对某一类型的限制作出分析后,固定成本即已发生,此后对相同或类似案件开展分析的边际成本通常非常低。①

预防型路径规制行政性垄断所具有的成本低、效益高的特点在各国的实践中均有体现。这对于各国竞争主管机构更好地配置预算资源具有良好的借鉴意义。在有限预算的约束下,竞争主管机构需要在矫正型路径之外,适当地将资金与人力资源配置到预防型路径上,从而最大限度地履行规制行政性垄断、维护和促进市场竞争的职责。

3. 有助于长远地提升公平竞争的意识

对于行政性垄断规制而言,提升政府和全社会的公平竞争意识具有基础性的作用。从行政性垄断的形成机理来看,行政机关缺乏对市场公平竞争重要性的认识是形成行政性垄断的一个关键因素,特别是在转轨经济国家和发展中国家,政府曾长期肩负经济管理的职责,在向市场经济转变的过程中,传统经济管理的思维方式和手段存在惯性,政府较易采取涉嫌行政性垄断的措施却未必意识到该措施对市场竞争造成的不良影响。此外,政府未能认识到维护市场公平竞争对提升经济效率和消费者福利的作用,也容易使政府倾向于通过排除、限制竞争的政策措施实现其他的政策目标,甚至以牺牲市场竞争为代价来实现政府工作人员的私利。

对于市场主体而言,在缺乏市场公平竞争意识及相应的社会环境

① See James C. Cooper et al., *Theory and Practice of Competition Advocacy at the FTC*, Antitrust Law Journal, 2005, p. 1111.

下,市场主体倾向于通过游说或主动寻求政府工作人员"寻租"以减少企业面临的市场竞争压力,从而获得不正当的企业利益。这有可能破坏政府工作人员的廉洁性,并且造成行政性垄断多发。对于消费者而言,树立市场公平竞争的意识有助于增进消费者对行政性垄断行为的认识和对相应解决途径的了解使消费者在遇到行政性垄断损害其合法利益的情况下,可以及时向竞争主管机构以及实施行政性垄断的行政机关的上级机关举报,尽快对行政性垄断予以矫正。此外,当社会各界广泛地认识到市场竞争的益处后,其对于政府不正当排除、限制竞争的行为的容忍度会越来越低,行政机关迫于社会压力,在作出行政行为时就会更加谨慎,充分考虑其行为对市场竞争的可能损害,从而避免或减少行政性垄断的发生。

预防型路径对于长远地提升政府和全社会的公平竞争意识无疑发挥着重要的作用。在竞争倡导中,无论是由竞争主管机构直接或间接地向行政决策机关建言献策,还是通过大众媒体或研讨会等形式向公众以案释法,也无论是竞争评估通过给定的评估标准促使竞争主管机构或自我审查机关在行政决策作出之前就其对市场竞争的影响发表修改意见,还是竞争中性通过构建国有企业与其他所有制企业平等竞争的理念及相应制度以进一步在社会弘扬市场公平竞争的意识与文化,预防型路径以其丰富的形式与灵活的措施全方位地向政府与社会弘扬了竞争文化,增进了各类主体的竞争意识。当然,以竞争执法和竞争司法为代表的矫正型路径也在一定程度上通过个案处理起到了特殊预防的威慑作用,有助于避免特定的行政机关再次作出同类的行政性垄断行为,但囿于行政性垄断竞争执法和司法案件的被动沟通、信息公开有限等问题,矫正型路径在一般预防层面的威慑作用显然不足。而预防型路径意在打破这个"瓶颈",通过积极主动的沟通交流以及更加充分的信息公开,长远地提升政府和全社会的市场公平竞争的意识,从而更好地发挥预防行政性垄断的作用。

(二)全局性与综合性

中共中央《关于全面深化改革若干重大问题的决定》指出,经济体制改革的核心问题是处理好政府和市场的关系,使市场在资源配置中起决定性作用和更好地发挥政府作用。正是由于行政性垄断具有横跨政府与市场、涵盖地方利益与行业利益的复杂性,所以对行政性垄断的规制应当采取综合性的治理模式。

其一,行政性垄断是政府履行经济调控职能时作出的不适当行政行为,对市场竞争有排除、限制的负面影响,因此,对行政性垄断的规制实际上是对政府与市场的边界以及政府干预市场的合理限度的探索与维护。由于行政性垄断的规制涉及对行政权力的有效制约,因此,仅靠竞争法的实施尚不足以实现该目的,还需要在行政系统内部理顺经济行政权力的行使与制约之间的关系,并通过立法权与司法权监督经济行政权力的正当行使,这需要建立统筹全局的宏观制度才能实现。其二,行政性垄断兼具地域因素和行业因素,从某种意义上来说,行政性垄断既具有行政机关滥用行政权力排除、限制市场竞争的共性,又在个案中因交织各种地方利益和行业利益而复杂多变。后者给行政性垄断的规制增加了难度,这就容易导致行政性垄断的规制呈现不平衡的特点,对某些地域或行业的行政性垄断的规制相对较多,而其他行业中的行政性垄断问题却可能被忽视。传统上,对行政性垄断主要采取"头痛医头,脚痛医脚"式的规制,即使在个别行业中零散地开展推进竞争的改革,也缺乏全局性的举措,这种规制因无法有效地适应行政性垄断的复杂性而效果不佳。

正如曾因面临竞争性改革困境而引入国家竞争政策的澳大利亚所认识到的,"到目前为止,促进竞争的改革大多基于单个行业逐个推进,而缺少一个更广阔的政策框架……这样的改革通常很难达成"。同样地,试图借鉴经验引入国家竞争政策的印度在其第十一个五年规划中指出,"政府有必要制定一个广泛而全面的国家竞争政策来增强改革过程的协调性,以建立贯穿不同行业的统一的竞争原则,并且从竞争的角度使所有其他政策与之相适应"。[①] 印度政府希望通过构建国家竞争政策"使'竞争文化'成为从中央到地方各级政府进行治理的内在部分"。[②] 由此可见,行政性垄断覆盖的行业广泛,涉及的政府层级众多,具有"牵一发而动全身"的效果。为了构建全国统一市场并且在市场内促进和维持公平竞争,需要改变传统上仅针对某个行业进行促进竞争改革的做法,应当站在更高、更广阔的层面针对全国各行业进行统筹规划和有序推进,这就有必要引入国家竞争政策。

国家竞争政策并未将预防行政性垄断局限在某个行业或某个地区,而是在全国范围内统一推进,协调改善各个行业和地区的竞争状况。其中,在反垄断法缺乏行政性垄断规制内容的某些国家,由竞争主管机构开展的竞争倡导活动成为在全国范围内规制行政性垄断的最为重要的手段;竞争评估制度要求全国各级政府按照统一的标准对本级政府制定的规范性文件进行评估与修改;竞争中性制度要求全国各级政府平等地对待来自不同地区的不同所有制的企业。可见,国家竞争政策构建的预防型路径均着眼于全国统一市场,采用一致的标准,涵盖了所有的行业与地域,从而构建起全国范围内综合性的规制框架。

第二节　预防型路径的制度分工与联动

本书中行政性垄断的预防型路径制度——竞争倡导、竞争中性与竞争评估。三种制度各有侧重,分工解决特定的行政性垄断问题,三种制度之间又相互联动,共同为规制行政性垄断发挥作用。

---

① National Competition Policy Review Report, The Hilmer Report, August 1993, p. 53.

② "With a View to Make the 'Culture of Competition' an Intrinsic part of the Governance at Each Tier of Administration: Centre, State and Local Body, the Government is Considering Bringing out a National Competition Policy", See Indian Ministry of Corporate Affairs, Annual Report 2012 - 2013.

一、预防型路径的制度分工

在预防型路径的三种制度中,竞争倡导可以在预防行政性垄断中发挥先导作用,培育竞争文化,增强各类主体的公平竞争意识,做到未雨绸缪。竞争倡导多由专职的竞争主管机构开展,竞争主管机构有丰富的专业知识和充足的人力物力资源,故可以积极主动地开展竞争倡导活动。竞争倡导的手段和形式又最为灵活,竞争主管机构可以在个案中因势利导,直接或间接地向行政机关提出建议;也可以组织培训与案例研讨会邀请行政机关参与;还可以通过充分公开竞争执法和司法的案件并推动媒体宣传以提升包括行政机关在内的各类主体的竞争意识。竞争倡导的上述特性使其能够在预防行政性垄断中充当先锋,尽早介入有可能构成行政性垄断的行政行为的形成过程,及时消除潜在的行政性垄断。

竞争中性则侧重于预防涉及国有企业不合理竞争优势的行政性垄断。由于国有企业在国家经济中的特殊地位,涉及国有企业的行政性垄断问题的解决难度相当大。国有企业与行政机关存在天然的联系,特别在曾经长期实行计划经济的国家,行政机关对国有企业的影响十分巨大,尽管不少国有企业通过所有权与经营权的分离已经转变为国有企业,但行政机关与国有企业的利益联系仍然千丝万缕。随着市场化改革,其他所有制形式的企业进入市场与国有企业开展竞争,行政机关出于惯性或利益关联,仍然可能给予国有企业特殊的优惠待遇,而这种做法容易扭曲不同所有制企业之间的市场竞争秩序。因此,涉及国有企业的行政性垄断问题不仅需要加强对行政机关行使权力的控制,还需要理顺政府与国有企业的关系,使国有企业既能充分地承担起国家所有权下的公共义务,又能够在市场上和其他所有制企业公平竞争,用充分竞争的市场环境来激励国有企业不断提升管理能力和技术创新能力,从而作强国有企业、实现国有资本的效益最大化。在这种背景下,竞争中性制度应运而生,有助于对涉及国有企业的行政性垄断进行综合治理。

竞争评估侧重于预防抽象型行政性垄断，即政府针对不特定对象制定的可以反复适用的行政规范性文件，而该规范性文件的实施可能排除和限制市场竞争。实践中，竞争评估可以由政策制定机关自我评估，也可以由其他机构如竞争主管部门或专门设立的行政机构开展评估，还可以委派第三方机构开展竞争评估。竞争评估通过制度化的评估要求与相应措施，促使政策制定机关了解拟议政策对市场竞争的潜在影响，及时修改不合理地排除、限制市场竞争的内容，避免该部分内容的实施对市场竞争造成实际损害。此外，竞争评估也可以视为面向政策制定机关开展的一种行政行为竞争合规的实操培训，特别是政策制定机关开展自我评估的过程，也是政策制定机关了解和学习竞争影响评估标准的过程，政策制定机关在自我评估中积累的经验也有助于其在今后制定规则的时候避免再次作出类似的排除、限制市场竞争的行为。

二、预防型路径的制度联动

尽管预防型路径的三种制度各有所侧重，但是三种制度也是相互联动的。

在培育竞争文化、增进各类主体的公平竞争意识方面，除了发挥先导作用的竞争倡导，竞争中性与竞争评估也有助于提升特定主体的公平竞争意识。竞争中性制度在理顺政府与国有企业关系的过程中，不仅可以促进政府平等对待各种所有制企业，以及提升不同所有制企业之间公平竞争的意识，也可以告诫国有企业应当树立公平竞争意识，通过竞争来激励企业实现管理与技术创新从而做大做强，而非依赖其与政府的固有关联从而获取不正当的竞争优势。而竞争评估直接针对政府制定的抽象行政行为，对这些规范性文件潜在的市场影响进行评估，并且反馈给行政机关，促使行政机关树立公平竞争的意识。

在预防涉及国有企业的行政性垄断方面，竞争倡导和竞争评估也能协助竞争中性制度。竞争中性要求政府在制定政策措施时,对特定企业(特别是国有企业)提供的支持仅以合理维持该企业履行特定的社会义务为限,并且应建立在成本完全核算和直接补助的基础上,避免采取放松监管、制定特殊税收优惠、提供显性或隐性的债务担保等容易过度支持从而形成净竞争优势的间接补助措施。而竞争倡导和竞争评估制度恰好有助于识别和修改不合理地偏袒某些所有制的市场主体的政策规定。通过竞争倡导,当行政机关作出涉及市场经济活动的行政行为,竞争主管机构可以就不同所有制企业之间的公平竞争问题向行政机关提出建议,避免行政机关的决策违背竞争中性。竞争主管机构还可以就竞争中性举行专题研讨会,或定期与行政机关举行竞争中性联合培训等活动,使行政机关充分了解和学习竞争中性制度的精神与理念。当行政机关制定了不合理的优待国有企业的规范性文件,如税收优惠、放松监管、明示或隐性的债务承担等,竞争评估机关通过分析其中不合理排除、限制市场竞争的内容,向行政机关提出修改意见,行政机关只有在修改相关文件并使其最低程度排除、限制不同所有制企业之间的公平竞争后,才发布规范性文件。

在预防行政机关制定不合理地排除、限制市场竞争的规范性文件方面,竞争倡导和竞争中性也在不同程度上配合竞争评估发挥作用。在竞争倡导的作用方面,由于竞争评估制度中的评估主体有可能为政策制定机关自身,而政策制定机关囿于专业知识和人力、物力资源的限制,未必能充分地评估规范性文件对市场竞争的潜在影响,政策制定机关还有可能出于其他目的而有意不履行评估职责,此时竞争主管机关开展的面向政策制定机关的竞争倡导活动能够有效地弥补政策制定机关的能力“短板”,并且督促政策制定机关真正地履行评估职责以及修改规范性文件中不合理的内容。竞争倡导还可以增进市场主体和消费者的公平竞争意识,有助于消费者发现拟议中的规范性文件潜在的损害竞争的后果,甚至发现行政机关没有适当履行竞争评估义务,并及时向竞争主管机构举报。而竞争中性制度有助于督促政府在制定涉及市场经济活动的规则时,平等地考量不同所有制经营者的利益,除非存在公共利益事由,如合理补偿国有企业承担的社会义务所花费的费用,才可制定优待特定所有制企业的规则,从而起到预防行政机关制定不合理地排除、限制市场竞争规范性文件的辅助作用。

本章小结

本章作为国家竞争政策视角下行政性垄断预防型路径的概述,主要探讨了3个问题:预防型路径如何界定及其特点是什么,具体制度如何分类,预防型路径的具体制度之间如何分工与联动。

预防型路径具有前置性与长效性、全局性和综合性的特点。笔者将竞争倡导、竞争评估和竞争中性归入预防型路径的范畴。作为国家竞争政策视角下规制行政性垄断的重要组成部分,一方面,预防型路径是国家竞争政策弥补现有规制路径不足的制度创新;另一方面,预防型路径是国家竞争政策构建的规制行政性垄断的全国性综合框架,有别于传统上针对单个行业零星开展的促进竞争的改革,可以构建覆盖全国和全行业的全局性制度框架,并针对规制难点进行重点推进。在预防型路径三个具体制度之间的分工方面,竞争倡导重在发挥培育竞争文化、增进竞争意识以防范行政性垄断的先导作用,竞争中性侧重于解决涉及国有企业的行政性垄断问题,竞争评估则针对行政机关滥用行政权力制定排除和限制市场竞争的规范性文件的抽象行政性垄断行为。在联动方面,竞争倡导、竞争中性和竞争评估均能在不同程度上协助其他制度共同实现制度设立的目标。

CHAPTER 02 >>

第二章

竞争倡导

国家竞争政策是在全国范围内持续推进的旨在促进市场公平有序竞争的经济政策。作为国家竞争政策的核心内容，我国《反垄断法》第 1 条明确了保护市场公平竞争、鼓励创新、提高经济运行效率、维护消费者利益和社会公共利益等目标，反映了国家竞争政策不仅要维护市场公平竞争，还要兼顾在特定条件下提升经济效率以及实现其他公共利益目标的政府适度干预。

然而，国家竞争政策在实施的过程中难免与其他经济政策产生冲突，影响国家竞争政策的推进。为贯彻国家竞争政策，行政机关在决策时应当进行法益衡量，社会公众可以督促行政机关遵循国家竞争政策。作为推动落实国家竞争政策的主要职能部门，竞争主管机构可以运用竞争倡导制度在行政机关与社会公众之间构建落实国家竞争政策的良性循环，履行预防行政性垄断的职责。

第一节　竞争倡导概述

一、概念及功能

目前，最具广泛代表性的关于竞争倡导的定义由国际竞争网络（International Competition Network，ICN）的倡导工作组于 2002 年在 ICN 意大利会议上发布的报告《倡导与竞争政策》中作出，据此，竞争倡导指的是由竞争主管机构实施的、为提升经济活动所处环境的竞争状况而采取的实施竞争法以外的所有措施（non-enforcement mechanisms），①主要包括建立竞争主管机构与其他政府机构的联系，以及增强公众对竞争带来的收益的认识。该定义首先指出，竞争倡导的实施主体为竞争主管机构，并且该定义将竞争倡导与竞争主管机构采取的与实施竞争法有关的竞争执法活动进行了区分。其次，该定义还依据竞争倡导的对象将竞争倡导分为两类：一类面向其他政府公共机构，由竞争主管机构提出倡议促使前者所采取的管制措施及其实施更有利于竞争；另一类面向广大市场主体、政府机构和社会公众，增进其对“竞争给社会整体带来益处以及竞争政策可以促进和保护竞争”的意识。

竞争倡导对于在全社会中弘扬竞争有益的文化具有重要的作用，进而对行政性垄断乃至经济性垄断都可以起到防治效果。有学者将竞争倡导的功能归为三类：一是支持促进竞争；二是使政策制定者和公众知晓市场竞争的好处；三是使政策制定者和公众知晓关于竞争与消费

① ICN，Advocacy & Competition Policy，Report Prepared by the Advocacy Working Group，Presented at ICN'S Conference Naples，2002，p. 25.

者的法律法规及其他政策所可能产生的影响。① 对于政策制定者而言，竞争倡导促使其在政策的制定与实施的过程中保持对市场竞争影响的关注，及时调整、修改或废止不合适的法律法规与行政措施，竞争倡导还通过增进其对反垄断法有关行政性垄断的违法性与法律责任的认识督促其履行相应的职责。对于市场主体而言，竞争倡导促使其在经济活动决策过程中遵守反垄断法等相关法律，并且向竞争主管机构举报其他市场主体乃至行政机关排除、限制市场竞争的行为。对于消费者等社会公众而言，竞争倡导增进其对自身合法权益的认识，对于损害消费者福利的排除、限制市场竞争的行为能够主动向竞争主管机构举报，维护自身合法权益。

时至今日，竞争倡导制度已在世界多国设立，由于对其界定非常广泛，甚至可以将竞争主管机构采取的实施竞争法以外的所有措施都包含在内，因此，竞争倡导的形式十分多样。在美国，联邦贸易委员会和司法部采取的竞争倡导包括向有关管制机构出具意见信、对有关竞争影响做评论、为联邦和州制定法律法规提供证词和意见、向最高法院和上诉法院出具法庭之友的简要声明、开展管制竞争影响调查、发布调查报告、举行研讨会和开展非正式讨论等形式。② 在韩国，公平交易委员会持续性地开展立法事先咨询、法律出台后的调查、管制措施的反竞争效果的纠正等竞争倡导活动。③ 其他形式的竞争倡导还包括竞争执法案例的宣传介绍、制定竞争执法指南、发布竞争问题的经济学研究等。

---

① Christopher Grengs, Federal Trade Commission Competidon Advocacy: Practice and Efffectiveness, October 2014. 转引自王健、汪望宇:《美国竞争倡导制度研究——兼论我国如何导入竞争倡导制度》，载《经济法论丛》2014 年第 2 期。

② Federal Trade Commission, Advocacy, May, 2018, https://www.ftc.gov/policy/advocacy.

③ KFTC, 2016 Annual Report. p. 109.

二、竞争倡导对于预防行政性垄断的意义

(一)防范行政性垄断风险

国家竞争政策的目标是保护和促进市场竞争,以及形成和维护全国统一市场,而行政性垄断会对市场结构和经营者的行为产生影响,进而人为地扭曲市场的公平竞争秩序,因此,规制行政性垄断行为以及规范行政行为是国家竞争政策的一个重要目标。

竞争倡导制度起源于美国,自创设之初便与预防行政性垄断紧密联系在一起。尽管由美国司法部和FTC开展的具有竞争倡导性质的工作可以追溯到20世纪20年代,如FTC向能源管理部门提出针对煤炭价格的意见,以及向战争工业委员会提出关于钢铁的意见。但现代意义上的竞争倡导制度是在自1890年《谢尔曼法》制定实施八十多年以后才得以建立的,这与美国竞争法长期以来主要规制市场主体的经济垄断行为不无相关。此外,美国最高法院创设的两项法律原则又加剧了竞争主管机构依据竞争法追究行政机关和管制机构制定的排除和限制竞争的政策规定的难度,包括"国家行为原则"和"诺尔豁免原则"。在"国家行为原则"下,出于对联邦制原则的尊重,由州主权直接施加的限制免受《反托拉斯法》追究。"诺尔豁免原则"则出于尊重《宪法第一修正案》赋予的言论自由权利,使竞争者通过游说立法机关、行政机关或司法机关实现的州政府反竞争行为免受《反托拉斯法》的审查。① 在竞争法及其实施难以全面解决行政性垄断的背景下,竞争倡导作为一种新的规制行政性垄断的手段得以被讨论。1974年10月7日,联邦贸易委员会主席路易斯·恩格曼(Louis Engman)提出,将更广泛地使用竞争政策来替代对市场的管制。在谈到美国宏观经济遇到的滞胀问题

① Cooper et al., *U. S. Convergence with International Competiton Norms: Antitust Law and Public Restraints on Competition*, George Mason University Law and Economics Research Paper Series, 2012.

时，他认为，繁重的联邦交通管制导致了经济的缓慢增长，在某些行业可以采用积极地实施反托拉斯（竞争）政策来替代对市场的管制。此后，竞争倡导作为约束市场管制的机制建立起来，联邦贸易委员会和其职员就涉及国际贸易、健康职业和交通等行业的问题向众多联邦机构发表关于对市场竞争的影响的意见，并被认为“有效地促进了联邦贸易委员会的竞争目标”。①

（二）补充和完善行政执法

自《反不正当竞争法》和《反垄断法》在我国相继出台以来，竞争执法机关查处行政性垄断行为成为我国规制行政性垄断的主要手段。但由于竞争执法属于事后性的救济方式，而且竞争法仅赋予竞争执法机构向上级机关的提出建议的权利，救济手段刚性不足，再加上违反禁止行政性垄断规定的法律责任较轻，使竞争执法在规制行政性垄断的作用方面有很大的局限。而仅靠竞争执法规制行政性垄断的局限性在国外也曾凸显。以20世纪70年代的日本野田酱油案为例，当时，日本打算废除原有的酱油价格统制政策，交由市场自主定价。日本酱油协会和占全国酱油生产总量20%以上的野田酱油股份公司以及另外3家公司协商后统一提高了酱油价格。后物价厅召集这4家酱油企业提出了较低的建议零售价格，在与4家酱油企业价格磋商后确定了一个折中的价格，并授意协会制定关于废止酱油政府定价的陈情书，提交给物价厅官员并复印给协会会员，要求有关单位价格自律。日本公正交易委员会判定4家企业构成卡特尔行为，违反了《独占禁止法》，日本酱油协会违反了《事业者团体法》。② 实际上，在本案中，物价厅的行政指导行为具有排除、限制酱油企业之间自主开展价格竞争的效果，构成了行政性垄断行为，但由于日本《独占禁止法》仅规制经济性垄断，公平交易委

① Theory and Practice of Competition Advocacy at the FTC.

② 参见孙炜：《反垄断法规制的新视点——对行政指导卡特尔的规制》，载《南开学报（哲学社会科学版）》2011年第3期。

员会无法依据该法对物价厅的行政性垄断行为进行有效规制。

如前所述，一方面，竞争倡导具有事前预防的性质，可以较早地介入政府行为的形成过程以及政策的制定过程，通过发表意见和施加影响等方式促使政府及时转变行为或改变政策，从而弥补竞争法实施所依赖的事后救济措施的不足；另一方面，在竞争法适用除外的某些领域，作为推进市场竞争的有力补充，竞争倡导有助于促成这些领域的开放，在这些领域中开展市场化改革并引入竞争机制，从而扩大竞争法实施的范围。

无疑，竞争倡导对于规制行政性垄断和移除市场准入的管制壁垒方面可以发挥更大的作用。此外，竞争倡导通过提升政府、市场主体和社会大众的公平竞争意识，减少针对行政性垄断开展的竞争执法过程中遇到的阻力。市场主体和社会大众公平意识提升的同时，对于行政性垄断的危害和救济途径的了解也会加深，有助于那些受行政性垄断影响的个体及时向竞争主管机构投诉和举报，促进竞争执法活动的开展和执法效率的提升。可以说，竞争倡导可以起到促进竞争执法的作用，尤其在行政性垄断竞争执法效果不佳的领域里，作用更加明显。

（三）全面构建竞争文化

竞争文化的培育和竞争主管机构的活动有紧密的联系。ICN 调查报告显示，竞争文化较强的原因包括：竞争主管机构参与管制改革和私有化过程，竞争政策历史较长，媒体广泛宣传竞争执法案件的解决，专门的竞争法庭的存在，和高等院校、科研院所的交流，公布处罚决定，案例演习和竞争主管机构领导的个人领导能力等。[①] 其中，竞争主管开展的倡导活动就涵盖了参与管制改革和私有化过程、通过媒体宣传竞争执法案件、加强与高等院校科研院所的交流以及公布处罚决定等，足见竞争倡导活动有助于推动竞争文化的构建。一方面，竞争主管机构可以通过组织研讨会、开展培训和咨询磋商等方式向政府和管制机构宣

---

① ICN Competition Advocacy and Policy. 2002. p10.

扬和培育竞争意识,指导政府和管制机构开展竞争合规工作,促使其在作出干预市场的决策时充分考虑决策对市场竞争状况的影响,主动消除潜在的行政性垄断行为;另一方面,竞争倡导还可以采用通过大众传媒宣传执法案件、公布调查研究报告等方式,在市场主体和公众间培育竞争文化,提升其公平竞争的意识。

第二节　竞争倡导的制度构成分析

一、倡导主体

基于定义,竞争倡导制度的倡导主体是竞争主管机构。竞争主管机构为了实现所倡导的竞争,在采取一系列的促进竞争的非竞争执法措施中发挥着中坚作用。与竞争执法机构相关的因素有可能影响竞争倡导工作的强度和效果。

(一)竞争主管机构的模式

以竞争主管机构是否同时享有案件调查权(investigative)与裁决权(adjudicative)为标准,竞争主管机构的模式与结构可以分为统一模式(collegiate/integrated)与分离模式(bifurcated/non-collegiate)。在统一模式下,竞争主管机构既可以调查案件又可以作出最终裁决,具有准司法性质,当然其裁决还可能受到司法机关的制约。而在分离模式下,竞争主管机构则仅享有调查权,主要设立在行政机构之中,最终由司法机构作出裁决。竞争主管机构的模式有可能会影响竞争主管机构内部可供分配于履行竞争倡导职能的资源的比例。

(二)竞争主管机构的独立自主性

通常认为,竞争主管机构的独立自主性对于竞争倡导工作的效果非常重要,关乎竞争主管机构是否有机会充分地表达其对竞争影响方面的意见。在多数国家,竞争主管机构作为政府行政部门下辖的享有一定自主权的机构,可以受到政府决策部门的邀请发表意见,但是,此种倡导受制于是否受到决策部门邀请以及受邀频率。

竞争主管机构主动发表意见的权利有助于提升竞争倡导的效果，受到越来越多国家的重视，如英国2015年出台的《中小企业与就业法案》(The Small Business, Enterprise and Employment Act)修订了2002年《企业法案》(The Enterprise Act)第7条，赋予了英国竞争主管机构——竞争与市场监管局(Competition and Markets Authority, CMA)一项新的权利，使其可以自主地向政府部门提出和公开关于法律草案对英国市场的竞争状况的影响的书面建议。[①] 韩国的《垄断规制与公平竞争法》第63条第4款也赋予韩国竞争主管机构——公平交易委员会(Korea Fair Trade Commission, KFTC)一项权利，即其即便在有关行政机构未事先咨询或通知的情况下，也可以主动向该行政机构就修改法律、法规及其他规范性文件中反竞争的因素提出意见。

竞争主管机构在政府序列中的层级可能会影响竞争主管机构的独立自主性，包括竞争主管机构是否能够自主发声，以及竞争主管机构的意见能否影响何种级别的政府决策。有些国家的竞争主管机构属于政府组成部门的一部分，主管机构负责人的观念有可能直接影响倡导工作的走向，其在参加政府工作会议的时候可以代表竞争主管机构表达意见，但也有可能从部门整体出发基于其他目标而修改了竞争主管机构的意见。另外，一些国家的竞争主管机构独自享有政府组成部门的地位，可以直接参与有政府部委要员参与的高级别政府工作会议，并充分地表达自己的意见甚至影响政策的走向。

此外，竞争主管机构负责人的任免机制与任期长短、竞争主管机构获取财政预算分配的能力等也会影响竞争主管机构的独立自主性。

最后，竞争主管机构实质上的独立自主性未必与明文规定的独立自主地位一致，实质独立自主性受到诸如一国的竞争文化、竞争意识、行政体制运行环境等因素的影响。

---

① CMA, Competition Impact Assessment Part 1: Overview, p. 5 -6.

（三）竞争倡导职权的法定授权

竞争主管机构行使职权往往以竞争法等法律的授权为基础，竞争法等法律对竞争倡导职责的明文规定有助于明确竞争主管机构的竞争倡导职权。

FTC 的职权来自《联邦贸易委员会法案》的授权，该法第 5 条规定，FTC“有权制止……在商业中存在的或影响商业的不公平的竞争方法或者欺骗性的行为或实践”，该法第 6 条允许 FTC“收集和编纂信息”，这些信息涉及受《联邦贸易委员会法案》规制的主体，以及对这些主体“开展调查”，FTC 还有权“公布获取的信息中事关公共利益的部分”。[①]基于上述授权，FTC 有权利用其在竞争和经济学方面的专业能力，向政策制定者提供竞争政策分析，以及从竞争角度为其提供分析公共政策问题的框架，从而以说服的方式促进有利于竞争的管制结果。[②]

KFTC 开展竞争倡导的法律授权在于《垄断规制与公平竞争法》，该法第 36 条第 6 项规定，“通过与反竞争的法律和行政措施有关的咨询、合作等方式促使政策有利于竞争的有关事宜”属于 KFTC 的职权。《印度竞争法》第七章专章规定竞争倡导，该法第 49 条第 3 款规定，印度竞争委员会应当采取适当的措施，以促进竞争倡导、增进竞争意识并且开展关于竞争问题的培训。巴基斯坦 2010 年《竞争法》第 29・b 条也赋予了巴基斯坦竞争委员会开展竞争倡导的职权，规定“竞争委员会应当通过倡导手段促进竞争，倡导手段应当包括但不限于，为促进竞争评估政策框架，向联邦政府或省政府就任何可能影响巴基斯坦市场内的竞争的法律提出修改的意见”。

（四）与其他政府机构之间的联系机制

竞争主管机构与其他政府机构之间良好的联系机制有助于提升竞

---

① The FTC Act, 15 U. S. C. 45(a).

② “Competition Advocacy at the FTC”, accessed March 30, 2019, http://www.sic.gov.co/recursos_user/presentaciones_competencia/matiana_lao.pdf.

争倡导活动的效果,特别是有助于解决竞争主管机构信息不对称问题以及减轻来自其他政府机构的政治压力。

有效的竞争倡导的一个前提为,竞争主管机构可以及时、充分地获取政府管制活动的信息。即便法律赋予了竞争主管机构开展竞争倡导的职权,并且从字面上理解竞争主管机构开展竞争倡导在方法和技术上不受任何的法律限制,仍不足以确保竞争主管机构参与立法或其他规定的制定及实施过程,由于其中存在信息不对称,在对拟议规制缺乏了解的情况下,竞争主管机构无法及时采取行动。此外,竞争倡导活动有可能会使竞争主管机构和其他政府机构之间关系紧张,给竞争主管机构带来政治压力,进而有可能影响竞争主管机构开展竞争倡导活动的能动性并对竞争倡导造成不利影响。这是因为,一方面,竞争主管机构对其他机构制定的政策提出意见时无法完全避免冒犯其他机构的可能性;另一方面,竞争倡导活动有可能涉及政府机构之间职权的冲突,特别是联邦制国家中联邦层面的竞争主管机构对州立法机关或管制机关开展的竞争倡导活动。例如,自 1989 年至 20 世纪末,美国联邦贸易委员会主席杰内特·斯泰格(Janet Steiger)为了缓解 FTC 和其他管制机构之间的紧张关系而不再强调竞争倡导项目,其他机构向 FTC 提出意见咨询的请求也随之减少,使竞争倡导资源不足。①

因此,需要在竞争主管机构和其他政府机构之间构建一个良好的联系机制。一方面,竞争主管机构与其他政府机构之间的联系机制有助于竞争主管机构获取充分的信息以履行竞争倡导职能,及时地向其他政府机构就拟议的政策提出建议;另一方面,法律化、制度化的联系机制有助于避免其他政府机构认为竞争主管机构干涉其行使职权,减少竞争倡导活动给竞争主管机构带来的政治压力。

联系机制的设计需要考虑如何使竞争主管机构参与决策过程。如果竞争主管机构在政府内阁中有常任代表,或者竞争主管机构在专业

① Theory and Practice of Competition Advocacy at the FTC.

或管理层面被整合进政府决策过程,则竞争主管机构有机会在拟议政策的起草过程中尽早获悉相关信息,及时开展倡导活动。

如果法律“允许”政策制定机构在制定政策时向竞争主管机构咨询,同样有助于竞争主管机构获取信息。例如,《印度竞争法》竞争倡导专章第 49 条第 1 款为政府与印度竞争委员会构建了一条沟通的渠道,即中央政府和邦政府在起草涉及竞争的法律和政策时,可以向竞争委员会征求有关该法律和政策对竞争的潜在影响的意见,如果竞争委员会评估认为有可能需要采取进一步行动的,则应当在 60 日内向提出咨询的政府反馈意见。不过,根据该条第 2 款规定,此类反馈意见仅供参考,因为该意见对提出咨询的政府不具有拘束力。

如果法律“强制”政策制定机构在制定政策时要向竞争主管机构咨询,则更有助于竞争主管机构及时发现竞争倡导问题。例如《韩国垄断规制与公平竞争法》第 63 条第 1—3 款就为 KFTC 提供了有效参与政策制定机构的立法和管制过程的机制。第 63 条第 1 款规定,政策制定机构拟提议制定或修订包含反竞争因素(如市场准入限制等)的法律,以及拟批准或采取其他包含限制企业或行业协会之间竞争的措施时,该政策制定机构的负责人必须向 KFTC 事先咨询;第 63 条第 2 款规定,政策制定机构拟制定或修订包含反竞争因素的规章办法时,其负责人必须提前通知 KFTC;第 63 条第 3 款还要求,政策制定机构拟批准或采取包含反竞争因素的措施,其负责人还应向 KFTC 提供关于该批准或拟采取的其他措施所涉及的详细信息。这种法定联系机制有助于确保 KFTC 的观点被整合到立法和规制的过程中。①

二、识别竞争

开展竞争倡导首先需要竞争主管机构识别出竞争问题,从而围绕该问题的解决设计合适的竞争倡导路径。就预防行政性垄断而言,竞

---

① Competition Advocacy of the Korean Competition Authority.

争主管机构可以通过多种途径发现和了解需要通过竞争倡导来解决的竞争问题。

竞争主管机构可以主动开展调查和分析以识别竞争问题。实践中常用的一种方法叫横向扫描（horizon scanning），该方法通过系统地排查潜在的威胁和机会，以便识别出可能限制竞争的措施的早期征兆，其重点关注新技术以及该技术对所关心问题的影响。横向扫描需要确定“什么不变、什么改变，以及什么经常改变”，从而发现新的、预期之外的问题，以及持续存在的困境和趋势，这包括挑战过往假设的新思考。横向扫描通常基于案头调研（desk research），发掘正在受审问题背后的全貌。案头调研的资料来源十分广泛，包括网络、政府部门和机构、非政府组织、国际组织和企业、研究机构、线上和线下数据库以及期刊。横向扫描也可以由该问题前沿领域的专家小组来进行，通过互相分享不同的视角和知识，审查新的现象对未来可能产生的影响。①

竞争主管机构还可以通过借鉴其他法域处理过的竞争问题，或者地方竞争主管机构查处过的案件中涉及竞争问题的经验，来识别国内或其他地方是否出现类似的竞争问题。竞争主管机构开展的国际交流活动以及竞争主管机构的各地方分支机构之间的定期经验交流，也有助于积累竞争主管机构今后在该领域识别和处理竞争问题的经验。例如，2018 年 2 月 1 日，由中国国家发展和改革委员会、商务部、国家工商总局以及美国联邦贸易委员会、司法部共同举办的第四届中美反垄断高层对话，两国竞争机构就公平竞争审查制度、竞争政策与产业和贸易政策间的协调等议题进行了交流。② 又如，2018 年 3 月 15 日，在欧盟委

---

① OECD，“Overview of Methodologies”，Accessed June 30，2021. https://www.ncbi.nlm.nih.gov/books/NBK556423/#:~:text = In% 20this% 20report% 2C% 20the% 20committee% 20has% 20adopted% 20a，effects% 20on% 20the% 20issue% 20at% 20hand% E2%80%9D%20%28OECD%2C%20n.d.a%29.

② 参见《第四届中美反垄断高层对话在京举行》，载中国政府网，http://www.gov.cn/xinwen/2018-02/05/content_5263911.htm，最后访问时间 2019 年 3 月 30 日。

员会竞争总司和中国国家发改委价监局在共同举办的第十六次中欧竞争周研讨会上，来自欧盟竞争总司的官员、欧盟法院的法官和原国家发改委价监局相关处室同志围绕欧盟国家援助制度和中国公平竞争审查制度实施的案例和最新进展、司法视角下的国家援助制度等主题分享经验，并深入开展交流。①

竞争主管机构有时可以在开展针对经济性垄断的竞争执法活动或者对特定市场或行业的调查过程中发现竞争倡导的机会。以中国安徽省工商局于2016年查处的信雅达等3家密码器企业横向垄断协议案为例，信雅达公司等3家密码器企业和安徽省20家银行业金融机构共同参加中国人民银行合肥中心支行组织召开的安徽省支付密码推广工作会议，会议就安徽省支付密码器销售市场分配、产品型号、市场价格、推广宣传、销售措施、培训及相关费用等事项达成一致意见。会后，中国人民银行合肥中心支行下发了《关于安徽省支付密码推广有关工作的通知》（合银办〔2010〕284号）和《关于安徽省银行业金融机构支付密码产品服务厂商分配方案的通知》（合银办〔2010〕299号）。安徽省工商局认定3家企业达成横向垄断协议，并且未采纳当事人以中国人民银行合肥中心支行行政限定为由的抗辩。② 2017年1月13日，安徽省工商局向中国人民银行南京分行作出《行政建议书》（皖工商公建字〔2016〕1号），指出人行合肥支行通过组织召开会议，以通知形式制定、发布含有排除、限制竞争内容的规定，相关涉案行为违反2007年《反垄断法》第8条的规定，构成滥用行政权力，排除、限制竞争行为，并建议

① 参见《国家发展和改革委价监局与欧盟委员会竞争总司共同举办第十六次中欧竞争周》，载新浪网，http://news.sina.com.cn/o/2018-03-16/doc-ifysicwz2092633.shtml，最后访问时间2019年3月30日。

② 《竞争执法公告2016年第9号　安徽信雅达等三家密码器企业垄断协议案》，载国家市场监督管理总局官网，http://www.samr.gov.cn/fldj/tzgg/xzcf/201703/t20170309_301574.html，最后访问时间2019年3月30日。

中国人民银行南京分行对涉案机关的违法行为依法予以处理。① 又如，2017 年 2 月，湖南省工商局在调查某起垄断协议案过程中，发现湖南省国家税务局下发的文件《关于做好增值税纳税人全面推行增值税发票管理新系统有关工作的通知》（湘国税发〔2016〕53 号）中存在“以区域为主、行业为辅，合理统筹分配划分服务单位的服务范围”“税控收款机系统服务范围分配划分，比照新系统推行要求执行”等涉及划分区域市场以及指定经营者问题。湖南省工商局认为，湖南省国税局的通知文件违反了《反垄断法》相关规定，构成滥用行政权力排除、限制竞争行为，约谈了省国家税务局负责人，指出了文件存在的问题并提出了处理建议。湖南省国家税务局立即撤销了原文件并进行修改后重新发布。② 以上都佐证了竞争主管机构在对经济性垄断的调查执法过程中，也可以识别值得开展竞争倡导的行政性垄断问题。

此外，竞争主管机构也可以从第三方主体反映的市场竞争问题中发掘出值得开展竞争倡导的具体竞争问题。第三方主体通常包括受到潜在行政性垄断侵害的市场主体和个人，以及在工作中遇到问题的政策制定机构。市场主体和个人向竞争主管机构举报潜在的行政性垄断问题可谓发现竞争问题的重要途径，如本书第一编统计的 198 个行政性垄断行政执法案例中，一共有 89 件样本案例来源“投诉举报”，占比为 44.95%。另外，在某些法域，行政或立法机关常常在起草行政规定或法律时向竞争主管机构咨询涉及的市场竞争问题，也为竞争主管机构提供了开展竞争倡导的机会。

三、确定倡导对象

在开展竞争倡导工作时，竞争主管机构应当识别出涉及的倡导对

---

① 北京市第二中级人民法院行政判决书，（2018）京 02 行终 82 号。

② 参见《2017 年以来工商和市场监管部门制止滥用行政权力排除、限制竞争行为典型案例发布》，载中国市场监管报网，http://www.cicn.com.cn/zggsb/2018 - 06/28/cms108203article.shtml，最后访问时间 2019 年 3 月 30 日。

象,有针对性地采取竞争倡导手段使其以合适的方式参与竞争问题的解决过程,尽可能地增进倡导对象对竞争问题的认识,并调动其参与解决竞争问题的积极性。

总的来说,竞争倡导的对象为潜在的竞争问题的所有利益相关者(stakeholder),包括国家和地方层面的政府部门、管制机构与其他公共主体、受潜在竞争问题影响的行业中的竞争者及其行业协会、消费者及其团体与消费者保护组织等。在行政性垄断案件中,最为关键的倡导对象往往是行政机关及具有管理公共事务职能的组织,因为其作为决策机构,在竞争主管机构的分析和说服之下,有能力改变已作出的行政行为,从而实现竞争倡导促进市场竞争的目标。当然,受波及行业中的竞争者以及利益受损的消费者有时也是竞争倡导过程中的重要参与者,如他们向竞争主管机构投诉并提供重要的信息和数据,竞争主管机构可以顺势向他们倡导竞争意识,以提高其维护自身合法权益的能力。例如,原英国公平交易办公室(Office of Fair Trade,OFT)曾在2008年通过竞争倡导,保障了电灯泡行业生产商和零售商协商达成的产品标准相关行业协议不会导致反竞争效果。当时,英国政府希望由电灯泡的生产商和零售商达成不再销售特定种类的非环保的电灯泡的行业协议(industry agreement),英国环境与乡村事务部是主导该项政策的政府机构。由于该政策有可能带来包括协同行为在内的竞争问题,OFT决定开展竞争倡导。OFT认为,主导该项政策的政府部门英国环境与乡村事务部及推动达成自愿行业协议的官员是最主要的倡导对象。于是,OFT首先通过现场会议以及电子邮件的形式直接向英国环境与乡村事务部的官员提出非正式的建议,如建议英国环境与乡村事务部官员在行业代表会议的过程中斡旋(brokering),声明行业协议不得违反竞争规则的重要性,并且督请熟悉竞争规则的律师在场。随后,OFT公布了其对环境标准的潜在竞争影响的报告,该报告不仅提出了OFT对本案的观点,并且有可能为其今后在产品标准领域开展竞争倡导工作奠定了分析基础。OFT还开展了基于反事实状态(counterfactual,或应然状态)的评估结果的量化分析,即假设竞争倡导没有发生,分析市场竞争状况会如何发展。英国环境与乡村事务部制定政策的官员认为,OFT 的竞争倡导工作卓有成效,使其认识到竞争者之间的谈判涉及的许多潜在的竞争影响以及如何才能不违反竞争法的规定。①

又如,斯洛伐克共和国反垄断办公室曾通过竞争倡导促使一项损害丧葬行业市场竞争的法律在 2011 年得到了修订。该反垄断办公室注意到现有涉及丧葬与墓地服务的法律存在缺陷——该法律容易造成墓地服务提供者的反竞争行为。由于大多数墓地服务提供者也提供丧葬服务,这些墓地服务提供者要么经常拒绝其他丧葬服务提供者进入墓地以及在这片区域提供丧葬服务,要么以歧视性的条件允许竞争者进入墓地,从而使墓地服务提供者的丧葬服务与其竞争者相比更具竞争优势。由于丧葬服务领域由健康部门主管,反垄断办公室认为涉案竞争问题的主要倡导对象应为健康部门的有关机构,其他重要的倡导对象还包括丧葬服务市场上的企业、潜在的市场进入者,以及消费者。反垄断办公室主席向健康部门发出了一封信函,表达了就该问题展开对话的意向,还代表反垄断办公室提出其他倡议。随后,反垄断办公室和健康部门的代表聚在一起开会讨论,反垄断办公室概述了丧葬和墓地服务的情况与该领域存在的竞争问题,两个机构就修订法律达成了一致意见。反垄断办公室还在其他几场会议上发表修改特定法律条款的建议。在修法过程中,两个机构的交流十分活跃,丧葬服务法案的修订草案还向市场主体征求了意见。最终,该法案修订草案得到了政府的批准,并经议会通过后于 2011 年 1 月 1 日生效。新法案在丧葬及墓地服务市场开放了竞争,要求墓地服务提供者必须按照顾客的意愿允

---

① Evaluation of OFT Competition Advocacy,"Office of Fair Trading",accessed March 30,2019, https://londoneconomics. co. uk/wp-content/uploads/2011/09/21-Evaluation-of-OFT-Competition-Advocacy. pdf.

许丧葬服务的竞争者进入墓地区域。①

简言之，为了保证竞争倡导预防行政性垄断的效果，竞争主管机构需要尽快确定倡导对象，特别要明确对于实现竞争倡导目标最为关键的倡导对象，如主管特定领域的行政部门等。随后，竞争主管机构要根据倡导对象的特点制定相应的倡导计划，尽可能地最大化竞争倡导的整体效果。

四、选择合适的倡导手段

在确定了竞争倡导对象后，竞争执法机构还需要选择适当的竞争倡导手段，从而有效地增进倡导对象的竞争意识，尽早消除倡导所针对的竞争问题。

为了预防行政性垄断，竞争主管机构需要针对相关行政机关及授权组织采取适当的竞争倡导手段。

（一）事前咨询

针对行政机构关于制定规范性文件或采取行政措施等行政行为的潜在竞争影响的咨询发表意见，是最重要的倡导手段，即法律强制的或自愿的事先咨询（prior consultation）。2002 年 ICN 那不勒斯会议报告表明，大多数竞争主管机构认可，最重要的竞争倡导手段是，由竞争主管机构参与立法和管制过程，向立法和管制机关提供系统性咨询回复。若竞争主管机构能在较早阶段参与，甚至由法律强制立法和管制机关向竞争主管机构咨询潜在的竞争影响，则可以带来最佳效果。② 例如，FTC 政策规划办公室等机构的工作人员曾应安克雷奇市议员奥西安德（Ossiander）的咨询请求，就该市拟议条例 AO NO. 2013 – 36 发表意见。该拟议条例旨在规制出租车等客运服务和乘客约车服务。当时安克雷奇市的出租车牌照实行数额限制，故存在运力不足的问题。拟议条例

① ICN, Advocacy Toolkit, Part Ⅰ: Advocacy process and tools.

② ICN Competition Advocacy and Policy.

计划在2022年年前每年最多增加10个非转让许可,到2022年年底后取消允许提供客运服务的机动车数量限制。FTC发表意见支持这一改变,认为该条例将改善出租车服务的市场准入,而新的市场进入者和市场竞争可以带来消费者福利,不太可能损害消费者和竞争。此外,鉴于该条例仍然对出租车最高费率实施管制,FTC还建议,在取消市场准入限制后,客运服务的费率(rates)应当主要由市场竞争来决定,并且费率应当以真实无欺的方式披露。FTC指出,仅在如往返机场或铁路等线路的出租车服务情况下,由于游客缺乏本地经验,事先很难了解到服务的真实成本,最高价格管制才是保护乘客免受虚高价格的有效手段。①

事先咨询在意大利还成为重要工具,以审查地方层面对中央政府推行的市场自由化改革政策的实施情况。根据《意大利竞争法》第22条的规定,意大利竞争主管机构竞争与市场管理局(Autorita' Garante della Concorrenza edel Mercato,AGCM)可以主动或应其他机构请求,对拟议的立法或行政法规草案提出意见。意大利部长理事会主席(Presidency of Council of Ministers,PCM)在审查地方起草的立法是否与国家立法和宪法原则相符合的时候,会依据该条事先咨询AGCM的意见。2016年,AGCM就向PCM提交了17份认为地方立法与宪法原则不相符的评估意见。②

(二)行业调查与评估

对管制行业开展市场调查并评估相应管制规范是另一个重要的倡导手段。在向封闭的市场引入市场机制的过程中,竞争主管机构积极

① FTC Staff Comment to Anchorage Assembly Member Debbie Ossiander, Concerning AO NO. 2013 – 36, Proposing Changes to the Regulatory Framework for the Licensing and Permitting of Taxicabs, Limousines, and Other Vehicles for Hire, accessed March 30, 2019, https://www.ftc.gov/policy/advocacy/advocacy-filings/2013/04/ftc-staff-comment-anchorage-assembly-member-debbie.

② AGCM, 2016 Annual Report, accessed March 30, 2019, https://www.agcm.it/autorita-trasparente/personale/dettaglio? id = b5bff18d-9ad3-456b-a2cd-c097230d9cd3.

参与并提供意见,有助于改善市场准入管制,并在该行业塑造健康的市场机制。竞争主管机构往往能够凭借专业知识分析管制行业的市场现状,对管制规范的合理必要性进行分析,并提出适当的修改意见。例如,越南竞争主管机构为了确保法律体系与竞争法相协调,采取了一系列的竞争倡导手段,如为了全面评估部门管制的整体法律体系,定期对特定行业开展调查,评估该行业的竞争状况,并发布《对部门管制法律中的竞争相关规范的评估报告》,提出对部门管制法与竞争法的兼容问题的评估意见。截至2016年,越南竞争主管机构已经对三十个左右的行业进行了评估。随着该报告的发布和持续的咨询活动,政府机构和市场主体的整体竞争问题意识得到了显著的提升,为避免与竞争法产生冲突,一些部门管制规范被重新制定。①

(三)发布书面报告与指南

竞争主管机构主动发布针对特定竞争问题的书面报告和执法指南,并在报告和执法指南中提出见解,这也是一种有效的竞争倡导手段,如在日本环境部引入"排放许可"交易机制的过程中,日本公平交易委员会(Japan Fair Trade Commission, JFTC)召集专家咨询组(expert council)讨论并提出报告。JFTC在报告中指出,引入"排放许可"交易机制中可能存在的两个问题:一是如果排放许可被分配给商会,而不是单个企业,有可能会导致合谋,或者排除特定企业;二是如果政府在分配可交易的许可时不向这些企业收费,则有可能构成市场准入壁垒,除非一些免费许可被分配给新的进入者。JFTC公布报告之后,最初环境部并不认可。但是,JFTC坚持认为,引入一项竞争中性的机制有助于降低整体排放量,因为当新进入者以同等条件进入行业后,所有企业将在经营中追求更高的能源利用效率。此后,日本环境部部长表示,在制

① ASEAN, Toolkit on Competition Advocacy in ASEAN, accessed March 30, 2019, https://asean-competition.org/file/post_image/Toolkit%20on%20Competition%20Advocacy%20in%20ASEAN.pdf.

定排放许可交易系统细节时将尊重 JFTC 的观点。

此外，竞争主管机构发布年度机构工作报告，在报告中向社会公布本年工作成果，针对工作中发现的竞争问题提出意见，也是有效的竞争倡导手段。以美国 FTC 为例，自 2012 年 3 月以来，FTC 开始在网上发布年度重要事件报告（Annual Highlights），公布 FTC 每年主要的工作成果，涉及竞争执法、竞争政策、提供的服务、媒体报道等内容。① 2017 年度重要事件报告在政策一章介绍了 FTC 本年度竞争倡导方面的工作成果，如开展了旨在减少跨区域就业的职业许可限制的经济自由化运动，就政府机构和立法者咨询的拟议法律、行政规定或政策提出的一系列建议，主要涉及职业许可问题，特别是健康护理职业的执业范围以及监管规定，FTC 还介绍了其在本年度提交的法庭之友意见信、在国会提供证词、举办研讨会和公共论坛、发布报告、管制与过程改革倡议等方面的案例。又如，韩国公平交易委员会每年都会颁布年度报告，在 2017 年年度报告第七章“改善公平交易行政规定的行动”介绍了该委员会本年在竞争倡导方面的工作成果，如在 2016 年作为政府管制改革委员会的一员，KFTC 积极地提出修改限制竞争的法律的建议，并且防止反竞争的政府规定的出台。②

（四）开展政府部门竞争合规培训

现实中，政府机构可能因为欠缺竞争意识，在追求特定目标的时候忽略了决策对市场竞争的影响，从而作出了行政性垄断行为。竞争主管机构针对主管特定行业的政府机构官员开展政府部门竞争合规培

① 此前，FTC 在 1916—1998 年每年会向国会提交年度报告，回顾 FTC 上一财政年度开展的活动并描述案例情况；从 1999 年开始，FTC 向管理与预算办公室提交年度履职报告，在 1999—2001 年，该报告作为 FTC 的年度报告。FTC 从 2002 年 3 月开始发布委员会主席年度报告，包括委员会上一年度的工作成果。Accessed March 30，2019，https://www. ftc. gov/policy/reports/policy-reports/ftc-annual-reports.

② 2017 KFTC Annual Report，accessed March 30，2019，http://www. ftc. go. kr/solution/skin/doc. html? fn = bd60e97df64ecfb0bf2578c58ef3a70fc41f48786446f5f55aed59088afd80fd&rs =/fileupload/data/result/BBSMSTR_000000002404/.

训,有助于增强相关政府官员的竞争意识,从而在今后的执法活动中避免作出不适当影响市场竞争的决策。开展培训过程中和主管特定行业的政府机构官员的沟通也利于竞争主管机构了解行业市场状况和信息,从而有助于处理相关行业中的竞争问题。

智利竞争主管机构(Fiscalía Nacional Económica,FNE)曾接到关于公交协会固定价格、联合抵制、排除新进入者等反竞争行为的投诉,这些投诉还与国家运输与电信部(Ministerio de Transportes y Telecomunicaciones,MTT)直属的地方机构 Seremitt 有关,后者在实现其确保有效公共运输的目标的同时,促成了诸如公交服务提供者之间实施的价格固定行为。FNE 将 MTT 交通司及其法制机构、地方协调机构以及直属地方机构 Seremitt 视为重要的倡导对象。FNE 向 MTT 和 Seremitt 发出函件告知该行为的反竞争性质以及应当预防类似行为再次发生,发函之后,FNE 与 MTT 交通司在该行业合作开展 2010 年竞争倡导计划。该计划包含两项旨在解决与陆路运输和自由竞争有关的法规的适用与解释的互惠培训活动:其一,针对 MTT 交通司的法制机构与地区协作机构的工作人员;其二,针对 FNE 诉讼与调查机构的工作人员。此外,还有两项针对 Seremitts 的竞争培训活动:第一项是在 2010 年 4 月政权更替后和 MTT 对新一任 Seremitts 工作人员开展的工作培训一并进行;第二项是通过电话会议的形式对 Seremitss 及其遍布 13 个地区的工作人员同时开展的工作培训。此外,2010 年竞争倡导计划还包括针对陆路运输行业制定竞争指南,这有助于 Seremitts 在今后工作中协调其工作目标与维护竞争原则。[①] FNE 开展的上述政府竞争合规培训有助于 Seremitt 在今后履行促进公共运输的工作职责的过程中避免不当地扭曲市场竞争。

(五)法庭之友意见信

在美国,法庭审理涉嫌行政性垄断案件时,竞争主管机构可以通过

① ICN, Advocacy Toolkit, Part Ⅰ: Advocacy process and tools.

法庭之友意见信(amicus briefs)的形式向法院陈述意见,基于竞争专业知识为法院审理案件提供信息,甚至对竞争法的具体适用提出中立的意见,促使判决结果在法律的框架内维护市场竞争。这也是竞争倡导的手段之一。

当法院认为案件结果有可能影响消费者或市场竞争的时候,美国联邦贸易委员会可以向法院提交法庭之友意见信,帮助法院作出保护消费者和市场竞争的判决。例如,FTC 于 2017 年在 Chamber of Commerce v. City of Seattle 一案中向联邦第九巡回上诉法庭提交了法庭之友意见信。西雅图市制定了一份条例,该条例允许独立运营的出租车司机(independent for-hire vehicle driver)在和出租车公司以及像 Uber 和 Lyft 这样的企业协商合同的时候共谋。尽管这些行为通常构成《谢尔曼法》意义上的本身违法行为,地区法院驳回了一项挑战该条例的私人反垄断诉讼,认为该条例受国家行为原则的豁免,因为西雅图市根据华盛顿州一项在运输服务市场中取消竞争的“清楚地起草并明确地表达”的政策而制定该条例。FTC 在法庭之友意见信中呼吁上诉法院拒绝在该案中适用国家行为原则,因为华盛顿州授权地区机构管制出租车运输服务的一般性条例并未清楚地表达在出租车司机市场中取消竞争的立法意图。[①]

(六)开展宣传活动

竞争倡导的重要任务是培育竞争文化,增进行政机构、市场主体和社会公众的竞争意识,因此,开展与市场竞争有关的宣传活动也是竞争倡导的手段之一。

按照受众规模的大小,竞争宣传活动可以分为针对特定受众的竞争宣传和针对社会公众的竞争宣传。其中,针对特定受众的竞争宣传

---

① FTC,“FTC Files Amicus Brief in Appeals Court Case Involving for-Hire Drivers in Seattle”, accessed March 30, 2019, https://www.ftc.gov/reports/annual-highlights-2017/policy#reports.

通常包括召开研讨会、学术会议等;针对社会公众的竞争宣传则主要包括通过大众传媒定期发布竞争倡导案例、竞争主管机构的意见等。针对特定受众的竞争宣传有助于向关键的竞争倡导对象传播市场相关竞争知识,往往针对的是主管特定行业的行政机构和管制机构,具有高效集中的特点。而针对社会公众的竞争宣传则有助于在全社会形成良好的公平竞争的文化,鼓励市场主体和个人向竞争主管机构举报行政性垄断行为,也能为竞争主管机构今后开展竞争倡导和竞争执法工作赢得更多的民意支持和营造更为宽松的政治环境,这对于竞争法实施时间不长、竞争文化尚弱的法域具有重要意义。

竞争宣传活动还有助于提高竞争倡导工作的透明度。竞争倡导工作的透明程度越高,越有助于增进公众对于案件的认识,提高透明度要注重对相关信息的公布,特别是竞争主管机构对市场竞争现状、政府决策对市场竞争状况的潜在影响、市场竞争对消费者福利和经济效率的影响等方面的分析结论和理由。此外,竞争倡导工作透明程度的提高,还能体现竞争主管机构在解决行政性垄断方面的投入、效率和效果,有助于提升竞争主管机构的公信力,从而获得社会公众更多的信任和支持。竞争主管机构的信誉和中立性可以促使倡导对象更加积极地接纳竞争主管机构的建议和观点,最终有助于提高竞争倡导工作的效率和成效。

五、倡导后的持续督导与效果评估

竞争倡导工作的开展是一个持续的过程,最终要实现的目标是有效地解决识别出的竞争问题。因此,在每次竞争倡导工作开展之后,还应当对倡导对象进行持续督导,并评估竞争倡导的效果。

(一)持续督导

在达到规制竞争倡导的目标前,竞争主管机构应当持续督导。竞争主管机构可以通过多种途径对行政机构是否遵从倡导进行督导,包括定期评估市场表现、公布监督报告、通过正式或非正式途径向受倡导的行政机构了解反馈意见。

值得注意的是,有些国家的竞争法赋予了竞争执法机构在倡导无效的情况下向法院挑战相关行政规定的权力。例如,《西班牙竞争法》第 12 条第 3 款规定,西班牙国家竞争委员会(Comision Nacional De Los Mercalos Y La Competencia,CNMC)有权向有管辖权的法院就阻碍市场有效竞争的行政行为(administrative act)和行政规定(regulations)提起诉讼。CNMC 曾通过一起城际客运行业中的经营者集中申报案件发现城际客运行业中的竞争问题,进而关注相关特许经营权体系(concession system)。当时恰逢 2007 年西班牙公共事务部和运输企业及其行业协会签署了在全国范围内更新特许权的协议,CNMC 于是对该协议一并审查。2008 年 CNMC 的一份报告发现,该协议建立了很高的市场进入壁垒,因为该协议的特许期限过长、倾向于原有特许经营者继续经营、投标中过于重视质量标准而忽略了其他的重要因素如价格和频率。该报告还发现,一些地方机构不当地延长了特许经营的期限导致市场竞争被限制。所以,CNMC 召集公共事务部、处理各地投标的地方政府、进入者以及消费者代表等讨论,听取各自意见,并进行了竞争倡导。2010 年,CNMC 发布两份关于在国家和地方层面的特许权经营体系的监督报告,指出该体系的改变力度不足,有些情况甚至还违反了欧盟规定(Regulation CE/1370/2007)。在该报告公布之后,鉴于相关地方政府一直未采取措施以解决其特许权体系中的竞争问题,CNMC 在随后发出建议行动函却不见回复的情形下,根据《西班牙竞争法》第 12 条第 3 款向有管辖权的法庭就相关地方政府的特许经营体系的行政规定提起诉讼。此举威慑效果显著。①

《意大利竞争法》也在 2011 年通过修订,为竞争主管机构在竞争倡导无效的情况赋予了类似的有力监督手段。《意大利竞争与公平交易法》第 21 条赋予了意大利竞争主管机构 AGCM 开展竞争倡导的职权,

① ICN,Advocacy Toolkit,Part Ⅰ:Advocacy process and tools.

该条规定意大利竞争主管机构可以识别“扭曲竞争、损害市场良好运转秩序并且不能为公共利益所正当化的法律、法规或一般性的行政规范”,并将法律造成的对竞争的扭曲后果通知议会和首相,立法以外的其他措施造成的竞争扭曲后果则通知首相、有关部长以及有关地方机构。这些情况下,AGCM 可以提出关于如何消除或防范其中的反竞争效果的意见,也可以在适当的时候公布这些案件及其意见,但该条未授予 AGCM 惩罚上述公共机构这些行为的权力,即便这些机构拒绝听从 AGCM 的建议也不会受到惩罚。近年来引入的第 21-bis 条则改变了倡导无效的困境,尽管 AGCM 仍然没有直接惩罚这些行为的权力,第 21-bis 条授予了 AGCM 在有权的行政法院前挑战行政机构扭曲竞争的行政法规、规范性文件的权力。特别是根据第 21-bis(2)款,如果 AGCM 认为,行政机构制定的一般性行政规范、法规或采取的行政措施反了竞争法,AGCM 将在 60 天内向其提出附有详细理由的意见,指出该规定或措施违反反垄断法的本质,如果行政机构在接到通知之日起 60 日内拒绝按照意见修改,AGCM 可以在 30 日内通过国家总检察官办公室(through the Avvocatura dello Stato)向行政法院起诉,请求废除该条款。据统计,2015 年至 2016 年上半年,AGCM 依据第 21-bis 条发起的行政诉讼的案件胜率为 41%(不包括正在审判的案件)。①

（二）倡导效果评估

对预防行政性垄断开展的竞争倡导活动的评估结果,可以显示竞争主管机构是否高效地促进了维护市场竞争的政策的制定,是否增强了倡导对象的竞争意识,是否促进了相关领域的竞争执法活动。倡导效果评估有利于体现竞争倡导的价值,有利于竞争主管机构反思并积累竞争倡导经验,也有助于明确未来竞争倡导的优先目标,改善竞争倡导活动。

---

① AGCM,“2016 Annual Report”,accessed March 30,2019, https://www.agcm.it/autorita-trasparente/personale/dettaglio? id = b5bff18d-9ad3-456b-a2cd-c097230d9cd3.

竞争主管机构开展竞争倡导效果评估有许多方法可供使用，如向政府机构、市场主体或消费者等倡导对象发放调查问卷、开展民意调查、聘请独立第三方进行评估、统计竞争倡导相关的数据、评估媒体和网络宣传的程度等。例如，在日本，JFTC 为了预防国家或地方政府在公共项目中组织串通招投标，决定对国家和地方政府的政府采购官员开展竞争倡导活动。JFTC 首先和公共投标机构的联络官员（liaison officers）举行“联络官员与 JFTC 关于公共投标的会议”，中央级别和地方级别的会议则分别于 1993 年和 1994 年开始每年举行。JFTC 工作人员、每个政府采购机构中被指定为联络官员的财务主管以及其他同等级别的官员都参与会议，交换各自的观点和信息。这种联络会议不仅在中央级别，还在地方分支机构级别召开。此外，JFTC 还为政府采购官员开展预防串通招投标的培训。为了预防中央和地方政府以及公共企业串通招投标，JFTC 为这些政府采购机构的采购官员提供培训；选派工作人员作为讲师参与政府采购组织所组织的预防串通招投标的研讨会。此外，JFTC 还为培训编写了教材，并上传到 JFTC 网站供政府采购官员和社会公众阅读。在倡导效果评估环节，JFTC 基于《政府政策评估法》选取了 2006—2008 年针对政府采购官员开展的竞争倡导活动进行总体效果的评估。JFTC 统计了其选派工作人员作为讲师参与研讨会的次数和培训教材的下载次数，在每次授课后向参与者进行问卷调查。通过分析授课次数与教材下载次数的增长，以及问卷调查结果，了解参与者的竞争意识、工作人员的参与程度等。从必要性、成效和效率等方面衡量，这些竞争倡导活动都达到了一定的成效。①

又如美国联邦贸易委员会在 2007 年制作了一个用于评估 FTC 对政策制定影响情况的竞争倡导项目的模型，该模型关注 FTC 试图影响特定政策制定的具体案例，而非竞争倡导活动的产出或投入。在这个项目里，FTC 对 2001—2006 年由 FTC 对拟议行动发表过正式意见的立

① See ICN, Advocacy Toolkit, Part Ⅰ: Advocacy process and tools.

法或行政规定制定过程中的决策者进行了问卷调查。45%的调查对象回复了FTC,75%的受访者认同“FTC的意见提供了良好的分析和清楚的论证”,73%的受访者认同“意见对于决策者在将来面临类似问题时有用”,80%的受访者表示因为意见来自FTC而更为重视,55%的受访者认同“FTC的意见以全新的视角提供了信息”,61%的受访者认为其决策结果与FTC的观点相符,94%的受访者称会考虑FTC的意见,54%的受访者称FTC的观点影响了决策结果。①

第三节　我国竞争倡导制度的推进

行政性垄断是我国建设全国统一大市场和构建市场内公平竞争秩序的严重阻碍,因而亟待规制。预防型路径有助于防微杜渐,实现对行政性垄断的源头治理。

推进以竞争倡导制度为任务之一的行政性垄断预防型规制路径,是贯彻国家竞争政策预防行政性垄断的重点工作。改革开放40多年来,我国建立社会主义市场经济的观念已经深入人心。这为我国开展竞争倡导、培育竞争文化、促进市场竞争机制的有效运行奠定了良好的基础。我国自《反垄断法》实施以来,随着反垄断立法、执法和司法的积累,竞争倡导工作已经在稳步推进中。2020年9月国务院反垄断委员会印发的《经营者反垄断合规指南》和2021年11月国家市场监管总局发布的《企业境外反垄断合规指引》更是我国开展竞争倡导的重要体现。

笔者认为,推进我国竞争倡导制度应当以履行竞争倡导职能的竞争主管机构的设置、竞争倡导与其他预防和矫正行政性垄断规制路径的互动协作以及选择适合我国国情的竞争倡导手段为重点。

---

① See ICN, Advocacy Toolkit, Part Ⅰ: Advocacy process and tools.

一、履行竞争倡导职能的竞争主管机构的设置

(一)明确竞争主管机构的竞争倡导法定职责

根据现行《反垄断法》第12条和第13条的规定，我国的竞争主管机构分为负责组织、协调、指导的国务院反垄断委员会和负责反垄断执法的国务院反垄断执法机构。这主要是因为“在制定《反垄断法》时，考虑到当时国务院有关部门已经在部分履行反垄断执法职权，为保持执法工作的连续性，保证《反垄断法》公布后的实施，以维持目前有关部门分别执法的格局为宜。同时，为了协调反垄断执法，保证反垄断执法的统一性、公正性和权威性，规定设立国务院反垄断委员会，负责组织、协调、指导反垄断执法工作”。[①] 其中，《反垄断法》第12条规定了国务院反垄断委员会的职责，主要包括研究拟定有关竞争政策，组织调查、评估市场总体竞争状况，发布评估报告，制定、发布反垄断指南，协调反垄断行政执法工作，以及国务院规定的其他职责。第13条则规定了国务院反垄断执法机构的职责为依照《反垄断法》的规定负责反垄断执法工作。

总的来看，现行《反垄断法》对竞争主管机构的职责集中于反垄断执法工作以及围绕着反垄断执法工作的组织、协调和指导，而对竞争倡导职责的规定体现不足。对于国务院反垄断委员会而言，尽管国务院反垄断委员会的职责大多可以归入竞争倡导一类，特别是研究拟定有关竞争政策、组织调查评估市场总体竞争状况、发布评估报告、制定发布反垄断指南，但列举出来的竞争倡导手段有限，仍然缺乏对于竞争倡导职责的一般性的明确规定，不足以体现竞争倡导促进政府决策有利于市场竞争和增进竞争意识这两个主要方面的内容。对于预防行政性垄断而言最为直接的竞争倡导的内容——引导和督促政府决策、维护

---

① 参见全国人大常委会法制工作委员会经济法室编：《中华人民共和国反垄断法——条文说明、立法理由及相关规定》，北京大学出版社2007年版，第44页。

和促进市场竞争,更是需要在竞争倡导职责中有所体现。对于国务院反垄断执法机构而言,其职责仅限于依据《反垄断法》规定开展反垄断执法活动,而可能不够重视的是,反垄断执法机构通过执法积累的大量与行业紧密结合的反垄断专业知识和丰富案例在竞争倡导工作中发挥的优势与特色。

当然,在我国《反垄断法》实施初期,鉴于市场竞争意识和公平竞争文化淡薄的社会背景,有必要通过加大竞争执法力度来普及和宣传《反垄断法》的有关规则和意识。在这个阶段,竞争执法以其刚性责任与较强的威慑力较为迅速地在社会掀起了"反垄断执法风暴"。然而,随着中国经济体制改革的不断深化,特别是十八届四中全会的召开,进一步提出了全面推进依法治国的目标,指出要强化对行政权力的制约和监督。规制行政性垄断行为成为我国《反垄断法》的必然使命,政府行为的竞争合规问题开始受到高度重视,《反垄断法》实施的视角越来越多地关注政府行为对市场竞争的影响。[①] 但是,仅凭竞争执法规制行政性垄断是不够的,无论是我国竞争主管机构在执法过程之余越来越多地开展竞争倡导活动,还是越来越多的国家反垄断法中明确地规定了竞争主管机构的竞争倡导职责,都说明竞争倡导是现代竞争主管机构的重要职责之一,将其上升到反垄断法中竞争主管机构的法定职责是未来趋势。

我国"三合一"后的统一竞争主管机构为集中开展竞争倡导工作奠定了良好的机构基础。随着2018年3月第十三届全国人民代表大会第一次会议批准了国务院机构改革方案,根据中共中央印发的《深化党和国家机构改革方案》,国务院反垄断委员会办公室和国务院反垄断执法

① 参见《2014竞争合规和行政性垄断国际研讨会在沪召开》,载人民网,http://legal.people.com.cn/n/2014/1201/c188502-26127759.html,最后访问时间2019年9月10日。

机构的职责均被整合至国家市场监管总局，[①]2018 年 7 月 30 日起实施的《国家市场监管总局职能配置、内设机构和人员编制规定》[②]规定，反垄断职责将由国家市场监管总局内设机构反垄断局来统一行使，负责“拟订反垄断制度措施和指南，组织实施反垄断执法工作，承担指导企业在国外的反垄断应诉工作。组织指导公平竞争审查工作。承担反垄断执法国际合作与交流工作”，以及“承办国务院反垄断委员会日常工作”。另据国务院办公厅于 2018 年 7 月发布的《关于调整国务院反垄断委员会组成人员的通知》，[③]“国务院反垄断委员会办公室设在市场监管总局，承担国务院反垄断委员会日常工作”。国家市场监管总局与国务院反垄断委员会办公室的关系延续了国务院反垄断委员会的具体工作一直由反垄断执法机构承办、[④]国务院反垄断委员会办公室在机构设置上一直与反垄断执法机构合署办公的传统。在国家市场监管总局内，国务院反垄断委员会办公室和国务院反垄断执法机构基本上仍然保持“一班人马，两套牌子”的格局，所以，可以说，我国已经形成统一的竞争主管机构的格局。

尽管如此，有知名学者曾指出，从十余年国务院反垄断委员会在落实《反垄断法》所规定的研究拟订竞争政策、发布竞争评估报告等主要职责的情况来看，仍存在组成人员变动频繁、职责不清、有名无实等需

---

① 参见《国家市场监管总局机构设置》，载国家市场监管总局官网，http://samr.saic.gov.cn/jg/，最后访问时间 2019 年 9 月 10 日。

② 参见《国家市场监管总局职能配置、内设机构和人员编制规定》，载中国政府网，http://www.gov.cn/zhengce/2018-09/10/content_5320813.htm，最后访问时间 2019 年 9 月 10 日。

③ 参见《国务院办公厅关于调整国务院反垄断委员会组成人员的通知》，载中国政府网，http://www.gov.cn/zhengce/content/2018-07/19/content_5307747.htm，最后访问时间 2019 年 9 月 10 日。

④ 参见《国务院办公厅关于国务院反垄断委员会主要职责和组成人员的通知》，载甘肃省政府网，http://www.gansu.gov.cn/art/2009/3/4/art_763_188148.html，最后访问时间 2019 年 9 月 10 日。

要改进的缺欠,[①]若履行竞争倡导职责,还需要提升国务院反垄断委员会的行动能力,可选方案包括,将国务院反垄断委员会组建成常设实体机构,或者将国家市场监管总局的反垄断职能机构与国务院反垄断委员会进行深度融合,使其真正成为统一的竞争主管机构。

此外,现阶段《反垄断法》尚未将竞争倡导列为竞争主管机构的职责之一,笔者认为,未来条件成熟时,可以考虑明确将竞争倡导职责赋予新组建的竞争主管机构,并强调竞争主管机构应当通过竞争倡导手段促使行政规范和政策有利于市场竞争。

(二)增强竞争主管机构的独立自主性

在《反垄断法》明确了竞争主管机构的竞争倡导职责后,为了更好地开展竞争倡导工作,还需要实质性地增强竞争主管机构的独立性。根据国际经验,竞争主管机构的独立自主性会影响竞争倡导工作的效果,竞争主管机构具备实质上的独立自主性有助于其更加积极有效地开展竞争倡导工作。竞争主管机构的独立自主性通常表现为竞争主管机构能否自主地发表意见,这受到竞争主管机构在政府序列中的层级、竞争主管机构领导的选任方式和任期、竞争主管机构获取财政预算分配的能力、政府对竞争主管机构意见的尊重程度、行政体制运行环境以及一国的竞争文化与竞争意识等多方面因素的影响。

在行政层级方面,我国的竞争主管机构目前只是国务院部委的内设机构。2018 年国务院机构改革前,我国的反垄断执法特点为“三头执法”,国务院反垄断委员会办公室主任由商务部反垄断局局长兼任。机构改革后,国务院反垄断执法机构和国务院反垄断委员会办公室都整合到了国务院直属机构——国家市场监管总局,尽管还专门挂牌成立了国家反垄断局,但它仍然还只是国家市场监管总局的内设司局。

机构改革只是解决了我国竞争主管机构“三合一”的问题,并没有

---

① 参见于立:《关于推动建立国际竞争组织(ICO)的建议》,载《竞争政策研究》2018 年第 4 期。

切实提升其行政层级。这在一定程度上限制了竞争主管机构参与政府及其他机构决策过程、及时开展竞争倡导的机会和权力。一方面,竞争主管机构由于行政层级不够,难以直接参与国务院重大决策过程并表达竞争关切。按照《国务院组织法》第4条和《国务院工作规则》第24条的规定,国务院研究决定的重大事项应由国务院全体会议或国务院常务会议讨论决定;按照《国务院工作规则》第39条和第40条的规定,竞争主管机构负责人仅能在"国务院全体会议根据需要可安排其他有关部门、单位负责人列席会议"所规定的需要情形下与会。因此,竞争主管机构难以直接参与国务院重大决策过程,即便通过上级负责人列席会议传达竞争关切,也有可能须先经过和同一机关内其他机构之间的意见协调,竞争问题的重要性有可能受到削弱。另一方面,竞争主管机构的层级不够有可能使其话语分量不足,削弱其向国务院部委开展竞争倡导的影响力。

当然,竞争主管机构实质性的独立自主性未必完全受制于机构的行政层级,还会受到政府机构内部对待市场竞争的态度、社会的竞争文化与意识等方面的影响。即便竞争主管机构的级别有限,如果国家市场监管总局内部能形成尊重市场竞争的氛围,则可为竞争主管机构对内对外争得更大的话语权。首先,在国家市场监管总局倡导其他的行业监管机构(包括质量监督检验检疫、食品药品监督管理、知识产权局等管制机构)作出促进竞争的行政决策,也能使国家市场监管总局对外更多提出竞争关切。其次,国务院会议更多地邀请竞争主管机构负责人列席并开展竞争倡导,也可以实质上地提升竞争主管机构的独立自主性。

笔者认为,为增强竞争主管机构开展竞争倡导活动时的独立自主性,有必要夯实国务院反垄断委员会的职能,使其主导竞争倡导工作的开展。一方面,国务院反垄断委员会行政层级较高(目前由国务委员担任委员会主任),有助于在现有制度下增强对政府开展竞争倡导的影响力;另一方面,国务院反垄断委员会现有的职责原本就是具有一定的竞争倡导的性质,随着竞争执法机构的统一,国务院反垄断委员会的工作重心更应当从协调竞争执法转向研究拟定竞争政策,这有助于其主导竞争倡导工作的开展。为此,可以考虑将原反垄断执法机构中负责竞争政策工作的职能机构与人员整合到国务院反垄断委员会办公室,或增加人员编制,以充实国务院反垄断委员会开展竞争倡导工作的队伍。

(三)加强竞争主管机构与行政决策机构的联系

由于行政决策机构往往掌握大量的行业信息与数据,在推行政策的过程中还涉及其他公共利益的实现,竞争主管机构与行政决策机构之间的制度联系有助于竞争主管机构克服信息不对称的困难,及时开展竞争倡导,从而提高竞争倡导的精准度与倡导效果。此外,制度化的联动也可以帮助竞争主管机构及时发现需要开展竞争倡导去解决的问题,避免开展竞争倡导时可能面临的机构间关系紧张问题,缓解可能面临的政治压力。

建立事先咨询制度不失为一个良策,即要求行政机构在作出具体或抽象行政行为之前向竞争主管机构提出咨询,了解拟议的行政行为对市场竞争的潜在影响,并获得相对客观的建议,必要时及时修改。"竞争主管机构应咨询或主动向行政决策机构提出意见"的机制已被写入多国竞争立法,并在实践中广泛使用,如美国、英国、澳大利亚、西班牙、意大利、韩国、印度等国,这些国家的实践对我国建立相关事先咨询制度具有借鉴意义。

我国目前的政府工作机制内已有机构间联系制度,如《国务院工作规则》第25条规定,国务院各部门提请国务院研究决定的重大事项,涉及相关部门的应当充分协商。笔者认为,这一条规定或可为行政决策机构向竞争主管机构的事先咨询提供制度基础。未来可以考虑加以明确,国务院各部门提请国务院研究决定的重大事项,涉及市场经济活动的应当经过与竞争主管机构充分协商。

二、竞争倡导与其他规制路径的互动协作

(一)与竞争执法的互动协作

在推进我国预防行政性垄断的竞争倡导制度时,应当注重竞争倡导与竞争执法的互动协作。竞争倡导职责和竞争执法职责都是竞争主管机构的重要职责,犹如鸟之双翼,并行不悖。在规制行政性垄断方面,竞争倡导和竞争执法均以促进行政行为有利于市场竞争为目标,不同之处在于竞争执法手段往往更为刚性,以法定强制措施和责任形式为威慑,但需遵守法定的程序,而竞争倡导手段往往更为柔性,一般没有严格的法律程序,胜在形式灵活,启动便捷,更容易起效。因此,竞争倡导和竞争执法的互动协作表现为:一方面,在日常工作中以竞争倡导为先行,以竞争执法为威慑;另一方面,在竞争执法缺位的地方,借助竞争倡导推进市场竞争。

在日常工作中,竞争主管机构需要充分发挥竞争倡导在增强竞争意识和培育竞争文化方面灵活便捷的优势。由于竞争倡导往往没有竞争执法一般严格的程序限制,因此,手段灵活,启动便捷,通常成本较低。竞争主管机构可以随时开展竞争倡导活动,有时甚至会收到奇效。例如,经过贵州省发改委和贵阳市发改委工作人员的普法宣传(竞争倡导),贵阳市南明区人民政府主动纠正了于 2017 年 10 月 19 日印发的《关于全区行政机关企事业单位开展法律顾问选聘工作的通知》(南府办函〔2017〕130 号)中妨碍公平竞争的内容,并重新制发了《关于进一步规范全区行政机关企事业单位推行法律顾问制度工作的通知》(南府办函〔2018〕2 号)。[①] 此外,在调查行政性垄断案件的过程中,竞争主管机构通过竞争倡导敦促行政机关及时改正,也可以有效节约执法资源。又如,2017 年 12 月底公布的一起案件中,北京市发改委接到

① 原文件要求所属单位聘请法律顾问原则上按推荐的律师事务所进行聘请,降低了外地具备资质的机构进入该市场的可能性,妨碍了公平竞争。

举报后调查发现,中国证券业协会指定"京东支付"平台作为其唯一的考试收费平台,破坏了提供资金支付结算服务的经营者之间的公平竞争环境,后来中国证券业协会在调查过程中,对自身在证券业从业人员资格考试中的上述作法涉嫌排除、限制竞争的问题有了充分的认识,并于2017年12月12日主动作出在2018年3月31日之前完成整改的承诺。竞争主管机构在这类案件中通过竞争倡导有效地节约了执法资源。

在竞争执法缺位的地方,竞争主管机构还应借助竞争倡导推进市场竞争。联合国贸易与发展会议研究合作者平台于2015年发布了一份对竞争法适用于反竞争国家行为和措施的情况的调查报告——《竞争法对反竞争国家行为与措施的限制》。该报告调查小组起草了一份调查问卷,通过联合国贸易与发展会议竞争与消费者政策分支发放给35个法域的竞争主管机构及其成员,有少数问卷发放给了该法域的研究人员,大部分问卷最终经由竞争主管机构完成或者审核,中国也参与了该问卷的调查。该问卷第18个问题是,"对于未能向某些由国家施加的或与国家有关的排除限制竞争的行为适用贵国的竞争法,您是否会感到失落?您希望修改竞争法吗,如果希望,请您指出该种对竞争的限制,以及怎样修改竞争法可以改变上述状况"。该报告中披露的来自中国的回答是,①"2008年中国联通公司和中国网通公司的经营者集中并未按照反垄断法向商务部进行申报。为了改变这种情形,政府应当更多地开展竞争倡导,并且增加竞争主管机构的独立性"②。这也从侧面说明,针对行政性垄断的竞争法实施在现实中受到政治经济环境的

① See UNCTAD, *Competition Law and the State Competition law's prohibitions of anti-competitive state acts and measures Volume 1: Summary of answers to questionnaire*, Accessed March 30, 2019, http://unctad.org/en/PublicationsLibrary/ditcclp2015d3_en.pdf.

② See UNCTAD, *Competition Law and the State Competition law's prohibitions of anti-competitive state acts and measures Volume 1: Summary of answers to questionnaire*, Accessed March 30, 2019, http://unctad.org/en/PublicationsLibrary/ditcclp2015d3_en.pdf.

制约，存在缺位，在这种情况下，竞争主管机构应当大力开展竞争倡导，在政府内部和社会中增进维护市场竞争的意识，促使更多的行业引入和强化市场竞争，从而推动市场总体竞争状况。

（二）与竞争司法的互动协作

在推进我国预防行政性垄断的竞争倡导制度时，还应当重视竞争倡导与竞争司法的互动协作。随着我国《反垄断法》颁布实施以来标志性的行政性垄断第一案"深圳市斯维尔科技有限公司诉广东省教育厅涉嫌行政性垄断案"以判决广东省教育厅指定交易行为违法告终，司法在规制行政性垄断案件中的重要性与日俱增。竞争主管机构的竞争倡导活动和司法机关对行政性垄断案件的裁判活动之间的互动协作也就有了一定程度的可能性。

竞争主管机构可以凭借专业知识为法院审理行政性垄断案件提出一定的参考建议。如前文所述，美国联邦贸易委员会开展的竞争倡导活动的一个重要手段就是提交法庭之友意见书。我国法院在审理行政性垄断案件的过程中，若遇到专业性较强的问题，可以考虑向竞争主管机构咨询，或者由竞争主管机构主动向法院提交专业法律意见。

司法权所蕴涵的强制力也有可能为竞争倡导提供强有力的后盾。竞争倡导往往是一个持续的过程，竞争主管机构应当持续督导，直至行政机关改正。在倡导无效的情况下，刚性的竞争执法产生的威慑力足以作为竞争倡导活动的有力后盾。但正如本书第一编介绍的，目前我国《反垄断法》设定的行政性垄断法律责任非常有限——竞争主管机构仅享有向上级机关的建议权，滥用行政权力排除限制竞争的直接责任人员仅须承担行政处分责任。因此，我国的竞争执法在规制行政性垄断方面威慑力不足，未能有效地填补竞争倡导无效时对行政性垄断规制乏力的漏洞。

笔者认为，司法机关中立裁判的性质更适宜对被判定为滥用行政权力排除限制竞争的行政机关施加法律责任。在竞争倡导过程中，说服行政决策机构及管制机构改变不合理排除限制竞争的政策和管制规范往往很难,如果能允许竞争主管机构在竞争倡导无效后向法院提起诉讼,请求撤销该政策或管制规范,或许能有力地保障竞争倡导目标的实现。如上文介绍,《西班牙竞争法》和《意大利竞争法》均允许竞争主管机构向有权法院提起此种诉讼,《意大利竞争法》更是在近年来明确地将诉讼作为弥补竞争倡导刚性不足的手段引入,而且已经有成功的案例。

这种诉讼在我国学界被称为竞争主管机构提起的“行政性垄断行政公益诉讼”。① 一般认为其应当满足“法律明文规定”和“已经充分履职”两个前提条件。首先,“法律明文规定”意味着立法机关赋予竞争主管机构向法院提起行政公益诉讼的原告主体资格,这是行政性垄断行政公益诉讼能否开展的重要前提。其次,竞争主管机构能在何种程度上提起行政性垄断行政公益诉讼还受2017年《行政诉讼法》受案范围的限制,依据现行《行政诉讼法》,法院受理并审理具体行政性垄断行为已有先例,但对于抽象行政性垄断行为,竞争主管机构尚仅能依据2017年《行政诉讼法》第53条,在向法院对具体行政行为提起诉讼时一并请求审查该规章以下级别的规范性文件,而法院仅能依据该法第64条向不合法规范性文件的制定机关提出处理建议,这与竞争主管机构直接向法院起诉请求撤销不合理排除限制竞争的政策和管制规范还有相当距离。笔者期待,随着《行政诉讼法》的修订与完善,上述两个难题可以得到解决,从而使竞争司法可以为竞争倡导提供切实的保障。在行政公益诉讼路径可行的情况下,为了促使竞争主管机构勤勉履职,还应要求竞争主管机构基于“已经充分履职”的前提,才能提起行政性垄断行政公益诉讼。也就是说,竞争主管机构已经充分地进行了竞争倡导,但竞争倡导无效,方能提起该行政公益诉讼。相关做法可以适当借鉴《意大利竞争法》第21-bis条的经验,即以正式的竞争倡导活动后的一定期

① 参见顾全:《行政性垄断司法审查与救济问题研究》,法律出版社2017年版,第112页。

限,来推定竞争主管机构已经充分履职。由于我国竞争主管机构还享有向上级机关的建议权,还可以考虑规定以竞争主管机构向上级机关作出建议后的一定天数为期限,若上级机关未责令政策制定机关改变或未回复竞争主管机关,竞争主管机构可向法院提起行政性垄断行政公益诉讼。

(三)与规范性文件备案审查的互动协作

竞争主管机构为预防和规制行政性垄断而开展竞争倡导活动,需要动员所有涉及的国家机关参与其中。备案审查制度是现有体系下规范性文件审查的重要制度,由相应的各级立法机关与人民政府对拟备案的规范性文件的合法性乃至适当性进行审查。为了促使备案审查机关在审查规范性文件的过程中考虑是否符合反垄断法,从而及时预防和规制行政性垄断行为,竞争主管机构还应当加强与规范性文件备案审查机关的互动协作。

建立规范性文件备案审查机关向竞争主管机构的事前咨询制度,有助于充分发挥既有的规范性文件审查制度在清理滥用行政权力排除限制竞争的规范性文件方面的重要作用。《立法法》和《各级人民代表大会常务委员会监督法》(以下简称《监督法》)建立起的规范性文件备案审查制度是我国现有的规范性文件清理的重要制度,主要依据是《监督法》第五章和《立法法》第五章。其中,根据《立法法》第98条的规定,行政法规、地方性法规、自治条例、单行条例和规章应在公布后30日内向有关人民代表大会常务委员会和政府备案,由接受备案的人大常委会和人民政府按照《立法法》第97条的规定审查,对超越权限、违反上位法规定、违背法定程序的规范性文件,以及被认为不适当的或因不一致被裁定应改变或撤销的规章予以改变或撤销。另依照《监督法》第29条的规定,县级以上地方各级人民代表大会常务委员会参照《立法法》的有关规定审查、撤销本级人民政府发布的不适当的决定、命令。备案审查机关在审查过程中有可能涉及规范性文件是否与《反垄断法》相抵触、国务院部门或地方政府规章对竞争的排除限制是否适当等有关行政性垄断认定的问题，由于备案审查机关工作人员往往缺乏相应的竞争专业知识，在审查过程中可能遇到拿不准的地方，如果建立相应的向竞争主管机构事先咨询的制度，有助于审查机关及时撤销或改变相应的规范性文件，从而避免该规范性文件严重限制市场竞争，也可减轻公平竞争制度下的工作压力。笔者认为，未来在修法的过程中，可以考虑建立相关互动协作机制。

三、选择适合我国国情的竞争倡导手段

实践中，我国的竞争主管机关已经开展了一定的竞争倡导活动，如国务院反垄断委员会颁布或正在制定一系列的反垄断指南，国务院反垄断委员会办公室联合国资委政策法规局、全国工商联法律部面向企业和行业协会代表联合举办反垄断法培训班，①国务院反垄断委员会办公室召开《反垄断法》修订专题研讨会，②国务院反垄断委员会专家咨询组主办中国竞争政策论坛③等，以上都包含了对行政性垄断的竞争倡导工作。而国务院反垄断执法机构在行政性垄断竞争执法过程中积累了较多的工作经验，④围绕着行政性垄断执法案件的公开、研讨、媒体宣传等方面开展了较多的竞争倡导工作，反垄断执法机构还向政策制定

---

① 参见《韩春霖副局长出席2016年反垄断法培训班并致辞》，载商务部反垄断局官网，http://fldj. mofcom. gov. cn/article/xxfb/201610/20161001478211. shtml，最后访问时间2019年9月10日。

② 参见《国务院反垄断委员会办公室召开〈反垄断法〉修订专题研讨会》，载商务部反垄断局官网，http://fldj. mofcom. gov. cn/article/xxfb/201709/20170902650997. shtml，最后访问时间2019年9月10日。

③ 参见《第六届中国竞争政策论坛在沪举行》，载中国市场监管报网，http://www. cicn. com. cn/2017 -09/07/cms100418article. shtml，最后访问时间2019年9月10日。

④ 在2018年3月13日国务院总理李克强提请第十三届全国人民代表大会第一次会议审议国务院机构改革方案的议案前，《反垄断法》实施的10年间，国务院反垄断执法机构一直延续了国家发展和改革委员会价格监督检查与反垄断局、商务部反垄断局和工商行政管理总局反垄断与反不正当竞争执法局3家各自开展竞争执法的格局，均取得了丰硕的成果。

机构开展了反垄断法普法宣传活动,增进政策制定机构的竞争文化意识。在充分肯定我国竞争主管机构开展竞争倡导取得的可喜成绩的同时,笔者认为,旨在预防行政性垄断开展的竞争倡导活动在手段、力度和透明度方面还有进一步提升的空间。

现阶段,我国正处于深化政治经济体制改革、进一步完善市场经济体制的阶段,在国家竞争政策视角下预防行政性垄断,我国竞争主管机构还可以进一步丰富预防和规制行政性垄断的竞争倡导手段。

(一)充分运用事先咨询的手段

事先咨询制度是各国较为典型的竞争主管机构和决策机构之间竞争倡导的制度联系。结合我国的国家机关运行制度来看,建立行政决策机构、司法机关以及规范性文件审查机关向竞争主管机构的事先咨询制度,即行政决策机构在行政决策制定过程中、司法机关在审理行政性垄断案件过程中、规范性文件备案审查机关在审查经备案的规范性文件的过程中,对于有可能影响市场竞争和消费者福利的决策、案件和规范性文件,向竞争主管机构征求意见。这对于预防行政性垄断具有较强意义。

此外,竞争主管机构还应当充分利用现有制度中的沟通机制开展竞争倡导活动。以《立法法》第 99 条第 2 款为例,前款规定以外的其他国家机关和社会团体、企业事业组织以及公民认为行政法规、地方性法规、自治条例和单行条例同宪法或者法律相抵触的,可以向全国人民代表大会常务委员会书面提出进行审查的建议,由常务委员会工作机构进行研究,必要时,送有关的专门委员会进行审查、提出意见。也就是说,竞争主管机构认为行政法规、地方性法规、自治条例和单行条例同反垄断法相抵触的,可以向全国人民代表大会常务委员会书面提出进行审查的建议,这应是竞争主管机构开展竞争倡导的重要的现有途径。

(二)加强政府行政行为竞争合规的培训与指导

预防和规制行政性垄断,需要持续地使政府在运用权力实施行政行为的过程中尽量避免出现不合理的排除或者限制竞争问题。一些国家的实践经验充分表明,解决之道的核心在于针对政府行政行为的竞争合规制度的供给及其科学性。行政行为竞争合规制度的建立健全不仅能够有效地促进行政执法更加规范化与科学化,而且能够有效地促进我国竞争文化的深度发展。这非常有助于理顺和完善政府与市场之关系,充分发挥市场在资源配置中的决定性作用和更好发挥政府作用,从而促进中国经济稳健、持续、高效发展。竞争主管机构应充分利用自身专业知识与开展竞争倡导、查处案件的经验,加强对行政机关开展行政行为竞争合规方面的培训与指导。

基于制定反垄断指南的职责,国务院反垄断委员会可以考虑制定行政行为竞争合规指南,充分借鉴国际经验,并参考反垄断执法机构查处行政性垄断案件的经验,总结常见的滥用行政权力排除、限制竞争的情形,按风险高低列举有可能被认定为行政性垄断行为的行政决策行为。国务院反垄断委员会还可以按照不同的监管行业制定相应的监管行为的行政性垄断风险提示,如针对公立医院医疗采购规定等。

竞争主管机构还可以加强与行政监管部门的培训合作,委派专业工作人员参与行政监管部门员工入职培训,提供反垄断法知识与行政行为竞争合规培训。竞争主管机构还可以定期和政府机构举行研讨会和交流会,就主管行业监管过程中涉及的市场竞争问题进行探讨。

(三)运用发布报告加强竞争倡导活动的透明度

增加竞争倡导活动的透明度对于提升竞争主管机构的公信力、提高政府和社会对行政性垄断的关注度,以及增强社会整体的市场公平竞争意识具有重要意义。竞争主管机构发布报告是行之有效的竞争倡导活动,有助于增强竞争倡导活动的透明度,提高竞争主管机构的社会关注度,也是竞争主管机构发表意见的重要途径。此外,竞争主管机构发布的报告具有权威性,通过报告向社会披露出来的行政性垄断信息,还是了解国内外规制行政性垄断的重要研究素材。

最为常见的报告形式是竞争主管机构发布的年度工作报告。FTC、欧盟委员会、NCC、KFTC、AGCM 等都会发布年度竞争工作报告。竞争主管机构的年度工作报告通常经由政府或直接向议会汇报，如《意大利竞争法》第 23 条明文规定，竞争主管机构应在每年 3 月 31 日前向首相提交上一年度开展活动的报告，由首相在 30 日内向议会提交。竞争主管机构的年度报告往往还会在竞争主管机构的网站上公布。以 KFTC 的年度报告为例，该报告首先回顾了 KFTC 该年的活动，随后分别介绍了年度竞争政策的实施情况以及主要的案例，最后对 KFTC 未来工作计划进行了展望，并在附录中公开了数据。其中，年度竞争政策的实施情况一章中花了较大篇幅介绍 KFTC 规制行政性垄断的职责以及开展的相关活动。目前，我国竞争主管机构自 2019 年起逐年公布年度执法工作报告①的做法也值得肯定。

此外，竞争主管机构还可以就特定监管行业或特定行政性垄断问题进行研究并公布报告，特别是国务院反垄断委员会的法定职责中包含了“组织调查、评估市场总体竞争状况，发布评估报告”一项，国务院反垄断委员会可以评估特定行业中的管制情况，就常见的行政性垄断行为进行风险提示。

本章小结

本章从国家竞争政策视角下行政性垄断预防型路径之一的竞争倡导制度如何运作以及如何推进本土化制度推进出发，讨论了 3 个问题：竞争倡导制度如何落实国家竞争政策以及如何预防行政性垄断；竞争

① 《中国反垄断执法年度报告（2019）》，载国家市场监管总局官网，https://www.samr.gov.cn/xw/zj/202012/P020201224808232684415.pdf；《中国反垄断执法年度报告（2020）》https://www.gov.cn/xinwen/2021-09/24/5639102/files/77006c5bccc04555aa05f30c9a296267.pdf；《中国反垄断执法年度报告（2021）》，http://scjgj.cq.gov.cn/zwxx_225/bmdt/zj/202206/P020220608633059136754.pdf.，载国家市场监管总局官网，最后访问时间 2022 年 7 月 15 日。

倡导制度由哪些部分构成，以及各部分在域外实施中有哪些经验；我国如何具体推进与行政性垄断规制现状相适应的竞争倡导制度？

第一，竞争倡导是落实国家竞争政策、预防行政性垄断的重要制度。一方面，竞争倡导有助于落实国家竞争政策，因为竞争倡导制度所提倡的竞争与国家竞争政策所追求的竞争保持一致，并且国家竞争政策的落实需要通过竞争倡导增强行政机关和社会公众的竞争意识。另一方面，竞争倡导有助于预防行政性垄断，这体现在现代竞争倡导制度在美国诞生时就以预防和规制行政性垄断为重要任务，竞争倡导在规制行政性垄断方面补充和促进竞争执法，竞争倡导推动竞争文化的构建。

第二，竞争倡导制度主要包括 5 个部分：倡导主体的构建、识别竞争问题、确定倡导对象、选择合适的倡导手段以及倡导后的持续督导与效果评估。结合域外竞争倡导制度的实施经验来看，首先，在构建倡导主体时，要考虑竞争倡导机构的模式、独立自主性、竞争倡导职权是否法定、与其他政府机构之间是否存在便利的联系机制。其次，在识别竞争问题方面，竞争主管机构可综合运用多种渠道，除主动调查分析，还可以借鉴国际或区域间执法经验，在调查经济性垄断案件或者进行市场或行业调研过程中发现行政性垄断的机会以及通过第三方提出的问题予以识别。再次，倡导对象涵盖了潜在竞争问题的所有利益相关者，包括国家和地方层面的政府部门、管制机构与其他公共主体，受到潜在的竞争问题影响的行业中的竞争者及其行业协会，消费者及其团体与消费者保护组织等。在行政性垄断案件中，最为关键的倡导对象往往是行政机关及授权组织。复次，域外开展竞争倡导的手段主要包括事先咨询、行业调查与评估、发布书面报告和指南、开展政府竞争合规培训、向法庭提交法庭之友意见信、开展竞争倡导宣传活动等。最后，在倡导后的持续督导和效果评估方面，既要对受到倡导的行政机关是否接纳以及如何转化倡导意见进行持续督导，也要定期对竞争倡导策略的效果进行评估与总结。

第三,我国需要推进与行政性垄断规制现状相适应的竞争倡导制度。现阶段,我国行政性垄断以事后行政执法和司法救济为主,竞争主管机构的竞争倡导职能不够明确,倡导手段也还有限。笔者认为,竞争倡导在我国的构建需要从3个方面入手:首先,应加强建设履行竞争倡导职能的竞争主管机构,为此,需要在《反垄断法》中明确竞争主管机构的竞争倡导职责,在行政级别、财政预算、人员管理等方面增强竞争主管机构的独立自主性,以及加强竞争主管机构与行政决策机构之间的制度联系。其次,应加强竞争倡导与其他行政性垄断规制制度之间的互动协作,包括竞争主管机构与竞争执法、竞争司法以及规范性文件备案审查机构之间的互动协作。最后,应选取适合我国国情的竞争倡导手段,特别是需要充分运用事先咨询、加强对行政机关开展行政行为竞争合规的培训与指导以及运用特定报告等形式加强竞争倡导活动的透明度等。

CHAPTER 03 >>

第三章

竞争中性

竞争中性制度是国家竞争政策视角下预防行政性垄断的一个重要制度。首先,竞争中性制度有助于协调国家竞争政策与其他经济政策。竞争中性制度要求政府在制定经济政策的过程中评估特定资源的优化配置是否需要借助市场力量,对于政府决定不引入市场机制的自然垄断行业、国家垄断行业,如电网、铁路管网等重要基础设施建设,则无须考虑竞争中性问题,只有在国家认为由市场配置资源更为适宜的行业,如刚刚向社会资本开放引入市场机制的行业,或者私有企业一直参与竞争的行业,才需要考虑。其次,竞争中性制度有助于厘清政府与市场的关系。正如国家竞争政策所追求的,政府应当尊重市场机制、让市场在资源配置中起决定性作用,竞争中性制度要求政府允许不同所有制的经济主体平等地开展竞争,而不应以所有制作为区别对待的依据。当政府与市场的关系得以明确,政府才能在调控市场的过程中保持克制,有所为亦有所不为,避免不合理地行使行政权力而损害市场竞争。本书主要针对政府与市场的关系,也即如何一视同仁地对待不同所有制的企业,来讨论竞争中性制度。

第一节　竞争中性概述

一、竞争中性的概念及其目标

（一）概念

竞争中性制度起源于澳大利亚的国家竞争政策改革。20 世纪 80 年代至 90 年代初，澳大利亚政府在传统行业中推行市场化改革，同时国有企业（government businesses）在运营上更为商业化，这给国有企业带来了深刻的变化，国有企业和私营企业相互进入传统上仅由对方提供服务的市场，由此提升的市场竞争显著地改善了服务质量，降低了用户和纳税人的成本，促进了公共利益。经统计，国有企业的商业化改革和允许客户自由选择供应商使生产力提升了 5 个百分点，每单位的实际成本降低了 250 澳元。其中，向电信行业引入竞争使价格显著地下降，如悉尼至墨尔本之间的电话呼叫的最高价下降了 20%。[①] 然而涉及国有企业的法律体系未及时跟进经济改革的步伐，带来了一系列关于如何处理原有法律体系给国有企业带来的竞争优势和竞争劣势的思考，包括这种商业导向的国有企业是否应当继续享有一系列特权、是否应当继续由专门部门进行监管以及是否继续豁免信息披露。由于所有制的不同给部分经济主体带来的竞争优势会扭曲不同所有制经济主体之间的公平竞争，在总结微观经济改革经验的基础上，为了维护和促进全国统一市场内的有效竞争，使市场机制真正发挥出配置资源的决定性作用，澳大利亚开始推行国家竞争政策，其中，竞争中性用于解决过

---

① See *National Competition Policy Review Report*, *The Hilmer Report*, *August* 1993, p. 295, see http://ncp.ncc.gov.au/docs/National%20Competition%20Policy%20Review%20report%2C%20The%20Hilmer%20Report%2C%20August%201993.pdf, visited at Dec. 26th, 2020.

时或制定不当的法律、法规给处于竞争性行业中的国有企业带来的不公平的净竞争优势[①]的问题。澳大利亚各级政府于1995年签署《竞争原则协议》,联邦政府与各州和自治领政府均同意在全国范围内开展对竞争政策的6项改革,其中一项就是“在政府经营活动与私人经营活动之间实现竞争中性”。

《竞争原则协议》第三章对竞争中性政策及其原则做了介绍,“竞争中性的目标是,消除由参与商业活动的主体的公共所有权所造成的对资源分配的扭曲:政府拥有所有权的企业[②]不应仅因其公共所有权属性而享有净竞争优势”。澳大利亚联邦政府在《联邦竞争中性政策声明》中进一步解释,竞争中性要求政府不应使用其制定规则或运用财政的权力,以使其拥有所有权的企业享有相对于私营企业的净竞争优势。假如不能坚持竞争中性,就会扭曲资源分配、生产与消费的决定,以及投资和私营部门竞争者的其他决定。这是因为国有企业在确定提供的商品或服务的价格时,不需要与投入资源的成本相匹配。特别是当国有企业在技术上相较于私营部门竞争者效率更低时,这种扭曲后果会更严重。私营企业竞争者也会认为这不公平,如当国有企业不用交税时,私营企业会觉得他们所缴纳的税款会成为对国有企业的补贴。

在总结包括澳大利亚在内的成员国实施竞争中性或类似政策措施的基础上,OECD于2012年在一份研究报告中将一般性的竞争中性界定为,“当经济市场中任何实体均不存在不当的竞争优势或劣势,就实现了竞争中性状态”;[③]并指出,竞争中性的经济意义在于能够提高整个

---

① 净竞争优势,是指政府所有权企业因公共所有权属性所享有的竞争优势抵扣所负担的竞争劣势(如有)之后,仍然存在竞争优势的状况。从理论上来说,如竞争劣势更大,则有可能存在“净竞争劣势”。

② 此处政府所有权企业,是指向公有、私营企业或其他政府机构提供商业性的商品或服务的所有政府部门、法律授权的机构、企业以及其他主体。See Hilmer Report, p. 293.

③ 参见经济合作与发展组织:《竞争中性:维持国有企业与私有企业公平竞争的环境》,谢晖译,经济科学出版社2015年版。

经济的资源配置效率，避免效率较高的经济主体（无论国有或私有）由于所有制而被置于一种不恰当的劣势地位，导致稀缺资源无法得到最优使用。OECD 所界定的“竞争中性”可做广义理解。

广义的竞争中性覆盖的范围比较广泛，除了国有企业外，非营利组织、私营企业都有可能享有不当的竞争优势或劣势。仍以澳大利亚为例，尽管其国家竞争政策下的竞争中性仅针对特定情况下的国有企业，但是，竞争中性政策的起草人也表示，私营企业之间的竞争也可能因政府的差别待遇产生广义上的竞争中性问题。本书限于篇幅，仅围绕不同所有制企业之间的竞争中性，即狭义上的竞争中性问题进行探讨。

（二）目标

竞争中性的首要目标是消除政府不合理地授予某些所有制企业以（净）竞争优势的行为。一般而言，政府采取的非中性措施往往优待国有企业。对此，OECD 总结出采用非中性措施的 3 个原因：首先，各国政府出于履行相关公共职责的考虑有可能有意地倾向于国有企业而采取非中性措施，如由国有企业承担公共服务、将国有企业作为产业政策工具、从国有企业利润中保持财政收入等。其次，地方政府追求本地利益也可能有意无意地违背竞争中性原则，如地方政府试图通过维护地方国有企业以增加额外收入，或者通过地方国有企业提供产品或服务以减少政府采购来弥补稀缺的预算资源，或者试图由地方国有企业承担改善本地农村地区或偏远地区的公共服务，这些基于地方利益的考虑都有可能违背了国家整体经济的竞争效率。最后，在不少国有企业中，商业活动与非商业活动共存是常态，政府有可能为了追求非商业目标而被迫违背竞争中性原则，使国有企业有可能因为在市场上供应某种特定商品或服务而获得优势。① 因此，竞争中性制度首先需要从上述原因出发，制定一系列的政府行为原则，培育政府竞争中性合规意识，预

① 参见经济合作与发展组织：《竞争中性：维持国有企业与私有企业公平竞争的环境》，谢晖译，经济科学出版社 2015 年版。

防政府作出不合理优待国有企业的非中性措施。

通常而言,国有企业基于公共所有权的属性有可能享有的竞争优势,包括免受反垄断法的制约、免受多种税收和收费、免受某些监管要求、享受政府提供的显性或隐形的债务担保、不要求计算折旧费用(account for depreciation expenses)、不要求达到一定的资产商业回报率、有效地免受破产威胁等。有些情况下,国有企业同时在垄断性市场和竞争性市场中经营,还有可能从垄断性市场获得额外收益交叉补贴竞争性市场。但值得一提的是,国有企业也可能因其公共所有权属性负担一定的竞争劣势,如更高的问责义务、提供各类社会服务的义务、经营自主程度较低、达到政府规定的工资水平、与政府的就业与工业关系政策相一致、更高的养老金成本等。① 而竞争中性关注的是"净竞争优势"的竞争状况,即如前所述,国有企业因公共所有权属性所享有的竞争优势抵扣所负担的竞争劣势之后仍然存在竞争优势的状况。

二、竞争中性对于预防行政性垄断的意义

(一)避免与国家垄断、自然垄断混淆

国家垄断和自然垄断的存在往往与维护公共利益有关。在我国,国家垄断和自然垄断涉及的行业通常由政府出资设立的大型国有企业进行经营。政府出资设立企业并采取措施维持其经营往往是为了弥补市场失灵,实现提供特定社会服务的公共利益目标,其行为并不必然构成行政性垄断。

由于市场缺陷使市场存在失灵的可能,政府为了维护经济效率,需要对市场进行干预。政府可以采取措施对市场微观主体的行为进行规制,也可以通过宏观调控来调整国民经济的运行。此外,政府机构直接

① 这种情形下,政府通常有可能采取以下措施来帮助国有企业克服竞争劣势,如处理与商业目标相冲突的非商业目标、厘清社会服务义务、为国有企业履行社会服务义务及责任提供资金等。

提供服务或者通过出资设立企业来提供特定的公共服务也是一种重要的干预市场的手段。例如,市场主体不愿意参与投资或投资周期较长、回报较低、市场还处于培育阶段的自然垄断行业,早期往往需要由国家提供相应的服务;即便随着社会经济和科学技术的发展,传统上由政府机构或其设立的企业提供的社会服务经历了商业化改革以提升经济效率,这些国有企业也往往仍然承担着重要的社会义务(如邮政企业承担着普遍邮政的义务,为边远地区和农村地区以适当的价格提供持续的信件邮递服务),鉴于此,政府可能予以优待。政府还有可能出于其他政策目标而优待国有企业,赋予其较大的竞争优势,如为了增加政府财政收入而倾向于国有企业,或者为了实施特定产业政策而培育国家优势企业,也有可能为了促进公共部门就业而支持国有企业。地方政府也有可能为了本地的利益而扶持地方国有企业。

大型国有企业和政府关系密切,政府优待这些大型国有企业的措施如果处理不当(如超出必要限度),则有可能构成行政性垄断。竞争中性制度有助于厘清国有垄断、自然垄断与行政性垄断的界限。

(二)廓清政府支持国有企业的合理限度

竞争中性有助于廓清政府支持国有企业的合理限度。政府出于一定的目的行使行政权力可能会给某些经济主体带来一定的经济优势(某些情况下,也可能带来一定的经济劣势),尤其是直接参与经济活动提供产品或服务的政府机构或政府出资设立的企业。以国有企业为代表,由于其与行政权力有着千丝万缕的联系,其获得的经济优势或经济劣势对于竞争中性的影响最为复杂,受到了特别的关注。

值得注意的是,政府采取违反竞争中性的措施不一定都构成行政性垄断。在判断违反竞争中性的行政措施是否构成行政性垄断时,需要考察该行政措施是否具有充分的公共利益目标以及手段是否合理。尽管违反竞争中性的措施会造成排除、限制竞争的后果,但如果此种措施并非滥用行政权力,而是出于追求一定的社会公共利益的目标,并且对市场竞争的损害维持在合理的范围内,则不构成行政性垄断。

当政府滥用行政权力时，从政府行为获益的某些经济主体获得了不合理的经济优势，使其他经济主体面临不合理的经济劣势，也即产生排除、限制竞争的效果，这就构成行政性垄断。由于国有企业与政府之间的特殊关系，在竞争性市场中，各级政府采取的一系列扶持国有企业的措施①有可能会扭曲国有企业与私有企业之间的竞争。除非这类措施具有公共利益方面的正当化理由，如扶持措施是为了弥补国有企业履行提供社会公共服务义务过程中收益不足而产生的亏损；否则，很可能构成行政性垄断。此外，即便扶持措施是为了公共利益目标，但若手段不合理，如因未清晰地核算企业承担公共服务义务的亏损而给予过多的补助，则也有可能构成行政性垄断。

因此，有必要厘清政府与市场的关系，廓清政府支持国有企业的合理限度，而竞争中性制度能够为政府提供较为明确的行为指引，避免政府行为扭曲不同所有制企业之间的公平竞争。

第二节　竞争中性的制度构成及其国际经验

竞争中性要求政府不依据所有制来区分对待各类企业组织。对于承担公共义务的企业组织，无论所有制，政府均以透明无歧视的方式对成本与合理利润进行合理补偿。对于在竞争性市场中从事商业活动的企业组织，政府则平等地予以对待。竞争中性的推行有助于在政府中树立起维护不同所有制企业组织之间的公平市场竞争的意识，进而能在一定程度上规制和预防行政性垄断。

国际经验表明，竞争中性自身所具有的特点，对竞争中性提出了一系列更为具体的实施要求。推行竞争中性，也需要结合政府非竞争中性行为的表现形式，有针对性地采取应对措施。政府的非竞争中性行

① 这些措施包括向国有企业提供财政补贴补助，实施税收优惠、提供显性或隐性的债务担保，放松监管要求等。

为多表现为制定的法律、法规及规范性文件的内容依据商业活动及企业的所有制基础区别对待，依据这些法律、法规设立和运作的政府商业活动及国有企业进而享有相应的净竞争优势。还有一部分隐性的非中性行为表现为，政府商业活动及国有企业因其与政府的联系，增强了其在市场活动中的信用程度，从而享有比私有竞争对手更低的融资成本或其他更为优惠的交易条件。

国际经验还表明，落实竞争中性制度既可以从政府行为的角度入手，预防或纠正政府制定的法律及行政中违背竞争中性的内容；也可以从存在与政府联系的政府商业活动及国有企业的角度入手，通过结构性措施推动改变政府商业活动及国有企业的结构，消除其限制竞争的动机；还可以由监管机构采取行为性措施，限制政府商业活动及国有企业限制竞争的能力。

一、竞争中性的制度构成

（一）竞争中性的特点

竞争中性具有3个特点：第一，竞争中性政策仅适用于竞争性市场中政府所有的企业，一旦政府选择采用市场化机制来提供服务，并且政府所有的企业参与在市场中提供服务，那么，就应当对该政府所有的企业适用竞争中性政策。当政府所有的企业涉猎其传统上并不提供服务的新市场时，同样要遵守竞争中性政策。第二，竞争中性并不要求政府免除政府所有企业的社会服务义务，而是限制通过不同业务之间的交叉补贴的形式来为履行社会服务提供资金。竞争中性提倡的是以透明无歧视的方式为履行社会服务提供资金，如通过财政资助或者建立专项基金等方式。第三，竞争中性并不意味着政府所有的企业不可以在与私营企业的竞争中获得成功，而是强调政府所有的企业取得成功应当基于更高的经济效率等自身价值而获得市场的认可，而非获益于源自政府所有权的不公平的竞争优势。

(二)竞争中性的实施要求

考虑到竞争中性的上述特点,政府在进入市场的时候需要注意如下3个方面,以有效地维持竞争中性:一是政府需要考虑采取什么样的经营模式进行商业活动,才能最大限度地营造公平竞争环境;二是为了切实执行竞争中性政策,政府所有的企业应将其商业活动信息向行业监管者进行充分披露,对于不需要保密的信息,还应当对公众公开;三是在确认诸多潜在非中性行为的动机后,政府既需要对每一个动机进行单独考察,也需要进行综合考量。

具体而言,上述方面的实践经验归结起来可以表述为竞争中性的各项实施要求。例如,澳大利亚联邦政府于《联邦竞争中性政策声明》中提出了竞争中性的6项实施要求:采用合适的组织结构开展政府经营活动、税收中性、债务中性、回报率要求、监管中性以及完全成本定价。第一,在采用合适的组织结构开展政府经营活动方面,希尔默委员会对此指出了5项基本原则:目标的清晰性与一致性、经营权与问责、业绩监管、有效的奖惩以及竞争中性。采用公司制不必然意味着满足上述要求,此外通常还包括建立一个独立于政府的法律架构。第二,税收中性要求取消对特定组织的税收豁免,或者在保留税收豁免的同时采用税收平衡制度(taxation equivalent regime)。第三,债务中性要求对有关组织应当适用与私营部门相似的借贷成本,无论是在金融市场进行债务融资,还是向政府财政贷款。澳大利亚联邦政府还考虑向某些特定的组织征收借贷税(borrowing levy),在设置借贷税的金额时计入联邦政府明示或默示的担保的价值,从而中和政府经营活动的竞争优势。第四,回报率要求意味着,所有被认为参与了明显的商业活动的联邦组织,应当获得与至少能够证明在营业中长期持有资产相当的商业回报,并且按照行业平均水准从这些回报中向财政支付分红。尽管《竞争原则协议》并未提出回报率要求,但是,这种设置财务目标与优化组织结构是内在一致的,隐含在完全成本定价原则之中,因此,与竞争中性政策的一般性目标相吻合。第五,监管中性意味着所有的符合要求的政府经营活动的组织应当面临与私营部门企业相同的监管环境。不过按照竞争原则协议,仅在满足成本收益要求的前提下按照监管中性要求对监管规范进行修改。另外,监管中性要求,一方面通过国家竞争政策下的立法评估项目推动监管规范的修改;另一方面通过竞争中性投诉机制以被动的个案审查的方式进一步解决这些组织的源自监管规范的净竞争优势。第六,完全成本定价原则意味着承担明显商业活动的机构,在商业活动中应当缴纳所有相关的税费和担保费用,并且在向客户收取费用时应当在价格中反映出所有的成本。该原则并非针对每一笔交易的定价,而是针对该机构经营活动的整体财务表现。澳大利亚联邦政府认为,通过要求商业活动须达到一定的财务目标,可以促使承担明显商业活动的机构在定价时按照该原则进行。

与之相似,OECD 也提出了实施竞争中性的 8 项实施要求:精简政府企业的运作形式、核算特定职能的直接成本、获得商业回报率、将公共服务义务列入预算、税收中性、监管中性、债务中性以及政府采购。值得注意的是,这 8 项原则均相互关联,必须加以统筹考虑。其中,企业运作形式、成本核算、商业回报率等通常作为国有企业的公司治理与公共管理方面的问题;通过公共预算补偿承担公共义务的国有企业是一种合适的做法,但是,由于公共预算的总量和程序的限制未必可行,实践中政府往往通过债务、税收、监管以及政府采购等方面的措施对企业面临的竞争劣势进行补偿。上述 8 项实施要求总体上与澳大利亚相同。其中,澳大利亚实施要求中的“完全成本定价”如以 OECD 实施要求中的“核定特定职能的直接成本”为前提,均意味着都需要将成本完全反映到产品定价。OECD 版实施要求增加了“将公共服务义务列入预算”,指出了如何以不损害市场竞争的方式弥补国有企业因履行公共义务而承担的成本。此外,OECD 版实施要求还在税收、监管和债务中性之外,要求政府采购也应当维持竞争中性。

综上所述,竞争中性的实施要求首先关注政府所有的企业的组织形式,其次关注政府所有的企业的成本核定、完全产品定价以及公共服务义务的合理补偿，最后还关注政府在税收、债务、监管以及政府采购方面的政策措施，政府应当在这些方面确保国有企业不能仅因其公共所有权而享有净竞争优势。值得一提的是，2021 年 5 月，OECD 围绕企业兼并、破产法和政府采购等领域中不同所有制企业平等待遇问题，再次出台政策建议，以进一步推行竞争中性原则。①

二、竞争中性的国际经验

(一)对政府违反竞争中性的行为予以纠正

针对政府违反竞争中性的行为，竞争主管机构或其他负责机构可以采取竞争倡导、执法或通过司法途径予以纠正。例如，2005 年，立陶宛总警监颁发了一道授权警察部门公共安全机构通过签署合同的方式提供针对法人和自然人的财产安保服务的命令。然而，这道命令并没有区分履行公共职能和提供商业服务。警察部门的行动仅受与警务活动有关的法律的管辖，故在提供商业服务时，也可使用包括警车及车灯在内的特制设备，甚至享有进入自然人或法人拥有的住宅与非居住空间的权力，以及拦截机动车并登车检查的权力。而受《人身与财产安保法》管辖的人身财产安保领域的其他竞争对手则不享有这些权力，甚至还需要向警察部门申请相关业务的许可证。竞争对手认为国有部门提供的商业性安保服务面对不同的监管框架，故而抗议国家所有权给国有部门带来私有部门所无法获得的优势。2006 年 1 月，立陶宛竞争委员会认为，该命令使同处人身与财产商业性安全保障市场上的警察部门的安保部门与提供安保服务的私人企业面临不同的竞争条件，违反了《竞争法》第 4 条，作出决议要求警察部门修改该命令以符合《竞争法》。随后警察部门就该决议提起诉讼，直至 2009 年立陶宛最高行政法院最终判决支持竞争委员会的决议，并驳回了警察部门提出的撤销

---

① See OECD, Recommendations of the Council on Competition Neutrality, 2022, OECD/LEGAL/462.

决议的诉讼请求。①

又如，瑞士邮政服务监管体系对提供邮政服务的国有企业瑞士邮政提供了特殊的优惠条款，允许瑞士邮政在夜间及周日使用重型卡车（大于3.5吨）运输与其公共服务义务相关的邮政货物。此外，还允许瑞士邮政最多利用其卡车的1/4装运其他商业货物。而私有企业竞争者在夜间及周日只能使用小于3.5吨的小型卡车，不过，私有企业竞争者可以和瑞士邮政签订协议，请后者在夜间帮忙运输包裹和信件。瑞士竞争委员会认为该条款明显影响了瑞士邮政和竞争对手之间的竞争，私有企业竞争者由于运输成本太高有可能在服务价格上处于明显的劣势，与瑞士邮政的协议安排也无助于缓解其竞争劣势。竞争委员会建议取消瑞士邮政享有的特权，或者允许竞争对手以相同条件经营。瑞士联邦委员会后通过修改《邮政法》解决了该问题。②

（二）对享有过度竞争优势的国有企业采取措施

竞争中性的推进还意味着可以针对政府的商业活动与国有企业一样采取结构性措施与行为性措施。

行为性措施往往由竞争主管机构或特定机构开展，在一定程度上与竞争主管机构履行反垄断职能采取的监管手段相似。以欧盟为例，《欧盟运行条约》竞争规则专章第一节适用于企业的规则中的第106条第2款规定，在对履行被赋予的特定任务不产生法律或事实上的影响的情况下，受托运营具有一般性经济利益的服务或者具有产生收入的垄断性质的企业应当受到条约中包含的规则的约束，特别是竞争规则。也就是说，欧盟范围内的公用企业与其他私有企业一道被纳入竞争规

① See The Competition Council of the Republic of Lithuania, the Court Ruling Ended the Dispute Between the Competition Council and the Police Department, Accessed March 30. 2019. https://kt.gov.lt/en/news/the-court-ruling-ended-the-dispute-between-the-competition-council-and-the-police-department-1.

② 参见经济合作与发展组织：《竞争中性：维持国有企业与私有企业公平竞争的环境》，谢晖译，经济科学出版社2015年版，第94页。

则的约束，受到竞争执法机构欧盟委员会的监管。

结构性措施有助于从底层解决政府商业活动与国有企业享有的净竞争优势，因而往往需要由政府高层克服层层阻力来推动，从财政体制、监管体制以及国有企业结构等方面推进。其目标为使竞争行为由一个与政府保持适当距离的独立实体完成，从而让公平竞争更容易实现。结构性措施可以表现为，推动那些由政府运营商业活动的机构采用公司制，从而和私有企业平等地适用监管法律，如对于瑞典与芬兰等国家在市场中扮演重要角色的斯堪的纳维亚经济体，中央政府和地方政府都将公司制改造确定为发展方向，以在更加中性的条件下促进竞争。以芬兰为例，前芬兰公路企业（Tieliikelaitos）是一家负责设计、建造与维护道路基础设施的国有企业，因其未采取公司制而享有破产保护和特殊的税收待遇，同行私有企业向欧盟委员会进行申诉，认为此种经济优势构成国家援助，不合理地限制了竞争。尽管欧盟委员会最后未禁止芬兰政府对该公路企业所提供的援助，但欧盟委员会将国有企业因不适用破产法律及一般的税收法律而享有的破产保护与特殊税收待遇视为国家援助，而且指出在芬兰公路服务市场引入竞争是符合共同利益的。自 2008 年 1 月起，该公司改制为国有独资有限责任公司。[①] 此外，结构性措施还包括从会计、管理、公司等方面将商业和非商业活动分离。这种结构性措施特别针对正在经历自由化的管制行业（尤其是公共事业以及自然垄断产业）中控制产业关键设施的国有企业，因其有可能通过非竞争性业务为自身参与竞争性业务谋求竞争优势。对此，可以依据不同行业采取不同的结构性措施，如对一体化企业的非竞争板块实施准入监管，对竞争板块和非竞争板块实施所有权分离，非竞争板块由在竞争板块相互竞争的企业集体出资所有，把非竞争板块置于独立实体之下运营，将一体化企业拆分成规模较小的互惠部门，限制

① 参见经济合作与发展组织：《竞争中性：维持国有企业与私有企业公平竞争的环境》，谢晖译，经济科学出版社 2015 年版，第 30 页。

一体化企业在竞争板块参与竞争的能力等。

第三节　我国竞争中性制度的推进

“三合一”垄断行为所处的领域在我国市场结构中最为集中、垄断危害最大，即集行政性垄断、国有垄断、自然垄断交织在一起的领域，是深化改革最大的障碍。[①] 而国有企业正处于上述“三合一”的交会点，故而是预防行政性垄断必须重视的核心。国有企业在我国经济中具有特殊地位，长期享受特殊待遇，又因其与政府的特殊关系，在与私有企业的市场竞争中，有动力游说政府作出使自己受益的排除、限制竞争的行政行为。但正如党的十九大报告指出的，要“加快完善社会主义市场经济体制”，经济体制改革必须以“完善产权制度”和“要素市场化配置”为重点，实现“产权有效激励、要素自由流动、价格反应灵活、竞争公平有序、企业优胜劣汰”，即便是国有企业，也应当在公平有序的市场竞争中优胜劣汰，而不应仅因所有制而享有特殊优待。因此，构建和推进竞争中性制度，对于推进我国国企改革和预防行政性垄断具有十分重要的意义。

构建和推进我国的竞争中性制度，重点在于推进国有企业改革与相应的政府监管改革。

一、树立各种所有制企业公平竞争的观念

在我国推进竞争中性，首先需要树立起不同所有制企业平等地在市场中公平竞争的观念。在国有企业和其他所有制企业共存的市场中，政府应当平等地对待各种所有制企业。

在各种所有制企业中，国有企业的复杂身份使其与政府的关系最

① 参见徐士英：《在国家竞争政策目标下建设良善的市场秩序》，载《中国市场监管研究》2018 年第 4 期。

为密切,最容易受到政府的特殊对待。我国作为曾长期实行计划经济的国家,政府在经济中发挥着重要的作用,国营企业和国有企业作为公有制经济的代表,长期承载着政府对经济调控和管理的重要任务,在国民经济的建设中占据重要地位。一方面,国有企业是关系国计民生的公用事业与关键基础设施的建设与服务提供者,是国防与科技战略的承担者,是特殊行业专营专卖业务的经营者,还负担着解决就业、为企业职工提供教育医疗服务以及较高的养老待遇等责任,面临因承担着大量与政府调控经济职能有关的社会义务而不堪重负的风险。另一方面,国有企业在经营管理方面制度还不完善,在经营决策方面容易受到政府的影响,企业运行效率较低造成效益低下,需要政府财政大量援助,也造成了社会资源的不合理配置。可以说,国有企业因其公有制既享受着私有企业难以企及的来自政府的支持与援助,又在与私有企业的竞争过程中享有特定的优势。政府对国有企业的这种干预影响了社会资源朝着最有效率使用的方向配置,不利于整体社会福利的提升。因此,在社会主义市场经济建设的过程中,国有企业的改革是重中之重。

国有企业的改革需要明确国有企业与其他所有制企业平等的市场主体地位,这实际上也是对政府与市场关系的再定位。市场经济的建设意味着政府日益尊重市场在资源配置中发挥的关键作用,通过竞争机制实现资源的有效配置。国有企业作为市场主体的一部分,应当和其他所有制的企业在产品和服务方面围绕着经济效率开展公平地竞争,通过内在价值赢得市场竞争。政府在监管与调控市场的过程中,平等地对待各种所有制的企业,鼓励公平竞争,从而使资源得到最有效率的配置,促进整体经济效率与社会福利的提升。

1999 年,中共中央《关于国有企业改革和发展若干重大问题的决定》中已明确提出“促进各种所有制经济公平竞争和共同发展”“建立企业优胜劣汰的竞争机制”,同期开展的改革也朝着这个方向努力,如财政体制改革建立起了公共财政体制,财政从竞争性领域退出,停止了对国有企业的经营性亏损补贴，并最终取消了这一科目；金融体制改革建立起了独立经营的商业银行，加大了政府干预其为国有企业贷款的难度；国有企业制度改革，实行公司化建立现代企业制度，使国有企业成为自我经营、自负盈亏的市场竞争主体，经营不善只能破产或者重整。以我国通信设备制造行业为例，曾经的行业领先的 4 家企业分别为巨龙、大唐、中兴和华为。其中巨龙和大唐是国有企业，中兴从国有企业转化为国有控股企业，华为是民营企业。我国政府并未在激烈的市场竞争中对国有企业进行关照或保护，经过多年的市场竞争，巨龙已经被淘汰出市场，大唐产业化不顺利转而专注研发，华为和中兴实现了长足的发展并成为国际知名企业。又如，空调行业双雄格力电器与美的电器，前者为国有控股企业，后者为民营企业，二者在市场上平等竞争，推动了我国空调行业的快速发展。这是平等竞争、优胜劣汰对于经济效率提升的良好写照，对于竞争中性在其他行业的推进具有启示作用。

2016 年，中共中央、国务院《关于完善产权保护制度依法保护产权的意见》进一步提出加快完善产权保护制度，“依法有效保护各种所有制经济组织和公民财产权”“增强各类经济主体创业创新动力”。该意见强调，坚持平等保护，健全以公平为核心原则的产权保护制度。为此，要加强各种所有制经济产权保护，逐步实现各类市场主体按照市场规则和市场价格依法平等使用土地等自然资源，坚持权利平等、机会平等、规则平等，废除对非公有制经济各种形式的不合理规定，消除各种隐性壁垒，保证各种所有制经济依法平等使用生产要素、公开公平公正参与市场竞争、同等受到法律保护、共同履行社会责任。这充分体现了各种所有制经济平等参与市场竞争、政府平等对待各种所有制企业的理念。中央政策路线与竞争中性的契合，为我国引入竞争中性原则奠定了良好的基础。

2018 年以来，落实竞争中性的呼声越来越高。2018 年 11 月，国家市场监督管理总局原局长张茅在中国国际进口博览会上称今后将采取竞争中性政策;2019年,竞争中性原则第一次被写入国务院《政府工作报告》,报告指出,要按照竞争中性原则,在要素获取、准入许可、经营运行、政府采购和招投标等方面,对各类所有制企业平等对待;2019年4月,中共中央办公厅、国务院办公厅印发的《关于促进中小企业健康发展的指导意见》指出,“按照竞争中性原则,打造公平便捷营商环境,进一步激发中小企业活力和发展动力”。以上都体现了国家对竞争中性制度的高度重视,有助于在全社会树立起各种所有制企业公平竞争的观念。

二、推进国有企业分类改革,促进市场公平竞争

竞争中性的适用前提是,特定的市场需要竞争机制实现资源的有效配置。因此,政府首先需要明确,哪些行业需要引入市场竞争机制优化资源配置。对于不适合由市场竞争机制配置资源的行业无须推进竞争中性。而对于适宜由市场化配置资源的行业,应当引入市场机制,并且让市场在资源配置中发挥决定性作用。在进行市场化改革的行业中,国有企业的影响力仍然非常大,有必要重点在这些行业中推进竞争中性,允许各种所有制企业公平竞争。

我国现阶段正在推行的国有企业的深化改革印证了竞争中性政策的观点。2015年,中共中央、国务院《关于深化国有企业改革的指导意见》(以下简称《深化国企改革意见》)中指出,在继续推进国有企业改革、切实破除体制机制障碍的过程中,要“分类推进国有企业改革”。推进国有企业的分类改革,也就是“结合不同国有企业在经济社会发展中的作用、现状和发展需要,将国有企业分为商业类和公益类”,从而“推动国有企业同市场经济深入融合”。具体而言,商业类国有企业要按照市场化要求实行商业化运作,依法独立自主开展生产经营活动,实现“优胜劣汰,有序进退”。其中,对于主业处于充分竞争行业和领域的商业类国有企业,原则上都要实行公司制股份制改革,这就是要促使国有企业与其他所有制企业适用相同的企业税收制度,打破政府对商业类国有企业显性或隐性的债务担保,使经营效率低下的国有企业和其他所有制企业一样可能面临

破产的风险,消除商业类国有企业从公共所有权中获得的经济优势,使其与其他所有制企业在市场中开展公平竞争;而对自然垄断行业,实行以政企分开、政资分开、特许经营、政府监管为主要内容的改革,意味着推动对商业类国有企业和其他所有制企业适用相同的监管;根据不同行业特点"实行网运分开、放开竞争性业务",促进公共资源配置市场化,"对特殊业务和竞争性业务实行业务板块有效分离,独立运作、独立核算",则意味着要精简国有企业的运作形式,对身兼数职的国有企业采取结构性措施,独立核算特殊业务的成本,避免非竞争性的特殊业务对竞争性业务形成交叉补贴。

2020年,国务院在政府工作报告中部署实施的"国企改革三年行动"则指出,一般商业性企业(处于竞争性行业的企业)类别的国有企业,与一般商业企业一样,其生存和发展完全取决于市场竞争。可以说,这些深化改革的措施都在一定程度上体现了竞争中性的核心精神,即在竞争性领域消除国有企业因为所有制而对其他所有制企业享有的竞争优势,促进市场中所有企业公平竞争。以电力体制改革发电与售电行业的市场化为例,我国电力市场自2002年电力体制改革以来初步形成了市场主体多元化竞争格局,①放开了发电市场,但是,向用电用户出售电力的售电市场仍未开放,存在电力市场交易机制缺失的问题,电力消费者与电力供应者之间的交易有限。由于售电市场的有效市场竞争机制尚未建立,市场配置资源的决定性作用难以发挥。2015年,中共中央、国务院发布了《关于进一步深化电力体制改革的若干意见》(以下简称《电力改革意见》),提出深化电力体制改革的重点和路径之一是,在进一步完善政企分开、厂网分开、主辅分开的基础上,"有序放开输配

---

① 在发电方面,组建了多层面、多种所有制、多区域的发电企业;在电网方面,除国家电网和南方电网,组建了内蒙古电网等一些地方电网企业;在辅业方面,组建了中国电建、中国能建两家设计施工一体化的企业。

以外的竞争性环节电价，有序向社会资本开放配售电业务”①。《电力改革意见》坚持市场化改革的基本原则，但首先区分了竞争性和垄断性环节，也就是在发电环节和售电环节引入市场竞争机制，“培育独立的市场主体，着力构建主体多元、竞争有序的电力交易格局”，同时保持输电环节和配电环节为垄断环节，由国家电网、南方电网两家国有企业以及内蒙古电网等地方国有企业负责。其次，对于竞争性环节，《电力改革意见》着力构建主体多元、竞争有序的发电企业与用电用户之间的电力交易格局，形成适应市场要求的电价机制。为此，意见提出要放开竞争性环节电力价格，把垄断环节的输配电价与竞争环节的发售电价在形成机制上分开。参与电力市场交易的发电企业上网电价由用户或售电主体与发电企业通过协商、市场竞价等方式自主确定。参与电力市场交易的用户购电价格由市场交易价格、输配电价（含线损）、政府性基金三部分组成。通过更多地发挥市场竞争机制的作用来激发企业内在活力，使市场在资源配置中起决定性作用。最后，为了保障民生和保障基本公共服务的供给，《电力改革意见》结合我国国情和电力行业发展现状，充分考虑企业和社会承受能力，决定公益性的发售电价格仍然由国家形成，其他没有参与直接交易和竞价交易的上网电量，以及居民、农业、重要公用事业和公益性服务等用电，继续执行政府定价。值得注意的是，《电力改革意见》特别提出要妥善处理交叉补贴的问题，指出“结合电价改革进程，配套改革不同种类电价之间的交叉补贴。过渡期间，由电网企业申报现有各类用户电价间交叉补贴数额，通过输配电价回收”。这一举措有利于协调保障民生与维护市场公平竞争环境的政策目标。

《电力改革意见》为竞争性的发电与售电环节的进一步市场化提供

① 《中共中央国务院〈关于进一步深化电力体制改革的若干意见〉（全文）》，载华北电力大学新闻中心网，http://news.ncepu.edu.cn/xxyd/llxx/52826.htm，最后访问时间2019年9月10日。

良好的指导,并且在一定程度上契合了竞争中性的理念。不过在电力改革推进的实践中,坚持竞争中性理念仍然十分必要。这是因为在售电环节与输配电环节尚未分开的时期,售电服务均由同一国有企业提供服务,随着售电环节的开放与市场化,其他所有制供电企业进入市场,与原国有企业的售电部门开展竞争,原国有企业的售电部门因历史原因和所有制形式难免享有特定的经济优势,为了真正发挥市场配置资源的决定性作用,还有可能需要精简国有企业售电部门的运作形式,使售电业务与输配电业务各自独立核算乃至分离独立运营。此外,在国有售电企业的投资回报率、政府显性或隐性的债务担保、税费负担、政府监管等方面还需要继续加强竞争中性的维护。这样才能有效地实现《电力改革意见》确立的“促进电力行业又好又快发展,推动结构调整和产业升级”的改革目标。

三、合理补偿国有企业承担的公共义务

竞争中性并非否认国有企业承担着政府调控经济的社会责任和普遍服务,而是鼓励政府加强精细化管理,将国有企业承载的社会责任和普遍服务进行单独核算与合理补偿,从而避免因为过度补偿而赋予国有企业在市场竞争中相对于其他所有制企业的不当的竞争优势。

从改革的经验来看,承担社会责任和普遍服务是国有企业反对平等竞争、维护专营权利的主要理由,但是,对社会普遍服务义务进行合理补偿和鼓励竞争性业务的公平竞争并不相悖。以我国邮政行业改革为例,1987 年施行的《邮政法》规定信件应当由邮政企业专营,随着民营和外资快递企业在国内市场逐渐发展,快递企业不仅面临法律地位的问题,还和邮政企业就信件寄递业务的分歧加大,国家邮政局负责人曾表示“信件寄递服务不分快递与普递,不分私函与公文,均由中国邮政企业专营”,“不能因为‘牛跑快了就不是牛,就不归牛倌

管了'"①。2002 年 4 月启动《邮政法》修改后,邮政专营权的范围成为各方角逐的战场,邮政企业捍卫邮政专营权的一个重要的理由,就在于邮政企业承担着农村和偏远地区的邮政普遍服务,给企业带来了较大的亏损。2005 年国家邮政局的数据显示,邮政每年以农村为主的普遍服务网点亏损达 27.67 亿元,政策性亏损达 14.03 亿元。与此同时,利润丰厚的城市快递业务则不断被民营和外资快递公司"蚕食"。邮政 EMS 所占的市场份额,已从 20 世纪的一统天下萎缩到现在的不足 10%,2005 年则亏损 3.98 亿元。当时就有民营企业提出,可以根据国家"分业经营,公平竞争"的改革原则,将长期以来实行混业经营的邮政企业划分为两类不同性质的企业。从事普遍服务(含邮政专营)业务的为邮政企业,享受国家各项优惠政策;从事快递业务等竞争性业务的为邮政其他企业,与所在行业的其他企业实行同一政策,公平竞争。而邮政企业则对该方案鲜有回应。②

2009 年 10 月 1 日修订后的《邮政法》明确了快递企业的法律地位,并采取了折中的路径:一方面,规定邮政企业按照国家规定承担提供邮政普遍服务的义务,邮政企业的邮政普遍服务业务与竞争性业务应当分业经营,邮政普遍服务的资费标准由国务院邮政管理部门会同国务院有关部门制定,同时作为对邮政企业承担普遍服务的补偿,国家设立邮政普遍服务基金,对邮政企业提供邮政普遍服务和特殊服务给予补贴。另一方面,不仅规定将国家机关公文交由邮政企业专营,还规定国务院规定范围内的信件寄递业务由邮政企业专营,这就将围绕邮政专营权的角力延续了下去。国务院《关于邮政企业专营业务范围的规定(草案)》争议很大,在行业内存在重大分歧,至今仍未正式颁布。但值

① 参见《国家邮政局负责人:信件专营　禁止非邮政企业经营》,载搜狐网,http://news.sohu.com/76/21/news148492176.shtml,最后访问时间 2019 年 9 月 10 日。

② 参见《邮政法新草案限制更严格　快递业市场化步履艰难》,载中国新闻网,http://www.chinanews.com/cj/news/2006/09-15/790692.shtml,最后访问时间 2019 年 9 月 10 日。

得注意的是,随着快递行业的迅猛发展,自2013年《快递暂行条例》草案起草工作启动以来,条例历经5年于2018年3月正式颁布。该条例按照"放管服"改革的方向,进行了制度上的突破和创新,条例明确禁止地方政府出台违反公平竞争、可能造成地区封锁和行业垄断的政策措施,减少政府对微观经济活动的直接干预,以保证把市场机制能有效调节的经济活动交给市场。① 统计数据显示,2018年年初全国快递业务量已突破400亿件,其中民营快递企业占据90%,国有快递企业占据9%,外资快递企业占据1%。②《快递暂行条例》的出台和快递市场开放后的迅速成熟似乎证明了,在竞争性市场应当允许各种所有制企业开展公平竞争,这有利于行业经济效率的提升和消费者福利的增长。

此外,《快递暂行条例》支持和鼓励快递企业在农村、偏远地区发展快递服务网络,这似乎也印证了普遍服务和社会义务可以通过合适的手段予以合理补偿,而不应成为阻碍竞争性业务公平竞争的理由。随着市场力量的壮大,其他所有制的企业也逐渐具备承担社会义务和普遍服务的能力,可以通过合理补偿的项目参与普遍服务的提供。这也与《深化国企改革意见》推进公益类国有企业改革的思路相贴切,《深化国企改革意见》指出,公益类国有企业履行保障民生、服务社会、提供公共产品和服务的职责,具备条件的也可以推行投资主体多元化,还可以通过购买服务、特许经营、委托代理等方式,鼓励非国有企业参与经营。也就是说,在提供普遍服务和履行社会义务的过程中可以引入市场机制的力量,促进公共服务效率和能力的提高。当然,在这个过程中仍然需要坚持竞争中性,坚持对提供普遍服务和履行社会义务的各种所有制企业进行平等合理地补偿,在合理利润的比例、补偿方式和期限方面

---

① 参见《〈快递暂行条例〉解读》,载中国政府网,http://www.gov.cn/zhengce/2018-03/27/content_5277898.htm,最后访问时间2019年9月10日。

② 参见《快递行业竞争格局分析　中通体量最大,顺丰收入最高,百世发展最快》,载网易网,https://dy.163.com/article/DF4UHP3E051480KF.html,最后访问时间2019年9月10日。

应当坚持透明无歧视，如此才能充分发挥市场机制在促进公共服务效率和能力方面的作用。

四、加强行政机关的竞争中性合规建设

以竞争中性预防和规制行政性垄断，最后还要落实到政府行政行为的竞争中性合规。政府应当主动及时转变"父爱主义"的观念，在作出行政行为时避免为了保护国有企业而牺牲市场公平竞争。政府需要意识到，注重自身价值建设的国有企业在公平竞争的市场中同样可以脱颖而出。正如国有企业珠海格力集团有限公司董事长董明珠在向国务院总理反映意见时表示，"我们不需要国家的产业政策扶持""只要有公平竞争的环境，企业自己就可以做好"。① 同时，坚持竞争中性也符合政府利益，因为公平竞争的市场环境才能提升国有企业的经济效率，才能长久地实现国有资产的保值增值。

政府加强行政行为的竞争中性合规，需要及时清理违反竞争中性的法律、法规和规范性文件。中共中央、国务院在《关于完善产权保护制度依法保护产权的意见》指出，要完善平等保护产权的法律制度，"清理有违公平的法律法规条款，将平等保护作为规范财产关系的基本原则。健全以企业组织形式和出资人承担责任方式为主的市场主体法律制度，统筹研究清理、废止按照所有制不同类型制定的市场主体法律和行政法规，开展部门规章和规范性文件专项清理，平等保护各类市场主体"。也就是说，政府在起草和制定法律、法规和规范性文件时，应当坚持各种所有制平等的理念，对于区别对待所有制制定的市场主体法律和行政法规进行统筹清理和废止，对于包含相应内容的部门规章和规范性文件进行专项清理。对于部门规章和规范性文件的清理工作，国务院办公厅于2018年5月5日下发了《关于开展涉及产权保护的规章、

---

① 参见《格力电器董事长中南海发声：我们不需政策扶持》，载搜狐网，http://news.sohu.com/20140717/n402347123.shtml，最后访问时间2019年9月10日。

规范性文件清理工作的通知》，指出清理的重点包含三类：有违平等保护各种所有制经济主体财产所有权、使用权、经营权、收益权等各类产权的规定；不当限制企业生产经营、企业和居民不动产交易等民事主体财产权利行使的规定；在市场准入、生产要素使用、财税金融投资价格等政策方面区别性、歧视性对待不同所有制经济主体的规定。2018年8月，国务院办公厅又颁布了《关于印发全国深化“放管服”改革转变政府职能电视电话会议重点任务分工方案的通知》，强调要“大力清理废除妨碍统一市场和公平竞争的各种规定和做法，保障不同所有制主体在资质许可、政府采购、科技项目、标准制定等方面的公平待遇”。以上文件都强调了要平等地对待不同所有制的企业，体现了行政机关主动的竞争中性合规建设。

除了政府主动开展行政行为的竞争中性合规工作外，国家竞争政策下的竞争倡导和竞争评估路径也可以共同配合竞争中性路径的实施。竞争主管机构对于行政机构事先咨询的正在起草的法律、法规和规范性文件中违反竞争中性的内容提出修改建议，对于已经颁布的包含类似内容的法律、法规和规范性文件应及时向制定机关及其上级机关指出并提出废止或修改意见；竞争评估机构在评估工作中发现正在评估的规范性文件违反了竞争中性，也可以在评估意见中一并指出并建议修改。

总而言之，国家竞争政策下竞争中性与其他路径协作，共同预防和规制政府作出的违反竞争中性和有损不同所有制企业公平竞争的行政性垄断，是增进我国经济总体效率、促进社会福利提升的重要途径。

本章小结

本章从国家竞争政策视角下行政性垄断预防型路径之一的竞争中性制度如何运作以及如何进行本土化制度推进出发，讨论了3个问题：国家竞争政策视角下竞争中性及其目标与实施要求是什么，国际上如何通过竞争中性预防行政性垄断,我国如何通过推进竞争中性制度来预防行政性垄断。

第一,竞争中性是国家竞争政策实现有效竞争与资源最优配置、避免政府不正当干预经济的重要手段。竞争中性的目标是消除处于竞争性市场之中的不同所有制企业仅仅因其所有制而享有的净竞争优势,特别是国有企业因公共所有权而享有的净竞争优势,亦即国家应当实质上平等地对待不同所有制的企业。竞争中性的实施促使政府评估特定资源的配置是否需要借助市场的力量,一旦确定在竞争性市场中共存国有企业和其他所有制企业,则应当平等地对待各种所有制的企业,国有企业可以通过公平竞争获得市场对自身价值的认可。

第二,政府违反竞争中性的措施有可能构成行政性垄断。世界各国通常采取一系列结构性与行为性措施推进竞争中性,此类措施既能清楚地核算国有企业因公共所有权所承担的社会义务及其付出的成本与带来的相应经济劣势,从而合理地弥补成本而不必因过度弥补给国有企业带来净竞争优势,还能够增进政府平等地对待不同所有制企业的意识,避免在税收、监管、债务、政府采购等方面不合理地优待某一种所有制的企业。

第三,我国推进竞争中性制度,重点在于推进国有企业改革与相应的政府监管改革。一是应当树立起各种所有制企业公平竞争的意识;二是应坚持推进国有企业分类改革,对处于竞争性行业的国有企业与其他所有制企业一视同仁;三是合理地补偿国有企业的非竞争业务版块因承担社会普遍服务义务而付出的成本,避免影响竞争性业务的市场公平竞争;四是竞争中性的有效推进还需要与竞争倡导、竞争评估等其他制度相互联动。

CHAPTER 04 >>

第四章

竞争评估

在各国推行的国家竞争政策之中,竞争评估制度可谓是重中之重。作为国家竞争政策框架内预防行政性垄断的一项重要机制,竞争评估制度在一国的实施常常被誉为国家竞争政策体系基本确立的重要标志,该制度的实施对于确立国家竞争政策的基础性地位也具有重要意义。

在竞争评估制度建立之前,国家竞争政策只能倚重竞争法的实施。竞争法的实施有其固有的缺陷,特别是传统竞争法多关注市场主体的反竞争行为,而对行政性垄断等制度性因素可能的损害关注不足。即便竞争法对政府行为之于有效市场竞争的影响有所关注,也往往在规制手段上有所欠缺,即竞争法的实施多在行政性垄断作出之后予以规制,难以在事前及时介入。上述问题使国家竞争政策在自身体系方面有所缺憾,在规制行政权力方面力所不逮。竞争评估制度的出台则弥补了国家竞争政策体系上的缺憾。竞争评估制度是国家竞争政策在所有行业和所有地域推行市场有效竞争的重要政策工具。一方面,竞争评估制度中概括抽象出来的竞争影响要点可结合具体情况用于评估各个行业中政策规定对市场竞争的影响;另一方面,地区封锁是竞争评估分析的重点之一,可以在全国范围内较好地推进市场的有效竞争。更为重要的是,竞争评估制度往往有一套独立的程序性规则,可以通过程序性义务推动落实国家竞争政策体系。

竞争评估制度还为国家竞争政策与其他经济政策提供了一条事前协调的有效路径。竞争评估制度的实施,意味着将政府调控和管制经济的政策规定纳入竞争性审查的范畴内,使产业政策及其他经济政策的目的与手段的合理性接受公平竞争理念的评估。竞争评估制度将促使政策制定机关在制定政策措施时,有意识地维护和促进市场竞争机制,尽可能地减少政策措施对市场竞争的损害,在国家竞争政策与产业政策及其他经济政策发生冲突时优先适用竞争政策,从而真正推动竞争政策基础性地位的落实。

可以说,竞争评估制度的实施丰富了国家竞争政策体系的层次,将政府的经济决策和政策制定行为全面纳入国家竞争政策的框架中进行观察,有助于协调各项社会、经济领域的公共政策,保障国家竞争政策在经济政策实施中发挥更加基础性、关键性的作用,从而确保国家的法律、法规与政策等制度建设都能为完善市场经济体制发挥共同作用。

第一节　竞争评估概述

一、竞争评估的概念及其目的

(一)概念

竞争评估作为一项逐渐在越来越多的国家中建立起来的制度,由于各个国家历史文化和制度演进的差异,具有多样的表现形式,不易对其概念进行界定。正如提倡竞争评估制度的 OECD 所指出的,虽然大多数 OECD 成员国的政府在评估规制规范的过程中采纳了某种形式的竞争评估,且对竞争评估有利于提高监管质量和国民经济的表现达成了一致,但是由于竞争评估中所用到的概念、方法和框架还有待进一步分析、厘清与优化,各国具体的评估方式仍存在很大的差异,缺乏一个严谨和透明的实施框架。① 为了促进竞争评估制度的普及和完善,OECD 将竞争评估界定为评估公共政策对市场竞争的效果,包括考察替代性的以及反竞争效果更小的政策,竞争评估的原则适用于各级政府。② 也就是说,竞争评估是一种合适的方法,用来识别不合理地限制或扭曲竞争的既有或拟议中的公共政策或措施并对其修订,促使制定部门最终采纳一种与原公共政策所追求的目标保持一致的、更加有利于市场竞争的替代政策或措施。③

竞争评估作为旨在评估政府决策对市场竞争影响的制度,既提供了分析竞争影响的实质性方法,又构建了落实该分析方法实施的一套程序性规则。尽管竞争评估的概念近些年才提出,但其中分析竞争影响的实质性方法则在更早为人所熟知的概念"管制影响评估"中得到了一定程度的体现。管制影响评估,指的是使用同一分析方法(如成本—收益分析方法)系统地识别和评估拟议中的管制决策所期望达到的效果的过程,在管制影响评估的过程中,竞争性目标也通常作为考虑的因素之一。随着各国日益重视政府决策对市场竞争的影响,竞争评估制度逐渐发展成为一项独立的制度。传统的管制影响评估和 OECD 倡导的竞争评估在一定程度上是互补的,特别是管制影响评估所测算的成本与收益中,有一部分来自市场竞争。竞争及其带来的收益在本质上是动态的,有关更高效率、更多创新、更低价格以及更多种类的食物和

---

① See OECD Competition Assessment Toolkit-Guidance, version 3.0, p. 13 – 14.

② See OECD Recommendation of the Council on Competition Assessment, *OECD* 2009, http://www.oecd.org/daf/competition/oecdrecommendationoncompetitionassessment.htm, p. 3.

③ See OECD, Experiences with Competition Assessment-Report on the Implementation of the 2009 OECD Recommendation, 2014, http://www.oecd.org/daf/competition/Comp-Assessment-Implementation Report 2014. pdf. p. 8.

服务的收益并不会立即得到，而是随着时间逐渐展现。因此，考察市场参与者的行为变化与预测长期收益、成本对市场竞争影响的评估，构成了规制评估中的一种不可或缺的组成部分，如进行成本—收益分析时，需要考虑竞争减少带来的规制成本，包括效率的损失，以及生产者将由此造成的较高成本向消费者转移。此外，当规制产生促进竞争效果，如加强对市场反竞争行为的规制时，可以考虑纳入改善市场竞争带来的规制收益。当然，传统的管制影响评估和OECD倡导的竞争评估仍然存在两点不同：一是管制影响评估侧重于对管制政策的成本与收益进行量化分析，而竞争评估侧重于从定性分析的角度判断监管对市场竞争可能存在的影响；二是管制影响评估通常不考察市场参与者的行为及其变化，但由于管制政策可能改变市场参与者的行为动机，因此竞争评估的一个重要方面是预测管制将可能如何影响市场参与者的行为，以及监管可能对市场竞争造成怎样的后果。

此外，同为国家竞争政策预防行政性垄断的重要制度，本书第三编第二章和第三章分别介绍的竞争倡导和竞争中性与竞争评估既相互分工又互相联动，竞争倡导和竞争中性的开展都需要运用竞争评估所提供的分析竞争影响的实质性方法以识别竞争问题并提出解决方案，而竞争评估所构建的程序性规则也有利于竞争倡导和竞争中性在过程中发挥各自的作用。

（二）目的

竞争评估制度最重要的任务是确保市场竞争不会受到政策措施造成的不合理限制。市场竞争可以提升经济效率，带来诸如更低的价格、更好的产品品质、更多的创新以及更高的生产力等好处，而政策措施在实现特定社会目标的同时有可能会对市场竞争施加不合理且不必要的限制，如为了保障公共交通运输安全而对网约车行业进行规范，有可能过度限制本地和外地网约车司机之间的竞争，降低了网约车服务的供给从而抬升了价格。为了恢复市场的有效竞争，需要识别和修正这些不适当的政策措施。

因此,竞争评估的目的,在于评估是否可以通过修改公共政策措施,在避免其不合理地限制竞争的情况下达成制定政策措施所欲实现的目标,以此来提升生产力。[①] 澳大利亚提出国家竞争政策并开展针对法律和公共政策的竞争评估,也是旨在消除或改进会造成低效率以及给经济带来不必要负担的限制竞争的政府管制,以确保经济中的竞争压力足以给澳大利亚提供带来创新激励、更低的成本以及更高的收入。[②]

二、竞争评估对于预防行政性垄断的意义

(一)介入政策制定过程可提高预防效率

竞争评估具有显著的事前规制的特征。其在政策措施影响市场前及时介入,能够避免事后救济费时费力而且不尽充分等问题。相对于事后规制的竞争执法手段,竞争评估更能体现出追求效率的价值取向,即在不合理地排除、限制竞争的政策措施真正在市场上造成广泛的影响,或者作为政策规范依据转化为具体行政行为直接限制某个市场主体的自主经营之前,竞争评估可以阻止前述政策措施的出台或者要求其必须经过调整才能出台,从而确保最终出台的政策措施仅在最低程度排除限制竞争。

(二)增强政策制定机关维护公平竞争的意识

竞争评估是沟通政策制定机关与市场经济竞争理念的一种重要机制,有利于增进政策制定机关的竞争合规意识。与“守夜人”时代不同,政府在现代经济社会中发挥着重要的作用,特别在克服市场失灵和增进社会福利方面。制定经济政策是一种重要手段。由于政策制定机关整体而言缺乏市场竞争方面的专业人员和经验,在制定经济政策的过

① See OECD, *Experiences with Competition Assessment-Report on the Implementation of the* 2009 *OECD Recommendation*, 2014, http://www.oecd.org/daf/competition/Comp-Assessment-ImplementationReport2014.pdf. p.8.

② See *Guidelines for NCP Legislation Reviews*, Centre for International Eeconomics 1999, p.5.

程中,受传统规制经济思维的影响,或者从自身操作便利性角度出发,抑或受到一定利益集团的影响,其最终出台的政策有可能不合理地改变了市场的公平竞争秩序,特别是使特定的市场主体并非因为市场竞争而是因政策因素获得了市场势力,并转化为竞争优势。竞争评估的及时介入有助于督促政策制定机关了解和运用市场竞争理念重新审视和修改制定的经济政策,使其维护和促进公平竞争的市场秩序,并在以后的政策制定过程中主动开展行政行为的竞争合规工作。正如管制影响评估最重要的贡献不是精确的量化分析结果,而是分析规制对市场经济和社会具有潜在影响的行为,即通过不断地提问和反思来理解规制对真实世界的影响,并且不断探索作出假设。① 竞争评估的一个重要作用也在于让决策者有机会思考并认识到决策对市场竞争机制潜在的影响及其后果,并探索更多的备选方案,从而有可能作出最优的决策。

三、竞争评估的形式

受各国政治制度和历史背景的深刻影响,竞争评估作为适用旨在评估政策措施对市场竞争影响的实质性分析方法的程序制度,具有丰富的表现形式。

(一)以事前事后为划分标准

OECD 在《竞争评估工具——操作手册》(OECD Competition Assessment Toolkit-Operational Manual)中列举了竞争评估的两类 3 种方式:针对新的规制规范的评估(Review of new regulation)属于事前评估(ex-ante review);针对特定市场的调查(focused market study)和行业评估(sectoral review)属于事后评估(ex-post analysis)。

1. 针对新的规制规范的评估

无论是 OECD 所界定的竞争评估还是管制影响分析,都需要针对

---

① See OECD, *Regulatory Policies in OECD Countries: From Interventionism to Regulatory Governance*, 2002, p. 47.

新的政策措施和管制进行竞争评估。一方面，在提出或制定一项新的规制规范时，评估该规范对市场竞争可能造成的影响；另一方面，在对既存的规制规范进行修订前，也需要评估其中的一些过时条款（sunset clause）对市场竞争的影响。①

2. 针对特定市场的调查

当特定市场的竞争机制的运行表现不佳时，可以启动对该市场的市场调查，确定其是否存在竞争问题，查明问题的根源，以及潜在的降低或消除问题的政策。②

3. 行业评估

行业评估是指系统地确认与一个行业有关的所有的规制规范，然后逐一考察对竞争的限制。与针对特定市场的调查不同的，是启动行业评估无须推定该行业的竞争机制运行不佳，而是旨在发现不合理地限制市场竞争的个别管制规范。行业评估既可以由主管行业的行政机关进行，也可以由外部主体开展，如竞争主管机构等其他政府部门或者外部专家。③

（二）以是否关注政策的制定为标准

OECD 在另一份报告《竞争评估经验——2009 年经合组织建议书执行情况报告》（*Experiences with Competition Assessment—Report on the Implementation of the* 2009 *OECD Recommendation*）中将竞争评估划分为三类：第一类竞争评估直接参与正在进行的政策制定；第二类竞争评估不构成正在进行的政策制定的部分环节；第三类竞争审查只关注特定的裁量性的国家行为，而不关注政策的制定。④

---

① See OECD Competition Assessment Toolkit-Operational Manual, version 3. 0, p. 12.

② See OECD Competition Assessment Toolkit-Operational Manual, version 3. 0, p. 14 – 15.

③ See OECD Competition Assessment Toolkit-Operational Manual, version 3. 0, p. 15.

④ See OECD, *Experiences with Competition Assessment-Report on the Implementation of the* 2009 *OECD Recommendation*, 2014, http://www. oecd. org/daf/competition/Comp-Assessment-Implementation Report 2014. pdf. p. 19 – 20.

1. 直接参与政策制定的竞争评估

此类竞争评估方式要么作为必经环节被整合进政策制定的程序，要么试图在制定过程中影响政策的走向。前一种整合的方式称为影响评估(Impact Assessment)，后一种被称为裁量性评估(Discretionary Assessment)。影响评估机制针对几乎所有拟议中的政府政策，由竞争主管机构或者出台政策的政府部门分析政策对竞争的影响，大部分的影响评估作为正式的规制影响评估程序的一个环节发挥作用。而裁量性评估则指竞争主管机构试图影响拟议中的或现存的政策的一种特殊的或自由裁量的过程。竞争主管机构有可能获得了法律的授权开展裁量评估以及随后对政策制定机关的说服，采取的影响政策走向的方法比较正式，但是缺乏强制力，也非政策制定的必经环节。[①] 此外，还有一种方式被称为市场/行业调研(Market/sector inquiries)，通过对特定的市场或行业开展调研，了解如果改变政府的干预能够促进相关市场或行业的有益竞争。此种方式主要针对既有政策，往往由立法授权竞争主管机构开展，但其仍然通过影响政策制定者来改变政策的走向。

2. 不构成政策制定部分环节的竞争评估

此种竞争评估方式或是由于其截然不同的性质抑或其干预方法的敌对性，与政策制定过程相对分离。一种方式为新设独立于竞争主管机构以及中央政府的具有广泛评估权力的委员会(Commissions with a broad remit)，该委员会负责评估如何通过调整政府干预增强整体经济的有益竞争。另一种方式则建立起可以挑战限制性立法或政策的制度，通过半司法性质的行政程序或法院裁判程序评估、修订或者废除既有或拟议中的不必要地限制竞争的政府政策或措施。值得注意的是，该种方式具有强制力，可以要求改变政策。

---

① 调查的受访者多称此种程序为竞争倡导，但是OECD为了避免与任何竞争评估方法中都会发生的旨在改变政策的倡导相混淆，在本调查报告中称其为裁量性评估。

3. 只关注特定的裁量性国家行为的竞争评估

此种竞争评估方式不关注政策的制定,仅评估特定的政府的裁量行为。首先,是行业规制评估(sector regulatory review),指竞争主管机构仅有特定的权限评估行业主管部门或垄断企业在规制行业中的裁量性行为,且通常仅关注规制行为是否适当。其次,是对直接补贴的评估(review of direct subsidies),竞争主管机构评估直接补贴或此类行为对竞争的影响以及是否符合有关立法。再次,是对政府招投标的监管,以保证大规模的政府招投标活动中的竞争过程与结果。最后,是对规划的评估,以确保不存在对竞争的不必要影响。

第二节　竞争评估的制度构成及其国际经验

竞争评估制度主要由评估主体、评估范围、评估标准、评估程序、评估方法构成。

一、评估主体

竞争评估的主体,即由谁来开展具体的评估工作。通常来说,竞争评估的主体可以是政策制定机关、上级政府机构、竞争主管机构、专门特设机构中的一种或者几种的组合。在确定竞争评估的主体时,需要考虑评估效率、评估专业性与机构独立性等多个维度。评估效率主要考虑的是评估所需的时间在多大的程度上会影响政策所追求的目标的实现,如果评估耗时过长有可能影响政策的及时出台,进而减损政策追求的目标的最终实现效果。评估的专业性需要考察评估人员在竞争分析方面的专业知识和工作经验。机构独立性主要考察评估主体中立地作出评估的能力,如果评估主体和评估对象有关的主体存在政治、财政上的隶属关系,评估主体有可能会面临一定的压力,其评估的科学性与公正性可能会受到影响。

(一)政策制定机关及上级政府机关

在评估效率方面,政策制定机关对行业的实际状况了解更为深入,拥有更多的相关数据,可以在制定政策的过程中灵活地开展评估,故评估效率较高。但是,在评估专业性方面,由于竞争评估具有较强的专业性,要求评估人员具有相应的专业能力,政策制定机关和上级政府机关在竞争专业人员的配备上往往较为稀缺。而在机构独立性方面,政策制定机关开展自我评估有可能会因为工作量的增加而缺乏动力,甚至有可能为了追求"偏狭公共利益",或因被小部分利益集团游说"规制俘获",而故意不开展竞争评估。上级政府机关相较政策制定机关而言独立性较强,但由于属于同一行政序列,存在一定的共同利益,不排除上级政府机关出于偏袒政策制定机关的动机而在竞争评估上存在缺位的可能。为此,采用政策制定机关及其上级机关开展竞争评估的国家往往同时规定,由竞争主管机构对政策制定机关及其上级机关开展的竞争评估工作进行指导和监督。

以新加坡和英国为例。新加坡要求,管制机构在拟定相关管制政策时必须进行管制影响分析(竞争评估是其中重要的组成部分),并向决策机构提交相应报告。新加坡竞争委员会不直接进行竞争评估,仅通过制定《竞争评估指南》为管制机构自行评估提供分析框架与评估工具或应管制机构请求就特定竞争问题提供指导意见。与之类似,英国也要求管制机构必须在放松管制委员会(Reducing Regulation sub-Committee,RRC)针对其管制措施提出建议前①自行开展管制影响评

---

① 管制委员会是负责审查管制措施能否优化的政府机构,不限于对市场竞争影响的审查。英国政府对于管制政策秉持严格审查的原则,认为仅在政策目标的满意结果不能由替代性的、自律性或非管制途径实现,成本—收益分析显示管制政策为最优路径,且管制及其实施是合比例、可归责、连续、透明以及有针对性时,政府才可以采取管制路径。See UK Government, *Better Regulation Framework Manual-Practical Guidance for UK Government Officials*, 2015, https://www.gov.uk/government/uploads/system/uploads/attachment_data/file/583871/bis-13-1038-Better-regulation-framework-manual.pdf, p. 4.

估,包括竞争评估。CMA 还发布《竞争评估指南》一般性地指导评估工作的开展,并就自行评估过程中遇到复杂竞争问题的管制机构所提出的请求提供特定帮助。① 此外,英国竞争与市场监管局还有权主动以书面形式就立法草案对英国市场的竞争影响向政府部长提出建议。②

在这种模式下,政策制定机关及其上级机关占竞争评估的主导地位,竞争主管机构的监督主要以咨询和建议等间接方式开展。

（二）竞争主管机构

在评估效率方面,一方面,竞争主管机构的评估效率与评估所依据的数据等信息的来源途径有关,当信息由政策制定部门提供时,评估效率相对较高,但也存在数据是否全面客观等问题,当信息完全由竞争主管机构自行通过市场或行业调研等方式获取时,则耗时相对较长;另一方面,竞争主管机构的评估效率也与参与政策制定过程的时机有关,如果竞争主管机构较早地参与了政策制定过程,就有可能及早地识别对竞争的限制并提出修改意见,避免重复起草政策花费的时间,则评估效率较高。在评估专业性方面,竞争主管机构在日常的竞争执法中积累了大量的经验,具备高素质的专业人才,评估专业性较好。而在评估独立性方面,竞争主管机构独立地履行竞争执法与评估职能,一般独立性较好。当然,竞争主管机构也可能会受到来自其他政府部门的政治压力,如当其行政或职务级别较低,或者存在行政或财政方面的隶属关系时,则其独立性可能会受到减损。

欧盟和印度由竞争主管机构负责竞争评估的特征比较典型。在欧洲,《欧盟运行条约》第 108 条建立起了国家援助的欧盟委员会事前审查制度,重点审查国家援助对欧盟统一市场的竞争影响效果。对于成员国申报的拟实施的国家援助,欧盟委员会在法定审查期限内可以作出判定措施不构成援助、批准援助、附条件批准援助以及不予批准援助

① See Competition Impact Assessment Part 1：Overview, CMA 2015, p. 4 – 6.

② See Competition Impact Assessment Part 1：Overview, CMA 2015, p. 4 – 6.

的决定。欧盟委员会还享有监督国家援助实施的权力,有权进行现场检查,以及视情况要求成员国政府修改、停止实施或收回援助。成员国政府与欧盟委员会的有关纠纷可以诉诸欧盟法院。在印度,也是由竞争主管机构负责进行竞争评估。经印度竞争委员会批准,竞争委员会负责竞争倡导的部门可以主动发起针对拟议或既存的经济立法及政策的竞争评估,或者应中央、各邦政府以及立法机构的要求进行竞争评估。① 在竞争委员会内部,一个完整的竞争评估流程往往需要竞争委员会委派的评估机构、②竞争委员会的竞争倡导部门和竞争委员会的参与。首先,竞争委员会决定将需要评估的立法或政策委派给某一个由其选聘的评估机构或委员会成员小组,由后者在 15 日内得出评估报告,包括结论、修改建议及理由。其次,竞争委员会的倡导部门审核前述评估报告,并在 15 日内将该评估以及审核观点一并提交给竞争委员会。竞争委员会尽快形成最终意见,并在必要的时点向起草或出台该文件的联邦或邦的议会、政府部门及其他机构提出意见。③

(三)竞争评估专门机构

有些国家在竞争主管机构之外特别设立了负责竞争评估的专门机构。竞争评估专门机构通常在人员编制与业务能力方面更能满足竞争评估工作的需求,具有评估效率和专业程度方面的优势。设立专门机构往往展现了国家大力推进竞争评估工作的决心和政治支持,在机构独立性方面也表现较好。当然,竞争评估专门机构在评估效率上也可

---

① See CCI, *The Competition Commission of India (Competition Assessment of Economic Legislations and Bills) Guidelines*,2016,p. 2.

② 印度竞争委员会下辖 5—7 个具体承担竞争评估工作的评估机构,每个评估机构拥有经委员会考核挑选而出的法律、经济、金融或管理等方面的专家,专家任期一般为 3 年,可连任,需要与竞争委员会签订保密协议。

③ See CCI, *The Competition Commission of India (Competition Assessment of Economic Legislations and Bills) Guidelines*, 2016, http://www. cci. gov. in/sites/default/files/whats_newdocument/Competition%20Assessment%20Guidelines%2C%202016. pdf, p. 3.

能受到信息来源以及参与政策制定过程时机的影响。

以澳大利亚为例,该国为推进国家竞争政策改革中的立法评估项目,设立了包括澳大利亚政府理事会(Council of Australian Governments,COAG)、国家竞争理事会(National Competition Council,NCC)、商业管制理事会(Council on Business Regulation,COBR)、其他专门规制评估机构等专门机构。其中,政府理事会由联邦、州与自治领、地方的政府首脑组成,负责倡议、制定和监督具有全国影响力的政策改革的实施,是体现有关政治支持的最高机构。国家竞争理事会在国家竞争政策改革中设立,是立法评估项目另一个重要的协调机构,独立于竞争主管机构澳大利亚消费者与竞争委员会(Australian Competition and Consumer Commission,ACCC),其成员的选任需要经过联邦和大多数州与自治领袖的批准,成员需要具有产业、商业、经济、法律、消费者保护或公共管理方面的知识或经验,主要负责评估各级政府实施立法评估项目的进展并向联邦政府提出是否达到向地方支付竞争评估补偿金的条件,向各级政府提供评估建议。必要时,国家竞争理事会还负责协助全国层面的合作行动的开展,如应联邦、州或自治领政府的请求承担对一项被认定为具有在全国范围影响市场竞争效果的立法的国家评估工作(national review)。① 商业管制理事会负责协助联邦政府识别应当优先开展管制措施竞争评估的领域,并且在评估后提出修改建议,以及负责识别目标不明确、无法实现所称目标的、有损竞争效率或实施成本超过收益的管制规范。其他专门机构还包括商业管制理事会的秘书处——联邦管制评估办公室以及各州或自治领建立的管制评估机构。联邦管制评估办公室具有与管制措施竞争评估有关的行政、咨询功能,各州或

① See Australian Competition Principles Agreement,5(8),April 1995.

自治领的管制评估机构也主要发挥协调与咨询的作用。① 竞争评估专门机构的设立体现了澳大利亚推进国家竞争政策改革的决心,起到了在联邦和各级政府层面协调推进与提供专业支持等重要作用,为竞争评估的顺利实施打下了良好基础。

(四)组合模式

鉴于政策制定部门及上级政府部门在掌握行业数据信息与评估效率方面的优势,以及竞争主管部门或竞争评估专门机构在评估专业性与独立性方面的优势,实践中,一些国家将这些主体组织起来分工开展竞争评估工作。一般而言,首先由政策制定机关自行评估,识别出排除、限制竞争的决策后,提交给竞争主管机构或竞争评估专门机构以进一步分析限制的合理性。

以韩国与日本为例。韩国自 2009 年起实施竞争评估制度,政府政策协调办公室修订了《拟实施管制措施影响评估指南》并明确要求各级政府部门拟定的管制政策必须接受 KFTC 的竞争评估,确立了管制机构与竞争主管机构分工合作的竞争评估组合模式。管制机构首先进行初步评估,识别出限制竞争可能性较大的管制措施后提交给 KFTC,后者随后进行深度评估,就管制政策是否限制竞争以及如何选择对竞争损害更小的替代方案提出建议。② 日本自 2011 年起正式建立了竞争评估制度,采取了政策制定机构、总务省以及 JFTC 分工合作的竞争评估组合模式。首先,各省厅(部委)实行自我审查并填写竞争评估清单后,与《政策事前评价书》一并提交给总务省,随后总务省将竞争评价清单转交给 JFTC,由后者审查和监督政策对竞争状况的影响,并

① 除新南威尔士州和南澳大利亚州的管制评估机构直属于州长及其内阁(DPC),其他州的管制评估机构多设在州财政部或工业部之下。See OECD, *OECD Regulatory Impact Analysis Best Practices in OECD Countries*,1998,p. 94 – 97.

② 参见朱凯:《对我国建立公平竞争审查制度的框架性思考》,载《中国物价》2015 年第 8 期。

提出修改意见。①

组合模式有助于发挥各类主体在竞争评估中的比较优势，从整体上促进评估效率，提升评估质量。

二、评估范围

评估范围指的是需要接受竞争评估的法规政策的位阶范围以及该法规政策所处制定阶段的范围。例如，OECD 界定的竞争评估的范围包括条例（regulations）、决定（rules）等行政性规范或者立法机关制定的法律（law）②，涵盖了拟议中的政策法规和已经颁布的政策法规。澳大利亚立法评估项目的对象为立法（legislation），但在此对立法做广义的理解，包括法律、法规、政令以及各州立法机构制定的地方法规、条例。③而根据澳大利亚 2016 年签署的新一轮国家竞争政策文件，其竞争评估的范围不仅“包括地方政府制定的条例在内的所有政府条例”等法规政策，④还包括具有上位法律依据的特定政府行为，如其要求 2010 年《竞争与消费者法案》第 51 条第 1 款予以司法豁免的行为⑤也应当接受竞争评估，以确保这些行为的必要性与适当性。

---

① 参见李慧敏：《日本竞争评价制度考察及对我国公平竞争审查制度的相关建议》，载《经济法论丛》2017 年第 2 期。

② See OECD, OECD Recommendation of the Council on Competition Assessment, 2009, http://www. oecd. org/daf/competition/oecdrecommendationoncompetitionassessment. htm, p. 3.

③ See Acts, enactments, Ordinances or regulations. 转引自徐士英：《竞争政策视野下行政性垄断行为规制路径新探》，载《中国价格监管与反垄断》2016 年 S1 期。

④ See Regulation, including local government regulation. See Intergovernmental Agreement on Competition and Productivity-enhancing Reforms, Appendix A, https://www. coag. gov. au/sites/default/files/agreements/IGA-productivity-reforms. pdf. 在英语中，“Regulation”一词既可以指代规制的行为，又可以指代由行政机构或政府规制部门发布的具有法效力的规则或命令，后者通常翻译为“条例”。See Merriam-Webster Legal Dictionary, https://www. merriam-webster. com/dictionary/regulation.

⑤ 该条款予以豁免的行为包括由联邦、州、自治领的法律或依据签署法律制定的条例授权的行为。

三、评估标准

竞争评估的标准通常为是否“不合理地限制竞争”(unduly restrict competition)。“不合理地限制竞争”指当考虑合理的替代政策和实施成本时,为实现公共利益目标而施加给市场竞争的限制超过了必要的限度。① 因此,竞争评估主要包含两个要素:“限制竞争”和“不合理”,相应地,需要分别针对这两个要素建立评估标准。

(一)“限制竞争”要素

判断“限制竞争”要素时,主要考察政策措施是否以及如何限制市场主体之间的竞争。澳大利亚国家竞争理事会提出了立法可能限制竞争的主要的7个方面:管控市场主体的市场准入或退出;控制价格或产量;限制产品或服务供给的质量、水平或产地;限制广告或促销活动;限制生产过程中使用的投入品的价格或类型;有可能向企业施加显著的成本;或者赋予某些企业相对于其他企业的竞争优势,如使某些活动免受竞争压力②。欧盟在分析欧盟委员会拟议的政策以及欧盟立法对共同体市场的竞争的影响时,首先考察是否涉及有关情形,③若涉及则继续评估是否具有排除或限制竞争的效果,包括对特定的市场或行业除外适用竞争规则以至于造成或增强了垄断地位(如国防行业或特定的农产品),干预企业对产品或服务进行营销或定价的方式,为特定的市场主体限制或者保留分销渠道以至于减少了消费者的选择或者制造了

---

① See OECD, OECD Recommendation of the Council on Competition Assessment, 2009, http://www.oecd.org/daf/competition/oecdrecommendationoncompetitionassessment.htm, p. 3.

② See National Competition Council 2010, *Legislation Review Compendium*, 6th ed., Melbourne, http://ncp.ncc.gov.au/docs/LRC10-001.pdf, p. 2-3.

③ 有关情形包括:将以前被垄断的管网设施(如电力、电信、邮政、公共运输等)自由化并制定行业内部统一的市场规则,提高或降低市场进入或退出门槛,引入特殊的商业权利(如知识产权)或允许特定活动除外适用竞争规则,制定追求经济、环境或地区政策目标的行业规则,制定适用于经济活动的一般规则(如公司法)等。

市场进入壁垒(如广告或营销限制,价格或质量标准),促使或诱使企业固定价格、划分顾客或市场并以此提高消费者支付的价格或降低市场主体之间的竞争活动(如有关农产品的特定市场组织),限制市场资源的使用(如原材料、土地、知识产权、技术秘密或方法技术)并由此排除或推迟替代产品或服务的市场进入(如在新媒体、信息技术行业,或在医药行业),限制市场准入而有利于在位企业以至于减少了自由化带来的收益(如剥夺了消费者有关在电信、能源或交通行业的选择增加或更具有竞争性的价格的收益)。① 欧盟还有针对成员国采取的援助措施进行审查的国家援助制度,“扭曲或可能威胁竞争”是一项援助措施被认定为国家援助的重要构成要素。② 在判定援助措施是否扭曲或可能威胁竞争时,欧盟委员会曾对该要件采取了宽泛的理解,在大部分案件中,欧盟委员会考察受援助者是否存在事实上的竞争者,也即市场上是否存在受援助者产品的替代品,而不详细考察特定市场的实际特征,此种方法缺乏严格的经济分析基础而受到了一些国家和 OECD 的批评。近年来,欧盟委员会拓宽了评估要素,除考察援助的选择性因素,还关注受援助者的长期市场势力、选择性倾向和扭曲竞争之间是否存在因果关系等其他因素。③

近年来更为流行的做法是,制定竞争评估清单(checklist)分类列举限制竞争的情形,供评估主体快速筛选和识别评估对象中具有限制竞争效果的条款,以便开展进一步的竞争评估。国际影响力最大的竞争评估清单由 OECD 制定的,OECD 版竞争评估清单总体上可分为对供

---

① See Impact Assessment Guidelines, European Commission 2009, p. 40 – 41.

② 《欧盟运行条约》第 107 条第 1 款规定,“除与本条约相反的规定,由某一成员国提供或无论通过何种形式的国家资源给予的任何援助,凡优待某些经营者或某些生产部门,以致扭曲竞争或对竞争产生威胁,从而对成员国之间的贸易有不利影响时,应被视为与共同体市场相抵触”。

③ See Alberto Santa Maria, *Competition and State Aid: An Analysis of the EU Practice*, 2nd ed., Wolters Kluwer Law & Business, p. 56 – 57.

给侧和对需求侧的考察。供给侧考察公共政策对商品或服务的供应者的数量、范围、开展竞争的能力以及开展竞争的动力等方面的影响,而需求侧则考察公共政策对商品或服务的消费者作出消费决定的影响。在此基础上,该清单列举了四大类标准,各类标准之下共有15条具体项目,参见表15。[①] OECD的竞争评估清单影响力很大,为许多法域参考借鉴,如英国[②]、韩国[③]、日本[④]、新加坡[⑤]、印度[⑥]制定的竞争影响评估指南大多借鉴了OECD版竞争评估清单。对于采用以政策制定机关及其上级机关自我评估为主模式的国家而言,竞争评估清单能够较好地弥补评估主体在专业人员和评估能力方面的短板,提高竞争评估的成效。

表15 OECD竞争评估清单

标准	项 目
限制供应者的数量或范围	(1)授予供应者提供商品或服务的独家权利; (2)设立前置许可程序; (3)限制特定类别的供应者提供商品或服务的能力; (4)显著地增加供应者进入或退出的成本; (5)创设有关企业供应商品服务劳动力或投资的地域障碍

① See OECD Competition Assessment Toolkit-Operational Manual, version 3.0, p. 3–4.

② See CMA, Competition Impact Assessment-Part 2: guidelines, 2015,

③ See Annual Report, KFTC 2010, p. 17.

④ See *Controlling Anti-competitive Action by the State: The Role of Competition Advocacy/Competition Assessment- Japan's Experience*, 2011, http://www.jftc.go.jp/en/policy_enforcement/speeches/2011/110318.html.

⑤ See CCS Guidelines on Competition Impact Assessment for Government Agencies, CCS 2008, p. 9.

⑥ See Competition Assessment Toolkit, Competition Commission of India, https://www.cci.gov.in/sites/default/files/whats_newdocument/COMPETITION%20ASSESSMENT%20TOOLKIT.pdf.

续表

标准	项　目
限制供应者开展竞争的能力	(1)限制销售者设定商品或服务的价格的能力； (2)限制供应者宣传营销其商品或服务的自由； (3)设定有利于某些供应者的或者超过充分知情的消费者将选择的产品质量标准； (4)显著地增加某些供应者相对于其他人的生产成本(特别是区别对待在位企业和新进入者)
降低供应者竞争的动力	(1)设立行业自律管理或由政府与行业或职业协会共同管理的制度； (2)要求或鼓励供应者公布产量、价格、销售情况或成本状况； (3)规定一般性的竞争法在特定行业或群体的适用除外
限制消费者的选择和信息	(1)限定消费者决定从何处购买的能力； (2)通过增加改变供应者的显性或隐形成本来降低消费者在不同的商品或服务的供应者之间选择的机动性； (3)基础性地改变买方有效地购物所需要的信息

(二)“不合理”要素

判断“不合理”要素的前提是建立合理性标准，即需要明确确定政策措施排除限制竞争的必要限度的考察因素。例如，欧盟允许的国家援助应当为可以实现良好制定目标的适当工具，它应当带来政策激励效果，且是合比例的，并且仅在最低程度上扭曲竞争。[①] 也就是说，判断政策措施的合理性，需要考察其目的与手段分别是否合理，特别包括手段是否能实现目的、手段是否合比例以及手段是否仅在最低程度上限制竞争。上述考察因素与公法学说中比例原则的考察要素非常相似。[②]

基于合理性标准，域外主要采取两种路径来考察一项政策措施是否合理。两种路径的区别在于分析的起点不同，即是否推定凡限制

---

① See State Aid Action Plan, 2015, p. 4.

② 参见王磊：《比例原则下的公平竞争的深入审查》，载《西安交通大学学报(社会科学版)》2017 年第 6 期。

竞争的公共政策即视为不合理。第一种路径未推定限制竞争即为不合理,而是考察对竞争的限制是否超过了合理的程度。例如,OECD将“不合理”要素界定为“超过了必要限度”,那么,就需要仔细分析该政策措施作为力图实现一定政策目标的手段是否满足比例原则。此种思路类似于判定经济垄断中的合理原则(rule of reason),需要在个案中对公共政策的目的、手段及其实施效果进行具体分析。公共政策对市场竞争的效果可以参照反垄断法“结构—行为—绩效”的经济垄断分析框架予以评估。又如,印度竞争委员会在竞争评估指南中提出,评估标准需要参照印度竞争法有关垄断协议、滥用市场支配地位和经营者集中的规定,考察评估对象是否对印度相关市场的竞争造成可以识别(appreciable)的负面效应、损害竞争性市场的显著(salient)特性、限制市场主体的自由以及消费者的选项或者与印度竞争法的目标相违背。[①] 第二种路径则在假定所有限制竞争的公共政策为不合理的基础上,个案考察对竞争的限制是否具有合理性,即是否满足例外合理的情形,此种思路类似于判定经济垄断中的本身违法原则(per se rule)。例如,在澳大利亚国家竞争政策下的立法规制评估采用了该种分析思路,[②]假定限制竞争的公共政策一般都是不合理的且应当予以废止,除非能够证明该限制对于维护公共利益是必要的,即该限制给全社会带来的收益超过了其施加的成本,并且立法的目标只能通过限制竞争来实现,这种方法被称为“公共利益测试法”(public interest test)。[③]

---

① See CCI, The Competition Commission of India (Competition Assessment of Economic Legislations and Bills) Guidelines, 2016, http://www. cci. gov. in/sites/default/files/whats_newdocument/Competition%20Assessment%20Guidelines%2C%202016. pdf, p. 3.

② See Australian Competition Principles Agreement, 5(1), April 1995.

③ 澳大利亚在2016年12月公布的《提升竞争与生产力改革的政府间协议》中对1995年《竞争原则协议》进行了实质性的更新,该分析思路不仅继续用于评估规制或政府政策这类规范性文件,而且也适用于评估其他的政府行为。See Intergovernmental Agreement on Competition and Productivity-enhancing Reforms, clause 10, https://www. coag. gov. au/sites/default/files/agreements/IGA-productivity-reforms. pdf.

欧盟的国家援助审查制度对国家援助的审查也采纳了“本身违法”原则①，即假定只要构成国家援助就应当认定为与共同市场不相容而不得实施，除非经欧委会审查发现符合《欧盟运行条约》第107条第2款的法定豁免条件、符合第3款的个案豁免情形或者符合第109条有关集体豁免的规定时，才能实施。由于第3款个案豁免中，欧委会享有较大的自由裁量权，为了增加裁量透明度，欧委会通过2005年的“国家援助行动计划”引入了“平衡测试法”，以确定该援助是否与共同市场兼容。“平衡测试法”用来衡量援助给竞争带来的消极影响与其给公共利益带来的积极影响，欧委会在审查国家援助申请时，首先考察该国家援助是否针对明确的共同利益目标，其次考察该援助是否能实现该共同利益目标，包括是否能合适地实现目标、是否能激励受援助者改变行为、是否与其欲实现的目标合比例（是否能以更少的援助实现同样的效果），最后考察从援助所获得的整体利益是否超出了损害竞争带来的坏处。②

从制度逻辑来说，两种路径殊途同归，实质上均为探索公共政策对竞争的限制合理与否。不过二者在承担证明责任的主体方面存在差异，第二种路径对于制定限制竞争的公共政策的政府机关施加了较重的正当化证明义务，更能体现国家竞争政策的基础性地位。

四、评估程序

评估程序，指的是竞争评估主体识别不合理地限制竞争的法规政策并提出废止或修改建议所依据的一定顺序的阶段和步骤。评估程序不仅具有促进实体评估标准充分实施的工具价值，而且也具有确保评

---

① 参见靳静：《公平竞争审查制度的欧盟路径》，载《中国价格监管与反垄断》2016年第2期。

② See Common Principles for an Economic Assessment of the Compatibility of State Aid under Article 87.3, http://ec.europa.eu/competition/state_aid/reform/economic_assessment_en.pdf, p.3.

估主体独立客观地运用评估方法严格按照评估标准开展竞争评估的特有价值,有助于保障竞争评估目的的有效实现。

域外的竞争评估通常分为多个阶段和步骤。例如,澳大利亚国家竞争政策下的立法评估项目将评估程序划分为3个阶段,首先是评估立项阶段,其次是评估执行阶段,最后是评估建议实施阶段。在评估立项阶段,需要考察评估的复杂程度和立法的预期效果,以决定评估的重要性并选择合适的评估模式①,确保项目责任委员会的独立性以及项目对利益相关人群的透明性,还要确定最合适的评估小组及其工作方案。在评估执行阶段,首先要厘清立法的目标;其次是要识别竞争限制的性质。再次是要分析竞争限制的效果,包括分析竞争限制对经济发展的利弊、负面影响较小的情形、该法规政策不存在时的预期利弊、相应的成本收益。最后是要思考替代方案并提出修改建议。评估建议实施阶段则关注政府是否采纳评估建议,若不采纳,评估主体应向国家竞争理事会提交保留意见的净收益测试,财政部将依据国家竞争理事会的建议决定是否向州政府发放竞争支付款。②

新加坡的竞争影响评估程序则包括4个步骤,首先是确定政策目标和多个可以实现该政策目标的方案选项。其次是识别受到拟议政策直接或间接影响的市场。再次是分析受到影响的市场的竞争状况以及不同的政策方案选项对竞争的影响,该部分可以结合竞争评估清单开展。最后是政府机构应当考虑采取有可能减轻拟议政策对竞争状况的

① 如果待评估的规范影响的范围较小且直接,可以采用“部门评估”模式(Departmental Review);如果存在误解的较大可能但影响的范围不高,则采用“聚焦利益相关方的公共评估”模式(Stakeholder Focused Public Review);如果影响范围较大但相对比较直接,可以采用“技术性聚焦的公共评估”模式(Technically Focused Public Review);如果很容易误解而且影响很大,应采取“完全独立的公共评估”模式(Full independent public review)。Guidelines for NCP Legislation Reviews, Centre for International Economics 1999, p. 21.

② See Guidelines for NCP Legislation Reviews, Centre for International Economics 1999.

不利影响的措施。①

OECD 提出的竞争评估由 6 个步骤构成:第一步为识别需要评估的政策;第二步为适用竞争评估清单来识别有可能限制竞争的规范,当存在限制竞争的可能性,则应当进一步调查限制是否显著,若存在对竞争的实质性限制,则应当寻找替代性选项,否则可以终止评估;第三步为识别可以实现相关政策目标而对竞争限制较小的替代性选项;第四步为选择最佳选项;第五步为实施最佳选项;第六步为对已实施的政策的事后影响评估。②

此外,按照评估深度的不同,竞争评估程序还可以划分为“初步评估”和“深度评估”。“初步评估”意在识别一项潜在的对竞争的限制,往往结合竞争评估清单逐项核对,并判断是否需要对竞争效果做深度评估。经初步评估若发现一项政策法规具有如下情形,就有可能需要深入评估,包括政策法规影响的市场的规模非常大,显著地影响了市场竞争的某个重要维度(如影响了高技术市场的创新要素,或在价格作为特别重要的竞争要素的市场中影响了竞争者的相对成本),限制了供应者在仅有少数竞争者的市场上开展竞争的能力,对部分竞争者、消费者或其他主体产生了实质性的影响,对颠覆性、创新性或在其他方面独特的竞争者或潜在进入者产生了较大影响等。③

“初步评估”和“深度评估”的双层评估程序目前为许多国家所借鉴。例如,韩国管制机构在“初步评估”时对照竞争评估清单检查管制政策是否包含对企业或消费者的限制,如果认为存在限制,则直接交由 KFTC 进行深度评估,否则,由 KFTC 核查初步评估结果。当 KFTC 认

---

① See CCS, CCS Guidelines on Competition Impact Assessment for Government Agencies, 2008, p. 4 – 5.

② See OECD Competition Assessment Toolkit-Operational Manual, version 3. 0. p. 16 – 17.

③ See OECD Competition Assessment Toolkit-Operational Manual, version 3. 0. p. 53 – 57.

为需要深度评估时,KFTC将会同管制机构进行深度评估,进一步分析限制竞争内容是否具有合理原因、是否具有其他显著的公共利益、是否存在竞争损害更小的替代方案等问题。英国在“初步评估”中由政策制定机关适用竞争评估清单(仅包含OECD竞争评估清单的四类标准)以判断政策是否有可能限制竞争,如果认为存在清单中列举的任意一种或几种限制竞争的情形,则还要自行深度评估。在“深度评估”中,政策制定机关首先收集有关直接或间接受到政策影响的市场的信息,确定受影响的市场并建立评估基础,在使用深度竞争评估清单(进一步介绍OECD竞争评估清单四类标准之下的具体情形)识别出对竞争的具体限制后,综合使用定性分析和定量分析来评估政策对竞争的影响并比较选项,以及评估替代措施及其在实施中潜在的问题,最后对比各组分析结果,并基于结论制定决策。①

五、评估方法

评估主体按照评估标准准确地识别和修改限制竞争的法规政策,需要运用适当的评估方法。特别是当借助竞争评估清单识别出的可能限制竞争的政策法规进入“深度评估”后,在思考如何达到同样政策目标的替代措施、详细分析法规政策及替代措施对市场竞争的具体影响方面,需要借助一定的评估方法。一般而言,评估方法主要包括寻找替代措施的方法、定性分析方法以及定量分析方法。

(一)寻找替代措施的方法

竞争评估以发现能够实现预期目标的最小扭曲竞争的政策措施为目标,因此有必要穷尽所有可行的替代措施。寻找替代措施需要与特定事实紧密联系,深刻理解政策措施的制定目标与行业背景。当然,各国竞争评估的实践以及国际组织的总结归纳也为寻找替代措施积累和提供了可资借鉴的有益经验。常用的寻找替代性政策措施的方法包括

① See Competition Impact Assessment Part 1: Overview, CMA 2015, p. 7 – 13.

以下9种。①

1. 用经济激励代替管制措施解决外部效应

外部效应是环境、经济、健康、安全或者其他由产品产生的、未在产品的价格或成本中反映出来的成本或收益，因此，消费者不太可能适当地考虑外部效应。如果一个产品或活动产生了外部成本，那么它就会倾向于过度供给，因为它的成本未完全地反映到价格或市场回报中。如果一个产品产生了外部收益，它就会倾向于削减产量，因为它产生的收益并未被全部反映到其价格或市场回报中。相较于对产生外部性的产品或活动的供应数量、价格或质量设定管制，采用补贴、税收或者费用等一般性的经济激励将这些产品的外部效应内化为其市场价格的一部分，从而通过价格竞争等市场力量来决定有效率的价格、产量和产品质量，这种路径不会扭曲企业之间的竞争，设立排放权以及允许其交易就属于这种经济激励。

2. 用经济转型项目代替对衰退产业企业的财政补贴以解决就业问题

补贴缺乏效率的企业来维持衰退产业的就业问题只会拖延最终发生的适应市场条件变化的转型，并且会导致更有效率的企业退出市场。与其试图逆转市场发展趋势，不如采用经济转型项目来推动工人与企业更快地适应市场条件，避免扭曲市场竞争。例如，汽车产业作为最重要的用人单位之一，随着销量下滑大量裁员，政府为了保护就业而给予汽车生产商补贴，但该政策可能扭曲投资，不利于替代性或创新性运输工具的生产者，如电动车、自行车等。鉴于最重要的目标是避免失业，政府应当尽量直接援助工人，替代措施则包括拨款提供工人培训项目，促进下岗工人再就业，或者向下岗工人支付临时性的裁员救助款供其找到下一份工作。一般而言，工人培训项目拨款或者支付裁员救助款不会扭曲企业之间竞争。

① See OECD Operational Manual, p. 70 – 77.

3.采取向消费者披露信息代替制定强制产品质量标准以保护消费者利益

保护消费者利益通常是制定强制性产品质量标准的理由。但只要这个风险并未不合理地损害消费者的生命健康,政府就可以向消费者提供让他们做决定所需要的充分信息,交给消费者自己选择,而非一律禁止。例如,有些消费者为了更低的价格倾向于承担高脂肪的风险,在产品脂肪含量的信息披露充分的情况下,消费者有机会选择是否承担该风险。

4.确保消费者充分获知信息代替对上门推销或直销模式的禁止

上门推销或者面向消费者直销在许多市场是常见的商业行为,但是,在刚刚开放管制的市场,这些销售方式经常会导致消费者可能会基于推销人员提供的误导性的或不充分的信息作出购买决定。一种解决方法是禁止上门推销或直销,替代性的做法包括对上门推销或直销人员施加向消费者提供充分产品信息的义务,或者要求合同中包括“冷静期”条款,赋予消费者重新审视其作出的购物决定的机会。合同最长期限或者禁止合同自动续期等限制可以保护脆弱的或未被告知充分信息的消费者。这些措施可以保有上门推销或者直销的好处,又保证消费者能够获知充分的信息。

5.控制广告内容代替对广告的禁止以预防有害广告

控制广告内容而非禁止广告,可以提供一种既解决广告的不利方面又允许其积极效果继续的方法。例如,在广告中指出产品相较于之前或推荐的价格的折扣有时可能是存在误导的。作为禁止广告中标明折扣的替代措施,可以采用限制人工折扣的广告的规制,如禁止头一天提价1倍,第二天标出打5折出售的行为。

6.依靠竞争法代替管制措施来解决不正当竞争行为

侵略性或创新性的商业行为经常引发对不正当或不适度竞争进行监管的诉求。例如,最低价格管制常用来保护弱小企业免受竞争者过低价格的威胁。作为替代,竞争法在这些商业行为有可能损害竞争和消费者的时候提供一个一般性的有效防范不正当竞争的框架，同时，在这些行为促进竞争、创新和消费者利益的时候允许其存在。例如，低价策略仅在极少数的情况下有可能是掠夺性的商业行为引发竞争担忧，最低价格管制有可能使消费者无法享受到更低价格的产品。

7. 用自愿产品标准和商业行为规则代替强制标准和规则

强制标准要求所有相关产品必须满足最低性能或标准，自愿标准则允许生产者在其满足最低标准的产品上贴上标签，同时允许生产者继续提供一些消费者需要的却不满足最低标准的产品。自愿商业准则在限制程度上更弱，也能解决消费者的市场忧虑。与强制所有企业都接受相同的标准和流程相比，自愿标准与行为规则可以给消费者提供允许其作出更好决策的信息。

8. 适当放松对小企业的监管要求

来自监管层面和申报要求的负担有可能对小企业而言过于沉重，潜在地提高了小企业的市场进入壁垒以及减少竞争。为了确保这些有效率的竞争者可以继续经营下去，减少监管和申报方面的负担是有必要的。

9. 政府采用竞争性外包模式获取产品代替政府内部供应产品

政府机构获取物资，可以借助市场力量使用竞争性方式从外部采购，这往往会比由政府内部供应获得更有效率、更创新以及成本更低的产品。

值得注意的是，替代性政策措施，应当包含“未作出任何政策措施”的情形并以此为基础。只要所有可能的替代性政策措施被穷尽，数量多寡并不重要，因为也可能不存在能够达成政策目标的替代性政策措施。此外，应当对每一项替代性政策措施的目标、效果、与原评估政策措施相比的额外成本收益等进行评估，包括适用竞争评估清单识别替代措施是否会带来其他扭曲竞争的问题。

（二）定性分析方法

定性分析方法是竞争评估中最常运用的方法，其通常有论理法及评分分析法两种方法。

论理法是定性分析方法的一种,需要借助“批判思维”和“非形式逻辑”。通常来说,论理法首先需要描述整体情况,包括描述拟议政策措施实施前受其直接或间接影响的市场的竞争现状,以及陈述当前拟议政策措施的理由。其次,需要描述拟议政策措施的目标,并且列出替代性政策措施。评估人员需要使用所有已知证据来分析每一种政策措施,所用信息包括管制所依据的理论、每一政策措施的优势与劣势、政策目标的实施路径,以及基于经济学原理判断其对消费者的潜在影响等,评估人员可以提前预设有可能经常遇到的问题。最后,评估人员综合所有证据与理由,逐个衡量分析,作出最佳政策措施的价值判断。

优缺点列表比较法是论理法的一种替代方法,用于识别一项政策措施相较于对照评估对象(替代性政策措施或者未制定政策措施时的现状)的优点和缺点。分别列出优点和缺点后,可以寻找相互抵销后的平衡点所处的方向,判断该政策措施相较于评估基础偏向更好还是更差,选取更好的一方。如果存在多项政策措施需要比较,则可以两两比较后选出其中占优的一方再与第三项进行比较,循环往复直至选出最优选项。当然,尽管对优缺点的衡量更倾向于自由裁量,由于透明性较好以及成体系化,优缺点列表比较法仍然是一种常用的定性分析方法。

评分分析法也是一种衡量利弊的定性分析法。在评分分析法中,首先需要识别与待评估政策措施有关的重要变量,赋予每个变量相应的分数,评估每个变量在实现政策措施目标过程中的贡献,分数越高结果越理想。一个变量获得的最大分数有可能比另一个变量高,因为有些变量比其他变量更重要。在每项政策按照变量逐个给出变量对目标实现程度的贡献分数后,获得分数最高的政策即为最优政策。不过该方法应当谨慎使用,特别是要避免随意给出分数乃至为了选取事先认定的方案而操纵分数。评分分析法的价值在于提供了一个可供比较的框架。

在综合运用上述定性分析方法的过程中,还可以充分发挥国际比较与向利益相关方咨询等辅助方法的作用。一方面,不同法域的相似政策措施以及在制定政策措施时对潜在竞争效应的分析过程和研究结论值得借鉴。比较法的分析方法要求进行对比的法域之间存在共同特点,如共同的消费者倾向和反应等。另一方面,向利益相关方咨询也是一种了解拟议政策措施潜在影响的有效方法。利益相关者通常对行业有充分了解,知道可以采取哪些替代措施。通过向利益相关者咨询,可以保证重要的相关事实不会被遗漏,替代性政策措施没有被忽略。当然,由于拟议政策的潜在受益企业更有意愿参与到咨询中来,并倾向于表达有利于自己而有损公共利益的观点,需要注意避免这一方法影响咨询结果的客观性。

(三)定量分析方法

进行定性分析后,对于有可能改变商品服务的价格或数量以及相应的消费者剩余、具有事实或潜在约束性的竞争限制,有可能需要进行定量分析。定量分析可以清晰地说明管制措施带来的利弊,还可以平衡从管制措施获益的利益相关者的支持管制措施的观点。

成本—收益分析是定量分析的重要内容。在定量分析消除对竞争的限制带来的收益时,往往需要测算消费者收益的价值。测算一般基于价格变化,有时也可以基于数量或其他因素的变化。测算出价值后,还需要考虑贴现、风险或不确定性、通货膨胀率等因素进行价值调整,得出可以和当前数值进行比较的净现值。

1. 定量分析的前提:确定变量与收集信息数据

开展定量分析的时候,需要确定分析所需的变量以及与政策措施有关的信息数据。有关变量取决于管制对象以及可供获取的信息数据的类型,在缺乏既存数据的情况下还要考虑如何收集数据。

与政策措施有关的数据通常包括消费者收益、成本、就业、产出、生产力、时间和营利,其中一些变量本身就以货币计量如成本,其他变量可以转化为用货币计量如消费者收益,还有主要不以货币计量的变量如就业。可用货币计量的变量为比较政策成本提供了一个统一框架,而不以货币计量的变量也可能具有很高的分析价值,如公众和政客就对就业统计数据很感兴趣。成本—收益分析是定量分析的重要内容。在定量分析消除对竞争的限制带来的收益时,往往需要测算消费者收益的价值。测算一般基于价格变化,有时也可以基于数量或其他因素的变化。测算出价值后,还需要考虑贴现、风险或不确定性、通货膨胀率等因素进行价值调整,得出可以和当前数值进行比较的净现值。

收集相关信息数据对于开展定量分析十分重要。下列渠道可供获得信息数据,包括政府数据资源、民间调查报告、行业协会收集的数据、企业年报、分析报告、商业数据收集组织、专家报告等。此外,竞争执法或司法案件中披露出来的数据和市场分析也很有意义。当缺乏国内数据的时候,国外数据也是一种可以接受的替代来源。

通常,定量分析所依据的可比量化信息的两种来源分别为:对拟议管制可能会产生的效应的预测性经济研究和对管制实施前后效应变化的定量研究。预测性经济研究以可以展现评估中的管制带来的影响的经济学原则为基础,这类分析通常估算管制对价格、成本或其他相关变量的影响。如果此前的研究已经分析过类似的拟议管制带来的影响,则这些研究可以为正在进行的评估研究提供借鉴。而管制实施前后效应变化的研究是为了识别管制措施对相关变量(如价格)的影响。OECD 在其竞争影响评估工具书中提供了一项数据,介绍了超过 300 份有关促进竞争的管制改革的研究报告,这些研究大多数是发生在 OECD 成员国中的发达国家。该数据显示,消除对竞争的限制带来的平均价格变化为 19%,意味着促进竞争的改革平均最多能使价格下降 19%。政策制定者可以将 OECD 对不同类型的竞争性限制对价格的平均影响的估算值作为评估引入一项影响竞争的管制对价格的效果的经验法则来使用。也就是说,在确实存在具有限制效果的管制个案中,可以直接使用上述估算值,而无须再结合案件情况详细计量测算数据。当然,此时得出的结果应当作为基准值来使用,特别在还存在测算价格等变量的弹性以及预期变化的可行方法时,可以使用从个案中测算出来的数据得出更为精准的分析结果。

2. 定量分析简易方法

出于对评估时限的考量,竞争评估机构通常采用定量分析简易方法。该方法作出的评估结论具有全面、透明、可验证等特点,便于向政策制定者介绍,因此相较于复杂分析方法来说更有说服力。如果简易方法不可行,竞争评估机构通常不会继续开展定量分析。

简易方法通常包括:(1)对比竞争存在与否情况下的产品价格,在对比价格的意义不大时,也可以对产量变化进行比较,如在维持打表价格不变的情况下对出租车实施限制增量供给的管制,此时需要比较的是竞争存否时的出租车数量变化;(2)开展管制实验,管制实验有助于观察管制如何影响产出或者消费者行为,越来越被认为是研究微观经济行为的一种信息来源,开展管制实验首先需要提出有关行为围绕环境中相关行为人的变化而改变的假设,然后通过观察实验组和对照组的行为予以检验;(3)开展小范围内的管制先行先试,这也是观察采纳拟议政策效果的一种实验,在小范围开展管制的先行先试所获得的有关成本收益证据是最可信的一种形式;此外,还包括对其他产品的管制产出效应的比较研究,对其他法域类似管制的产出效应的分析等。

第三节　公平竞争审查制度:具有中国特色的竞争评估制度

结合国际竞争评估制度的经验,在国家竞争政策视角下构建具有中国特色的竞争评估制度,在我国深化经济体制改革的实践中具有重要意义。在我国审查与纠正政府涉及经济领域法规政策的各项举措中,2016 年建立起来的公平竞争审查制度最为瞩目。正如竞争评估制度是澳大利亚等国推进国家竞争政策的重要步骤,公平竞争审查制度在我国的建立也是我国在国家竞争政策视角下加强行政性垄断规制迈出的关键一步。

为了规范政府行为,防止政府出台新的具有排除、限制竞争效果的政策措施,并逐步清理废除妨碍全国统一市场和公平竞争的规定和做法,国发〔2016〕34号文宣告我国公平竞争审查制度的正式建立。国家于2017年和2021年分别通过《公平竞争审查制度实施细则(暂行)》(已失效)和《公平竞争审查制度实施细则》进一步细化了公平竞争审查制度,使之更具可操作性。我国公平竞争审查制度即具有中国特色的竞争评估制度既有亮点也尚存待完善空间。

一、具有中国特色的竞争评估制度

公平竞争审查制度具有促进公共政策、维护市场竞争的功能,其要求政策制定机关按照既定的审查标准来衡量公共政策对市场竞争的限制程度以及此种限制是否合理。对于现有的公共政策,如包含不合理的限制,要求废除或调整;对于拟出台的公共政策,如包含不合理的限制,未经调整的,不予出台。比照OECD对竞争评估的分类,我国的公平竞争审查制度功能实现的路径具有一定的特色,但总体上并未脱离竞争评估的框架。在这个层面上,公平竞争审查制度与旨在促使政策制定机关识别、调整限制竞争的公共政策并最终采纳最有利于市场竞争的政策方案的竞争评估制度相近。

我国公平竞争审查制度所具有的特色与我国规制抽象行政性垄断的现状有关。我国的公平竞争审查制度既包含了对增量(新增)公共政策的事前审查,又为对存量(既存)公共政策的事后审查预留了制度空间,这与我国抽象行政性垄断行为多发的现状相适应。为了适应增量政策体量大、竞争主管机构审查资源有限的状况,公平竞争审查制度将自身定位为公共政策制定中的一个环节,政策制定机关的自我审查体现了较强的影响评估的色彩。① 专业能力较强的竞争主管机构享有一

① 在OECD的界定中,影响评估指的是将作为必经环节整合进政策制定程序的竞争评估类型。参见本章第一节竞争评估的分类。

定的监督和提出建议的权力，又体现了一定的裁量性评估的色彩，①这也表明我国的公平竞争审查制度并未采用独立于政策制定环节的控诉式干预方式，②制度实施的刚性较弱。此外，公平竞争审查制度关注的不是特定的政府裁量行为，而是公共政策的制定。因此可以说，公平竞争审查制度填补了《反垄断法》对不合理干预市场竞争的抽象行政行为规定过于原则的缺憾，创新地设计了审查的具体标准和事前审查程序。总而言之，公平竞争审查制度尽可能地回应了我国规制行政性垄断的现实需求，具有一定的中国特色，但仍在国际上的竞争评估制度的框架内进行分析，故可谓"具有中国特色的竞争评估制度"。

（一）清理妨碍公平竞争的政策规范的制度创新

公平竞争审查制度延续了我国清理和废除国务院所属部门、地方政府出台的妨碍全国统一市场和公平竞争的各种规定和做法的长期目标。在这个意义上，公平竞争审查制度又与旨在改进有可能降低经济效率并且给经济带来不必要负担的限制竞争的公共政策的竞争评估制度相一致。

在公平竞争审查制度建立之前，我国已经有对政府涉及经济领域的法规政策的审查与纠正，只是因为在审查原则上过于抽象、缺乏配套程序以及有效监督机制而不易得到执行。例如，2001 年国务院颁布的《关于禁止在市场经济活动中实行地区封锁的规定》（2011 年修订）中，要求地方不得制定实行地区封锁或含有地区封锁内容的规定，各级政府有权改变或撤销所属部门制定的上述规定，上级政府有权改变或撤销下级政府制定的上述规定。修订前的《反垄断法》第 37 条规定，行政

① 在 OECD 的界定中，裁量性评估指的是竞争评估虽非政策制定程序的必经环节，但竞争评估者试图在制定过程中影响政策走向的竞争评估类型。参见本章第一节竞争评估的分类。

② 在 OECD 的界定中，控诉式干预指的是由特定的审查机关通过半司法性质的行政程序或司法程序提起控诉，请求强制性地废除不符合标准的公共政策。参见本章第一节竞争评估的分类。

机关不得滥用行政权力,制定含有排除、限制竞争内容的规定。2010 年颁布的《工商行政管理机关制止滥用行政权力排除、限制竞争行为的规定》(已失效)对此进一步细化,规定行政机关和法律、法规授权的具有管理公共事务职能的组织不得滥用行政权力,以决定、公告、通告、通知、意见、会议纪要等形式,制定、发布含有排除、限制竞争内容的规定。2013 年颁布的中共中央《关于全面深化改革若干重大问题的决定》提出,要“清理和废除妨碍全国统一市场和公平竞争的各种规定和做法”。这些规定都反映了我国政府关于清理、废除政府妨碍统一市场和公平竞争的抽象行政行为必要性的清晰认识和有益尝试。

公平竞争审查制度的逐步建立更是加快了清理和废除妨碍全国统一市场和公平竞争的政策措施有关工作的制度化建设的步伐。中发〔2015〕8 号文强调“打破地方保护,清理和废除妨碍全国统一市场的规定和做法,纠正地方政府不当补贴或利用行政权力限制、排除竞争的行为”,并首次在政府正式文件中提出“公平竞争审查”的概念,提出“探索实施公平竞争审查制度”。国发〔2015〕26 号文指出“制定清理、废除妨碍全国统一市场和公平竞争的各种规定、做法的意见”“促进产业政策和竞争政策有效协调,建立和规范产业政策的公平性、竞争性审查机制”。国发〔2015〕32 号文强调要“加快出台公平竞争审查制度,建立统一透明、有序规范的市场环境”。随后印发的《深化科技体制改革实施方案》中再提“探索实施公平竞争审查制度”。中发〔2015〕28 号文再一次强调要“加快建立竞争政策与产业、投资等政策的协调机制,实施公平竞争审查制度,促进统一开放、竞争有序的市场体系建设”。2016 年 3 月 25 日国务院批转国家发展和改革委员会《关于 2016 年深化经济体制改革重点工作意见》的通知部署了“研究制定公平竞争审查制度,完善产业政策与竞争政策的协调机制”的工作任务。至此,公平竞争审查制度呼之欲出。

如前所述,国发〔2016〕34 号文标志着公平竞争审查制度的正式建立。该文件也明确了公平竞争审查制度的目的是,“规范政府有关行为，防止出台排除、限制竞争的政策措施，逐步清理废除妨碍全国统一市场和公平竞争的规定和做法”。之后，2016 年 12 月 22 日，国务院办公厅发布《关于同意建立公平竞争审查工作部际联席会议的函》，2017 年 7 月 3 日，《关于印发推进落实公平竞争审查制度 2017 年工作重点的通知》开启了多部委研究起草公平竞争审查制度实施细则的工作安排、10 月 23 日出台的《公平竞争审查制度实施细则（暂行）》（已失效）对公平竞争审查制度的实施做了细化规定，12 月 5 日出台的《2017—2018 年清理现行排除限制竞争政策措施的工作方案》，以及 2018 年 5 月发布的国务院办公厅《关于加强行政规范性文件制定和监督管理工作的通知》、国务院办公厅《关于开展涉及产权保护的规章、规范性文件清理工作的通知》则针对不同的清理范围，列明相关清理工作的重点和要求。2018 年 8 月颁布的国务院办公厅《关于印发全国深化“放管服”改革转变政府职能电视电话会议重点任务分工方案的通知》规定，“今后制定政策都要进行公平竞争审查评估，出台优惠政策也要以普惠性政策为主”。在《公平竞争审查制度实施细则（暂行）》的基础上，2021 年 6 月 29 日出台的《公平竞争审查制度实施细则》为公平竞争审查提供了更加完善的指引。

在中发〔2015〕8 号文①首提“公平竞争审查”概念之后，国发〔2015〕32 号文②、国发〔2015〕26 号文③和中发〔2015〕28 号文④先后酝酿。《关于 2016 年深化经济体制改革重点工作意见》正式部署了“研究制定公平竞争审查制度”工作任务。

---

① 中发〔2015〕8 号文即 2015 年 3 月中共中央、国务院《关于深化体制制度改革加快实施创新驱动发展战略的若干意见》。

② 国发〔2015〕32 号文即 2015 年 6 月《关于大力推进大众创业万众创新若干政策措施的意见》。

③ 国发〔2015〕26 号文即 2015 年 5 月《关于 2015 年深化经济体制改革重点工作意见的通知》。

④ 中发〔2015〕28 号文即 2015 年 10 月中共中央、国务院《关于推进价格机制改革的若干意见》。

公平竞争审查制度由《公审意见》正式推出，随后，国务院批复建立由国家发展和改革委员会牵头的公平竞争审查工作部际联席会议制度。

2017年5月5日，公平竞争审查工作部际联席会议召开第一次全体会议，会议审议通过了《公平竞争审查制度实施细则（暂行）》（已失效）、《2017—2018年清理现行排除、限制竞争政策的工作方案》、《推进落实公平竞争审查制度2017年工作重点》三个重要文件，并对下一阶段重点任务进行部署。

2018年5月，国务院办公厅颁布了《关于加强行政规范性文件制定和监督管理工作的通知》和《关于开展涉及产权保护的规章、规范性文件清理工作的通知》，分别从增量文件的审查和存量文件的清理角度发布开展工作的通知，进一步推进了公平竞争审查制度的实施。2018年8月，国务院办公厅又颁布了《关于印发全国深化"放管服"改革转变政府职能电视电话会议重点任务分工方案的通知》，强调要"大力清理废除妨碍统一市场和公平竞争的各种规定和做法……破除地方保护"，并指出相应的对策措施与工作安排。

2019年2月，国家市场监管总局颁布了《公平竞争审查第三方评估实施指南》（已失效），为建立健全公平竞争审查第三方评估机制作出了明确的指引，更加深入地推进了公平竞争审查制度的实施。

2020年5月、6月印发的《关于进一步推进公平竞争审查工作的通知》和《关于印发公平竞争审查工作部际联席会议2020年工作要点的通知》对公平竞争审查工作做了更为具体的要求。

2021年6月29日，国家市场监管总局、国家发展改革委、财政部、商务部、司法部颁布了《公平竞争审查制度实施细则》，为公平竞争审查制度的进一步深入实施提供了指引。

从上述一系列文件可以看出，在全面深化市场经济体制改革的过程中，我国政府早已认识到，为了激励创新创业和优化经济发展，以及建立统一透明、有序规范的市场环境，需要防止政府过度和不当干预市场,建立相应的制度对政府权力进行约束,并且已经建立起一套较为成熟的制度体系,即公平竞争审查制度。

(二)域外竞争评估制度经验的适度借鉴

在公平竞争审查制度这一颇具中国特色的竞争评估制度的酝酿、构思与逐步落地的过程中,我国不仅充分立足于本国国情,也适度借鉴了国际上竞争评估制度的优秀经验。其间,学界研讨浪潮起到一定的推进作用。例如,原竞争执法官员曹红英女士在介绍澳大利亚竞争政策改革时,关注到其中的法规审查项目和公共利益审查原则。[①] 刘继峰教授建议借鉴俄罗斯对抽象行政行为类型的行政性垄断所确立的两种规制机制,包括行政机关制定的涉嫌反竞争的法律规范须经过反垄断机关审查,以及反垄断机构对生效的抽象行政行为可以向法院申请,由法院最终认定其效力。[②] 徐士英教授提出对政府抽象行政行为实施竞争审查制度的构想,她指出,各国竞争政策中普遍实施的对行政行为(特别是抽象行政行为)进行以竞争法为视角的审查——"竞争性审查制度"可为我国规制政府反竞争行为提供有益的经验,我国应考虑如何在现行法律体系规定的框架内赋予反垄断执法机构对反竞争的行政行为进行包括劝告、审查、纠正等在内的权力。[③] 笔者也曾呼吁借鉴澳大利亚实施国家竞争政策的经验,引入竞争评估和审查制度来废除妨碍全国统一市场和公平竞争的规定和做法。[④] 张占江教授借鉴经济学将制度因素视为市场竞争中的一个内在分析变量的理论以及 OECD 倡导的竞争评估的思路,建议我国建立"以反垄断委员会为主、法律制定机

① 参见曹红英:《澳大利亚竞争政策改革(一)》,载《中国工商管理研究》1999 年第 5 期。

② 参见刘继峰:《俄罗斯反垄断法规制行政垄断之借鉴》,载《环球法律评论》2010 年第 2 期。

③ 参见徐士英:《竞争政策与反垄断法实施》,载《华东政法大学学报》2011 年第 2 期。

④ 参见叶高芬:《澳大利亚行政性垄断规制经验及其启示——基于"国家竞争政策"的解读》,载《中国社会科学院研究生院学报》2015 年第 3 期。

构为辅”的竞争评估机制。① 朱凯教授则在分析欧盟、韩国、新加坡的竞争审查制度的基础上，提出建立以政策制定机关自查为主、反垄断执法机构监督为辅的审查机制。② 吴汉洪教授和权金亮指出，我国现阶段更适合采用由政策制定部门进行评估后竞争执法机构审核的制度设计。③ 丁茂中教授指出，推行竞争政策优先最为切实可行之举，就是较为普遍性地引入产业政策的竞争评估机制，促进实现我国政府在干预市场方式上的彻底转型。④ 王健教授结合各国与我国政府管制的发展趋势和政府管制的竞争评估体系反思传统的清理、废除思路的不足，建议我国导入竞争评估制度。⑤

上述研究涵盖了域外规制抽象行政性垄断的行政执法与司法制度、域外管制影响评估制度的发展进程、竞争评估制度的实施状况、竞争评估的经济学理论基础等方面，也不同程度地提出了我国如何借鉴域外经验构建具有中国特色的竞争评估制度的初步设想。

二、公平竞争审查制度：基于国家竞争政策的检视

公平竞争审查制度在我国国家竞争政策体系的构建和市场公平竞争秩序的推进等方面具有深远的意义，甚至被誉为“国家竞争政策体系基本确立的重要标志”。⑥ 因此，可以说，公平竞争审查制度在行政性垄断规制方面具有全局性和主动性，它可以作为国家竞争政策的一项重要竞争政策工具，实现对行政性垄断的更有效规制。

---

① 参见张占江：《中国法律竞争评估制度的建构》，载《法学》2015 年第 4 期。

② 参见朱凯：《对我国建立公平竞争审查制度的框架性思考》，载《中国物价》2015 年第 8 期。

③ 参见吴汉洪、权金亮：《日本、韩国的竞争评估制度及对中国的启示》，载《中国物价》2016 年第 4 期。

④ 参见丁茂中：《产业政策的竞争评估研究》，载《法学杂志》2016 年第 3 期。

⑤ 参见王健：《政府管制的竞争评估》，载《华东政法大学学报》2015 年第 4 期。

⑥ 参见徐士英：《国家竞争政策体系基本确立的重要标志——有感于〈公平竞争审查制度〉的实施》，载《中国价格监管与反垄断》2016 年第 7 期。

(一)体现国家竞争政策的全局性、主动性特点

公平竞争审查制度体现了国家竞争政策的两大特点。

首先,公平竞争审查制度的审查对象的范围十分广泛,体现了国家竞争政策在规制行政性垄断方面的全局性特点。正如《公审意见》指出的"立足全局,统筹兼顾",公平竞争审查制度涵盖的经济领域非常广泛,包括了市场准入、产业发展、招商引资、招标投标、政府采购、经营行为规范、资质标准等涉及市场主体经济活动的各个方面。上述经济领域的规章、规范性文件和其他政策措施,由政策制定机关进行自我审查,而上述领域的行政法规和国务院制定的其他政策措施、地方性法规,则由起草部门在起草过程中进行审查。即便适用例外规定,政策措施也需要符合特定情形并满足一定要求后才能实施,从而尽可能地减少政策措施排除和限制竞争的可能性。从公平竞争审查制度的较宽审查口径可以看出我国在规范政府有关行为、清理废除妨碍全国统一市场和公平竞争方面的坚定决心。

其次,公平竞争审查还可介入政策措施的制定过程,具有鲜明的主动性特点。在不合理排除限制竞争的增量政策措施的制定过程中,公平竞争审查可以制止前述政策措施的出台,或者要求其必须经过调整才能出台。而在不合理排除限制竞争的存量政策措施作为上位依据转化为具体行政行为,并现实地限制市场主体的自主经营之前,公平竞争审查可以及时识别,并且废止或修改前述政策措施。相比于事后规制手段,公平竞争审查作为事前规制手段更能体现规制效率。

此外,公平竞争审查还是政策制定机关主动学习和增强维护公平竞争意识的过程。公平竞争审查的一个重要作用,在于通过不断地提问和反思来理解政策措施对现实社会的影响,并且不断作出假设,探索替代性的政策措施。① 公平竞争审查的程序性要求,督促政策制定机关

① See OECD, *Regulatory Policies in OECD Countries*: *From Interventionism to Regulatory Governance*, 2002, available at http://regulatoryreform. com/wp-content/uploads/2015/02/OECD-Regulatory-Policies-in-OECD-Countries-2002. pdf.

在对照审查标准审查政策措施的过程中,主动学习和运用市场竞争理念,促使其维护和促进公平竞争的市场秩序。同时,通过公布修改或废止的不合理排除限制竞争的政策措施,也能向社会弘扬公平竞争文化。以上都充分体现了国家竞争政策的主动性特点。

(二)符合确立竞争政策基础性地位的要求

竞争政策基础性地位的确立需要多方面的努力。不仅需要制度上的科学安排,也需要竞争文化的普及。如前所述,国家竞争政策是指广义的竞争政策,占据基础性地位的竞争政策也应当是广义的竞争政策。我国的公平竞争审查制度是国家竞争政策框架下规制行政性垄断的重要竞争政策工具,其与《反垄断法》的实施等形成合力,有助于树立公平竞争的制度和弘扬竞争文化。换言之,公平竞争审查制度对于助推竞争政策基础性地位的确立发挥着重要作用。这一点也得到了学界普遍的高度评价。例如,王晓晔教授认为,"公平竞争审查说明竞争政策是国家基本经济政策",①吴敬琏教授将公平竞争审查制度的建立誉为"确立竞争政策基础性地位的关键一步"。②

三、我国公平竞争审查制度的内容

我国公平竞争审查制度包括中央层面和地方层面两部分。

(一)统一化:中央层面

中央层面,国务院出台的《公审意见》和市场监管总局等五部门联合发布的《公平竞争审查制度实施细则》构成目前我国公平竞争审查制度的基本内容。

---

① 参见王晓晔:《关于公平竞争审查制度的若干思考》,载陈云良主编:《经济法论丛》第 29 期,社会科学文献出版社 2017 年版。

② 参见吴敬琏:《确立竞争政策基础性地位的关键一步》,载《人民日报》2016 年 6 月 22 日,第 10 版。

1. 审查目标与原则

根据《公审意见》，在经济体制改革不断深化的时代背景下，之所以在市场体系中建立公平竞争审查制度，是为了规范政府有关行为，防止出台排除、限制竞争的政策措施，逐步清理废除妨碍全国统一市场和公平竞争的规定和做法。

《公审意见》还明确了"加快建设统一开放、竞争有序市场体系"的总体要求，以及确立了"尊重市场、竞争优先""立足全局、统筹兼顾""科学谋划、分步实施""依法审查、强化监管"等基本原则，为公平竞争审查制度的推进明确了方向。

2. 审查对象

根据《公审意见》和《公平竞争审查制度实施细则》，我国公平竞争审查制度的审查对象为政策制定机关制定的政策措施。作为审查对象的政策措施须符合三个条件：首先是主体条件，即待审查的政策文件应为行政机关和法律、法规授权的具有管理公共事务职能的组织或其内设机构所起草或实施的。其次是法律位阶条件，待审查的政策文件应为规章、规范性文件、其他政策措施，行政法规和国务院制定的其他政策措施、地方性法规，以及"协议型"特殊待遇具体政策措施或者上述政策措施的草案。最后是内容条件，待审查的政策文件应是涉及市场准入、产业发展、招商引资、招标投标、政府采购、经营行为规范、资质标准等市场主体经济活动的。

此外，按照审查对象是否已经制定出台，可以分为拟议中的和既存的公共政策，即增量政策和存量政策。

3. 审查主体及相关机构

在审查主体方面，《公审意见》规定，我国公平竞争审查制度的审查方式主要为政策制定机关或起草机构（以下统称政策制定机关）的"自我审查"；《公平竞争审查制度实施细则》则更贴切地表述为政策制定机关的"内部审查"。为了便于叙述，如无特别说明，本书中的"自我审查"和"内部审查"两种表述通用。

不过,《公审意见》与《公平竞争审查制度实施细则》也为审查主体多样化预留了制度空间。《公审意见》并未明文限定只能由政策制定机关或起草机构审查,工作要求中提到“在条件成熟时组织开展第三方评估”和“鼓励委托第三方开展评估”。《公平竞争审查制度实施细则》第5条和第20—24条则做了更宽松、更具体的规定,也即政策制定机关享有较大的自由裁量空间,可以结合自身审查能力和机构设置情况安排公平竞争审查和评估的具体负责机构。一方面,相关内部审查可以由政策制定机关的具体业务机构负责,也可以采取内部特定机构统一审查或者由具体业务机构初审后提交特定机构复核等方式;另一方面,还可以委托具备相应评估能力的高等院校、科研院所、专业咨询公司等第三方机构承担审查和评估工作。

此外,为了统筹协调和监督指导相关工作,中央政府和地方各级政府建立了公平竞争审查工作联席会议制度。中央层面的联席会议称“公平竞争审查工作部际联席会议”,由国家市场监督管理总局、国家发展改革委、商务部、财政部会同有关部门建立,由国家市场监督管理总局主要负责同志担任召集人。地方层面则由县级以上地方各级人民政府负责建立健全本地区公平竞争审查工作联席会议制度,原则上由本级人民政府分管负责同志担任联席会议召集人,联席会议办公室设在市场监管部门,承担联席会议日常工作。①

根据《公平竞争审查制度实施细则》,联席会议制度将起到并已经起到重要的作用。首先,部际和地方各级联席会议制度分别统筹协调、监督指导全国和本地区的公平竞争审查工作。其次,必要时建立公平竞争审查工作专家库,接受政策制定机关的咨询,或在重要议题下主动提供公平竞争审查意见。最后,可以委托第三方机构,对本地公平竞争

① 部际联席会议除统筹协调工作外,还负责对全国范围内实施公平竞争审查制度进行宏观指导。各级联席会议应当每年向本级人民政府和上一级联席会议报告本地区公平竞争审查制度实施情况,接受其指导和监督。

审查制度总体实施情况开展评估，集聚专业力量，共同做好公平竞争审查和评估工作。

4. 审查程序

《公审意见》和《公平竞争审查制度实施细则》重点针对增量政策的审查程序做了规定，其中，后者在前者基础上做了完善，尤其是加大了例外规定因素的权重。根据《公平竞争审查制度实施细则》，政策制定机关的规章、规范性文件、政策措施和文件“不得出台”的情形有二：一是未经公平竞争审查的；二是具有排除、限制竞争效果且不符合例外规定的，除非调整至符合相关要求后。而对于涉及市场主体经济活动的行政法规、国务院制定的政策措施，以及政府部门负责起草的地方性法规、自治条例和单行条例，则规定，在起草过程未经公平竞争审查的，起草部门不得提交审议。此外，也明确了一些必要事项，如开展公平竞争审查应当征求利害关系人意见或者向社会公开征求意见；可建立专家库以备咨询；应形成明确的书面审查结论并由政策制定机关存档；有关政策措施出台后，要按照《政府信息公开条例》要求向社会公开等。

值得关注的是，《公审意见》第四项工作要求的第 3 点和《公平竞争审查制度实施细则》第 12 条都规定，对经审查出台的增量政策措施还应开展定期评估，并且评估报告应当向社会公开征求意见，评估结果应当向社会公开。经评估认为妨碍全国统一市场和公平竞争的政策措施，要及时废止或者修改完善。可见对增量政策措施的审查涵盖了制定中和出台后两个阶段。不过《公审意见》和《公平竞争审查制度实施细则》并未对定期评估的审查频率作强制要求，仅建议可以每三年一次，或在定期清理规章和规范性文件的时候一并进行公平竞争审查。

对于存量政策措施的清理，《公审意见》仅明确“谁制定，谁清理”的原则，并提出对于存量政策区分处理和有序清理的要求，而未规定具体的审查程序。不过，发改委、财政部、商务部于 2017 年 12 月 5 日作出了《关于印发〈2017—2018年清理现行排除限制竞争政策措施的工作方案〉的通知》(发改价监〔2017〕2091号),《2017—2018年清理现行排除限制竞争政策措施的工作方案》(以下简称《清理工作方案》)对存量政策的审查程序在清理主体、清理范围和重点、清理步骤与清理要求等方面作了部署。从《清理工作方案》规定的前三个阶段即自查梳理、审核排查和公开清废阶段的工作思路来看,清理流程与《公审意见》对增量政策的清理流程相似,即由政策制定机关对照《反垄断法》和《公审意见》对进行排查。

5. 审查标准及例外规定

公平竞争审查制度为清理国务院所属部门、地方政府出台的可能妨碍全国统一市场和公平竞争的各种政策措施提供了一整套明确的审查标准,并规定了例外规定,为审查机关提供了清晰的指引。

从整体上看,《公审意见》和《公平竞争审查制度实施细则》的审查标准及例外规定似乎采用了"原则禁止与例外豁免"的立法模式。其中,审查标准包括列举标准与兜底标准,例外规定则包括特定情形、程度要求和逐年评估要求。审查标准中,列举标准采用了类似竞争评估清单①的形式,以四大类十八项(详见表16)乃至五十余条细则描述了典型的禁止情形;兜底标准试图用概括性的语言表述出应当被禁止的排除、限制竞争的政策措施的一般类型,可以容纳列举标准所未涵盖的个别情形。

---

① 国际上通用的公平竞争审查制度或者竞争评估制度往往从"是否排除、限制竞争"和"排除、限制竞争是否合理"两个维度对政策文件进行审查。竞争评估清单是OECD提出的一项从"是否排除、限制竞争"这一维度衡量一项政策措施的评估工具,归纳了四大类标准,并在各类标准下共列举了10项政策措施排除、限制竞争的情形。利用竞争评估清单识别出政策措施可能具有排除、限制竞争的效果后,再在下一个维度考察该效果是否合理以及是否应当禁止该政策措施。

表 16　《公平竞争审查制度实施细则》“十八不准”

类别	项　目
是否违反市场准入与退出标准	1. 设置不合理、歧视性的准入和退出条件
	2. 未经公平竞争授予经营者特许经营权
	3. 限定经营、购买、使用特定经营者提供的商品和服务
	4. 设置没有法律法规依据的审批或者具有行政审批性质的事前备案程序
	5. 对市场准入负面清单以外的行业、领域、业务设置审批程序
是否违反商品要素自由流通标准	1. 对外地和进口商品、服务实行歧视性价格或补贴政策
	2. 限制外地和进口商品、服务进入本地市场或阻碍本地商品运出
	3. 排斥或限制外地经营者参加本地招标投标活动
	4. 排斥限制或强制外地经营者在本地投资或设立分支机构
	5. 对外地经营者在本地投资或设立的分支机构实行歧视性待遇
是否违反影响生产经营成本标准	1. 违法给予特定经营者优惠政策
	2. 将财政支出安排与企业缴纳的税收或非税收入挂钩
	3. 违法免除特定经营者需要缴纳的社会保险费用
	4. 违法要求经营者提供各类保证金或扣留经营者保证金
是否违反影响生产经营行为标准	1. 强制经营者从事《反垄断法》规定的垄断行为
	2. 违法披露或者要求经营者披露生产经营敏感信息
	3. 超越定价权限进行政府定价
	4. 违法干预实行市场调节价的商品服务价格水平

在《公平竞争审查制度实施细则》中，专章解读了例外规定，设置了允许具有限制竞争效果的政策措施实施所应当具备的情形与必备条件。并将《公审意见》“例外规定”条款里的“排除（竞争效果）”后果容忍要件予以剥离，反映了更为严谨的立法态度和契合经济发展的立法风格。

（二）个性化：地方层面

自《公审意见》颁布后，我国各省、自治区和直辖市相继出台了建立公平竞争审查制度的实施意见和方案（详见表17①），做了细化规定。并在地方范围内对各级行政机关和法律、法规授权的具有管理公共事务职能的组织制定市场准入、产业发展、招商引资、招标投标、政府采购、经营行为规范、资质标准等涉及市场主体经济活动的规范性文件和其他政策措施加以公平竞争审查，有序清理和废除了一批妨碍统一市场和公平竞争的相关规定和做法，对于打击行政性垄断起到了重要的作用。

表17　各地出台公平竞争审查制度的规范性文件

颁布时间	颁布主体	名称
2016年7月25日	广东省人民政府	《转发国务院关于在市场体系建设中建立公平竞争审查制度意见的通知》
2016年8月22日	江苏省人民政府	《关于在市场体系建设中建立公平竞争审查制度的实施意见》
2016年8月23日	重庆市人民政府办公厅	《关于在市场体系建设中建立公平竞争审查制度的通知》
2016年8月26日	湖南省人民政府办公厅	《关于在市场体系建设中建立公平竞争审查制度的实施意见》
2016年9月21日	河北省人民政府	《关于在市场体系建设中建立公平竞争审查制度的实施意见》
2016年9月25日	福建省人民政府	《转发国务院关于在市场体系建设中建立公平竞争审查制度意见的通知》
2016年9月29日	四川省人民政府	《转发国务院关于在市场体系建设中建立公平竞争审查制度的意见的通知》
2016年10月9日	辽宁省人民政府	《关于在市场体系建设中建立公平竞争审查制度的实施意见》

① 表中主要列举公平竞争审查制度建立初期各省、市建立公平竞争审查制度和建立联席会议的文件，并非穷尽列举。检索的截止时间为2022年3月31日。

续表

颁布时间	颁布主体	名称
2016年10月10日	宁夏回族自治区人民政府	《关于在市场体系建设中建立公平竞争审查制度的实施意见》
2016年10月19日	贵州省人民政府办公厅	《关于在市场体系建设中建立公平竞争审查制度的实施意见》
2016年10月21日	北京市人民政府	《关于在市场体系建设中建立公平竞争审查制度的实施意见》
2016年11月14日	广西壮族自治区人民政府	《关于在市场体系建设中建立公平竞争审查制度的实施意见》
2016年11月25日	陕西省人民政府	《关于在市场体系建设中建立公平竞争审查制度的实施意见》
2016年12月1日	湖北省人民政府	《关于在市场体系建设中建立公平竞争审查制度的通知》
2016年12月12日	浙江省人民政府	《关于在市场体系建设中建立公平竞争审查制度的实施意见》
2016年12月23日	黑龙江省人民政府	《关于在市场体系建设中建立公平竞争审查制度的通知》
2017年1月10日	甘肃省人民政府	《关于在市场体系建设中建立公平竞争审查制度的实施意见》
2017年1月10日	内蒙古自治区人民政府	《关于在市场体系中建立公平竞争审查制度的实施意见》
2017年1月19日	山西省人民政府	《关于在市场体系建设中建立公平竞争审查制度的实施意见》
2017年1月20日	吉林省人民政府	《关于在市场体系建设中建立公平竞争审查制度的实施意见》
2017年2月18日	上海市人民政府	《关于贯彻〈国务院关于在市场体系建设中建立公平竞争审查制度的意见〉的实施意见》
2017年2月18日	天津市人民政府	《关于在市场体系建设中建立公平竞争审查制度的实施意见》
2017年2月27日	山东省人民政府	《关于贯彻国发〔2016〕34号文件在市场体系建设中建立公平竞争审查制度的实施意见》

续表

颁布时间	颁布主体	名称
2017年3月16日	河南省人民政府	《关于在市场体系建设中建立公平竞争审查制度的实施意见》
2017年3月17日	安徽省人民政府	《关于在市场体系建设中建立公平竞争审查制度的实施意见》
2017年3月30日	云南省人民政府办公厅	《关于在市场体系建设中建立公平竞争审查制度的通知》
2017年4月7日	海南省人民政府	《关于在市场体系建设中建立公平竞争审查制度的工作方案》
2017年5月2日	江西省人民政府	《关于在市场体系建设中建立公平竞争审查制度的实施意见》
2017年5月4日	青海省人民政府	《关于在市场体系建设中建立公平竞争审查制度的实施意见》
2017年6月1日	新疆生产建设兵团	《转发〈国务院关于在市场体系建设中建立公平竞争审查制度的意见〉的通知》
2017年6月19日	新疆维吾尔自治区人民政府办公室	《关于同意建立自治区公平竞争审查工作部门联席会议制度的函》
2017年6月28日	湖北省人民政府办公厅	《关于建立湖北省公平竞争审查工作联席会议制度的函》
2017年7月26日	广东省人民政府办公厅	《关于同意建立广东省公平竞争审查工作部门间联席会议制度的复函》
2017年8月10日	云南省人民政府办公厅	《关于印发云南省公平竞争审查工作部门联席会议制度的通知》
2017年9月8日	西藏自治区人民政府	《关于在市场体系建设中建立公平竞争审查制度的实施意见》
2018年2月12日	上海市发展和改革委员会、上海市财政局、上海市工商行政管理局、上海市商务委员会、上海市人民政府法制办公室	《关于进一步做好公平竞争审查工作的通知》
2020年8月27日	北京市人民政府	《北京市公平竞争审查工作联席会议制度》

从整体上来看，各省、市建立的公平竞争审查制度基本上沿用了国务院《公审意见》中公平竞争审查制度的各个要素，但也存在不同规定。

在审查标准方面，湖南省除了沿用国务院《公审意见》设置的审查标准，还提出"政策制定机关在制定政策措施时应当维护和促进市场竞争"。而部分省份则对《公审意见》中的兜底标准做忽略处理，如海南省在表示严格执行《公审意见》中明确的四大类、十八项禁止性标准，并沿用了《公审意见》中的例外规定的同时，对"兜底标准则"未置一词，贵州省的做法也与之类似。

在审查程序方面，《公审意见》只要求政策制定机关要进行自我审查，地方政府结合自身及下级政府部门的审查能力，在坚持以自我审查为主的同时，有部分省市还引入了外部审查或内部复查的因素，进一步完善自我审查制度。

在结合外部审查因素方面，不少地方做得比较细致，如安徽省人民政府规定，以省政府名义制定涉及市场主体经济活动的规范性文件，经起草部门的公平竞争自我审查后，还应由省物价局对规范性文件送审稿和起草部门的自我审查意见进行公平竞争审查。① 自安徽省《关于在市场体系建设中建立公平竞争审查制度的实施意见》于 2017 年 3 月 17 日出台至同年 7 月 20 日，该省物价局先后对 19 份省政府（包括省政府办公厅）规范性文件进行了公平竞争审查。② 宁夏回族自治区规定，以自治区人民政府（办公厅）名义出台的政策措施等相关文件，由文件起草牵头部门在文件起草过程中开展公平竞争审查，形成审查报告与文件一并提交自治区公平竞争审查工作联席会议审议后报自治区人民政府审定。由于宁夏回族自治区公平竞争审查工作联席会议在自治区物

---

① 参见安徽省《关于在市场体系建设中建立公平竞争审查制度的实施意见》（皖政〔2017〕36 号）。

② 参见《关于公平竞争审查制度落实情况的报告》，载安徽省物价局官网，http://www.ahpi.gov.cn/DocHtml/1/17/07/xxgk_2017072489060.html，最后访问时间 2018 年 3 月 20 日。

价局下设办公室，还有原政府法制办、商务厅、原工商局、发展改革委等涉及行政合规与竞争执法的其他部门的参与，在一定程度上类似于由竞争执法机构对政策起草部门的自我审查意见进行外部的公平竞争审查。类似的还有江西省人民政府规定，以省、市、县（区）人民政府（含办公厅或办公室）名义出台的政策措施等相关文件，由文件起草牵头部门在文件起草过程中开展公平竞争审查，形成审查报告，并征求同级公平竞争审查联席会议成员单位的意见后，才能提交同级人民政府审议。

更多的省份则是结合了内部复查的因素，特别是结合了政府法制部门合法性审查的职能，要求政府法制部门在进行合法性审查的同时一并进行公平竞争审查。例如，宁夏回族自治区规定，需要提请政府法制部门进行合法性审查的，一并提交公平竞争审查报告，由政府法制部门将公平竞争审查与合法性审查结合进行，也就是由政府法制部门对政策制定部门的自我审查进行公平竞争复查。上海市人民政府则规定，规范性文件由文件制定机关或主办机关确定的起草部门进行公平竞争审查，政策制定机关负责法制工作的机构进行合法性审查时，一并审核公平竞争审查内容。北京市人民政府也有类似规定，要求市政府法制办在进行合法性审核时，加强公平竞争审核。河南省和西藏自治区人民政府规定，省政府（自治区）法制办审查向省政府（自治区）备案的规范性文件时，发现存在违反公平竞争规定的，要按规定程序予以纠正。

此外，在对经公平竞争审查后出台的政策措施定期集中评估其对全国统一市场和公平竞争的情况方面，宁夏回族自治区人民政府和山西省人民政府规定每年应当至少开展一次政策措施等相关文件清理工作及公平竞争审查，海南省提出至少每三年开展一次评估，其他省份则没有明确规定。在有序清理以合同协议等形式给予企业的存量优惠政策以及部分立即终止会带来重大影响的政策措施方面，宁夏回族自治区人民政府和江西省人民政府明确提出清理的过渡期原则上为 12 个月，甘肃省则规定原则上为 6 个月，其他省份没有明确规定。在审查方式方面,宁夏回族自治区人民政府、贵州省人民政府、陕西省人民政府、内蒙古自治区人民政府、天津市人民政府规定,依照法律、法规、规章规定制定相关政策措施必须组织听证的,应当在听证中增加公平竞争审查内容。

在审查主体方面,新疆、湖北、广东、云南、北京都在本级政府牵头下专门发布了建立公平竞争审查联席会议的函件,明确了公平竞争审查制度的主要职责、成员单位、工作规则和工作要求。

四、我国公平竞争审查制度的亮点

我国公平竞争审查制度虽然在制度设计时借鉴了域外竞争评估制度的经验,但具有鲜明的中国特色。

(一)充分契合制度初期客观状况的自我审查机制

《公审意见》确立的内部审查(自我审查)机制符合我国公平竞争审查制度建立初期的客观状况。首先,我国经济领域存量和增量的公共政策体量巨大,在选择审查主体时必须考虑负担能力和审查效率。由于我国是从计划经济转向社会主义市场经济,各级政府及其下设部门与机构仍保留较多调控和管制经济的职能,可能会习惯性地通过红头文件的形式干预经济。如果全部交由特定机构审查,在编制有限的情况下可能难以承受工作之重负,也会影响政策措施的制定效率。以竞争执法机构为例,我国仅设立了中央和省级两级反垄断执法机构。中央级反垄断执法机构工作人员常年承担繁重的经济垄断执法任务,直到2018年年初才设编专职负责公平竞争审查,即国家发展改革委在原价监局设立了公平竞争审查处,但仅有4人编制;[①]机构改革后,国家市场监督管理总局虽设立了公平竞争审查处,并于2021年11月设立竞

① 参见《国家发展改革委设立公平竞争审查处进一步强化公平竞争审查工作》,载中国政府网,http://www.gov.cn/xinwen/2018-01/09/content_5254755.htm,最后访问时间2019年3月30日。

争政策协调司,但编制仍然很有限,因此,难以全面负担中央层面的政策措施的审查任务。而省级反垄断执法机构在面对省、市、县、乡多层级地方政府及其部门机构的红头文件的审查压力下更将不堪重负。相较之下,政策制定部门的自我审查可以最大限度地利用现有机构的人员,减轻单个审查机构的压力,提高审查的效率。其次,自我审查与现有政策措施出台程序较为契合。现行法律文件草案起草程序包含了合规性审查,将竞争审查融入合规性审查程序是简便可行的。最后,自我审查的过程也是政策制定机关学习了解公平竞争的含义与价值的过程,有利于转变政策制定机关习惯上对经济过细、过深、过多干预的工作方式,从源头上减少因意识偏差导致的行政性垄断行为。

(二)逐步完善的第三方评估制度

从2016年《公审意见》的首倡引入第三方评估制度,“在条件成熟时组织开展第三方评估”和“鼓励委托第三方开展评估”,到2019年2月国家市场监管总局的为第三方评估专门、正式地发布指南,即《公平竞争审查第三方评估实施指南》(以下简称《第三方评估指南》),再到2020年《公平竞争审查制度实施细则》的以专章规定第三方评估内容,显示了第三方评估制度在公平竞争审查制度中的日益受重视程度,也佐证了该制度对于我国的公平竞争审查具有不可估量的作用。《第三方评估指南》从适用范围和评估内容、评估机构、评估程序和方法、评估成果及运用以及保障措施和纪律要求等多个方面对第三方评估的具体实施提供了明确指引。《公平竞争审查制度实施细则》则在专章里说明,政策制定机关可以聘请第三方机构进行公平竞争评估,规定了“可以”采取第三方评估和“应当”引入第三方评估的情形,且说明了第三方评估可作为公平竞争审查等的重要参考,并将第三方评估经费纳入预算管理。

实际上,在现有人员编制安排下,无论是内部审查机制,还是将来有可能设立的外部审查机制，[①]均面临着具备竞争评估专业能力的专业人士紧缺的“瓶颈”。在这种情形下，大力培育和发展第三方评估机构，鼓励审查机关购买第三方评估机构的审查服务，不仅有利于充分调动社会资源，在第三方评估机构之间引入市场竞争机制以提升审查质量，也符合政府深化“放管服”改革转变政府职能的方向。

（三）审查对象范围全面

适用除外是反垄断法中的一个重要部分。我国《反垄断法》对排除反垄断法适用的经济领域和行业作出了明确规定，如依法律、行政法规行使知识产权的行为，农业生产者及农村经济组织的联合或协同行为。

而《公审意见》和《公平竞争审查制度实施细则》确立的公平竞争审查制度的审查范围覆盖的经济领域非常广泛，涵盖了行政机关以及法律、法规授权的具有管理公共事务职能的组织，制定的涉及市场主体经济活动的政策措施。也就是说，根据《公审意见》和《公平竞争审查制度实施细则》，并不存在完全排除公平竞争审查制度适用的经济领域。只要是涉及市场主体经济活动的一定层级之内的政策措施，都属于公平竞争审查制度的涵摄范围。即便是《公审意见》中的例外规定，也并未排除公平竞争审查制度的适用，仍然首先要依据审查标准识别政策措施是否具有排除和限制竞争的效果，随后还需要符合特定情形并且满足一定要求后才能实施，这使例外规定看起来更类似于个案豁免的模式。因此，可以认为，我国公平竞争审查制度的审查口径是非常宽的，这反映了我国在规范政府有关行为、清理废除妨碍全国统一市场和公平竞争的规定和做法方面的坚定和决心。

（四）由政策制定机构承担正当化举证责任

尽管政府干预经济的政策措施通常会在不同程度上排除、限制竞

---

① “外部审查”是指政策制定机关以外的机关作为责任主体的审查，系与“内部审查”相对应的提法，因其专业性高，且集中于一个部门（主要指市场监管部门）审查，故也有“集中审查”或“专业审查”的提法。为了便于叙述，如无特别说明，本书中的“集中审查”和“外部审查”提法通用。

争,但“原则性禁止”并非意味着对政府干预经济持完全否定性评价。实际上,正如澳大利亚国家竞争政策框架中,立法评估“公共利益测试法”①所采取的“除非对竞争的限制被证明有益公共利益,否则,应当移除”的原则,“原则性禁止”只是作为审查开始时的一种技术性假设,②其将证明限制竞争有益的举证责任交给了主张限制竞争的制定机关。我国公平竞争审查制度的审查标准与例外规定的组合也具有类似效果,也即政策措施能否出台,最终仍取决于政策制定机关能否为干预市场提出具有说服力的正当理由。笔者认为,由政策制定机关承担举证责任是合理的,因为政策制定机关往往掌握着最为充分的决策信息,更有能力提出正当化理由;而且,按照行政法原理,行政机关应当依法合理行政,其行政行为在作出之前应当被充分论证。同时,这种举证责任的安排,使政策制定机关必须按照竞争政策的理念审查正在制定中的政策措施。从竞争政策允许的排除和限制竞争的范围与程度的角度来论证正当理由,也有助于提升行政机关的公平竞争意识。

此外,在政策制定与公平竞争审查集于一身的设计下,政策制定机关可以在开展自我审查过程中通过对照审查标准和例外规定了解和学习公平竞争相关知识,充分考虑制定政策的目的以及政策对市场竞争的影响,从而为修改政策以及今后制定政策积累经验。因此,“原则性禁止”与自我审查程序结合的设计有助于督促政策制定机关主动学习和加强公平竞争理念,有助于强化竞争政策的基础性地位,而这恰恰是

---

① 叶高芬:《澳大利亚行政性垄断规制经验及其启示——基于“国家竞争政策”的解读》,载《中国社会科学院研究生院学报》2015 年第 3 期。“公共利益测试法”所采取的审查原则是:法规不应当限制竞争,除非它被证实该项限制竞争的法律带来的公共利益整体上大于成本,同时法律目标只能通过限制竞争的方式取得。

② See Center for International Economics; National Competition Council, 1999, Guidelines for NCP Legislation Reviews, available at http://ncp. ncc. gov. au/docs/LEGu-001. pdf.

以往清理和废除政府制定的排除、限制市场竞争的文件的制度方法无法企及的。

（五）新设程序性义务强化了实体规制

相较于以往对限制竞争法规政策的清理措施，公平竞争审查制度的一个亮点，在于建立起了集实体性的审查标准与程序性的审查义务、审查规则于一体的制度体系，使对具有排除、限制效果的竞争规范性文件之纠正更具可操作性，丰富了可供反垄断执法机构运用的执法工具。

具体而言，在《公审意见》和《公平竞争审查制度实施细则》颁布后，反垄断执法机构在针对行政性垄断的调查方面，除了依据《反垄断法》，还可依据公平竞争审查标准；在行政建议书中，要求政策制定机关进行公平竞争审查也就成为可供反垄断执法机构提出的一项行政建议。例如，在湖南省长沙市原卫生和计划生育委员会（以下简称长沙市原卫计委）行政性垄断案中，长沙市原卫计委向其市属相关医院下发文件，利用行政权力为明阳山殡仪馆谋取行业垄断利润，湖南省原工商局（当时的反垄断执法机关）向长沙市原卫计委发出关于对相关存量文件进行公平竞争自我审查的函；[①]被调查的政策制定机关，也可以将承诺

---

① 《湖南发出公平竞争审查首份行政建议书》，载湖南省市场监督管理局官网，http://amr. hunan. gov. cn/zwx/xxgkmlx/zcfgx/gfxwjx/201704/t20170412 _ 10401923. html，最后访问时间 2019 年 3 月 30 日。《我委约谈怀化市、张家界市卫计委督促纠正违反公平竞争审查制度出台政策措施的行为》，载湖南发改 http://www. yidianzixun. com/article/0IfRRF89？ s = mochuang&appid = s3rd_mochuang&toolbar = &ad = ，最后访问时间 2019 年 3 月 30 日。再如，《严查滥用行政权力限制竞争行为——宁夏工商发出首份公平竞争审查行政建议书》，载中国市场监管报官网，http://www. cicn. com. cn/zggsb/2017 - 12/14/cms102870article. shtml，最后访问时间 2019 年 3 月 30 日。《市场监管总局关于发布 2018 年市场监管部门制止滥用行政权力排除、限制竞争行为典型案例的公告（案例十六：甘肃省纠正庆阳市西峰区政府行政性垄断行为）》，载国家市场监督管理总局官网，http://www. samr. gov. cn/fldj/tzgg/qlpc/201903/t20190313_291971. html，最后访问时间 2019 年 3 月 30 日。

进行公平竞争审查作为整改措施。此外,履行公平竞争审查职责的要求,①或可启发市场主体通过司法途径督促政策制定机关修改和废止构成行政性垄断的政策措施,从而有助于强化对行政性垄断的规制。

被誉为"公平竞争审查诉讼第一案"的深圳市斯维尔科技股份有限公司诉江西省住房和城乡建设厅、江西省建设工程造价管理局一案于2018年1月27日由江西南昌铁路运输法院正式受理立案,原告的12项诉讼请求中有两项与被告未依法履行公平竞争审查职责有关②。正如被告在答辩意见中所主张的,本案的一个争议焦点在于"答辩人是否履行对规范性文件进行公平竞争审查"是否属于行政诉讼受案范围。这对于公平竞争审查制度实施的意义颇为重大。如果法院判决认为,行政机关未履行公平竞争审查职责属于行政诉讼受案范围,这将使社会通过司法途径监督公平竞争审查成为可能,或将成为继深圳市斯维尔科技有限公司诉广东省教育厅行政性垄断案胜诉之后,行政性垄断司法救济的又一个突破。虽然该案最终以调解结案,法院尚未就该争议发表意见,但是该案起因于政策制定机关未履行公平竞争审查职责,由法院受理并促成调解结案,已经在一定程度上体现了公平竞争审查程序性义务对行政性垄断实体规制的强化。这种伴随着程序性义务而来的潜在的司法监督,也有助于督促政策制定机关更好地在政策制定过程中贯彻竞争政策的理念,从而有助于竞争政策基础性地

① 《公审意见》指出,政策制定机关在政策制定过程中没有进行公平竞争审查的不得出台,行政法规和国务院制定的其他政策措施、地方性法规的起草部门在起草过程中未进行公平竞争审查的不得提交审议。

② 分别为"依法确认住建厅在江西省人民政府《关于在市场体系建设中建立公平竞争审查制度的实施意见》规定的期限内未履行对其颁布的违反公平竞争的存量规范性文件进行公平竞争审查的行为违法""依法确认两被告对以计价软件测评名义实施的限定江西省工程计价软件市场仅5名经营者进入,变相设置江西省计价软件市场进入障碍的政策措施未依法履行公平竞争审查职责的行为违法"。《公平竞争审查诉讼第一案在江西立案——被告被指滥用行政权力变相设定市场准入障碍》,载人民网,http://legal.people.com.cn/n1/2018/0127/c42510-29790614.html,最后访问时间2020年3月30日。

位的确立。①

(六)竞争优先,兼顾其他社会目标的价值取向

国家竞争政策所追求的是能够提高经济效率的有效竞争,在此基础上,国家竞争政策还需要解决市场失灵等竞争无法实现经济效率的情形,以及需要协调公平竞争目标与其他社会目标。② 审查标准与例外规定的组合,旨在将政策措施对竞争的限制控制在合理的范围内,这体现出我国公平竞争审查制度所具有的竞争优先并兼顾其他社会目标的价值取向。

按照《公平竞争审查制度实施细则》附件一"公平竞争审查基本流程",公平竞争审查首先需要依据审查标准对政策措施进行审查,对于违反审查标准的政策措施,在评估能否出台之前,还需要经过例外规定的审查。审查标准的核心要义是,不得制定含有排除、限制竞争内容的政策措施,而例外规定则允许实施符合例外情形且满足一定条件的具有限制竞争效果的政策措施。其次《公审意见》提出的"尊重市场,竞争优先"所代表的是对违法排除和限制竞争的政策措施的原则性禁止,旗帜鲜明地表达了国家推进竞争政策基础性地位的决心,而《公平竞争审查制度实施细则》专章规定的例外规定则允许那些符合"维护国家安全……""为实现……社会保障目的""为实现……社会公共利益"等例外情形,以及同时满足"政策措施对实现政策目的不可或缺,且不会严重限制市场竞争,并明确实施期限"等限制性要求的政策措施出台实施,意在保障政府合理地调节经济,以及实现其他社会目标所欲达成的公共利益目标。

在竞争优先兼顾公共利益的价值导向下,公平竞争审查制度可以更好地解决原有制度规制抽象行政性垄断所出现的"乏力"问题。以汕

---

① 参见叶高芬、张广亚:《论国家竞争政策视角下我国的公平竞争审查制度》,载《经济法论丛》2019 年第 1 期。

② See *National Competition Policy Review Report*, The Hilmer Report, 1993, p. 53.

尾市真诚公共汽车运输有限公司诉汕尾市人民政府一案为例。该案中，汕尾市人民政府为解决落后混乱的公共交通局面，提出“创新公交经营管理模式”，根据第45期工作会议纪要，要求在原本存在多家经营者充分竞争的汕尾市公共交通服务市场实行特许经营直至独家经营，特许经营权交给汕尾市国资委，授权汕尾市国资委作出公告宣布引入符合一定资质的战略投资者。原告本是汕尾市的一家公交线路运营者，原告诉称，被告在原本充分竞争的汕尾市公共交通服务市场设立特许经营权，并且设置过高而不合理的资质要求迫使原告退出公共交通服务市场、经营指标收归特许经营企业，故被告的行为构成滥用行政权力排除限制市场竞争。在判定汕尾市人民政府在公共交通特许经营权特许是否合法、在特许过程中是否设置超高的战略投资者的资质要求排除原告竞争的问题上，法院认为，被告可以依据《基础设施和公用事业特许经营管理办法》第9条为发展需要设立特许经营权及引进战略投资者的资质要求，被告行为合法有效。① 而本案审理未触及的问题，在于创新发展当地公共交通事业是否有必要设立独家特许经营权，是否可以通过更有利于市场竞争的措施达到同一目标。然而即便触及该问题，由于本案设立独家特许经营权具有上位政策文件的依据，无法将之认定为滥用行政权力的行为，故仅依据《反垄断法》较为笼统的滥用行政权力标准难以妥善解决。

但是，在公平竞争审查制度确立的“竞争优先、兼顾公共利益”的价值导向下，上述问题或可得到较妥善的解决。首先，工作会议纪要所指出的要在汕尾市公共交通服务市场实行特许经营直至独家经营，有可能符合审查标准第一类“市场准入和退出标准”的第2项“未经公平竞争，不得授予经营者特许经营权”，特别是《公平竞争审查制度实施细则》该项下的“设置歧视性条件，使经营者无法公平参与特许经营权竞争”，可能排除、限制市场竞争。因此，根据《公审意见》和《公平竞争审

① 广东省汕尾市中级人民法院行政判决书，(2016)粤15行初4号。

查制度实施细则》，工作会议纪要需要被审查。其次，需要对照《公平竞争审查制度实施细则》里的例外规定情形来考察工作会议纪要是否出于“维护国家经济安全、文化安全、科技安全或者涉及国防建设的”，或“为实现扶贫开发、救灾救助等社会保障目的”，或“为实现节约能源资源、保护生态环境、维护公共卫生健康安全等社会公共利益”，抑或“法律、行政法规规定的其他情形”而制定。再次，即便《工作纪要》符合上述情形，政策制定机关汕尾市人民政府还应当从相关政策措施对“实现政策目的不可或缺”“不会严重限制市场竞争”等方面逐项说明。那么，这就涉及该案的核心问题，即在原本存在多家经营者充分竞争的汕尾市公共交通服务市场实行特许经营直至独家经营，是否限制了市场竞争？是否存在同样可以实现创新公共交通服务但又更有利于市场竞争的政策措施？就“特许经营至独家经营”的措辞来看，《工作纪要》对汕尾市公共交通服务市场的竞争的限制较为明显。此外，引进战略投资者的资质要求是否为此次项目预计实现的政策目标所必需，也应当通过量化标准予以说明，否则，完全可以通过降低资质要求以让更多企业参与竞标，通过充分竞争的竞标机制选择出最有能力实现这一项目的企业。最后，即便该项措施可以通过，也应当明确附加期限，并且逐年评估实施效果，如果未达到预期效果，如严重限制了市场竞争，或者实施期限到达，则应当及时停止执行或者进行调整。这种层层考察并附加实施期限的限制，就有可能更有效地解决原有制度规制抽象行政性垄断所出现的“乏力”问题，较好地实现政策措施在竞争优先和社会公共利益之间的平衡。

五、国家竞争政策视角下公平竞争审查制度的主要问题

我国公平竞争审查制度自实施以来取得优异的成绩。以2021年为例，全国共审查出台政策措施文件24.4万件，清理各类存量政策措施44.2万件，纠正废止违反公平竞争审查标准的政策措施1.1

万件。① 无疑,公平竞争审查制度对我国市场经济的健康发展产生了巨大的积极效用,但是,也应看到,该制度尚有一定的完善空间。

(一)内部审查机制尚有碎片化风险

诚然,内部审查(自我审查)机制有诸多好处,如政策制定机关熟悉政策制定有关信息以及行业发展趋势,开展内部审查可以节约成本提高效率,还有助于增强政策制定机关的公平竞争意识。由于经济管制政策体量巨大,仅凭竞争主管机构无法承担全部审查工作,故内部审查机制也具有现实意义。②

但内部审查机制不易统一地方与行业的实施尺度,有碎片化风险,从而导致公平竞争审查制度规制行政性垄断的全局性不足。具言之,公平竞争审查制度作为内嵌在政策制定过程中的一环,本意是要求内部审查机关在政策措施出台之前主动判断其是否具有排除、限制市场竞争的可能性,从而及时制止具有潜在危害的政策措施出台。但是,在内部审查机制下,可能出现部分地区的内部审查机关未做相关审查或者审查"走形式"的现象,以至于出台的规定可能不当地排除或限制竞争。这可能扭曲地区间的资源配置,对那些严格实施公平竞争审查的地区来说不够公平,甚至可能产生强烈的负面辐射效应。这样的碎片化风险可能使公平竞争审查制度丧失自身独立的程序价值,无法有效发挥应有的事前主动规制的作用,所谓通过推进国家竞争政策来弥补《反垄断法》实施不足的成效也就不够理想。

(二)合理性审查标准不够明确

对可能排除、限制竞争的政策措施进行合理性审查,通常是决定政策措施能否实施的关键。此处的合理性是指符合竞争政策理念的实质

---

① 参见《中国反垄断执法年度报告(2021)》,载国家市场监督总局官网,https://www.samr.gov.cn/xw/zj/202206/P020220608430645470953.pdf,最后访问时间2022年10月12日。

② 参见孟雁北:《中国竞争倡导制度对国际经验的借鉴与创新——以公平竞争审查制度为例》,载《中国市场监管研究》2018年第9期。

合理性,也就是政策措施并未不必要地限制竞争。若对竞争的限制是合理的,则通常允许该项政策措施出台实施。由于合理性审查的口径对于政策措施能否出台具有较大影响,因此对内部审查机关如何把握合理性审查的尺度提出了较大的考验。

在十八项审查标准之中,“不得设置不合理、歧视性的准入和退出条件”这一条包含了“不合理”要件。尽管《公平竞争审查制度实施细则》第13条中示范性地列举了“明显不必要或者超出实际需要的”“没有法律、行政法规或者国务院规定依据”等情形的,可以辅助“不合理”要件的判断,但总体上,该条审查标准的“不合理”要件表述较为抽象,在判断限制竞争是否必要或者超出实际需要方面,内部审查机关有较大的自由裁量权。此外,在例外规定之中,“不会严重限制市场竞争”这一规定的“严重”二字,也涉及政策措施内容对市场竞争的排除和限制程度的判断,《公平竞争审查制度实施细则》并未对如何判定是否“严重”提出指导,较为抽象的用语同样为内部审查机关留了较大的自由裁量空间。笔者认为,若内部审查机关因为对合理性的尺度存在不同理解,在审查标准的审查阶段,误将不合理排除、限制竞争的政策措施认定为合理政策,认定其不违反审查标准,无须接受例外规定中的合理性审查,从而准予出台或实施;或者在例外规定的论证阶段,误将严重限制市场竞争的政策措施视为符合例外规定,而准予出台,此类审查结果“假阴性”的问题将减损公平竞争审查制度对行政性垄断进行事前规制的功效。

此外,判断政策措施的内容对竞争的排除和限制是否合理,也是用竞争政策的理念审视其他经济政策的过程。因此,一个更加明确的合理性审查标准,将有利于指导政策制定机关在制定其他经济政策和追求其他社会公共利益目标的同时,把握好一个政策措施是否可能排除和限制竞争的评判尺度。

(三)行政系统内部纠偏机制未能为市场主体提供充分救济

目前,《反垄断法》对行政性垄断主要依赖行政系统的内部纠偏——由上级机关责令改正,而反垄断执法机构仅能向其上级机关提出依法处理的建议。公平竞争审查制度总体上沿用了该救济模式,也即根据《公平竞争审查制度实施细则》,本级及以上市场监管部门(反垄断执法机构)可以直接向政策制定机关或者其上级机关提出包括进行公平竞争内部审查在内的整改建议,违反《反垄断法》的,反垄断执法机构可以向有关上级机关提出依法处理建议,并要求向社会公开。总体而言,从《反垄断法》规制行政性垄断的实施经验来看,这种处理方式的效果不尽理想,上级机关主动责令下级机关改正的情形较少发生。对市场主体而言,寻求救济受制于上级行政机关是否责令改正以及反垄断执法机构是否启动调查,救济供给的充分性不足。

此外,即便反垄断执法机构提出行政建议,该建议也可能因缺乏有效的落实机制而搁浅。我国《反垄断法》一直未将行政性垄断执法权完全交给竞争主管机构,原因或在于“从行政体制上看,对于包括地方各级政府及其相关部门在内的行政机关和公共组织的行为,由同样作为行政机关的反垄断执法机构去处理,是不顺的,不符合行政权力运行的基本轨道,很可能将反垄断执法机构置于和各级地方政府及其有关部门对立的地位,引发行政架构内部的矛盾”。[①] 实践也表明,竞争主管机构向其他行政机关提出建议往往是冒着引发行政系统内部矛盾的风险,如被调查的机关的相关建议曾经被认为是“比较片面的论断”,[②]这种情形下,竞争主管机构提出的行政建议就很可能处于尴尬的境地。目前,这一问题在反垄断法上还没有很好的应对措施,公平竞争审查同样存在这种困境。特别当政策制定机关的行政级别较高时,竞争主管机构行政建议的影响力就更加有限。显而易见,这对市场主体

① 参见曹康泰主编:《中华人民共和国反垄断法解读——理念、制度、机制、措施》,中国法制出版社 2007 年版,第 226 页。

② 《市级卫计委隔空喊话国家发改委　药品采购争议再起》,载人民网,http://news.qcc.com/postnews/52d3e372dca47264795ac6d9cadade4a.html,最后访问时间 2020 年 3 月 30 日。

的充分救济造成较大的制约。

六、我国公平竞争审查制度的完善进路

在国务院的支持和国家市场监督管理总局的大力推动下，如前所提及，公平竞争审查制度这一颇具中国特色的竞争评估制度取得可喜的成绩。该制度对我国体制改革和社会经济发展的巨大作用是鼓舞人心的，同时，相关实践为未来公平竞争审查制度的深化实施和进一步完善也奠定了良好的基础。

鉴于前述主要问题，笔者认为，我国目前的公平竞争审查制度还可从探索公平竞争审查的司法救济、从内部审查机制逐步过渡到外部审查机制、优化存量政策措施的公平竞争审查、细化竞争限制的合理性判断标准以及重视公平竞争审查司法救济以及与《反垄断法》的衔接等方面加以完善。

（一）完善内部审查机制

在特定情形下，内部审查机关可能缺乏审查动力，不太愿意履行公平竞争审查职责。实践中已有不少内部审查机关案例，如在张家界市原卫计委一案中，湖南省发改委调查发现，张家界市原卫计委发布的《张家界市公立医疗机构集中配送项目招标文件》在发布前没有进行公平竞争审查，评标办法中存在对本地企业和外地企业设置了不合理和歧视性的评分标准等问题。[①] 又如，被誉为“公平竞争审查诉讼第一案”的深圳市斯维尔科技股份有限公司诉江西省住房和城乡建设厅、江西省建设工程造价管理局一案中，被告被诉称以测评计价工程软件为由，变相设定江西省工程计价软件市场的准入障碍，不履行公平竞争审

① 参见《我委约谈怀化市、张家界市卫计委督促纠正违反公平竞争审查制度出台政策措施的行为》，载湖南发改一点号，http://www.yidianzixun.com/article/0IfRRF89? s = mochuang&appid = s3rd_mochuang&toolbar = &ad = http://gsj.hunan.gov.cn/xxgk/gzdt/zwdt/gsyw/201803/t20180315_4972207.html，最后访问时间 2020 年 3 月 30 日。

查法定程序和职责,损害了原告的公平竞争权利,涉嫌滥用行政权力。①这说明,内部审查机关的审查动力有待提高。

管理学理论与管理实践显示,人具有趋利避害的本性,因此,无论对于企业职工,还是对于政府公务人员,都要既加以制约又加以激励,才能提高效率。② 审查动力的问题可以从制度激励与外部威慑两个方面予以改善。一方面,可以通过制度激励增强其维护和促进竞争的动力;另一方面,可以通过问责机制引导其有效地完成公平竞争审查。目前,《公平竞争审查制度实施细则》对问责机制已做原则性规定,③为增加可操作性,可以考虑予以细化。

1. 强化制度激励,提升内部审查驱动力

合理的激励措施可以有效鼓励主动实施内部审查。首先激励对象方面,可以针对审查人员和审查机构分别设计激励内容,在激励手段方面,可以综合精神激励与物质激励。具体而言,对于审查人员的激励设计,可以考虑:第一,将公平竞争审查成果与其职务晋升挂钩,如将审查法规总数、纠正法规数量、报送备案驳回纠正数量等纳入行政考核体系的权衡内容,优先给予积极开展公平竞争审查的工作人员升迁机会。第二,采用荣誉激励,向在公平竞争审查中表现突出的审查人员授予荣誉称号,如传统的“劳动模范”“先进工作者”等称号,还可在国家和省级行政系统层面进行诸如“公平竞争审查先进个人”和“年度十大公平

① 参见《公平竞争审查诉讼第一案在江西立案》,载人民网,http://legal.people.com.cn/n1/2018/0127/c42510-29790614.html,最后访问时间2020年3月30日。

② 参见罗豪才、宋功德:《现代行政法学与制约、激励机制》,载《中国法学》2000年第3期。

③ 《公平竞争审查制度实施细则》第27条规定,政策制定机关的上级机关经核实认定政策制定机关未进行公平竞争审查或者违反审查标准出台政策措施的,应当责令其改正;拒不改正或者不及时改正的,对直接负责的主管人员和其他直接责任人员依据《公务员法》《公职人员政务处分法》《行政机关公务员处分条例》等法律法规给予处分。本级及以上市场监管部门可以向政策制定机关或者其上级机关提出整改建议;整改情况要及时向有关方面反馈。违反《反垄断法》的,反垄断执法机构可以向有关上级机关提出依法处理的建议。相关处理决定和建议依法向社会公开。

竞争卫士”等评选活动。第三，综合采取上浮绩效工资、发放专项奖金等经济性手段以激励审查人员个人。对于内部审查机关的激励设计，则可以考虑：一方面，在各个内部审查机关之间开展审查竞赛，将各单位开展公平竞争审查的量化数据纳入行政机关绩效考核范围，定期评比优秀工作单位。实践中，天津、辽宁等地将公平竞争审查纳入全省（市）依法行政考核目录，并与行政机关绩效考核挂钩，①这些做法值得推行。另一方面，为了缓解地方政府对放开区域间市场竞争给地方带来经济发展压力的顾虑，可以借鉴澳大利亚联邦政府向各州政府支付竞争评估财政补助的措施，优先向公平竞争内部审查工作效果卓著的地方提供一定的财政转移支付。

值得注意的是，正如“大量地区封锁和地方保护主义行为的背后动机是地方政府部门及其官员的自利行为，尤其是维护和扩大地方财力、自身可支配预算的行为”②所揭示的，由于经济增长是地方官员考核的重要指标，政策制定部门出于保增长的任务，一方面力图使本地财源留在当地循环，可能排斥外地商品在本地市场流通或者排斥外地经营者参与本地项目的招投标活动，另一方面又期冀通过各种优惠政策引进外地增量财源，促进本地就业，增长本地财税收入。公平竞争审查制度的任务正是消除这些地区贸易壁垒，贯通全国统一市场。而全国统一竞争可以在整体上提高国家的经济发展，但也有可能使资本和人力资源从一些发展落后的地区加速撤离，造成短期内的经济衰退，带来经济转型必经的阵痛。国家固然可以通过加大财政转移支付等手段来缓解这种竞争失败带来的经济压力，但是，更为重要的是如何支持这些地区积极开展经济转型，重塑竞争力。

---

① 参见张汉东：《深入学习党的十九大精神以强烈的责任感和使命感推动公平竞争审查制度全面实施——在全国发改（物价）系统公平竞争审查实施细则培训班上的讲话》，载《中国价格监管与反垄断》2017年第12期。

② 参见冯兴元：《地方政府竞争——理论范式、分析框架与实证研究》，译林出版社2010年版，第129页。

2. 完善问责机制,消减内部审查懈怠

有效运转的问责机制通过社会监督与责任威慑有助于防止内部审查机关向放松审查的方向逃逸。"问责制"(accountability)是现代政府公共管理的一种高级管理机制,代表着现代社会经济条件下"责任"作为一种系统性的制度结构所具有的整合和调节功能。问责制遵循"角色义务—质询与说明—违反追究"的环节,将概括和具体的角色担当、问和责结合在一起,强调现代社会中的角色及其义务,强调在其位者谋其政,并施以有效的经常性督促,若有违背或落空则必当追究责任而不允许其"脱法"。① 在政府职责明确的前提下,"问责制"要求在政府公共管理中加强社会监督与责任威慑。鉴于在政策制定和起草过程中开展公平竞争审查已成内部审查机关明确的职责,为了督促内部审查机关尽职尽责,有必要加强社会监督和责任威慑。

第一,加强社会监督是问责机制督促内部审查机关履行职责的重要环节。公平竞争秩序事关市场主体开展公平竞争以及消费者所享有的合法权益,政策制定机关不依法履行公平竞争审查职责,出台不合理地排除、限制竞争的政策措施会直接或间接地影响市场主体与消费者的权益。鼓励开展社会监督有助于社会公众维护自身的合法权益,也能发挥其广泛参与监督的积极性。社会大众对政府部门的监督效果主要取决于两个方面,即信息对称程度和主观参与意愿。前者受到政府信息公开制度的运行情况影响,后者则受到公民综合素质、意见反馈机制、利益关联方式等多个重要因素的影响。②

加强社会监督需要加大政府信息公开力度。内部审查机关应当向社会公开其开展审查的相关信息,特别是审查结论及其依据。正所谓"阳光是最好的防腐剂",切实有效的社会监督有赖于充分的信息公开。

---

① 参见史际春、冯辉:《"问责制"研究——兼论问责制在中国经济法中的地位》,载《政治与法律》2009 年第 1 期。

② 参见丁茂中:《行政行为的竞争合规制度研究》,载《现代法学》2017 年第 2 期。

尽管《公平竞争审查制度实施细则》要求，政策制定机关停止执行或者调整相关政策措施的，应当按照《政府信息公开条例》的要求向社会公开，但是并未要求将有关审查结论及其依据向社会公开。当然，一些经济决策的审查结论及其依据可能涉及保密信息，但是在允许公开的范围内，审查结论及其依据的公开将有助于社会公众对审查过程及理由进行监督。特别是对于已经进行了自我公平竞争审查的政策文件，《公审意见》没有要求在发布时描述审查过程中发现的“污点”，说明“对什么进行了怎样的”审查，只需在发布的文件中载入“本文件进行了公平竞争审查”等一言以蔽之的描述性说明。这就留下了制度性漏洞。因为反推从结果回溯到程序、再到程序启动的整个过程，公平竞争审查都可在“自我操作”的情况下完成，相关审查程序不免有了形式化的色彩。①

加强社会监督也需要提升公众参与。《公审意见》提出“进一步推广重大决策事项公示和听证制度，拓宽公众参与政府决策的渠道”，《公平竞争审查制度实施细则》再次强调除依法需要保密的，公平竞争审查必须征求利害关系人意见或者向社会公开征求意见，并在书面结论中说明征求意见的情况，强化社会监督的约束，②并且鼓励任何单位和个人在政策制定机关涉嫌未进行公平竞争审查或者违反审查标准出台政策措施的时候向政策制定机关反映，或者向政策制定机关的上级机关或反垄断执法机构举报。这些事中事后环节的公众参与将有助于更好地实现对权力运行的社会监督和约束。

为了提升公众参与社会监督的意愿，一方面，要加大公平竞争审查制度的宣传力度。公平竞争审查制度虽然与社会公众的经济生活息息

---

① 参见刘继峰：《论公平竞争审查制度中的问题与解决》，载《价格理论与实践》2016 年第 11 期。

② 参见时建中：《推动实施公平竞争审查制度的又一顶层设计——解读〈公平竞争审查制度实施细则（暂行）〉》，载《中国价格监管与反垄断》2017 年第 11 期。

相关,但是,对于公众而言仍然是一个相对陌生的制度,在缺乏对政策制定机关负有内部审查义务的认识的基础上,更不用说对政策制定机关未依法开展内部审查的行为进行反映或举报了。广东深圳、广西柳州等城市通过政务微信公众号、当地主要报纸等渠道,系统全面、形象生动地宣传公平竞争审查制度,获得了较好的宣传效果。① 此外,正如反垄断执法机构查处了一系列与民众生活密切相关的企业垄断行为并通过媒体进行广泛宣传,极大地提高了《反垄断法》在大众心中的地位,促使社会公众的监督意识觉醒,积极地通过举报或其他救济途径参与社会监督。公平竞争审查意识在社会公众中的普及,也需要通过查处、纠正政策制定机关制定的排除、限制市场竞争的政策措施的案件以及广泛的媒体宣传报道予以推进。另一方面,也要及时有效地反馈监督意见。《公平竞争审查制度实施细则》要求政策制定机关接到任何单位或个人的反映后应当核实有关情况,上级机关和反垄断执法机构接到举报后也要及时核实情况或者进行必要的调查。经过核实的情况和调查的结果还应当及时地通告提出反映或作出举报的有关单位、个人或者社会公众,有助于增强政府鼓励社会监督的公信力,有效的反映或举报所形成的正向反馈将激励更多的单位和个人参与监督。如果适当辅以奖励,激励的效果可能更为明显。

第二,设责充分、问责到位的责任威慑是问责制督促内部审查机关履行审查职责的有力后盾。明确且适当的责任可以加大内部审查机关的违法成本,促使其自觉开展内部审查。从外部性的角度来考量,无论是出于惰性还是出于偏狭公共利益抑或私益,政策制定机关作出的不合理排除、限制竞争的政策措施以及怠于公平竞争审查对于全国统一市场的公平竞争秩序都具有较强的负外部性,为此需要将外

---

① 参见张汉东:《深入学习党的十九大精神以强烈的责任感和使命感推动公平竞争审查制度全面实施——在全国发改(物价)系统公平竞争审查实施细则培训班上的讲话》,载《中国价格监管与反垄断》2017 年第 12 期。

部成本内部化来解决。当内部审查成为一项规定义务之后，亦需要通过责任威慑来督促内部审查机关按照法定程序充分地履行内部审查的职责。

首先，设责充分是责任威慑的前提。为了充分设置责任，违反公平竞争审查职责的责任类型可以多样化。具体而言，对于内部审查机关的领导人员和工作人员，除了依据民法、刑法和行政法等传统的法律责任、依据公务员法作出处分所承担的纪律责任，还可以引入免职、弹劾、引咎辞职、罢免等政治责任机制予以填补。《公审意见》中还提出了及时将失职渎职人员移送纪检监察机关追究党纪政纪责任。对于政策制定机关而言，需要承担因其作出不合理地排除、限制竞争的行政行为以及不履行公平竞争审查职责的行为而承担的行政法律责任。除了确认行政行为违法、撤销行政行为等行政法律责任外，行政赔偿也是一种潜在的法律责任。随着与公平竞争审查有关的行政诉讼的提起，若法院判决确认政策制定机关不履行公平竞争审查职责的行为违法，在此基础上，如果这些不履行公平竞争审查职责的行为给市场主体造成了损害，还有可能会出现市场主体依据《国家赔偿法》要求政策制定机关承担行政赔偿责任的情形。当然，在现行规制行政性垄断的法律法规中缺乏行政赔偿的明文规定，《国家赔偿法》第 4 条仅有“造成财产损害的其他违法行为”的模糊表述的情况下，加之因果关系认定的难题，法院很难支持行政赔偿的请求。笔者认为，行政赔偿责任对于内部审查机关而言具有较强的威慑力。一方面，被判决承担行政赔偿责任以及判决向社会公告都会减损内部审查机关的公信力；另一方面，获得赔偿款项的预期会激励更多的市场主体通过诉讼途径维护权利，积极监督内部审查机关的审查行为及审查结论。因此，未来修法时可以考虑作出规定，对于行政性垄断行为以及未依法履行公平竞争审查职责的行为给市场主体造成损害的情形，内部审查机关应当承担行政赔偿责任。

其次,问责到位是责任威慑效果最大化的必要条件。问责到位,意味着要合理配置执法资源,确保及时发现和纠正不履行公平竞争审查职责的行为。《公审意见》只是原则性地指出"有关机关"依法查实后应严肃处理,《公平竞争审查制度实施细则》将"有关机关"细化为政策制定机关的上级机关或者本级及以上市场监管部门,前者在接到举报后应当核实有关情况;后者遇到涉嫌违反《反垄断法》的情形应当进行必要的调查。经调查,上级机关有权责令改正或予以处分,反垄断执法机构可以向违反《反垄断法》的政策制定机关或其上级机关提出停止执行或调整政策措施的建议。也就是说,现行公平竞争审查制度针对内部审查机关的问责主要仍然由其上级机关负责,反垄断执法机构仅在涉嫌违反《反垄断法》时应当开展调查,执法权也仅限于建议权,显然这种思路沿袭了《反垄断法》规制行政性垄断的执法路径。当然,相较于《反垄断法》的执法路径,公平竞争审查制度中反垄断机构的执法权限也有一定的亮点。一是反垄断执法机构行使建议权的对象得到了拓展,可以直接向政策制定机关提出建议;二是反垄断执法机构作出的相关处理决定和建议依据法律法规向社会公开。以上内容在一定程度上增强了反垄断执法机提出建议的灵活性,并通过信息公开舆论监督增强了建议的威慑力。鉴于现行《反垄断法》规制抽象行政性垄断行为的执法路径存在固有的缺陷,赋予反垄断执法机构行使执法权将有助于及时发现和纠正不履行公平竞争审查职责的行为,实现问责到位。为此,笔者认为,条件成熟时,可以考虑赋予反垄断执法机构一定的行政执法权,以要求未依法履行公平竞争审查职责的政策制定机关停止执行或调整政策措施,或者赋予法院权力,以判决确认抽象行政性垄断行为违法或予以撤销。

(二)逐渐过渡到统一的外部审查机制

如前所述,在目前内部审查机制下,公平竞争审查在各地及各行业的政策制定机关的实施中有可能会出现尺度不一的碎片化问题。这一方面与内部审查机关的审查能力与审查积极性有关;另一方面也与公平竞争审查的复杂性与专业性有关。例如,《公平竞争审查制度实施细则》所规定的审查标准中“明显不必要”“超出实际需要”等用语,例外规定中“不可或缺”“严重限制市场竞争”等要件,在表述上较为抽象,由专业人员进行评估更为适宜。在内部审查机关的审查能力与经验参差不齐的情况下,逐步建立统一的外部审查机制,将有助于统一公平竞争审查的实施尺度,有助于制度创设目标的达成。

设置统一的外部审查(或称集中审查)机制,首要的问题是负责外部审查的机构,应当与政策制定机关(目前制度下的内部审查机构)保持独立。那么,由政策制定机关外部的哪个机构来集中履行公平竞争审查职能呢?从竞争评估的专业能力和独立性来说,由竞争主管机构承担外部审查最为适宜。① 从国际经验上来看,欧盟、印度等都是由竞争主管机构来专门负责竞争评估,澳大利亚更是设置了竞争评估的专门机构包括澳大利亚政府理事会(COAG)、国家竞争理事会(NCC)、商业管制理事会(COBR)进行竞争评估。我国国家反垄断局竞争政策协调司官网显示的职能介绍中包括了组织实施公平竞争审查制度、督促指导各部门和地方开展公平竞争审查工作等,可见,由国家反垄断局竞争政策协调司承担外部审查职能具有一定的现实可操作性,而目前的以竞争主管机构作为主导的公平竞争审查工作联席会议及其委托的第三方评估制度可以作为将来逐步过渡到统一的外部审查机制的有效工具。值得关注的是,目前来看,囿于我国竞争评估专业人士严重紧缺的现状,有利于充分调动社会资源的第三方评估制度在辅助公平竞争审查方面的作用将是较长期的。

在具体的机构层级方面,我国《反垄断法》和市场监管总局《关于反

① 参见叶高芬、张广亚:《论国家竞争政策视角下我国的公平竞争审查制度》,载《经济法论丛》2019 年第 1 期。

垄断执法授权的通知》规定了国务院竞争主管机构统一负责反垄断执法工作，并普遍性地授权省级竞争执法机构处理辖区内的执法案件，同理，可以考虑由国家市场监督管理总局和省级市场监督管理局负责本级政府及组成部门的政策措施的外部审查工作，以及由省级市场监督管理部门负责辖区内各下级政府及其组成部门制定的政策措施的外部审查工作。鉴于省级市场监督管理部门的任务有可能过于繁重，可以考虑灵活利用授权机制，即授权个别具备条件的地级市乃至县级市场监督管理局开展本辖区内的外部审查工作。开展外部审查还意味着市场监督管理部门需要储备更足够的具备竞争专业知识的人才，这是决定外部审查能否落到实处的队伍保障。因此，有必要大幅扩充国家反垄断局以及省级市场监督管理部门反垄断处（室）的编制并做好队伍专业性培训等。

在程序方面，政策制定机关可以利用已有的公平竞争审查工作联席会议机制，向市场监督管理部门提出申请，市场监督管理部门应相关请求开展外部审查。

（三）完善存量政策措施的公平竞争审查

我国经济体量庞大，政府在经济领域中的行政管理职责也多，现实经济生活中大量政策措施已经出台，再加上行政性垄断根深蒂固，遗留问题也很多。这些政策的持续会对公平竞争产生巨大危害，如果不对现行影响竞争的政策措施进行全面、彻底的审查和清理，将无法推动国家竞争政策的有效实施。我国对存量政策措施投以较多的关注，应尽管主要围绕增量政策措施的公平竞争审查予以设计，但是，《公审意见》也指出，对存量政策措施要依据“谁制定，谁清理”“分类处理”“不溯及既往”等原则进行“有序清理”；《2017—2018 年清理现行排除限制竞争政策措施的工作方案》对存量政策措施的清理工作做了具体部署，包括清理范围和重点，以及“自查梳理—审核排查—公开清废”的清理步骤①,还为各个阶段的工作设定了时间表;《全面推进落实公平竞争审查制度2019年工作重点》强调了上述工作方案;《关于开展妨碍统一市场和公平竞争的政策措施清理工作的通知》(2019年)(以下简称《通知》)更加明确了存量政策措施的清理范围和重点、强化了清理责任,并强调了清理工作要求;《公平竞争审查工作部际联席会议2020年工作要点》再次要求全面清理存量政策措施;《公平竞争审查制度实施细则》则指出,未经公平竞争审查出台的政策,可以进行审查、废止等。

我国对存量政策措施的清理工作也已经收到较好的成效,如2019年,浙江省就清理排除限制竞争的存量政策文件17,722件,废止修改832件。② 目前来看,我国存量政策措施的清理工作仍然是一项长效工程。未来的工作中,以下两个问题或值得关注。

1. 继续分批、分重点地推进

我国存量政策措施的体量十分庞大,而《公审意见》中审查标准的四大类共十八小项所涉及的范围也十分广泛,同时要求审查机构对所有存量政策措施按照审查标准一项一项梳理下来将是非常大的工作量,因此,分批分重点推进存量政策措施的清理是符合实际的工作思路。例如,公平竞争审查制度出台初期,根据常见的行政性垄断行为类型,《2017—2018年清理现行排除限制竞争政策措施的工作方案》将审查重点聚焦于市场壁垒、指定交易和地方保护方面,包括设置不合理与歧视性的准入和退出条件、限定商品和服务、歧视外地和进口的商品与服务、阻碍和限制商品与服务在本地和外地之间流通、排除或限制外地

① 自查梳理阶段由自我审查机关根据审查标准对重点清理领域的政策措施进行梳理,审核排查阶段则对上一阶段梳理出来的可能需要清理废除的政策措施进行审核排查、组织研究并形成初步处理结论,公开清废阶段则形成最终处理结论,并按程序予以废除或调整(在废除调整的过程中需要注意过渡期的设置、符合例外规定的说明以及信息公开的情况)。

② 参见《盘点2019,看推动公平竞争审查制度落实情况如何》,载《中国市场监管报》2020年1月15日,https://m.thepaper.cn/baijiahao_5526269,最后访问时间2022年3月30日。

经营者参加本地招投标活动,以及强制经营者从事《反垄断法》规定的垄断行为等六类情形。因应经济形势的发展,《全面推进落实公平竞争审查制度2019年工作重点》将审查工作重点之一落在深入研究特定行业领域的公平竞争审查问题上。在未来的清理工作中,应当继续沿用分批、分重点推进的工作思路。

2. 适时扩大清理范围

《公审意见》规定,行政法规和国务院制定的其他政策措施、地方法规的起草部门应当在起草过程中进行公平竞争审查,未进行审查的不得提交审议。这是因为上述文件的层级较高,尤其是行政法规和国务院制定的其他政策措施,有可能通过国务院部委以及各级政府依据上述文件制定实施细则等规范性文件予以具体实施,其中不合理排除、限制竞争的条款一旦出台实施,就有可能产生非常广泛的影响。然而,《公审意见》《全面推进落实公平竞争审查制度2019年工作重点》仅规定了对增量法规和政策的公平竞争审查规定,并未规定对存量法规和政策的清理问题。《2017—2018年清理现行排除限制竞争政策措施的工作方案》和《通知》所规定的存量政策措施清理范围也仅限于规章、规范性文件和其他政策措施,并不包括法规和政策。

笔者认为,增量法规和政策尚且仅有产生排除、限制竞争的潜在风险,已经出台的(存量的)法规和政策则可能已经产生或正在产生排除、限制竞争的影响,因此存量问题不容忽视。此外,对存量法规政策开展公平竞争审查,还有助于保证增量政策措施公平竞争审查的准确性。

在推进有序清理存量政策措施的过程中,有必要适时开启和推进存量法规和政策的公平竞争审查与清理工作。在清理机关和清理程序上,鉴于存量法规和政策影响十分重大但数量相对较少。可在现行的公平竞争审查自我审查机制之下,经自我审查之后再由专门的审查机关进行复查。传统上,国务院法制部门负责对行政法规和国务院的其他政策措施进行合法性审查和定期清理。因此,可以先由国务院法制部门审查,再由国务院法制部门将审查结论提交公平竞争审查部际联席会议审议。由于国家市场监督管理总局在公平竞争审查部际联席会议中发挥主导作用,实际上相当于由竞争主管机关——国家市场监督管理总局对存量行政法规和国务院其他政策措施进行复查,从而可以更为严密和科学地评估存量政策措施对市场竞争的影响。此外,在例外规定方面,建议将其兜底条款“法律、行政法规规定的情形”修改为“法律规定的其他情形”,从而避免出现例外过宽的情形。

(四)细化竞争限制的合理性判断标准

如前所述,为了避免自我审查机关较大的自由裁量权造成制度实施中出现偏差,对于竞争限制的合理性判断标准,需要结合法理做进一步的阐释。

我国受大陆法系影响甚深,推崇德国公法的“比例原则”。比例原则由德国宪法法院对法律政策和政府行为进行事后司法审查时适用和发展,后来也逐渐延伸用于行政政策的事前评估。我国也不乏将比例原则引入作为公平竞争审查制度的理论基础的呼声。传统的比例原则为三阶论,主要包括适当性、必要性和狭义比例原则(又称均衡性),在适用时呈现逐级进行的“阶层秩序”操作规程。其中,“适当性”审查手段是否有助于实现目的;“必要性”考察相同有效地达到目标的诸手段中何者对私权的侵害最少,包括选择可能性、相同有效性、最小侵害性三个要素;而“均衡性”用来实现利益衡量,即手段所欲达成的公共利益目的和采取该手段所引发的对私益权利的限制之间是否保持一种比例关系。①

传统的比例原则存在一定瑕疵,在适用到公平竞争审查时需要作出改进。具体而言:第一,现代社会中行政权一经行使影响十分广泛,为了弥补因缺乏对政策措施的目的及其正当性的考察而对行政权的约束不足,在事前评价行政机关所制定的政策时还需要引入对目的及其

① 参见蒋红珍:《论比例原则——政府规制工具选择的司法评价》,法律出版社2010年版,第38—40页。

正当性的审查。第二，传统“比例原则”肇始于权力控制，均衡性分析时将成本只限定于私人成本，而忽视了合理的公共政策应当关注社会总体成本，为此，应在均衡性分析中引入社会总体的成本收益分析，并考虑到行政效率问题。第三，略显僵化的“阶层秩序”使每一层的审查都会影响后一层合理性审查的完整性，如因在前三个步骤中被误认为目的不正当，或并非最小限制私权，而已被认定“不成比例”，即便待审查措施符合效率，均衡性环节的分析也不免难为无米之炊，①对此需要打破僵化的“阶层秩序”，允许对各个部分进行分别审查和反复衡量。欧盟委员会在于2005年制定的“国家援助行动计划”中引入了“平衡测试法”。首先，审查国家援助的目的正当性，衡量援助目标是否旨在实现良好而明确的共同利益目标（可划分为效率目标和公平目标）。其次，审查援助作为手段是否有助于实现共同利益目标，包括衡量适当性与必要性，较有特色的是平衡测试在二者之间还增加了对激励效应（incentive effect）的考察。例如，援助是否带来了受援者行为的改变，而不能仅被用来弥补受援者的经营亏损，这被视为对手段适当性的一种类型化的补充判断。最后，是相符性分析（Compatibility Analysis），衡量对竞争的扭曲和贸易的影响是否被限制在总体均衡的状态。②“平衡测试法”有助于确定国家援助是否与共同市场相兼容，也增加了欧盟委员会行使个案豁免国家援助的自由裁量权的透明度，鲜明地体现了改良后的比例原则的特点。

笔者认为，公平竞争审查制度对限制竞争的合理性考量，不仅可以考虑借鉴欧盟经改良的比例原则中对目的正当性、手段适当性及必要性的综合考察，如将例外规定的例外情形解释为目的正当性审查，将

---

① 参见戴昕、张永健：《比例原则还是成本收益分析法学方法的批判性重构》，载《中外法学》2018年第6期。

② See EU Commission, *Common Principles for an Economic Assessment of the Compatibility of State Aid under Article* 87.3, available at http://ec.europa.eu/competition/state_aid/reform/economic_assessment_en.pdf.

“相关政策措施对实现政策目的不可或缺”解释为手段适当性与必要性的审查，①还可以考虑借鉴均衡性审查中关注社会总体福利的成本收益分析方法，衡量限制竞争给社会带来的总体收益是否大于竞争限制给社会施加的总体成本。我国《反垄断法》的多元立法目的既维护市场竞争秩序又维护公共利益，正如该法第34条所述，竞争限制的正当理由不仅包括“对竞争产生的有利影响明显大于不利影响”，也包括“符合社会公共利益”。具体到公平竞争审查制度而言，如果政策措施经成本收益分析法分析存在社会净收益时，即便对竞争产生了不利影响，也可以被认定为符合社会公共利益，而有可能允许其实施。从这个意义来说，在解释公平竞争审查例外规定中的“不会严重排除和限制市场竞争”时，似乎也应当兼顾某些经过成本收益分析存在社会净收益的特殊情形。

这或许与王健教授所言公平竞争审查制度具有“跨越管制影响评估直接进入公平竞争审查”②的特点有关。管制影响评估着力于优化政府管制，关注政策措施给社会总体带来的成本收益，包括限制竞争产生的影响。在有管制影响评估传统的区域，无论是欧盟的平衡测试法还是澳大利亚的公共利益测试法，竞争评估均要求衡量社会总体的收益与成本。例如，平衡测试法的相符性分析，要求对竞争的扭曲和贸易的影响被限制在总体均衡的状态，即在社会福利标准（Social Welfare Standard）下衡量援助所产生的积极效果是否超过所产生的消极效果，

---

① 由于“不可或缺”本身具有“不可替代”的意思，故在公平竞争审查的语境下，可以考虑将其解释为，不存在更小损害竞争的替代性政策措施，从而使其兼具对必要性的考察。这与澳大利亚国家竞争政策“公共利益测试法”的表述有着异曲同工之妙，后者用“目标仅能通过在该程度上对竞争的限制来实现”涵盖了对手段适当性与必要性的审查。See Council of Australian Government, Intergovernmental Agreement on Competition and Productivity-Enhancing Reforms, available at https://www.coag.gov.au/sites/default/files/agreements/IGA-productivity-reforms.pdf.

② 参见王健：《我国公平竞争审查制度的特点及优化建议》，载王先林主编：《竞争法律与政策评论》第2卷，上海交通大学出版社2016年版。

既要考虑效率要素中的消费者剩余和生产者剩余,也要考虑公平要素中福利在国家与公民中的分配。而“公共利益测试法”则要求,限制竞争给社会整体带来的收益必须超过对社会整体造成的成本,当存在社会净收益时,再判断政策措施的适当性与必要性。因此,尽管审查标准和例外规定均未明确提出将通过成本收益分析得到社会净收益作为判断竞争限制是否合理的一个审查要件,但是笔者认为,在公平竞争审查的合理性审查中,在评估政策措施限制竞争的程度的同时,可以考虑进行社会总体成本收益分析,例如在解释“不会严重排除和限制市场竞争”的“严重”这一抽象标准时,将能否通过成本收益分析得到社会净收益作为一个考虑因素,以便更为准确地衡量政策措施对竞争的排除限制是否合理。

此外,合理性审查中的目的正当性审查,不仅要关注政策措施制定时所宣称的目的,还需要关注政策措施潜在的不同目的。现实情况的约束使得政策制定机关往往出于多个目的而制定政策措施,依目的之间的不同关系,可分为等价并列的多重目的、主要目的与附属目的、明示目的与隐藏目的、直接目的与远期目的等类别。以明示目的与隐藏目的为例,法国某市政府以保护风化为由发布命令,禁止游泳者在海滩上露天更衣,法院却认为,保护风化是该命令的明示目的,而增加财政收入则是该命令的隐藏目的,因为该命令迫使游泳者在收费的公共浴室更衣。① 对于明示目的“保护风化”而言,或能落入例外规定中“为实现……社会公共利益”的例外情形,而隐藏目的“增加财政收入”则有可能不能落入例外情形。对于此类多个目的仅有部分落入例外情形能否通过例外规定的合理性分析,值得思考。因此,笔者认为,可首先综合衡量各个目标给社会总体所带来的成本和收益,仅在存在社会总体净

① 参见王桂源:《论法国行政法中的均衡原则》,载《法学研究》1994 年第 3 期。

收益的情况下，再继续按照例外规定的其他要求审查合理性。①

（五）探索公平竞争审查的司法救济

为了弥补行政系统内部纠偏的局限，落实反垄断执法机构的行政建议，并向市场主体提供更多的救济途径，可以考虑探索私力寻求司法救济，以及引入国家检察权建立行政公益诉讼机制。

1. 私力寻求司法救济的可能性

私力寻求司法救济主要受制于行政行为的可诉性问题。目前，法院界定被诉行政行为是否属于行政诉讼涉案范围所依据的是《行政诉讼法》和最高人民法院《关于适用〈中华人民共和国行政诉讼法〉的解释》，可诉的行政行为主要被限定于“具体行政行为”②尽管2017年《行政诉讼法》还提供了对规章以外的规范性文件进行附带审查的司法救济路径，③但须以作出具体行政行为为前提，在救济上存在局限性。

如前所述，我国公平竞争审查制度的一个重要亮点在于，对行政机关制定政策措施施加了程序性控制的义务，从而将法院能否对抽象行政行为进行司法审查的问题转化为对行政机关是否履行特定职责的具体行政行为进行司法审查的问题，使法院有可能通过确认不履行公平竞争审查职责的行为违法，督促政策制定机关及时修订或废止违反公平竞争审查标准的政策措施，从而强化对行政性垄断的监督。而“公平

---

① 参见叶高芬、张广亚：《论国家竞争政策视角下我国的公平竞争审查制度》，载陈云良主编：《经济法论丛》第33期，社会科学文献出版社2019年版。

② 最高人民法院《关于适用〈中华人民共和国行政诉讼法〉的解释》第1条第1款规定：“公民、法人或者其他组织对具有国家行政职权的机关和组织及其工作人员的行政行为不服，依法提起诉讼的，属于人民法院行政诉讼的受案范围。”《行政诉讼法》第13条规定：“人民法院不受理公民、法人或者其他组织对下列事项提起的诉讼：（一）国防、外交等国家行为；（二）行政法规、规章或者行政机关制定、发布的具有普遍约束力的决定、命令……”

③ 《行政诉讼法》第53条规定：“公民、法人或者其他组织认为行政行为所依据的国务院部门和地方人民政府及其部门制定的规范性文件不合法，在对行政行为提起诉讼时，可以一并请求对该规范性文件进行审查。前款规定的规范性文件不含规章。”

竞争审查诉讼第一案"(深圳市斯维尔科技股份公司诉江西省住房和城乡建设厅、江西省建设工程造价管理局案)被法院受理并经终审判定广东省教育厅在涉案赛项中指定独家使用广联达公司所提供的相关软件的行为构成行政性垄断,为我国私力寻求司法救济提供了启发。

2. 探索行政公益诉讼机制

随着公平竞争审查的深入推进,增强竞争执法机构所提行政建议的执行力度具有深远的影响。既然不宜让行政架构内部产生矛盾,那么,尝试探索让国家检察权与司法权介入,居中裁决竞争主管机构与被提出建议的行政机关之间的纠纷,似乎也不失为一条出路。

竞争执法机构向涉嫌实施行政性垄断的行政机关提出行政建议的做法是竞争倡导的手段之一。域外竞争执法机构在向行政机关竞争倡导无效时,可以直接或间接地向行政法院诉请执行其建议,包括竞争执法机构直接向法院起诉的模式,如西班牙;①或者通过国家检察机关间接向法院起诉的模式,如意大利。于1990年制定的《意大利竞争法》第21条赋予了竞争主管机构(AGCM)针对议会制定的法律,以及行政机关制定的法规或其他政策措施向议会或行政机关开展竞争倡导的权力,AGCM可提出减少反竞争效果的意见;意大利还于2011年规定,竞争执法机构在倡导无效时应针对行政机关采取法律行动,即当竞争执法机构识别出行政法规或其他政策措施的内容违反竞争法时,应于60日内提出详细的意见,若行政机关在收到通知60日内未遵守意见,竞争执法机构应在30日内通过国家检察机关(Avvocatura dello Stato)向行政法院提起诉讼,要求废止违法的行政法规或其他政策措施。②

---

① 西班牙竞争委员会依《竞争法》第25条享有制定政策的磋商职权,应针对影响市场竞争的拟议法规政策发表意见,同时第12条第3款赋予其就给市场有效竞争制造障碍的行政行为和行政规定直接向有权法院提起诉讼、请求撤销的职权。

② See UNCTAD, *Competition Law and the State*: *Competition Law's Prohibitions of Anti-competitive State Acts*, *Vol* 1: *Summary of Answers to Questionnaire*, 2015, available at https://unctad.org/en/Pages/DITC/CompetitionLaw/ResearchPartnership/TheState.aspx.

笔者认为，在国家监察委员会业已设立、检察机关公益诉讼职能得以强化的背景下，我国可以探索建立由检察机关提起行政性垄断公益诉讼的司法救济机制。我国2017年《行政诉讼法》未为行政机关直接就其他行政机关履行职责的情况提供诉讼途径，故不宜由反垄断执法机构直接向法院起诉。① 由检察机关向法院起诉，通过行政公益诉讼的方式督促行政机关按照反垄断执法机构的建议进行整改、全面履行公平竞争审查职责，不失为一条充分发挥检察机关的检察职权、更好地维护竞争政策基础性地位的路径，具有一定的现实意义。

实践中，由检察机关提起行政公益诉讼的做法已在保护环境等公共利益方面获得有效实施。在最高人民检察院第十三批指导性案例之一的陕西省宝鸡市环境保护局凤翔分局不全面履职案（检例第49号）中，凤翔县人民检察院经查明，陕西省宝鸡市环境保护局凤翔分局在履行环境保护监管职责时，虽有责令企业限期改正和作出行政处罚等履职行为，但未依法全面运用行政监管手段督促企业整改和制止企业继续超标排放。在作出检察意见但未能实现应有效果的情况下，人民检察院向有管辖权的人民法院起诉，②请求确认凤翔分局未依法全面履职的行为违法，并且判令宝鸡市环境保护局凤翔分局依法全面履行职责，督促企业采取有效措施，确保颗粒物排放符合标准。人民法院支持了检察院的全部诉讼请求。③ 人民检察院在环境领域行政公益诉讼中胜

---

① 虽然2017年《行政诉讼法》第97条允许行政机关向法院提起非诉执行，但是若直接由反垄断执法机构和被诉行政机关对簿公堂，也容易使行政系统内部出现矛盾，加大反垄断执法机构面临的压力。

② 按照2017年《行政诉讼法》第25条第4款规定，对于生态环境和资源保护等领域负有监督管理职责的行政机关，若其违法行使职权或者不作为，致使国家利益或者社会公共利益受到侵害，并且在收到检察建议后仍不依法履行职责，人民检察院有权对不依法履行职责的行政机关向人民法院提起诉讼。

③ 参见《陕西省宝鸡市环境保护局凤翔分局不全面履职案（检例第49号）》，载最高人民检察院官网，http://www.spp.gov.cn/spp/zdgz/201812/t20181225_403352.shtml，最后访问时间2020年3月30日。

诉的做法可借鉴使用于公平竞争审查领域。

修订后的《反垄断法》已经增加了检察机关民事公益诉讼的规定，笔者建议，还可以未来考虑增加行政公益诉讼的规定，并对反垄断法执法机构提出执法建议与移送检察机关、检察机关提出检察建议与提起诉讼等作出衔接规定。当然，检察机关行政公益诉讼制度也需要具备相应竞争法专业知识的检察机关工作人员予以落实，故检察机关未来或需要吸纳一定数量的竞争法专业人才，增强反垄断专业力量。

(六)公平竞争审查制度进一步法制化

在国家竞争政策视角下，公平竞争审查制度的法制化与《反垄断法》密不可分。因为国家法律的确认是对实践中的竞争政策工具的认可。《反垄断法》作为国家权力机关制定的法律，在全国范围内普遍适用，是国家竞争政策最坚实的载体。修订后《反垄断法》新增“国家建立健全公平竞争审查制度。行政机关和法律、法规授权的具有管理公共事务职能的组织在制定涉及市场主体经济活动的规定时，应当进行公平竞争审查”。这说明修订后的《反垄断法》已将公平竞争审查制度法律化，这是我国竞争法治建设的一大进步。

尽管有学者建议对公平竞争审查制度进行单独立法①，或将《宪法》和《反垄断法》明确为公平竞争审查制度的上位法②。笔者认为，在现阶段，将公平竞争审查制度纳入修订后《反垄断法》是最快实现“将公平竞争审查制度法律化”目标的做法。公平竞争审查制度不仅仅是《反垄断法》规制行政性垄断的体系与逻辑的延伸，也是对《反垄断法》规制行政性垄断的开拓与创新：一方面，公平竞争审查制度对不合理排除、限制竞争政策措施的规制不仅充实和完善了《反垄断法》第 45 条“滥用行政权力，制定含有排除、限制竞争内容的规定”，增设了更为有效的程

① 张守文：《公平竞争审查制度的经济法解析》，载《政治与法律》2017 年第 11 期。

② 黄勇、吴白丁、张占江：《竞争政策视野下公平竞争审查制度的实施》，载《价格理论与实践》2016 年第 4 期。

序性保障;对增量政策措施的事前审查形成行政性垄断的事前规制。另一方面,公平竞争审查制度在实体审查标准上的具体类型化将《反垄断法》第39条至第45条所列举的行政性垄断行为扩展至《公审意见》中的18项审查标准,[①]乃至《公平竞争审查制度实施细则》中进一步细化出来的50余条具体情形,其中不乏对《反垄断法》第五章"滥用行政权力、排除限制竞争"规制内容的创新。例如,《公平竞争审查制度实施细则》具体审查标准细化了修订后的《反垄断法》第39—45条的规定,将《反垄断法》第44条所规制的"强制或者变相强制经营者从事经济性垄断行为"拓展至了"违法披露或违法要求经营者披露生产经营信息,为经营者实施(经济性)垄断行为提供便利";审查标准还联结了《市场准入负面清单》所代表的市场准入制度改革,首次明确地将"区分不同所有制实施不合理的差别化待遇,设置不平等的市场准入和退出条件"作为判定行政性垄断的因素之一,体现了竞争中性的色彩。[②] 这些都鲜明地体现了国家竞争政策规制行政性垄断的全局性特点,使《反垄断法》有条件更好地将制度因素纳入市场竞争状况评估。此外,公平竞争审查制度亦有助于规制涉及行政因素的经济性垄断行为,是现行《反垄断法》规制经济性垄断的有力补充。[③]

---

① 参见《国务院关于在市场体系建设中建立公平竞争审查制度的意见》(国发〔2016〕34号文)http://www.gov.cn/zhengce/content/2016-06/14/content_5082066.htm,最后访问时间2022年5月6日。

② 这种充实与创新,不仅可作用于政策措施的规制,甚至也可通过《反垄断法》第41条"其他行为"、第42—43条"等方式"等兜底规定,辅助具体行政性垄断行为的认定。不难发现,市场监督管理总局制定的《制止滥用行政权力排除、限制竞争行为暂行规定》在一定程度上参考了《公平竞争审查制度实施细则》对审查标准的细化规定。

③ 例如,审查标准中的"不得强制经营者从事《中华人民共和国反垄断法》规定的垄断行为",与现行《反垄断法》第44条相比减少了"滥用行政权力"的要求,尽管还需要经过例外规定的审查,总体而言仍有可能扩大了保护范围;又如,"不得违法披露或者要求经营者披露生产经营敏感信息,为经营者从事垄断行为提供便利条件"的审查标准,在现行《反垄断法》中更是没有直接相关的规定,或有助于从源头遏制部分经营者达成并实施垄断协议。

鉴于修订后的《反垄断法》已经对公平竞争审查制度做了规定,有必要对公平竞争审查制度具体规则与反垄断法体系进行必要的整合。国务院或可根据授权适时出台《公平竞争审查条例》,将《公审意见》和《公平竞争审查制度实施细则》中规定的具体的审查要求、基本原则、审查对象、审查程序、审查标准、例外规定、监督办法,以及法律责任等内容上升到行政法规层级。至于更为具体的竞争评估清单以及审查方法等则可由国务院反垄断委员会及时出台相关公平竞争审查指南,可以借鉴域外经验,如OECD竞争评估清单中的明确"限制竞争"要素和"不合理"要素等经验完善初步评估和深度评估等内容,①为审查机关提供更为详细的指引,从而构建以"《反垄断法》——国务院条例——国务院反垄断法委员会反垄断指南"为主体的多层次的公平竞争审查制度规范体系。

本章小结

本章从国家竞争政策视角下预防行政性垄断的竞争评估路径的国际经验以及其在我国构建的实践历程与展望出发,探讨了三个问题:竞争评估制度是什么,包括其概念、目的、形式以及其与国家竞争政策和预防行政性垄断之间的关系?竞争评估制度包括哪些部分以及各部分在域外如何运作?如何构建公平竞争审查制度,即具有中国特色的竞争评估制度?

第一,竞争评估是一种方法,用以识别不合理限制或扭曲竞争的既有或拟议中的公共政策措施并对其修订,促使制定机关最终采纳一种与原公共政策所追求的目标保持一致的、更加有利于市场竞争的替代政策或措施。该制度最重要的目标是确保市场竞争不会受到政策措施造成的不合理的限制。竞争评估制度的实施是国家竞争政策体系基本

① OECD Competition Assessment Toolkit-Operational Manual, version 3.0, p.3-4.

确立的重要标志，也是确立竞争政策基础性地位的关键一步。竞争评估介入行政行为的制定过程可以高效地预防行政性垄断，开展竞争评估也有利于增进政策制定机关的竞争合规意识。竞争评估制度可以依据政策制定事前或事后开展评估、是否参与政策制定环节等标准分为多种形式。

第二，域外实施的竞争评估制度主要包括五个部分：评估主体、评估范围、评估标准、评估程序与评估方法。首先，评估主体可以为政策制定机关及其上级机关、竞争主管机构、竞争评估专门机构或前述机构的组合。不同类型的评估主体在评估效率、评估专业性、机构独立性方面有所差异。其次，评估范围主要包括行政规范性文件以及法律，乃至具有上位法律依据的特定政府行为，涵盖事前与事后评估。再次，评估标准主要包括"限制竞争"要素与"不合理"要素。"限制竞争"要素考察政策措施是否以及如何限制竞争，近来流行通过类型化限制竞争政府行为的竞争评估清单来进行评估。"不合理"要素考察政策措施排除限制竞争是否在必要限度之内，着重考察政策的目的与限制竞争的手段是否合比例。依据是否推定所有限制竞争行为均为不合理，可将"不合理"要素的域外考察标准划分为两种路径：一种是未做推定直接分析是否超过必要限度；另一种是作出推定再考察是否符合例外合理情形。两种路径在逻辑上殊途同归，但在实践中，后者对政策制定机关施加较大的证明义务，更能体现竞争政策的基础性地位。又次，评估程序通常包括多个阶段和步骤，"初步评估"和"深度评估"的双层评估程序得到了许多国家的采纳。最后，评估方法主要包括从实践经验中总结出的寻找替代措施的常用方法，以及定性和定量评估方法。

第三，我国近年来出台的公平竞争审查制度正在逐步建构具有中国特色的竞争评估制度。首先，公平竞争审查制度融汇了竞争评估的国际经验，同时是对我国政府清理妨碍公平竞争的政策规范的制度创新。其次，我国公平竞争审查制度具有下列亮点，包括自我审查机制与制度初期的客观状况相适应、审查对象的范围全面、由政策措施的制定机构承担提出正当化理由的举证责任、新增程序性规制进一步保障实体规制的实现以及确立竞争优先兼顾公共利益的价值导向。但现行公平竞争审查制度也存在内部审查机制尚有碎片化风险、行政系统内部纠偏机制未能为市场主体提供充分救济、合理性审查标准不够明确以及制度的法律权威不足等亟待完善的空间。笔者认为,未来应当完善内部审查机制并逐渐过渡到统一的外部审查机制、细化竞争限制的合理性判断标准、进一步完善存量政策措施的公平竞争审查、探索公平竞争审查的司法救济以及公平竞争审查制度进一步法制化等。

第四编

行政性垄断的矫正型路径

制度向更高效率的演进取决于初始状态和持续的政治上的支持。[①]正如本书第三编所述,作为国家竞争政策视角下规制行政性垄断的重要手段,竞争倡导、竞争中性、竞争评估等制度是规制行政性垄断的预防型路径,主要用于事前预防行政性垄断的发生。通过事先积极培育、宣传竞争文化,能够从根源上提高行政主体与市场经营者的竞争意识,为其确立行为预期,使其避免触碰垄断红线。但即便在竞争意识已充分普及的国家和地区,仍不可避免地会出现行政主体滥用行政权力排除、限制竞争的问题。而当行政性垄断行为已经发生后,为消除行政性垄断对市场竞争的消极影响,就需要采取必要措施对其进行规制,即事后规制。与预防型路径相对应,笔者将行政性垄断行为发生后所采取事后规制的举措称为矫正型路径。"矫正",顾名思义,即纠正、改正,将事物恢复到原来状态之意。

---

① *Transition and Economics*: *Politics*, *Markets and Firms*, the MIT Press, 2000.

CHAPTER 01 >>

第一章 矫正型路径概述

随着国家竞争政策基础性地位的不断确立,矫正型路径作为国家竞争政策的重要组成部分,其重要性不言而喻。国家竞争政策视角下规制行政性垄断的矫正型路径,具体表现为行政主体滥用行政权力排除、限制竞争的行为发生后,竞争执法机关或司法机关采取措施对该行政性垄断行为进行纠正,对相关责任人员进行追责,及时制止并阻止损失的继续扩大,该举措的主要目的和功能在于补救受害人,弥补于已然之后。①

第一节 矫正型路径的界定

一、矫正型路径的分类

以事后矫正为着眼点,我国规制行政性垄断的矫正型路径总体上可以分为两类,一类是竞争执法,另一类是司法审查。

---

① 参见刘水林:《经济法是什么——经济法的法哲学反思》,载《政治与法律》2014 年第 8 期。

(一)竞争执法

本书中所指的竞争执法,是指狭义范围内的行政执法,有学者又将其称之为"反垄断执法"①,即由专门的反垄断执法机构对行政主体滥用行政权力所实施的排除、限制竞争行为进行查处和规制的一系列活动。

如前所述,我国行政性垄断规制的竞争执法机构,在机构改革前是发改委原反垄断系统和原工商反垄断系统;在机构改革后,是国家市场监督管理局反垄断局(国家反垄断局)。我国《反垄断法》实施14年以来,反行政性垄断取得了较好的成绩。但是,鉴于《反垄断法》没有赋予反垄断执法机构查处行政性垄断的裁决权,而仅仅是向上级机关提出建议的权利,这种软性行政执法与当前我国规制经济性垄断的刚性执法相比较,在规制对市场经济秩序危害比较大的行政性垄断方面能够发挥的作用十分有限。正如本书第一编所分析的,当前我国适用竞争执法手段规制行政性垄断时,存在诸如执法机构独立性仍然欠佳、执法权力有限、法律责任分层且设置不合理等问题。

(二)司法审查

司法审查,是指国家通过司法机关对其他行政机关行使法律赋予的权利进行审查,以达到纠正违法活动的目的,并对由此给公民、法人和其他组织的权益造成的损害给予相应补救的法律制度。②

依据2017年《行政诉讼法》第12条的规定,当行政机关滥用行政权力,制定含有排除、限制竞争内容的规定时,受害当事人可以提起行政诉讼维护自己的合法权益。但依据该法第53条的规定,当事人可以提起诉讼的对象也仅为规章以下的规范性文件。而行政性垄断的产生,往往以行业规章、地方规章、命令或者决定等规范性文件的形式出

① 顾全:《行政性垄断司法审查与救济问题研究》,法律出版社2017年版。

② 参见杨小辉:《试论我国行政垄断的司法审查》,载《科教导刊(中旬刊)》2012年第8期。

现。这意味着以规章为表现形式的行政性垄断行为，仍然难以通过行政诉讼方式予以规制。正如本书第一编所分析的，当前适用司法审查途径规制行政性垄断时仍存在抽象行政行为审查不足、法律责任落实不到位等问题。

二、矫正型路径的特点

相较于行政性垄断的预防型路径，矫正型路径在行政性垄断规制上具有一定的滞后性，但矫正型路径具有自己独特的积极作用，包括规制的补足性与有效性。

（一）补足性：基于预防型路径的失灵

行政性垄断的预防型路径虽然是前置性、基础性的制度，在培育竞争文化和弘扬、宣传竞争政策方面发挥着至关重要的作用，但也有其局限性。首先，预防型路径属于软性规制措施，规制行政性垄断的强制力不足。预防型路径多表现为倡导和建议，即教育、引导行政主体不实施行政性垄断行为，但并不对行政主体施加强制性义务。这意味着预防型路径能否实现其目的受行政主体自主选择的影响。而就实践情况来看，很多行政主体在作出行政行为时，如实施地方保护或设置不平等的贸易条件等，往往已经明确意识到自己的行为欠缺合理性，甚至于法无据，但在现行政治体制的影响和政绩观的驱动下，仍然继续实施。其次，从成本的角度考虑，预防型路径并非像矫正型路径一样具有个案针对性，无论是否发生了行政性垄断行为，预防型路径都会产生行政成本或费用，包括为普及竞争意识付出的时间成本、金钱成本等。最后，从弥补受害人、实现规制目的的角度看，预防型路径对已经发生的个案行政性垄断无法发挥作用。

以上三点局限性意味着预防型路径有时无法发挥其应有的功能，即存在“失灵”现象。因此，仅仅依靠预防型路径，尚无法完全有效遏制行政性垄断行为。而矫正型路径则可以弥补预防型路径在规制行政性垄断方面的局限，在行政性垄断规制中发挥其补足作用。首先，矫正型路径具有预防型路径所无法比拟的强制性优势，在规制行政性垄断时效力更强，能够弥补预防型路径无实际强制力的不足。其次，矫正型路径更具有针对性，规制成本更低，效率更高，从而能够在较短周期内抑制或者消除明显损害社会市场秩序的行为，更快地实现规制目标。最后，矫正型路径既能够通过示范效应预防行政性垄断行为的发生，也能够制止已然发生的行政性垄断行为，补足预防型路径无法规制已发生的行政性垄断行为的缺陷。

（二）有效性：基于与预防型路径的协作

可见，预防型路径的内在不足决定了矫正型路径存在的必要性与重要地位。通过对预防型路径的补足，矫正型路径在行政性垄断规制中也发挥着积极作用。但这并不意味着二者是相互割裂、相互独立的两条路径；相反，矫正型路径要更加有效地发挥其规制作用，更好地实现其规制目标，离不开预防型路径的配合与支撑。

其一，通过预防型路径实现事前的竞争文化普及、竞争政策宣传，可以在一定程度上培养行政主体及企业的正当竞争意识，可以为行政主体及企业设定行为预期，使其明确自身行为的可能后果，对自身行为具有一定认知，从而降低矫正型路径的推进难度，提高矫正型路径的实施效率，增强矫正型路径的实施效应。

其二，通过预防型路径可以促进法律向着有利于竞争的方向修改，避免不恰当、不适宜的法律制度影响矫正型路径实现其应有的规制目标。预防型路径的另一个重要作用在于通过适宜的竞争理念引导相关法律规范不断完善，而完善、适宜的法律规范不仅是矫正型路径实现其规制目标的依据，也是矫正型路径实现其规制目标的前提。

因此，矫正型路径要更好地发挥其有效规制行政性垄断的作用，更好地实现其规制行政性垄断的目标，离不开预防型路径的配合与支撑。只有二者相互协作，才能形成合力，全方位规制行政性垄断，并提高行政性垄断的规制实效。

第二节　矫正型路径各制度的分工与联动

一、各制度之间的实然状态

由于法律不够完善以及其他的一些原因，我国矫正型路径内部各制度的衔接不够顺畅。具言之，其一，当前我国司法机关主要依据《行政诉讼法》与《民事诉讼法》的一些规定来审理反垄断纠纷，而竞争执法则主要依据《反垄断法》及其配套规章，法律依据的不同可能导致了反垄断司法与执法的脱节。其二，相较于司法审查，竞争执法在行政性垄断规制中处于优势地位，但鉴于其始终属于行政系统内部规制措施，不排除滥用权力和包庇自己人的可能性，同时也不具有终局性裁决权。而司法机关虽具有终局裁决权，但因现行法律规定较少，造成实践中二者如何衔接尚不明确。其三，行政执法机制下的"投诉"与司法诉讼机制下的"起诉"并行的情况下，如司法机关受理反垄断诉讼，反垄断执法机构的相关调查处理是否需要中断，尚不明确。

鉴于上述问题，为了使竞争执法与司法审查良好互动，需要在法律上提供制度保障，尤其要坚持国家竞争政策是我国基础性经济政策的基本立场。具体而言，应在法律设置上赋予反垄断执法机构规制行政性垄断更为"刚性"的实质性规制权力，同时明确行政执法机制下的"投诉"与司法诉讼机制下的"起诉"并行情况下的衔接机制，明确竞争执法与司法审查的角色与权责，实现行政执法机制与司法诉讼机制的相互配合和有效衔接。此外，还需要促进反垄断执法机构与司法机关相互监督、相互配合的合作意识，强调以国家竞争政策为视角，即以维护市场竞争秩序为法律实施导向的竞争执法与司法审查之间的分工与联动。

二、矫正型路径的应然状态

(一)矫正型路径内各制度间的分工

矫正型路径包含竞争执法与司法审查两种制度,这两种制度定位不同,分工也不同。

1. 竞争执法的功能定位:直接与效率

竞争执法本质上属于行政系统内部规制行政性垄断的行为。竞争执法的实施主体是反垄断执法机构,执法工作人员是从事反垄断领域的国家公务人员,行使的是行政权。在程序方面,竞争执法的行为模式属于行政模式,无须严格遵循举证规则,查处更为直接,也不受"谁主张,谁举证"等举证原则的约束。同时,竞争执法具有执行周期短、效率高、效果显著的特点,能够快速处理行政性垄断行为,避免损失进一步扩大,并通过行政处罚等方式产生威慑效应。在实体方面,反垄断执法机构擅长以经济分析手段来识别行政性垄断,判断涉嫌行政性垄断行为是否以及在何种程度上损害了市场竞争,在行政性垄断行为规制上更具有专业性、权威性。当面临行政性垄断行为时,反垄断执法机构能够更为快速、精准地分析和查处垄断行为。

2. 司法审查的功能定位:中立与终局

不同于竞争执法,司法审查的流程通常更为烦琐,欠缺竞争执法所具有的直接与效率,其功能定位于司法审查的中立性与终局性。从程序方面来看,司法审查的实施主体是司法机关,具体执行人员是从事审判工作的法官,独立于行政系统,具有中立性。同时,司法机关更为重视原告、被告主体的适格性,举证责任的分配等程序性问题。从实体方面来看,司法机关重视以法律分析工具来解决争议,更加关注行为的合法性。对于事实问题,司法机关通常采取较为宽松的审查标准进行审查,一般尊重行政主体的决定权,而对于法律问题,司法机关则通常采取较为严格的审查标准进行审查。此外,司法机关的裁决具有终局性。司法审查是维护社会市场经济秩序、抑制和消除行政性垄断行为的最后一道屏障。

(二)矫正型路径内各制度间的联动

虽然竞争执法与司法审查的分工、定位不同,但只有在二者有序分工和密切合作的情况下,才能将事后矫正机制的效用发挥到最大化。

1. 有效竞争执法是司法审查的必要支持

(1)相较于司法审查而言,竞争执法具有鲜明的专业性优势,即行政执法机关更为了解行政性垄断发生的成因、《反垄断法》适用中的技术问题等,这一点可能正是司法审查所欠缺的。因此,通过充分吸收、借鉴行政执法机关的专业知识、执法经验等,可以提升司法审查的实效。具言之,司法机关审理行政性垄断案件时,有关技术性、专业性的问题可以向反垄断执法机构寻求帮助。当然,对于反垄断执法机构提出的专业意见,司法机关应审慎判断和采纳,不宜不加判断地全盘接受,也不宜轻易地一概否定。

(2)通过竞争执法有效查处行政性垄断行为,可以及时消化很多行政性垄断案件,在规制行政性垄断行为方面起到有效的分流作用,从而在一定程度上缓解司法机关的审理压力,为司法机关减少诸多不必要的诉累。2017 年《行政诉讼法》将“滥用行政权力侵犯公平竞争权”纳入受案范围,突出了行政诉讼在维护市场正常竞争秩序中应当发挥的作用。随着反行政性垄断诉讼的日益增多以及“深圳市斯维尔科技有限公司诉广东省教育厅行政性垄断案”中原告的胜诉,可以预见未来各类市场主体可能愈发频繁地利用司法武器维护自身合法权益。但是,司法资源的有限性决定了适用司法审查这一途径处理行政性垄断案件必然出现“案多人少”的窘境,因此,高效的司法审查离不开竞争执法的支持。

2. 合理性司法审查是竞争执法的最后屏障

从司法审查对行政性垄断行为本身进行审查的角度出发,合理性司法审查对于规制行政性垄断具有最终保障作用。尽管当前司法机关对行政性垄断行为的审查以合法性审查为主,也有学者认为,司法机关判断法律问题的基准是法律，合法与否为法官所擅长，而合理与否为法官所不擅长，①但是，司法权的自我限制不应被理解为放弃审查，司法机关在审查行政性垄断行为时，应当结合案情考虑合法性审查的内涵并决定具体的司法审查强度。换言之，司法机关本质上应当遵循以合法性审查为主，合理性审查为辅的审查标准。由此，司法审查可以弥补竞争执法的未尽之处，确保未能通过竞争执法有效规制的行政性垄断行为得到规制。

从司法审查对反垄断执法机构的决定进行适度审查的角度出发，司法审查是监督竞争执法的必要机制，也是反垄断领域贯彻法治原则的基本要求。② 监督制约意味着反垄断执法机构作出的决定理应受到司法机关的司法审查监督，包括自由裁量权的行使与对案件作出的专业分析和判断，即司法机关应对反垄断执法权限行使是否符合法律授权的目的、范围等进行审查，以及对反垄断执法机构在案件处理中所运用的经济分析进行评估和判断等。

本章小结

本章阐述了国家竞争政策视野下规制行政性垄断的矫正型路径的基本内容。第一部分，在宏观层面上对矫正型路径进行界定。笔者将竞争执法与司法审查归入矫正型路径范畴。笔者认为，矫正型路径是国家竞争政策视野下规制行政性垄断的有力举措，即该路径能够克服预防型路径的失灵现象、实现行政性垄断规制的补足性，并能够通过与预防型路径相互配合实现行政性垄断规制的有效性。第二部分，对矫正型路径两个制度——竞争执法与司法审查之间的关系做进一步论证

① 参见胡锦光：《我国行政行为司法审查的演进与问题》，载《华东政法大学学报》2009 年第 5 期。

② 参见游钰：《论反垄断执法的司法审查》，载《中国法学》2013 年第 6 期。

与思考,具体讨论竞争执法与司法审查两种法律实施机制之间的实然状态,并探讨在国家竞争政策视野下二者关系的应然状态,即在分工方面,竞争执法的功能定位于直接与效率,司法审查的功能定位于中立与终局;在联动方面,竞争执法与司法审查应该既相互配合又相互制约,具体体现为有效竞争执法是司法审查的必要支持,合理性司法审查是竞争执法的最后屏障。

CHAPTER 02 >>

第二章

竞争执法

随着《反垄断法》的颁布实施及近年来竞争政策基础性地位的确立，对于行政性垄断而言，从理念、立法、执法到司法的综合规制体系雏形逐步显现。本章将针对国家竞争政策视角下矫正型路径的重要组成部分之一——竞争执法，从执法主体、执法对象、法律责任等层面进行具体剖析，并提出相关完善建议。

第一节　执法机构权力配置模式的完善

针对行政性垄断规制的执法主体，采取何种行政执法权力配置模式曾引发不少讨论。因为在行政性垄断中，被规制对象绝大部分为手握公权力的行政机关，如果竞争执法机构不能保持应有的独立性，执法过程难免受到行政机关的钳制或者其他影响，从而影响行政性垄断规制实效。因此，选择何种权力配置模式是通过行政执法规制行政性垄断时面临的重要问题。

一、全球竞争执法机构权力配置模式的分类

当前，对包括行政性垄断行为在内的垄断行为的

规制，世界范围内主要国家或地区的竞争执法权力配置模式（详见表18），主要分为两类：一类为单一执法模式（或称权力独享制），指由单一执法机关享有反垄断行政执法权的模式；另一类为联合执法模式（或称权力共享制），指由多个执法机关共同享有反垄断行政执法权的模式。① 除此之外，有学者甚至在前两种模式的基础上提出了第三种模式，称为专门执法模式，即认为，仅依靠一般的竞争执法机构尚不足以规制政府的反竞争行为，行政性垄断需要通过设置专门的反行政性垄断权力机构进行规制。②

表18　世界主要国家竞争执法机构设置模式

权力配置模式	国家或地区	具体竞争执法机构
单一执法模式	德国	联邦卡特尔局
	日本	公正交易委员会
	澳大利亚	竞争消费者委员会
	新加坡	竞争消费者委员会
	俄罗斯	反垄断政策与企业扶持部
	巴西	经济防卫管理委员会（2010年将三个反垄断执法机构的执法权实质性收归一个机构）
	南非	竞争委员会
	法国	竞争管理总局
	加拿大	竞争局
	韩国	公平交易委员会
	印度	竞争委员会
	英国	竞争与市场管理局
	比利时	竞争管理局
	中国	国家市场监督管理总局反垄断局（国家反垄断局）
联合执法模式	美国	司法部反托拉斯局+联邦贸易委员会

① 参见王健：《权力共享制抑或权力独享制——我国反垄断执法机关权力配置模式及解决方案》，载《政法论坛》2013年第3期。

② 参见高雁：《我国行政垄断法律规制的现状及思考》，载《河北法学》2009年第1期。

从表18可以看出,当前世界主要国家在竞争执法机构设置模式上以单一执法模式为主,不少国家通过执法机构的合并由曾经的联合执法模式转向单一执法模式。例如,法国、葡萄牙、英国已经将两个竞争机构合并为一个;巴西将其三个竞争法执法机构整合为一个新机构。我国在2018年机构改革之后,反垄断执法机构也实现了"三合一"。还有些国家走得更远,如荷兰将负责竞争法、消费者保护和邮政、电信的部门整合成一个新机构;西班牙正在考虑进一步将竞争执法机构和多达六个独立管制机构整合到一起。①

不过,单一执法模式和联合执法模式本质上并无优劣之分。二者各有千秋。选择何种权力配置模式更多的是契合本国国情所作的一种选择,正如我国的情况。本节将通过具体分析单一执法模式、联合执法模式及部分学者所提出的专门执法模式,阐述我国选择单一执法模式的内在原因,并针对我国竞争执法机构的未来发展方向、完善方向提出建议。

(一)单一执法模式

综上所述,据笔者不完全统计,当前,德国、日本、韩国等多数主要国家和地区均采取单一执法模式。原本采取联合执法模式的国家或地区不少也呈现出合并执法机构的倾向。这一方面,可能是因为各国在实行市场经济、推行经济自由化的过程中,逐渐将竞争政策和反垄断执法放置在更加重要的位置,这相应地会促成反垄断执法权力集中,形成集权型的机构设置模式;另一方面,可能是因为各国日益重视提高竞争执法机构相对于经济、产业政策部门的独立性,强调竞争政策和反垄断执法的集权性和独立性,在这个过程中,大部分国家的反垄断机构都经历了由分散到集中,由隶属于某些政府产业部门的低层级执法机构提

① 参见李剑:《中国反垄断执法机构间的竞争——行为模式、执法效果与刚性权威的克服》,载《法学家》2018年第1期。

升为与产业政策部门并列的政府部门的过程。[①] 以英国为例，英国在2014年之前一直由公平贸易办公室（OFT）和竞争委员会（CC）两大执法机构负责竞争执法工作。从2014年4月1日起，为了更好地发挥执法机构的作用，英国合并了公平贸易办公室和竞争委员会，组建了英国竞争与市场管理局（Competition and Markets Authority，CMA），作为英国主要的竞争和消费者权威机构，承担前述两机构的职能。英国竞争委员会副主席坦言，虽然英国的执法体系并没有明显的错误和不足，并且英国竞争委员会和公平贸易办公室被全球竞争评论（Global Competition Review）持续评价为"非常好"等级（very good tier），甚至一度为"精英"（elite）等级，远高于欧盟委员会和其他欧洲国家相关机构，但是合并后的执法体系不但不会削弱原先体系的作用，反而会发挥出大于原先各机构总和的作用。[②]

可见，单一执法模式的优点在于：其一，拥有统一的执法程序与裁量标准，整合了相关执法资源，专业性较强，执法效率较高；其二，相对于联合执法模式而言，具有相对的高度独立性，能够消除部门利益纠葛和行政依附关系，保证执法的权威性与公正性。[③]

但是，单一执法模式在实践中也暴露出自身存在的一些弊端：其一，任何事物都是在竞争对比中成长和进步，市场需要竞争，执法机构也是在竞争中才会产生出更多的正外部性，如2018年机构改革前，我国反垄断执法机构的竞争就在很大程度上催生了多个《反垄断法》配套

---

① 参见《万江：各国反垄断执法体制的比较分析及发展趋势》，载律商网，http://hk.lexiscn.com/asiapg/articles/96d005b9-cc21-5aee-78c2-9d475d4074e8.html，最后访问时间2020年3月30日。

② 参见王健：《权力共享制抑或权力独享制——我国反垄断执法机关权力配置模式及解决方案》，载《政法论坛》2013年第3期。

③ 参见朱沛智、陈浩：《关于我国反垄断执法机构设置模式的思考》，载《天津师范大学学报（社会科学版）》2010年第5期。

法规、指南的制定和出台。[①] 因此,合并执法体系、统一执法机构、消除执法机构间竞争的行为理论上有可能会增加执法机构的惰性。其二,反垄断也可被视为一种管制的形式,反垄断执法也可能发生管制俘获问题。[②] 当存在多个执法机构时,管制俘获的成本增加、阻力增大,反垄断执法机构之间能够形成较为平衡的制约和监督力量,保证反垄断执法基本在良性轨道上发挥作用,减少发生权力"寻租"及执法偏移的问题,但在单一执法机构模式下,管制俘获的情况可能更加容易发生,从而影响竞争执法的公正性。

(二)联合执法模式

以美国为代表的国家主要选择此种模式。联合执法最大的特点在于几个执法机关共享反垄断执法权,而这种"共享"的优点在于:首先,从监督的角度来看,部门间竞争产生了更多可用于监督执法机构的信息,这会减少机构懒惰的可能性。以我国为例,2018 年机构改革前,我国以原国家工商总局、发改委和商务部作为三大反垄断执法机构,其中国家工商总局和发改委在许多方面即存在职能交叉、重合,因此二者间能够起到互相补充、互相监督的作用。同时,不同机构的权力相近时,可以通过不同机构的竞争动力,使规则得到优化。更重要的是,在起步阶段,竞争动力可以促进机构的执法能力,从而寻找专业化的解决方案。[③] 其次,联合执法能够在很大程度上抑制管制俘获这一问题,这也是基于反垄断执法机构之间存在执法竞争的关系的原因。例如,对举报相关垄断行为的企业、消费者而言,反垄断执法机构职权的交叉意味着其可以选择向具有管理职权的任一机构或同时向二者举报。因此,

---

① 参见李剑:《中国反垄断执法机构间的竞争——行为模式、执法效果与刚性权威的克服》,载《法学家》2018 年第 1 期。

② See Australian Competition Principles Agreement,5(1),1995.

③ 参见《邓峰:反垄断机构三合一,能否实现深度融合是关键》,载北京大学法学院官网,http://www.law.pku.edu.cn/xwzx/pl/81679.htm,最后访问时间 2020 年 3 月 30 日。

被举报企业如果想要进行俘获行为，其成本比只有一家执法机构时更大，由此可以在一定程度上降低反垄断执法机构被俘获的可能性。[①]

当然，联合执法的显著缺点在于：其一，职权交叉可能导致执法机构之间容易产生相互推诿、扯皮的情形，容易发生执法冲突，降低执法效率；其二，由于各个反垄断执法机构之间是平行的，不存在谁约束谁的问题，如果反垄断委员会的协调指导作用发挥不足，非常容易产生执法标准不统一的问题。

值得一提的是，有学者认为，当反垄断执法机构设置与一国当前的垄断行为局面不匹配时，单一执法模式或联合执法模式存在的缺陷或者局限性便会被进一步放大。因此，面对我国当前行政性垄断行为层出不穷、规制不力的现状，应设立一个单独的反行政性垄断的执法机构，实行垂直领导，使其独立于地方政府，可以独立行使对案件的调查权、取证权、处罚权等，也即所谓的"专门模式"[②]。理由在于：反行政性垄断主要针对的是政府滥用行政权力排除、限制竞争的行为，这类案件往往十分复杂，立案和查处难度大。如果反垄断法的主管机关没有独立性和权威性，查处案件时容易受到干扰和影响，从而有可能不能秉公执法。[③]

笔者认为，专门模式的实操性可能差强人意。因为专门模式的本质仍集中在反垄断执法机构应当保持高度的独立性和权威性，不受任何利益集团干扰和影响的问题。从单纯的行政性垄断行为规制效果看，建立专门的反行政性垄断主管机关固然是执法效率最高的，但实际上，行政性垄断盘根错杂，并往往与经济性垄断联系在一起。因此，专门模式下的反行政性垄断主管机关面临掺杂着经济性垄断的行政性垄

---

① See *Common Principles for an Economic Assessment of the Compatibility of State Aid under Article* 87. 3, http://ec. europa. eu/competition/state_aid/reform/economic_assessment_en. pdf, p. 3.

② 高雁：《我国行政垄断法律规制的现状及思考》，载《河北法学》2009 年第 1 期。

③ See Guidelines for NCP legislation reviews, Centre for International Economics 1999.

断案件时,就会面临如何执法或者如何与其他反垄断执法机构配合执法的问题,也即专门模式存在成本过高、不利于整合执法资源的问题。而事实上,执法机构内部具体由哪几个部门分管哪些垄断行为,专门针对哪些案件进行查处,以内设机构形式进行区分就可实现,且由于同属一个机构,部门之间的衔接比较便捷和高效。

二、我国竞争执法机构权力配置模式的选择

(一)机构改革前:“三套马车”联合执法

在2018年机构改革之前,我国反垄断执法机构设置采取的是“1+3+X”的模式,“1”指国务院反垄断委员会,负责组织、协调、指导反垄断行政执法工作;“3”指3家由国务院规定承担反垄断执法职责的机构,其中,国家发改委原价格监督检查与反垄断局负责查处与价格有关的垄断行为(包括垄断协议、滥用市场支配地位和滥用行政权力排除限制竞争即行政性垄断),原国家工商总局反垄断与反不正当竞争执法局负责查处不涉及价格问题的垄断行为,商务部反垄断局负责经营者集中的反垄断审查;“X”指证监会、银监会、保监会等众多行业监管部门,以及被授权的地方政府反垄断执法机构。

值得肯定的是,在我国《反垄断法》制定之初采用“1+3+X”的反垄断执法模式是符合当时各个执法部门权力划分、专业分工的现实情况的,为当时的执法工作发挥了不可替代的作用。但这一模式逐渐开始出现弊端,比如,在行政性垄断规制方面,两个有权管辖的执法机构,工商行政管理部门和物价(发改)部门,对反行政性垄断的法律解读和执法标准有时并不统一,难免影响到反垄断执法的效率和权威。实际上,这两个有权管辖的执法机构中的任何一个都既是执法部门,又是各级政府的职能部门,其隶属于政府,独立性都不够,不足以和政府相抗衡,由这些部门来规制行政性垄断,等于用政府之手来监管政府,很难

完成反行政性垄断的任务，处理问题难免要受到束缚。①所以，在我国建立统一的反垄断执法机构的呼声很高。

此外，如前文所述，世界上大多数司法管辖区域都已建立了统一的反垄断执法机构。在国际竞争大环境下，选择单一模式也是大势所趋。因此，为解决我国反垄断执法所存在的管辖重叠、多头执法、相互牵制等问题，2018 年我国进行了反垄断执法机构改革，这对于我国反行政性垄断工作的推进具有十分必要且重要的作用。

（二）机构改革后："三合一"单一执法

1. 改革的具体内容

2018 年 2 月 26 日至 28 日，党的十九届三中全会审议通过中共中央《关于深化党和国家机构改革的决定》和《深化党和国家机构改革方案》，习近平总书记在会上发表重要讲话，明确了改革的指导思想、总体思路和目标任务，为推进党和国家机构改革提供了根本遵循。

2018 年 3 月 13 日，国务院总理李克强提请第十三届全国人民代表大会第一次会议审议国务院机构改革方案的议案。自此，改革进入了实质性落实和推进阶段。根据此次机构改革方案，国务院组建国家市场监督管理总局，作为正部级国务院直属机构。② 其中，在反垄断执法方面，将原国家工商行政管理总局的反垄断执法职责、国家发展和改革委员会的价格监督检查与反垄断执法职责、商务部的经营者集中反垄断执法与国务院反垄断委员会办公室等职责整合，统一归属于国家市场监督管理总局。国务院反垄断委员会将继续保留，具体工作由国家市场监督管理总局承担。

关于此次机构改革的具体进程，时任国家市场监管总局局长张茅

---

① See Guidelines for NCP Legislation Reviews, Centre for International Economics 1999.

② 参见《国家市场监督管理总局揭牌，职责是什么?》，载北京晚报官方账号，https://baijiahao.baidu.com/s? id = 1597452899372995070&wfr = spider&for = pc，最后访问时间 2020 年 3 月 30 日。

在会议中提到,具体时间表为:2018 年 3 月 31 日前配备部门领导班子成员;4 月 10 日国家市场监管总局揭牌;4 月 20 日前完成转隶组建;5 月 31 日前上报三定规定草案;6 月 20 日前三定方案报批;9 月底之前落实新的三定方案;2018 年年底验收。[①] 从具体实施情况来看,此次机构改革正是按照这一时间进程有序推进。

2018 年 4 月中旬,国家市场监督管理总局完成新组建部门挂牌。2018 年 7 月 11 日,国务院对国务院反垄断委员会组成人员做了调整,调整后的国务院反垄断委员会办公室设在国家市场监管总局,承担国务院反垄断委员会日常工作。[②] 2018 年 9 月 10 日,国务院公布了《国家市场监督管理总局职能配置、内设机构和人员编制规定》,内设机构之一——反垄断局负责拟订反垄断制度措施和指南,组织实施反垄断执法工作,承担指导企业在国外的反垄断应诉工作,组织指导公平竞争审查工作,承担反垄断执法国际合作与交流工作,承办国务院反垄断委员会日常工作。反垄断局下设 10 个处室,包括 7 个执法处室(其中,3 个负责经营者外部审查工作,4 个分别负责调查垄断协议、滥用市场支配地位、行政性垄断行为和监察执法工作)和 3 个综合处室(负责竞争政策、反垄断委员会等相关工作)。此外,国家市场监管总局采取一次性概括授权的方式授予省级市场监管管理部门查处垄断案件的职权。

2021 年 11 月 18 日,国家反垄断局正式挂牌成立。国家反垄断局分设执法竞争政策协调司、反垄断执法一司、反垄断执法二司。其中,竞争政策协调司主要负责统筹推进竞争政策实施,负责反垄断综合协调工作;反垄断执法一司主要负责垄断协议、滥用市场支配地位以及滥

① 参见《国家市场监督管理总局揭牌,职责是什么》,载北京晚报官方账号,https://baijiahao.baidu.com/s?id=1597452899372995070&wfr=spider&for=pc,最后访问时间 2020 年 3 月 30 日。

② 参见《国务院办公厅关于调整国务院反垄断委员会组成人员的通知》,载中国政府网,http://www.gov.cn/zhengce/content/2018-07/19/content_5307747.htm,最后访问时间 2020 年 3 月 30 日。

用知识产权排除、限制竞争等反垄断执法工作；反垄断执法二司主要负责依法对经营者集中行为进行反垄断审查。国家反垄断局的成立彰显了我国高度重视反垄断工作的决心。

2. 改革的积极意义

此次改革体现出了国家贯彻优化协同高效原则，以优化政府机构职能、加快转变政府职能为根本目的，加强和完善政府经济调节、市场监管职能，最大限度地减少政府对市场资源的直接配置、对市场活动的直接干预，使政府与市场"两只手"的定位更加清晰、协调。具有以下积极意义：

(1)有利于更好地弘扬竞争文化和贯彻国家竞争政策。构建竞争政策的基础性地位，需要不断普及和弘扬竞争文化。由于此前我国反垄断执法较为分散，机构之间的协作意识较差、执法效率较低，因此，执法机构的主要工作落在查处垄断案件上，对于竞争文化的宣传非常有限。通过统一执法主体，更有利于我国从顶层设计上确立竞争政策的基础性地位，更充分地渗透竞争政策的理念，自上而下推动反行政性垄断执法工作的开展。

(2)有利于树立反垄断执法机构的权威性和独立性。反垄断执法机构能否有效制止行政性垄断行为，有决定性意义的是其能否成为一个独立和有权威的机构。① 如果反垄断法的执法职能和机构过于分散，而监管机构在各自的监管范围内均享有排他性管辖权，则反垄断执法机构将形同虚设，反垄断法的权威性也会受到挑战。2018 年机构改革之前我国反垄断执法权分别由三个隶属于政府的部门承担，在这种情况下就存在执法不够权威、"力不从心"的问题，设立统一的反垄断执法机构有助于增强权威性和独立性。

(3)有利于统一执法标准，提高公信力和执法效率。事实上，原工

---

① 参见丁国峰：《我国〈反垄断法〉规制行政性垄断之不足及完善建议》，载《江淮论坛》2012 年第 2 期。

商系统和发改委系统的反垄断执法中确实存在许多标准不统一之处。单以行政责任中的罚款和没收违法所得为例,两大执法系统在具体执法时便有不同的执法标准。此外,在执法系统内部,不同地区之间的执法标准也存在许多差异,如对垄断行为的定性不一、处罚宽严程度不一等。执法标准的不统一,不仅会降低执法公信力,也会影响执法效率,还会导致市场主体难以自我评估自身行为性质。通过对执法机构进行优化设置,能够在很大限度地解决这一问题,进而提高反垄断执法机构的公信力,增强市场主体对自身行为的可预期性。

(4)有利于整合优势执法资源,降低执法成本。尽管此前我国较少出现反垄断执法机构之间相互推诿、执法中发生执法冲突的问题,但是,统一执法机构更有助于高效整合反垄断执法资源,并降低执法成本。

(三)对我国反垄断执法机构的展望

我国反垄断执法机构改革直接体现了国家构建公平有序市场机制的决心和途径。不过,有学者指出,此轮机构改革,借助精兵简政,将原来3个反垄断执法部门统一到一个部门,形式上比原来略好一点。但实际效果还需要看治理能力是否可以提高。如果统一的做法能够将一个部门的优秀经验扩展到其他部门,才是根本的改进。① 鉴于此,未来展望有以下两点。

1. 提高反垄断执法机构的层级,增强独立性和权威性

行政性垄断规制的实效如何,关键取决于反垄断执法机构的地位,根本在于保证执法机构的高度独立性和权威性。理想的情形是,反垄断执法机构在对违法行为进行调查和起诉时,既超脱于政治压力,又对其权力的运用和公共资源的支出负责。

---

① 参见《邓峰:反垄断机构三合一,能否实现深度融合是关键》,载北京大学法学院官网,https://finance.ifeng.com/a/20180712/16380390_0.shtml,最后访问时间2020年3月30日。

国务院反垄断委员会和国家反垄断局的级别设置关乎我国反垄断执法机构的独立性和权威性问题。就国务院反垄断委员会而言，一直以来，国务院反垄断委员会被定位为协调机构。随着反垄断执法机构的合并统一，这种协调作用逐步弱化，目前国家市场监管总局通过这个委员会来实现对国家反垄断局的领导和监督，在一定程度上，可以保证反垄断执法部门的相对独立性。①

王晓晔教授曾呼吁，反垄断执法机构的改革应当注重提升执法机构的层级，这个机构应当是一个直属国务院的部级机构。② 在此次机构改革以前，我国反垄断的具体执行部门都是国务院部门下面的司局，层级较低，容易受到其他政府部门的干预和利益集团的影响。遗憾的是，机构改革并未涉及执法机构层级的提高，机构改革后，统一后的反垄断执法机构，即使是新挂牌成立的国家反垄断局，也只是国家市场监督总局中的一个内设部门，而国家市场监督管理总局仅是国务院的直属局。未来，除了注重将反垄断执法机构合并后最大的优势发挥出来，还需要在顶层设计方面，着力提高反垄断执法机构的层级，才能真正提高反垄断执法机构的独立性和权威性，起到有效规制行政性垄断的作用。

2. 加强执法队伍建设，提升执法水平

反垄断执法活动是一项专业性很强的“技术活”，要求执法人员具备专业的法律知识、精湛的业务技能和对国家及政府经济政策精准的把握与高超的实施水平，一般行政管理人员难以胜任，因而需要建立专业的反垄断执法队伍。

加强执法队伍建设，首先需要扩充执法力量。美国的联邦贸易委

① 参见《邓峰：反垄断机构三合一，能否实现深度融合是关键》，载北京大学法学院官网，http://www.law.pku.edu.cn/xwzx/pl/81679.htm，最后访问时间2020年3月30日。

② 参见王晓晔：《反垄断法》，法律出版社2011年版，第335页。

员会和司法部反垄断局的执法人数分别为1160人①和760人;②欧盟竞争总司这一欧盟反垄断机构的执法人数也多达859人;③日本的反垄断机构的执法人数也高达841人④。而我国反垄断执法队伍人数原本就远低于世界主要法域的平均水平,机构改革后不少执法人员还被分流到其他部门,执法力量更为捉襟见肘。国家反垄断局成立后,尽管反垄断机构面向社会扩招,如在2022年国考中拟面向全国共招收18名公务员⑤,但在目前竞争执法任务繁重,还须兼顾公平竞争审查的现实国情下,执法力量远远不足,亟须进一步地大力扩充国家级和省级的反垄断执法力量。

其次还需要提升执法能力。从国际视野上看,各主要法域反垄断执法队伍基本上都是由经济学家、法学家及其他学科、行业的专家组成。我国也需要完善执法队伍的学缘结构,多吸纳具有经济学知识、法学知识等多学科知识的复合型人才,并从反垄断法和经济学两个主要领域双管齐下,坚持加强对各级各地执法力量的系统性培训。近些年来,我国也作出了一些积极而有益的尝试。例如,我国反垄断执法机构每年都会举办全国反垄断执法人才培训班,并与欧盟竞争总司等国外

① 参见《FTC 2020年度报告》,载美国联邦贸易委员会官网,https://www.ftc.gov/system/files/documents/reports/agency-financial-report-fy2020/ftc_fy2020_agency_financial_report.pdf,最后访问时间2022年3月11日。

② 参见《反垄断部门领导、部门和目录》,载美国司法部反垄断局官网,https://www.justice.gov/atr/antitrust-division-leadership-section-and-office-directory,最后访问时间2022年3月11日。

③ 参见《欧盟委员会雇员》,载欧盟委员会官网,https://ec.europa.eu/info/about-european-commission/organisational-structure/commission-staff_en#statistical-bulletin-with-more-figures-on-staff,最后访问时间2022年3月11日。

④ 参见《员工和预算》,载日本公平贸易委员会官网,https://www.jftc.go.jp/en/about_jftc/statistics.html,最后访问时间2022年3月11日。

⑤ 参见《2022年国考:国家市场监管总局拟录用18名反垄断公务员》,载反垄断实务评论公众号,https://mp.weixin.qq.com/s/xZpjslqWEXeVFmA1BpPtRg,最后访问时间2022年3月11日。

竞争执法机构联合举办竞争周等活动。部分高校的培训活动，如山东大学2019年举办的“反垄断经济分析研习班”，也对一线执法人员有所裨益。这些做法都产生了比较好的实践效果，值得继续推进。此外，还应注意将过去分权经验下的知识积累进行内部融合和传播，以进一步提升执法队伍的专业化水平。

第二节　行政性垄断责任承担主体的明确与细化

修订后的《反垄断法》第61条①明确规定，因实施行政性垄断需要依法应当承担责任的主体包括行政机关，法律、法规授权的具有管理公共事务职能的组织以及直接负责的主管人员和其他直接责任人员，但关于这些主体为哪些机关、应遵循何种标准进行细化，尚不确定。例如，针对行政机关的规制具体到哪一层级？如果国务院实施了垄断行为，排除、限制了竞争，可否成为被规制的对象？而涉及“法律、法规授权的具有管理公共事务职能的组织”时，又需要明确具体包含哪些组织在内。学界的主流观点认为事业单位、社会团体都应当包含在内，但其是否囊括了国有垄断企业或者公用企业还不得而知，然而，如电力、邮政、石油等国有垄断企业，通常既具有独占地位和市场支配力，又享有政府授予的相关行业管理权力。

除此之外，是否应该追究又如何追究因行政性垄断直接获益者的相应法律责任，也曾存在一定争议。尽管国家市场监管总局《禁止垄断

---

① 《反垄断法》第61条规定：行政机关和法律、法规授权的具有管理公共事务职能的组织滥用行政权力，实施排除、限制竞争行为的，由上级机关责令改正；对直接负责的主管人员和其他直接责任人员依法给予处分。反垄断执法机构可以向有关上级机关提出依法处理的建议。行政机关和法律、法规授权的具有管理公共事务职能的组织应当将有关改正情况书面报告上级机关和反垄断执法机构。法律、行政法规对行政机关和法律、法规授权的具有管理公共事务职能的组织滥用行政权力实施排除、限制竞争行为的处理另有规定的，依照其规定。

协议暂行规定》和《禁止滥用市场支配地位行为暂行规定》对此都做了规定，在一定程度上解决了这一争议问题，但是其中尚存在一些细节问题有待探讨。

有学者认为行政性垄断的本质是行政权力的滥用，界定行政性垄断法律责任的主体不应仅就行政主体的资格进行简单划分，而是应该以行政权力的界定为标准，即在行政性垄断行为中实际掌握并滥用相关行政权力的相关行政机构、公共组织都是行政性垄断法律责任的主体。① 笔者对这一观点表示赞同，在国家竞争政策视角下，应当建立全面的行政性垄断责任承担主体制度，即应对从事滥用行政权力消除、限制竞争行为的行政主体作广义解释，包括职权行政主体和授权行政主体，具体行政行为主体和抽象行政行为主体。②

一、法定主体

（一）行政机关

客观地分析公权机构对市场竞争的限制就会发现，国家基于特定原因减让竞争价值，往往是出于保护民生、扶持特定产业发展、维护国家经济安全与稳定等合理性考虑。至于一直备受诟病的行政性垄断行为，实际上只是公权机构对竞争的不合理限制，是众多公权限制竞争行为中的一种。③ 换言之，滥用立法权和司法权排除、限制竞争的行为本质上与滥用行政权力一样同属于公权力对经济活动的不正当干预，只是滥用立法权和司法权的危害程度和发生概率较滥用行政权力（行政

---

① 参见王岩：《从行政垄断法律责任看政府责任法定化》，载《行政管理改革》2014年第11期。

② 参见孟雁北：《反垄断法》（第2版），北京大学出版社2017年版，第229页。

③ 参见焦海涛：《公权限制竞争行为的反垄断法规制模式》，载漆多俊主编：《经济法论丛》第15卷，中国方正出版社2008年版。

性垄断)都更小。[①] 当前我国反垄断执法的主要对象是行政机关作出的反竞争行为,限于篇幅,本书仅探讨行政机关滥用行政权力实施的排除、限制竞争行为。

关于行政性垄断规制中的行政机关的具体内涵,笔者认为需明确以下几点:

其一,中央政府不构成行政性垄断主体,不作为责任承担主体,也即行政性垄断规制中承担责任的行政机关的最高层级截至部委层级。

关于中央政府实施排除、限制竞争行为后应否受到反垄断法规制的问题,不同学者有不同的看法。有学者认为,从法理上讲,中央政府若违背宪法或法律实施垄断行为,同样会构成行政性垄断,应予以规制,而不尽然是政策性垄断或国家垄断,如经中央政府批准,以所属部委名义组建的行政性公司的行为、强制本行业本部门的经营者组建企业集团、违法限定商品和服务价格的行为就属于此种现象。[②] 但主流观点认为,中央政府即便实施垄断行为也不应成为行政性垄断的责任承担主体。我国《反垄断法》第 10 条语意中的行政机关应该是一个有限的范围,即不包括代表主权国家行使行政职权的中央政府。因为即便反垄断法非常重要,是规范国家经济秩序和市场竞争秩序的法律制度,但它也没有资格评判国家的主权行为是否构成权力滥用。[③] 但也有学者认为,随着依法治国理念的确立和不断深入,此观点是否成立值得商榷。[④]

综观世界各国或地区的相关规定,即使在崇尚竞争的美国,其最高

---

① 参见顾全:《行政性垄断司法审查与救济问题研究》,法律出版社 2017 年版,第 32 页。

② 参见山文岑:《试析行政垄断主体》,载《榆林学院学报》2004 年第 2 期。

③ 参见王晓晔主编:《中华人民共和国反垄断法详解》,知识产权出版社 2008 年版,第 55 页。

④ 参见顾全:《行政性垄断司法审查与救济问题研究》,法律出版社 2017 年版,第 32 页。

法院也早在 1943 年 Parker v. Brown 一案的判决书中指出:国会不要求国家服从《谢尔曼法》。国家可以自己的名义,以私人不被允许的反竞争方式从事管理或者行为。[①] 在经济转轨国家,如俄罗斯 2006 年《保护竞争法》规定,除了俄罗斯联邦宪法规定的享有国家立法权的联邦立法机关、享有司法权的各种司法机关和联邦最高行政机关外,其他所有的权力主体和享有行政权力的主体,存在排除、限制竞争行为都有可能构成行政性垄断。保加利亚 1999 年的《保护竞争法》第 2 条规定:"本法适用于……(2)执法机关和地方自治政府,只要其行为明显地或潜在地妨碍、限制、破坏或者可能会妨碍、限制、破坏国内竞争。"乌克兰 2001 年《保护经济竞争法》第 15 条第 1 款规定:"权力机关、地方自治政府机关、行政性经济管理和监管机关作出的任何行为(决定、命令、指示、法规等)、制作的书面或口头的指令、达成的协议或者其他任何作为或者不作为,如果导致或可能导致阻碍、消除、限制或者扭曲竞争的后果,将被认为是反竞争行为。"由此可以看出,多数国家均将中央政府从行政性垄断责任承担主体的范围中排除。

笔者认为,这种排除是有必要的,因为中央政府通常代表着国家意志,其行为具有一定的主权性质,根源于国家利益与社会公共利益,不宜由任一机关对其行为进行反垄断审查。尤其对于处在经济转型和体制转轨阶段的国家来说,尽管行政性垄断是制约经济发展的重要因素之一,但代表了国家意志的中央政府决策,是中央政府站在国家层面对国家经济发展作出的宏观指导,更多地维护了国家利益与社会公共利益,对保证国家经济持续稳定增长起着重要作用。在这种情况下,中央政府实施的可能排除、限制竞争的行为应视为一种国家垄断行为,而非行政性垄断行为。

除此之外,除中央政府之外的所有行政机关,只要滥用行政权力排除、限制竞争,均应受到反垄断规制。笔者根据本书第一编统计的行政

---

① See Parker v. Brown, 317 U. S. 341, 350 - 51(1943).

性垄断案例，就当前实施行政性垄断且被规制行政机关的层级梳理如下（见图9）。

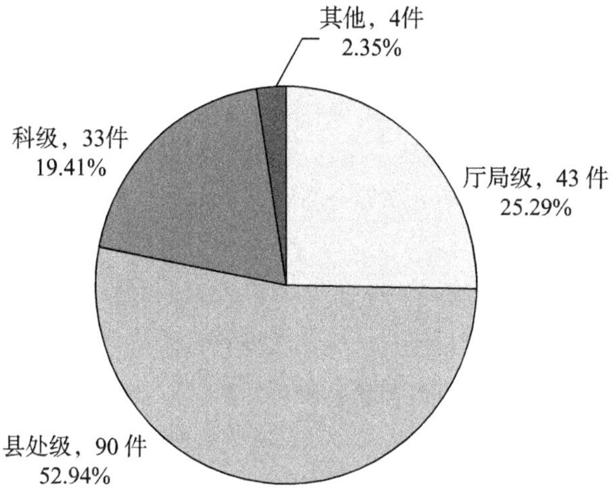

图9　行政性垄断案件责任承担主体级别

本图中所统计的行政性垄断案件数据截至2020年3月30日。

我国行政机关的行政级别采用行政五级划分，分别为国家级、省部级、司厅局级、县处级、乡镇科级。从图9可知，在我国当前查处的行政性垄断案件中，多数实施行政性垄断且被查处行政机关的级别为司厅局级和县处级行政机关，位于行政机关级别的中间位置，从侧面反映出地方行政机关在传达中央政策、制定地方政策、实施地方治理、发展地方经济时，更须严格遵循依法行政的基本原则，严格约束政府工作人员的工作行为，避免出现乱作为、滥用权的情况。同时，也说明当前我国受到行政性垄断规制的行政机关级别偏低。

当然，层级更高的行政机关也可能滥用行政权力排除、限制竞争，且其行为的反竞争性更强、波及范围更广。因此，若遇此情形，就必须敢于向这些更高层级行政机关所实施的排除、限制竞争行为"亮剑"，以真正净化市场竞争环境。

其二,行政性垄断责任的承担主体应是行政性垄断的直接实施主体或主要实施主体,而不包括辅助实施主体。

所谓直接实施主体即行政性垄断行为的直接实施者。例如,在浙江省物价局纠正台州住建局违规提高准入门槛的行政性垄断案①中,台州市住建局通过出台文件对外地工程勘察企业采取歧视性技术措施,限制了市场公平竞争,实施了滥用行政权力排除、限制竞争行为。其中,台州市住建局即行政性垄断行为的直接实施者。

所谓主要实施主体是指在行政性垄断中起主要作用的主体,如在地方政府违法批准其所属职能部门直接实施的行政性垄断中,地方政府即属于主要实施主体。例如,在河北省蔚县农牧局在农机购置补贴工作中滥用行政权力排除、限制竞争行为案②中,蔚县农牧局在代政府起草下发的文件中指定邮政银行为农民贷款的金融机构,排除了蔚县其他金融机构之间关于此项业务的竞争,剥夺了农民自主选择门槛低、服务好、价格低的金融机构进行农机贷款的权力,损害了当地其他金融机构和消费者的利益,违反了《反垄断法》。其中,蔚县农牧局仅为代为起草下发文件的机构,蔚县人民政府实质上属于行政性垄断行为的主要实施者。

所谓辅助实施主体即只是起协作、帮助等辅助性作用的主体,如有意通过政府部门提出的具有行政垄断性的规范性文件草案的地方人大,或在有关行政性垄断的行政诉讼中故意维护本地利益的地方法院,尽管他们是行政性垄断行为的辅助实施主体,但由于它们只是起辅助作用,不应被视为行政性垄断责任的承担主体。

---

① 参见《浙江省物价局纠正台州市住建委行政垄断行为》,载浙江省物价局官网,http://www. zjpi. gov. cn/WebSite/XinXiCk? xxid = 5a4c3306 - e2a9 - 4531 - b2f8 - 3a2e7741bdd6,最后访问时间 2018 年 1 月 31 日。

② 参见《河北省蔚县人民政府主动纠正农机购置补贴工作中滥用行政权力排除限制竞争行为》,载河北省物价局官网,http://www. hebwj. gov. cn/News. aspx? sole = 20171212095135953,最后访问时间 2018 年 1 月 31 日。

将行政性垄断的责任承担主体限定在直接实施者及主要实施者的框架范围内的目的,在于明确行政性垄断中行政机关的具体内涵,避免对“行政性垄断”这一概念的解释力度具有过大弹性,并避免随意扩大行政性垄断的受罚主体,便于人们更好地理解和把握行政性垄断的内涵。

(二)特殊授权的行政组织

法律、法规授权的具有管理公共事务职能的组织,包括经法律、法规授权的行政机构、公务组织、事业单位、社会团体、社会中介组织,特殊企业和特定的普通企业等。

1. 事业单位

事业单位是指由国家机关举办或其他组织利用国有资产举办的,从事教育、科技、文化、卫生等活动的具有社会公益目的性的社会服务组织。事业单位实施的排除、限制竞争行为并不当然等同于行政性垄断行为。只是在某些情况下,某些事业单位经法律法规授权可获得管理某一事务的行政权,如《食品卫生法》授予县级以上卫生防疫站和食品卫生监督检验所从事食品卫生监督的行政职权。[①] 在这种情况下,经授权的事业单位滥用其被授予的权力实施的排除限制竞争行为才被视为行政性垄断行为。

由于行政机关的编制紧张,机构总量有限,再加上工作效率等问题,行政机关有时可能难以有效应对社会事务,故一种变通方法就是将部分公共事务管理的职能交由事业单位。这种授权或委托,本是一种过渡性、临时性的措施,但因行政编制等问题一直存在。而在我国,经法律、法规授权具有管理公共事务职能的组织也形成了一个庞大体系。当前我国查处的行政性垄断案件中就有多起案件的责任承担主体为事业单位。可以说,在行政性垄断中,事业单位是除了行政机关外的第二大主要责任承担主体。

---

① 参见山文岑:《试析行政垄断主体》,载《榆林学院学报》2004 年第 2 期。

2. 社会团体

社会团体是指公民自愿组成，为实现会员共同意愿，按照其章程开展活动的非营利性社会组织，如工会、妇联等。① 属于行政性垄断规制范畴的社会团体则是指县级以上各级人民政府有关部门及其授权的组织，它附属于业务主管部门之下。

在中国证券业协会行政性垄断案中，中国证券业协会指定"京东自付"平台作为其唯一的考试收费平台，破坏了提供资金支付结算服务的经营者之间的公平竞争环境，系实施滥用行政权力排除、限制竞争行为违反了《反垄断法》。后经国家发改委调查处理，中国证券业协会主动作出了整改承诺。中国证券业协会既是社会团体，也是行业协会。而在本案中被定性为行政性垄断而非行业协会的经济性垄断的原因，在于中国证券业协会在本案中是作为社会公共事务的管理者实施了垄断行为。因此，在涉及社会团体的垄断行为案件中，分辨某一垄断行为究竟属于经济性垄断还是行政性垄断，要注意分析是否存在法律、法规的授权，以便判断社会团体是否具有公共事务管理者的身份，是否属于行政主体范畴。法律、法规授权是社会团体获得公共事务管理者身份的主要途径，若经法律、法规授权，社会团体便获得了公共事务管理职能，便拥有了行政权。因此，其自律管理行为也就不再属于内部行为，而是与一般行政机关的管理活动性质相同的行政行为。此外，在我国的有些领域，还存在一些具有行政属性的行业协会，其本身可能就与特定的行政管理部门合二为一，因此其公共事务管理者的身份就更加明显。② 当其作出排除、限制竞争行为时，就应当认定为行政性垄断行为。

3. 其他组织

在我国当前查处的行政性垄断案件中，仅有一起属于国有公用企

① 参见山文岑：《试析行政垄断主体》，载《榆林学院学报》2004 年第 2 期。

② 参见焦海涛：《行业协会的反垄断法主体地位——基于中国体育反垄断第一案的分析》，载《法学》2016 年第 7 期。

业实施的垄断行为案件——江西省九江市物资集团公司等行政性垄断案。[①] 2014 年 4 月，由江西省九江市物资集团公司牵头，联合公安、工商、税务等六家单位，出台了《九江市二手车交易管理办法》。此办法出台后，众多二手车经营业主认为该办法是为九江市物资集团公司参股的二手车经营企业垄断市场作支撑。后经相关部门督促并经媒体报道后，九江市政府废止了该文件，并经九江市原法制办对《九江市二手车交易管理办法》进行修订后，删除了有关争议条款。本案是行政性垄断案件中以国有公用企业作为行政性垄断实施主体的第一案，也反映出行政性垄断规制中存在的一个问题，即在国有公用企业实施的垄断行为案件中，究竟将其定性为行政性垄断，还是经济性垄断？

一部分学者认为应当按照行政性垄断进行规制，另一部分学者认为我国目前经济转型还未彻底完成，在少数领域还存在政企不分的行政性公司，它们实际上在某些地区、某些行业依然具备了行政管理的职能，会存在滥用行政权力的可能，但是这类主体的本质已经成为一般意义上的市场主体，故应当将其作为经济性垄断进行处理。[②]

笔者认为，对于国有公用企业实施的垄断行为究竟认定为经济性垄断抑或行政性垄断，需要从查处难度和法律责任承担方面进行分析。首先，从查处难度出发，若将国有公用企业实施的垄断行为定性为经济性垄断，执法机关在执法时受到的干扰和阻力要少一些。客观来讲，如果将国有公用企业实施的垄断行为作为行政性垄断案件进行查处，最后的结果很有可能是不了了之。这对于整个市场竞争秩序的维护及消费者利益和社会公共利益的维护是非常不利的。因此，选择经济性垄断的规制路径能够更好地实现和维护反垄断法的目的。其次，从法律

① 参见《企业发文调度政府部门・九江市修订二手车交易管理办法》，载中国江西网，http://jj.jxnews.com.cn/system/2015/07/06/014018817_01.shtml，最后访问时间 2020 年 3 月 30 日。

② 参见王岩：《从行政垄断法律责任看政府责任法定化》，载《行政管理改革》2014 年第 11 期。

责任承担层面出发，行政性垄断实施主体的责任形式主要是由上级机关责令改正，除此之外基本未涉及其他处罚方式，但经济性垄断可以通过罚款、没收违法所得等综合性处罚方式实现其规制目的，弥补给消费者福利和社会公共福利造成的损失。同时，国有公用企业虽然也具有公共事务管理职能，但就实践情况来看，国有公用企业更多的是利用已有的市场支配地位，无正当理由实施排除、限制竞争的行为。从当前我国执法现状也可以看出，行政性垄断责任承担主体中涉及国有公用企业的案件为少数，而经济性垄断案件中涉及国有公用企业的案件大量存在。因此，笔者认为，国有公用企业一般不宜作为行政性垄断的规制对象。

（三）个人

有观点认为行政性垄断主体是一种组织，而不能是个人。因为行政权是一种公共权力，国家不可能把这种权力授予某个人“拥有”，而只能授予给某组织享有。[①] 虽然具体实施行政性垄断行为的主体是政府机关及其所属行政部门的官员或者负责人，但是其是利用政府机关及其所属行政部门的名义实施行为的。[②] 有学者更进一步地将个人作为内部行政责任的承担者，认为直接主管人员、直接责任人属于行政处分的责任主体，只是内部行政责任的承担主体并非对外垄断责任的承担主体。[③] 然而在美国，市政机关和政府官员都属于美国最高法院所指的“人”的范围之内。这意味着政府官员在行政性垄断中也可以作为责任承担主体，也适用《谢尔曼法》。

笔者认为，个人是行政权力被滥用亦即违法性产生的基础，将个人纳入行政性垄断责任承担主体有利于从根源上遏制和威慑行政性垄断行为。原因在于行政性垄断行为是由具体个人来具体执行的，甚至某

① 参见山文岑：《试析行政垄断主体》，载《榆林学院学报》2004 年第 2 期。
② 参见王明：《行政垄断的责任追究机制》，北京交通大学 2014 年硕士学位论文。
③ 参见孙曼曼：《论行政垄断之反垄断法律责任》，载《行政与法》2010 年第 2 期。

些行政性垄断行为系由相关主体主动发起,这使行政性垄断与具体个人的关系十分紧密。如果缺乏对具体个人的有效监督与制约,就会使行政人员借行业利益、部门利益将公共权力私权化和个人化,产生寻租和腐败问题。测算表明,中国行政性垄断造成的巨大经济损失,已成为腐败所造成的经济损失的重要组成部分,远远超过政府官员贪污受贿所造成的经济损失,成为当前最严重的腐败形式。① 然而有限的监管手段和处罚额度根本起不到应有的威慑作用,导致利益既得者在利益的驱使下借助行政机关的外壳,利用国家赋予行政机关天然的行政权力,从事严重干扰和影响社会秩序的垄断行为。因此,从根源上解决行政性垄断问题的重要方法之一便是明确负责人的法律责任。

修订后的《反垄断法》第 61 条中有对"直接负责的主管人员和其他直接责任人员依法给予处分"的规定,但由于法律规定的模糊性、可操作性差,实践中多数行政性垄断案件仅以行政主体进行整改为结果,主管人员及其他直接负责人是否承担了相应责任不得而知。不过,在湖南怀化行政性垄断案中,执法机关对行政主管人员作出了惩罚,相关责任人员或被处分,或被免职,②可谓开了先例。执法人员还指出,我国《反垄断法》责任框架内针对个人设立的责任应是严格的过错责任,即只要实施行政性垄断的行政主体的主管人员和其他直接责任人员由于过错实施行政性垄断行为,就应当追究其相应的责任。笔者赞同该观点。

值得一提的是,若以内部行政行为的方式对主管人员和其他直接负责人进行处分,笔者认为,应该向社会公开这一追责结果。因为这种内部行政行为由于涉及对市场秩序的不正当干扰而具有广泛的社会影响力,影响到了社会公共利益和市场秩序的维护,已非单纯的内

① 参见过勇、胡鞍钢:《行政垄断、寻租与腐败——转型经济的腐败机理分析》,载《经济社会体制比较》2003 年第 2 期。

② 怀化市纪委作出纪律检查建议,怀化市住建局党组对相关责任人员进行追责问责,给予燃气办前主任钟某党内警告处分,燃气办时任主任张某被免职。

部行政行为，而是承载了一定的公共性。因此，对于主管人员和其他直接负责人的处分应当向社会公开并接受社会监督。这样一则有利于向社会树立政府的公信力及权威性；二则可以给潜在违法对象敲个警钟，督促其谨言慎行，切莫铤而走险实施破坏市场竞争的行为。

二、其他主体

关于因行政性垄断行为直接获益的经营者应否成为行政性垄断责任承担主体的问题，有学者认为，我国《反垄断法》第 61 条规定了实施行政性垄断的行政机关及授权组织是本法规制的主体，却没有规定因行政性垄断而获利的“商”的法律责任，这显然是不合理的。[①] 我国应当将承担责任的主体范围从行政机关及其责任人员扩大到企业及其责任人员。[②] 原因在于此类主体客观上被行政性垄断所保护，从行政性垄断中直接获得了经济利益，相当于获益经营者同行政性垄断实施主体间达成了一种间接的“共谋”关系，故其也应当被纳入行政性垄断规制中。不过，也有学者主张，获益经营者不应该成为行政性垄断的责任主体。行政性垄断责任追究的对象应当是行政性垄断的实施者，而不是获益者。一方面，获益者具有不确定性，有些还具有被动性，仅仅是“搭便车”而已；另一方面，要求获益者承担责任，也与行为主体和责任主体应具有同一性的基本法律原则相违背。[③]

笔者认为，首先，行政性垄断的直接获益者应当被纳入行政性垄断规制中。原因在于行政性垄断往往反映了官商勾结或者政府偏袒某一方经济组织或企业的情形，其目的就在于保护本方经济实体的利益优

---

① 参见郭宗杰：《多元主体与复合责任——论反垄断法关于行政性垄断的责任设置》，载《武汉大学学报（人文科学版）》2004 年第 6 期。

② 参见李小明、沈敏：《日本行政限制竞争行为法律规制问题研究》，载《财经理论与实践》2015 年第 5 期。

③ 参见王岩：《从行政垄断法律责任看政府责任法定化》，载《行政管理改革》2014 年第 11 期。

势,限制他方。在这种情况下,行政性垄断所造成的排除、限制竞争后果通常是直接获益者所主动追求或放任的结果。无论获益者的主观意图如何,事实上其均从行政性垄断中获取了竞争性利益。此时,对其进行反垄断制裁、要求其承担垄断责任,符合基本法律原则——公平原则的核心要义。同时,这种规定既有助于事前预防、制止市场经营者通过寻求行政权力庇护以牟取竞争利益的不当行为,也有助于鼓励市场经营者主动举报、揭发行政性垄断行为,最终助力于维护公平市场竞争秩序、优化营商环境。

其次,在具体承担法律责任时,应视行政性垄断直接获益者的主观意图不同,区分获益者承担责任的大小。毕竟对违法者的道义责难就是法律责任的本质所在。① 具言之,参与实施行政性垄断的主体可区分为主动实施行政性垄断与被动实施行政性垄断两种。其中,主动实施行政性垄断的主体应当依据《反垄断法》相关规定正常承担法律责任,而被动实施行政性垄断的主体虽获得了竞争性利益,但因其对行政性垄断的实施没有"贡献",只是处于一种遵从或放任状态,故其不应承担与主动实施行政性垄断的主体相同的法律责任。这既符合行政处罚中"责罚相当"的理念,也契合《反垄断法》旨在维护市场竞争而非处罚违法主体的立法意旨。

从实际立法情况来看,国家市场监管总局颁布的《禁止垄断协议暂行规定》②和《禁止滥用市场支配地位行为暂行规定》③中,均明确规定

---

① 参见张文显:《法理学》,高等教育出版社 2014 年版,第 123 页。

② 《禁止垄断协议暂行规定》第 32 条第 4 款规定:"经营者因行政机关和法律、法规授权的具有管理公共事务职能的组织滥用行政权力而达成垄断协议的,按照前款规定处理。经营者能够证明其达成垄断协议是被动遵守行政命令所导致的,可以依法从轻或者减轻处罚。"

③ 《禁止滥用市场支配地位行为暂行规定》第 37 条第 3 款规定:"经营者因行政机关和法律、法规授权的具有管理公共事务职能的组织滥用行政权力而滥用市场支配地位的,按照前款规定处理。经营者能够证明其从事的滥用市场支配地位行为是被动遵守行政命令所导致的,可以依法从轻或者减轻处罚。"

了经营者因行政主体滥用行政权力实施垄断行为的应正常承担责任，不过其同时也为无过错的经营者设定了从轻或减轻处罚的情节因素。笔者非常同意。但是，尽管目前相关规定明确了经营者被动实施行政性垄断行为时，可以从轻或减轻处罚，相关规定事实上对经营者施加了较重的举证责任，即要求经营者必须能“自证清白”，但与此相对应的却只是“可以从轻或减轻处罚”，这种减轻责任的不确定性，实际上并没有彻底贯彻“被动实施行政性垄断的主体因其主观意志不在于实施垄断行为而应减轻法律责任”的理念，对被动实施行政性垄断的经营者科以了较重的法律责任。因此，从公平理念出发，应将现有规定“可以从轻或减轻处罚”修改为“应当从轻或减轻处罚”更为恰当。此外，依据我国《行政处罚法》第32条的规定，①当事人受他人胁迫从事违法行为的，属法定减轻或从轻的情形。因此，将“可以从轻或减轻处罚”修改为“应当从轻或减轻处罚”也契合《行政处罚法》的理念与规定。

第三节　行政性垄断执法职能的优化

一、竞争执法机关执法权限的完善

（一）反行政性垄断执法权限的现状

在现行反垄断法律框架内，我国反行政性垄断执法仅规定建议权主要出于以下两点考虑：首先，执法机关仅享有建议权的深层次目的是给行政性垄断的自我纠偏让步。行政性垄断同经济性垄断最大的不同，在于两者的实施主体存在很大差别，前者的实施主体手握着公权力，具有权威性，如果让“他人”去指出行政主体的垄断行为，不利于维

---

① 《行政处罚法》第32条规定：“当事人有下列情形之一的，应当依法从轻或者减轻行政处罚：（一）主动消除或者减轻违法行为危害后果的；（二）受他人胁迫有违法行为的；（三）主动供述行政机关尚未掌握的违法行为的；（四）配合行政机关查处违法行为有立功表现的；（五）法律、法规、规章规定其他应当从轻或减轻行政处罚的。”

护行政主体的社会形象，也有损其权威性，但如果让行政主体主动去自我纠偏，不仅给行政主体提供了一个知错能改的机会，而且也有助于形成良好的社会效果，实现普及竞争文化的目的。其次，在我国还面临的一个现实问题是，由于政治体制及经济体制的影响，我国反垄断执法机构的层级较低，不具备查处行政主体的底气和权威性，因此，反垄断执法机构仅享有建议权、具体由行政主体的上级机关责令改正也具有一定现实意义。

但是，自我纠偏存在的局限性也较为明显。一方面，行政主体的上级机关不确定，相关工作人员也不一定具有足够的反垄断意识；另一方面，如果授权上级机关纠正下级机关的违法行为，法律上就应当对立案、调查、听证、裁决等一系列程序作出规定，这就需要国家投入相当大的人力和财力。① 因此，规定执法机关仅享有建议权的可能后果是执法效果不明显，同时，执法成本较高。

有学者提出“执法机关应享有管辖权”的观点，并指出，在有效规制行政性垄断的问题上，我国反垄断行政执法机关应该考虑俄罗斯、匈牙利等国家的做法，赋予反垄断行政执法机关处理行政性垄断案件的权力，至少应当像美国联邦贸易委员会一样，规定其有权对违法者提出行政劝告或告诫；如果违法者不听取行政劝告或告诫，反垄断行政执法机关有权向法院提出行政诉讼。② 管辖权可以概括理解为包括建议权在内的其他权利，比建议权的范围更广。在执法机关仅享有管辖权的模式下，反垄断执法以执法为主、以行政主体自我纠偏为辅。以俄罗斯为例，在查处行政性垄断的过程中，俄罗斯联邦反垄断当局拥有下达指令权、提供建议权、行政处罚权和获取信息权等各项权力，且在执法过程

① 参见王晓晔主编：《中华人民共和国反垄断法详解》，知识产权出版社 2008 年版，第 4 页。

② 参见丁国峰：《我国〈反垄断法〉规制行政性垄断之不足及完善建议》，载《江淮论坛》2012 年第 2 期。

中,“联邦反垄断当局的处理意见具有强制性”。[①] 在这种执法模式中,执法机关保持着高度的独立性和权威性,在查处行政性垄断时更具有威慑力。

笔者同意上述“执法机关应享有管辖权”的观点。因为当前我国正处于行政性垄断多发的阶段,如果不对反垄断执法机构的执法权限进行完善,执法机关在行政性垄断规制中的作用将极其有限。若上级机关对其下级机关滥用行政权力的行为采取熟视无睹、大事化小、小事化了的态度,行政主体滥用行政权力限制竞争的行为就很难得到及时纠正,市场竞争秩序就会遭到破坏,社会公共利益也会受到损害。而赋予反垄断执法机构一定条件下的管辖权,则有利于监督行政主体依法行使职权,并预防与制止行政性垄断行为。这也是我国确立国家竞争政策所亟待迈出的重要一步。值得一提的是,修订后的《反垄断法》增加了提升行政执法威慑力的规定,如在第61条新增了行政机关应当报告有关改正情况的规定,并在第55条规定了对领导人员的约谈制度。

(二)执法权限的具体完善内容

关于我国反垄断执法机构的执法权限,在执法机构层级提升至足以保证足够的独立性和权威性的前提下,未来可以考虑从以下四个方面加以完善。

1. 责令改正的直接权力

有观点认为,“责令改正”一般适用于行政不当和行政程序违法的救济,而行政性垄断属于严重的行政违法行为,不属于行政不当行为,也不是行政程序违法行为,故对行政性垄断适用“责令改正”于法无据,于理不通。[②]

---

① 参见焦海涛:《公权限制竞争行为的反垄断法规制模式》,载漆多俊主编:《经济法论丛》第15卷,中国方正出版社2008年版。

② 参见丁国峰:《我国〈反垄断法〉规制行政性垄断之不足及完善建议》,载《江淮论坛》2012年第2期。

但笔者认为,各种执法权限应可结合使用,直接赋予反垄断执法机构责令改正的权力并无不当。由于行政性垄断除损害市场主体的合法权益外,还间接侵害社会公共利益,故为防止行政性垄断造成更大损害,反垄断执法机关在立案后、作出处理决定前认为确有必要的,应有权直接而不是只能建议行政机关的上级机关,责令行政主体改正行政性垄断行为。比如,反垄断执法机构对正在实施的行政主体强制市场经营主体不正当合并的行为,可直接作出责令停止实施的决定,可要求被责令改正的行政主体限期改正,并将改正情况及时向反垄断执法机构报告。如将责令改正的权力直接授予反垄断执法机构行使,有助于一改以往反垄断执法机构仅享有执法建议权所致的规制无力局面,提高行政性垄断规制的力度和实效。

2. 行政处罚权和执行权

在确认有关行政行为构成行政性垄断的情况下,反垄断执法机构应有权对违法行政主体作出通报批评、向受害人赔偿等制裁决定,并有权对直接负责的主管人员和其他直接责任人员依照管理权限给予行政罚款等行政处罚。对反垄断执法机构作出的制裁决定和处理决定,行政主体及相关责任人员应自觉执行;拒不履行的,反垄断执法机构应有权追究其行政责任,并有权向社会公布。

3. 确认无效和直接撤销的权力

反垄断执法机构应有对如下行政性垄断行为确认无效或直接撤销的权力:(1)对于具体行政性垄断行为,反垄断执法机构有权决定撤销;(2)对于抽象行政性垄断行为,反垄断执法机构认为已经出台的规章及规章以下的规范性文件等违反反垄断法的,有权确认该抽象行政行为中的行政性垄断规定无效,如抽象行政行为中的行政性垄断规定被确认无效后,该抽象行政行为无存在必要的,则可直接撤销该抽象行政行为。其中,对于发布主体是省、部级以下行政机关的,可以直接撤销;对于发布主体是省、部级行政机关的,可以请求国务院在一定期限内审查撤销。①

4. 对调查权的保障

不同于经济性垄断,行政性垄断的实施主体系公权力的运用者和实施者,具有一定的权威性。在一般情况下,基于信息的不对称性和部分行政机关的强势地位,反垄断执法人员查证行政性垄断事实的难度更大。因此,有必要细化规定以切实保障反垄断执法机构对实施行政性垄断的行政主体、行政官员和工作人员、利害关系人和其他证人进行调查和收集证据的权力。例如,可以考虑结合《公务员法》和政绩评价机制,针对阻挠调查的行为,对受调查主体的直接负责人和其他直接责任人员进行追责、处分和否定性评价等。修订后的《反垄断法》第 54 条对行政性垄断案件的被调查主体科以配合义务,②这是一个很大的进步。

二、受罚主体法律责任制度的完善

法律责任是法律发挥作用的最直观体现,也是法律作用于社会关系的基本手段。行政性垄断执法职能的优化还可以体现在法律责任制度的完善上,然而,我国修订后的《反垄断法》关于行政性垄断的法律责任制度尚不完善。按照目前规定,个人责任仅限于上级机关给予行政处分,单位责任也仅限于上级机关责令改正。由此不难看出,我国针对行政性垄断存在责任设置过轻的问题。笔者认为,应当完善受罚单位责任与个人责任,具体如下。

(一)受罚单位责任

笔者建议,对于存在行政性垄断的受罚单位,增加声誉罚和财

① 参见丁国峰:《我国〈反垄断法〉规制行政性垄断之不足及完善建议》,载《江淮论坛》2012 年第 2 期。

② 修订后的《反垄断法》第 54 条规定:"反垄断执法机构依法对涉嫌滥用行政权力排除、限制竞争的行为进行调查,有关单位或者个人应当配合。"

产罚。

1. 增加声誉罚

声誉罚即从声誉上进行的一种处罚，主要体现为社会舆论对于行政主体的外部监督。对于行政主体来讲，公信力至关重要。如果从声誉上对政府主体进行了否定性评价，对于行政主体公信力的影响和损害非常大，故将声誉评价列入行政性垄断的规制手段，有利于督促行政机关审慎行为，避免实施行政性垄断行为。

声誉罚具体包括：(1)通报批评；(2)赔礼道歉、承认错误；(3)恢复名誉，消除影响等。关于通报批评，目前我国许多法律、法规中均有相关规定。例如，《价格法》第 45 条规定“……责令改正，并可以通报批评；对直接负责的主管人员和其他直接责任人员，依法给予行政处分”。国务院《关于禁止在市场经济活动中实行地区封锁的规定》第 21 条规定：“对地方人民政府或者其所属部门违反本规定，实行地区封锁的，纵容、包庇地区封锁的，或者阻挠、干预查处地区封锁的，由省、自治区、直辖市人民政府给予通报批评；省、自治区、直辖市人民政府违反本规定，实行地区封锁的，纵容、包庇地区封锁的，或者阻挠、干预查处地区封锁的，由国务院给予通报批评……”关于赔礼道歉，在我国当前查处的行政性垄断案件中，有极少部分实施主体主动承担了这一责任。例如，在山东省物价局于 2017 年 12 月查处的山东枣庄市原质监局主动纠正特种设备检验管理领域行政性垄断行为案①中，枣庄市原质监局即积极主动地与受害经营者安泰检验中心进行沟通，并表示歉意。

2. 增加财产罚

通常认为财产罚具体包括行政赔偿、行政罚款和没收违法所得等。但从规制行政主体的角度出发，只有第一种财产罚，即行政赔偿，具有

---

① 参见《枣庄市质量技术监督局主动纠正滥用行政权力排除限制竞争行为》，载山东省物价局，http://www. sdwj. gov. cn/ggfw/jcfx/gzdt/01/173395. shtml，最后访问时间 2018 年 1 月 31 日。

实际意义并能够对受害者予以弥补。

有学者提出,应明确行政性垄断主体对受损害个人的赔偿责任,还应对非法所得予以没收或对相关单位科以罚款。① 但当前我国主流观点认为对于实施行政性垄断的行政主体不宜规定行政罚款和没收违法所得。因为二者主要是针对公民或者其他组织违反行政管理法规的行为,由行政机关依法给予处罚的责任方式。若规定行政主体可以被处以罚款或被没收违法所得,一方面没有法律依据;另一方面由于行政主体的财产来自纳税人,行政主体被处以罚款或被没收违法所得后责任转嫁于纳税人身上,明显不公平、不合理。② 王晓晔教授就指出,若罚款和没收违法所得的直接承担者是行政主体,因其经费来自国家财政拨款,其罚款和违法所得最终又是上交国家财政,这种流转过程既不能体现对违法者的制裁作用,也没有多大的实质意义。③ 此外,在我国现行的财税体制、行政管理体制下,对行政主体进行罚款或没收违法所得也不具有实际可操作性。故就实施行政性垄断行为的行政单位主体而言,其财产处罚应只限于行政赔偿这一种形式。

(二)受罚个人责任

对个人(我国《反垄断法》第 61 条所规定的"直接负责的主管人员和其他直接责任人员")而言,行政法律责任不能仅停留在警告等一般行政处分上,应形成具有强制性、补救性及惩罚性互补的责任体系。④

1. 具化行政处分的具体内容

行政处分是行政性垄断相关责任人应承担的惩罚性责任。我国

---

① 参见刘锫:《论现行〈反垄断法〉对行政垄断规制的不足》,载《商场现代化》2012 年第 21 期。

② 参见王岩:《从行政垄断法律责任看政府责任法定化》,载《行政管理改革》2014 年第 11 期。

③ 参见王晓晔主编:《中华人民共和国反垄断法详解》,知识产权出版社 2008 年版,第 265 页。

④ 参见王健:《行政垄断法律责任追究的困境与解决思路》,载《上海政法学院学报(法治论丛)》2010 年第 1 期。

《反垄断法》目前虽规定了对行政性垄断相关责任人进行行政处分的规定，但这种规定较笼统，应予以具体化。[①] 具体可参考《公务员法》《招标投标法》等法律、法规的相关规定。如《公务员法》第62条规定了对公务员进行处分的主要方式有警告、记过、记大过、降级、撤职、开除。《招标投标法》第62条第1款规定："任何单位违反本法规定……责令改正；对单位直接负责的主管人员和其他直接责任人员依法给予警告、记过、记大过的处分，情节较重的，依法给予降级、撤职、开除的处分。"国务院《关于禁止在市场经济活动中实行地区封锁的规定》第21条规定："……给予通报批评。对直接负责的主管人员和其他直接责任人员，按照法定程序，根据情节轻重，给予降级或者撤职的行政处分。"

2. 建议增加行政罚款

对直接负责的主管人员和其他直接责任人员给予行政罚款。对行政性垄断的相关责任人，仅设置"行政处分"一种内部行政责任是远远不够的，应当在现有基础上增加行政罚款这种更具强制性与威慑力的责任方式。对于直接负责的主管人员和其他直接责任人员设置行政罚款可以有效遏制这些人员实施行政性垄断行为的动机，俄罗斯和蒙古国等国家的反垄断法中就有类似的制度规定。[②] 当然，在行政罚款的具体设置上，应对行政机关和直接负责的主管人员和其他直接责任人员进行区别对待。

3. 行政性垄断的单罚制刑事责任设置

有观点认为，即使我国已建立了完善的政治经济体制，如果"权力与责任"不能相辅相成，行政性垄断将难以彻底铲除。因此，规定行政

① 参见郑鹏程：《论反垄断法对行政垄断的规制》，载《岳麓法学评论》2003年第2期。

② 参见王健：《行政垄断法律责任追究的困境与解决思路》，载《上海政法学院学报（法治论丛）》2010年第1期。

人员的刑事责任是必要的,[①]即对于情节严重的行政性垄断,应当追究刑事责任等。[②] 邵建东教授提出,竞争机制是市场经济的核心,是国民经济健康发展的根本动力。侵犯自由竞争之法益的行为,自然就属于破坏重大法益或对重大法益之破坏具有重大危险性的行为,因而具有"应刑罚性"。同时,"由于不法行为的严重性,非以最严厉的刑罚手段不能有效遏制",即行政性垄断适用刑罚亦具有"不可避免性"。[③]

此外,有学者还指出,行政单位主体不应成为刑事责任的受罚主体,原因在于行政主体是为了社会公共秩序及利益所设置的,其开展活动所需资金来源于税收,如果让其承担刑事责任,[④]判处罚金,后果往往是行政主体自身提供公共服务的能力大打折扣,无法为纳税人提供优质服务。同时,对行政主体判处罚金,相当于把行政性垄断法律责任转嫁给了无辜的纳税人。

笔者同意以上观点。在我国当下行政性垄断时有发生、行政性垄断规制效果不佳的现状下,加之行政性垄断本身对于市场竞争的巨大危害,有必要针对行政性垄断设置一定的刑事责任。鉴于行政单位主体是具有公权力的职能机构,不宜用犯罪进行评价;但是,直接负责的主管人员和直接责任人员作为行政性垄断产生的根源,只有对其采取严厉的威慑,才能保证行政性垄断得到有效规制。因此,有关行政性垄断的刑事责任设置宜采取单罚制,即只追究直接负责的主管人员和其他直接责任人员的刑事责任。

---

① 参见丁国峰:《我国〈反垄断法〉规制行政性垄断之不足及完善建议》,载《江淮论坛》2012 年第 2 期。

② 参见刘锫:《论现行〈反垄断法〉对行政垄断规制的不足》,载《商场现代化》2012 年第 21 期。

③ 参见邵建东:《我国反垄断法应当设置刑事制裁制度》,载《南京大学学报(哲学·人文科学·社会科学)》2004 年第 4 期。

④ 根据我国《刑法》第 31 条的规定,单位犯罪的,对单位判处罚金,并对其直接负责的主管人员和其他直接责任人员判处刑罚,也即对单位犯罪一般采取双罚制,单位承担刑事责任的方式只有一种,就是判处无限额的罚金。因此,此处的刑事责任仅指罚金。

在刑事责任的具体罪名设计方面，有学者建议，应当在我国刑事法律中设定专门的罪名对行政性垄断进行控制，并认为应当定名为“行政性限制竞争罪”。[①] 笔者认为，行政性垄断相关责任人触犯的刑事责任具体可规定在《刑法》第二编第三章破坏社会主义市场经济秩序罪中，具体可从第八节扰乱市场秩序罪当中罪名着手进行规制。

（三）直接获益经营者承担的责任

关于直接获益人应当承担的责任，我国国家市场监管总局颁布的《禁止垄断协议暂行规定》和《禁止滥用市场支配地位行为暂行规定》[②]都明确规定，行政性垄断的直接获益经营者需要根据具体实施的经济性垄断行为承担相应责任。依据这两个部门规章，行政性垄断中的直接获益经营者可能承担的责任形式包括：停止违法行为、没收违法所得与罚款。因经济性垄断规制中已对此有较完备的实践经验，故直接获益人具体如何承担相关法律责任并无太大争议。

但是，有关直接获益人责任减轻的新规定，提出了一个新的难题，即如何判断直接获益人属于法律所规定的“被动遵守行政命令”？这一判断标准的明确与否，直接影响这一免责规定是否会被滥用，是否会造成“真被动”而经营者被处罚或者“假被动”而经营者免责的情形。因此，应当明确“被动遵守行政命令”的判断标准。

就“被动”一词而言，其内含着对经营者主观意志的判断，即经营者被迫实施了垄断行为，而非出于自身主观意志。但是，因为在行政性垄断掺杂经济性垄断的情况下，很难判断经营者实施垄断行为时是否完

---

① 参见沈悦志：《反行政性垄断探析》，载《宁夏社会科学》1998 年第 3 期。

② 《禁止垄断协议暂行规定》第 32 条第 4 款规定：“经营者因行政机关和法律、法规授权的具有管理公共事务职能的组织滥用行政权力而达成垄断协议的，按照前款规定处理。经营者能够证明其达成垄断协议是被动遵守行政命令所导致的，可以依法从轻或者减轻处罚。”《禁止滥用市场支配地位行为暂行规定》第 37 条第 3 款规定：“经营者因行政机关和法律、法规授权的具有管理公共事务职能的组织滥用行政权力而滥用市场支配地位的，按照前款规定处理。经营者能够证明其从事的滥用市场支配地位行为是被动遵守行政命令所导致的，可以依法从轻或者减轻处罚。”

全受制于行政主体的意志命令而不掺杂自身意志，因此对于经营者主观意志的判断并非易事。基于《反垄断法》维护市场竞争的根本目的，同时，出于竞争执法的效率要求，本书赞同对于经营者主观意志的判断应以经营者是否预见到其行为实施对市场的负面影响，以及是否对行政强制进行“反抗”为标准进行判断。①

本章小结

本章以国家竞争政策为视角，从规制行政性垄断的事后矫正机制之一——竞争执法入手，系统阐述如何对反垄断执法机构的行政执法进行细化完善。本章主要讨论了三个问题：我国规制行政性垄断执法主体的行政执法权力配置模式如何选择？我国行政性垄断责任承担主体如何明确与细化？我国行政性垄断执法职能如何优化？

首先，为保证反垄断执法机构更有效地规制行政性垄断，转变政府机构职能是关键，保证执法机构高度的独立性及权威性是根本。反垄断执法机构的权力配置模式包括单一执法和联合执法两种模式。当前世界上主要国家和地区的反垄断执法机构大多采取单一执法模式，许多采取联合执法模式的国家也有发展成为单一执法模式的趋势。2018年我国完成反垄断执法机构的“三合一”改革后也采用单一执法模式。但仍然有必要通过提高反垄断执法机构的层级设置和加强执法队伍建设等来提升执法机构的独立性和权威性

其次，我国《反垄断法》第61条明确了行政性垄断的责任承担主体包括行政机关及授权组织，但在实践中尚未细化完善。中央政府不应成为行政性垄断主体，行政性垄断责任承担单位主体最高层级至部委层级；责任承担主体应只限于行政性垄断的直接实施主体或

① 参见张晨颖：《行政强制垄断中经营者责任的认定》，载《政治与法律》2019年第3期。

主要实施主体，而不应包括辅助实施主体；经法律、法规授权的组织可以包括事业单位、社会团体、社会中介组织、特殊企业和特定的普通企业等。个人应被列为行政性垄断的责任承担主体，但纳入行政性垄断责任承担主体的个人应仅限于直接负责的主管人员和其他直接负责人。此外，经营者如因行政性垄断行为直接获益，也应纳入行政性垄断责任承担主体，根据《禁止垄断协议暂行规定》和《禁止实施滥用市场支配地位行为暂行规定》，有证据证明其系被动实施垄断行为的经营者，可以从轻或者减轻处罚。笔者认为，将减轻处罚的规定从目前的"可以从轻或者减轻处罚"修改为"应当从轻或者减轻处罚"，更为合理。

最后，在行政性垄断执法职能的优化层面，一是应扩张反垄断执法机构的执法权限，不能仅有建议权，还应包括一定程度的管辖权，如责令改正的直接权力、行政处罚权和执行权、确认无效和直接撤销以及对调查权的保障等。二是应完善受罚主体的法律责任，对于行政单位主体而言，应增加声誉罚与财产罚；对于相关责任人而言，应具化行政处分的具体内容，增加行政罚款这种责任形式，并适当设置刑事责任。三是在明确直接获益人应承担的责任时，应以经营者是否预见到其行为实施对市场的负面影响，以及是否对行政强制进行"反抗"为标准判断经营者是否处于"被动遵守行政命令"的状态，从而判断是否予以从轻或减轻处罚。

CHAPTER 03 >>

第三章

司法审查

反垄断法致力于保护整体竞争格局、竞争过程和竞争秩序。全面的司法审查有助于防范反垄断法及相关执法活动过度政治化，使执法机构更加注重合法行政和合理行政。司法审查和救济机制能够保障反垄断法律制度的有效实施，具有不可代替的地位和作用。这是由于司法审查和救济机制具有对行政行为审查纠错和对受害市场主体救济保护两大法定职责，具有中立、终局的地位。

司法救济是法律控制力的最佳制度设计，是促进和保障依法行政的有力手段，在控制违法行为发现成本上具有优势。自《反垄断法》实施以来，反垄断民事诉讼开始成为人民法院的重要审判领域。但是，我国的相关司法审查机制尚须在以下五个方面加以推进或完善：如何明确行政性垄断司法审查的受案范围、如何划定行政性垄断诉讼主体范围、如何统一行政性垄断司法审查标准、如何平衡行政性垄断诉讼举证责任分配以及如何充分保障受害者的损害赔偿请求权。

第一节　行政性垄断司法审查受案范围的明确

2017 年《行政诉讼法》将行政机关滥用行政权力、排除或者限制竞争的行为纳入受案范围，显然是解决行政性垄断规制问题的一大进步。但对市场经济危害更大的是以规章、条例、命令等形式出现的抽象行政性垄断。2017 年《行政诉讼法》虽规定可以对规章以下（不包括规章）的部分规范性文件进行附带审查，但规章以上的法律、法规仍不能接受审查。实践中，此类案件以法院驳回起诉居多，原告的举证责任非常高，如何证明排除、限制竞争存在较大难度。目前在本书第一编所分析的 77 起反行政性垄断诉讼案例样本（行政诉讼案例 60 起、民事诉讼案例 17 起）中，60 起行政诉讼案例中有 41 起案例，原告的诉讼请求未获得支持，占比达 68.3%；而这 41 起案例中的 23 起案例并未经过实体审理，法院以不属于人民法院受案范围为由裁定不予立案、不予受理或驳回起诉，占比高达 56.1%。17 起民事诉讼案例中的 6 起案例，法院认为原告在提起民事诉讼过程中主张被告构成行政性垄断的观点不成立，占比约 35.3%。足见，当前我国反行政性垄断的受案范围仍存在较大不确定性。由于 2017 年《行政诉讼法》的规定有限且尚未完全明晰，法院在斟酌是否立案的问题上自由裁量权较大。因此，有必要进一步明确行政性垄断司法审查的受案范围。

一、"行民交叉"诉讼中法院审理路径的选择

（一）"行民交叉"诉讼审理模式的分类

"行民交叉"诉讼审理模式主要有三种："先民后行"审理模式、"先行后民"审理模式和"行民并举"审理模式。

1. "先民后行"审理模式

对此种模式表示赞同的观点认为，此种模式最接近"经济诉讼"的

理想模式，在责任追究、赔偿的充分性和保护原告方面更具有优势。①但，这种方案在我国司法实践中基本上不会得到支持。原因在于从民事诉讼裁判依据的角度来看，法院要遵循“不告不理”的原则，只能对原告诉请有无依据进行审查，而采取“先民后行”的方式，意味着法院在是否支持原告诉请这一问题上需要先对行政性垄断行为进行司法审查，否则，将陷于“无依据”的困境。在“永春照相馆案”“王某柳案”“粤超公司案”中，法院对在民事诉讼中主张被告构成行政性垄断行为一概持否定观点。这说明法院的立场是受害者以行政机关构成行政性垄断为由主张民事赔偿，仍应先提起行政诉讼确认行政机关所实施行为的违法性。实质上也表明了“先民后行”的审理模式在我国司法实践中不具有可操作性。

2.“先行后民”审理模式

根据我国现行法律框架的规定，提起行政诉讼只能以实施行为的行政主体为被告，请求确认行政行为构成垄断并承担行政责任。获得既判力支持后，再以行政判决所确认的行政性垄断构成的事实为“事实证据”提起民事诉讼，以因行政性垄断获益的经营者为被告，要求其承担民事责任，德国采取此种模式。当行政行为成为民事诉讼先决问题时，应当先对行政行为进行判断，经法院判决确定行政行为效力问题后，再根据行政诉讼的判决审理民事诉讼问题。通过梳理当前我国反行政性垄断诉讼案例，并对竞争执法和司法审查两种事后救济途径进行比较分析，可以预见未来的行政性垄断诉讼案件数量仍然非常有限，原因在于先行政诉讼后民事诉讼，无论对于受害者还是司法机关来说都会造成对司法资源的浪费，受害者想要主张民事赔偿必须以司法机关确认行政机关实施的行为构成行政性垄断为前提。从逻辑上来看此观点具有充分合理性，但从受害者角度来看，若提起行政诉讼，受害者

---

① 参见顾全：《行政性垄断司法审查与救济问题研究》，法律出版社 2017 年版，第 101 页。

需要花费大量的时间和精力做诉讼相关准备，还面临收集证据、立案、举证难度大等问题，困难重重；而通过向反垄断执法机构举报等途径，可以直接将行政性垄断事实的查处工作交由反垄断执法机构完成，且由反垄断执法机构查处的成功概率也更高。两策相权之下，绝大多数受害者会选择向反垄断执法机构举报。换句话说，只有在执法机关核查认定行政机关的行为不构成行政性垄断的情形下，受害者才会选择通过行政诉讼来要求再次确认行政行为是否构成行政性垄断，而这样的情况并不多见。从法院角度来看，既然已经有专门的执法机关对行政机关行为进行审查，司法机关的审查积极性可能不会太高，法院可能也不太愿意把有限的司法资源花费在行政性垄断案件上。例如，在"刘某超案"①中，二审法院认为，当事人应当先依法寻求行政救济，其要求人民法院直接确认北京市环境保护局不履行行政复议决定的行为违法的诉讼请求，尚不能纳入行政诉讼审查范畴。法院裁判的依据是，行政复议属于行政诉讼的前置程序，未经过复议直接提起行政诉讼会造成司法资源的浪费。故我国司法实践目前处理类似"行民交叉"程序问题采取"先行后民"的路径在理论上行得通，但实践中可能面临案件数量的掣肘。

3."行民并举"审理模式

行政诉讼侧重于审理行政机关实施的垄断行为是否排除、限制竞争，民事诉讼侧重于受害者对因行政机关实施垄断行为造成的损害要求赔偿。"行民并举"，顾名思义，行政诉讼和民事诉讼同时审理，也即对性质不同但涉及的事实基本相同的两个诉讼同步推进。笔者认为，此种模式过于"理想化"，在现实情况中基本不存在。有司法实践的操作人员提出，"行民交叉"的行政性垄断虽然涉及行政、民事多个法律关系和责任主体，但在行为和事实上具有"不可分割"的特点。如果沿用

---

① 《公民刘工超诉北京市环保局案》，载110法律咨询网，https://www.110.com/falv/huanjingbaohufa/hjbhfal/2010/0802/205303.html，最后访问时间2020年3月30日。

"行民分开"的审理模式,在现行司法管辖制度下,两种诉讼在不同的审判组织甚至不同的审判机关之间具体实施,不仅必然产生事实认定、法律适用上不统一的风险,而且容易陷入地方保护的"泥沼"。[①] 姑且不论针对同一事实的审理是否符合"一事不再理"的原则,对同一案件的审理应当保证审判人员及管辖法院的一致性,这样在事实认定和法律适用上才能保证统一,极易造成不同法官甚至不同法院对案件的审理司法裁判尺度不一的情况出现,也不利于规制行政性垄断和保护受害者的受损权益。

综上分析,笔者认为,还是"先行后民"模式在诉讼实体抑或诉讼程序上最为合理。事实上,当前我国司法实践中也普遍遵循该模式。而关于同一事实案件是否有必要拆分成行政诉讼和民事诉讼两个案件来进行审理,笔者认为答案是否定的。基于此,"先行后民"的诉讼模式还有进一步改进的空间。

(二)"先行后民"诉讼模式的改进

"先行后民"诉讼模式,遵循的是受害者提起民事诉讼要以行政机关确实作出行政性垄断行为为前提的原则。实际上,民事诉讼和行政诉讼之间只是一个先后顺序的问题,没有必要拆分成两个案件进行处理。故在现有的司法实践中,可以效仿"刑事附带民事诉讼"的做法,进行"行政附带民事诉讼"模式的尝试。[②] 具体而言,利害关系人可以在提出诉讼时,以"A + B"的方式提出诉讼请求。例如,(1)请求确认行政机关作出的行政行为违法/宣布无效/撤销变更;(2)请求法院依法判令被告对因行政性垄断行为给受害者造成的损失进行赔偿。

"行政附带民事诉讼"模式本质上仍然是"先行后民",作为后者模

---

① 参见顾全:《行政性垄断司法审查与救济问题研究》,法律出版社2017年版,第95页。

② 参见丁国峰:《我国〈反垄断法〉规制行政性垄断之不足及完善建议》,载《江淮论坛》2010年第2期。

式的改进,前者的优势体现在:

首先,节约司法资源,提高司法审查效率,便于诉讼参与人参加诉讼。对司法机关而言,附带民事诉讼有利于避免行政和民事部分分别处理所必然产生的调查和审理上的工作重复,从而大大节省人力、物力和时间。对于原告来说,附带民事诉讼有利于其在审判过程中就行政、民事部分一并陈述和辩论,就行政、民事部分一并提起上诉和提出申诉,从而避免分别处理时当事人参与行政诉讼后又要参与民事诉讼的负担,在很大程度上缩短了规制行政性垄断的时间。

其次,保证司法裁判的连贯性和统一性,有利于维护人民法院审判工作的统一性和权威性。鉴于不同审判人员甚至不同法院审理思路不同,极易导致在事实认定和法律适用方面的差异,通过此种审判模式,在处理行政案件过程中一并解决民事赔偿问题,有利于避免由行政审判庭和民事审判庭分别处理行政和民事问题可能出现的对同一案件作出相互矛盾的裁判的问题,从而维护法院裁判的权威。对同一案件事实的审理思路能够做到前后对应,系统和宏观的考量,有助于保证司法裁判的连贯性和统一性。

最后,并没有违背诉讼程序正义和实体正义,具有充足的法理依据。同"刑事附带民事诉讼"的法理一样,在审理行政诉讼案件过程中一并解决民事赔偿问题,从程序上符合"先行政后民事"的裁判程序,从实体上有利于全面查明行政机关的行为到底是否构成行政性垄断以及应当承担何种法律责任的问题。

此外,"行政附带民事诉讼"的模式也有利于保护受害者的合法权利。司法机关在审理行政诉讼案件的过程中收集的证据同时可以证明损害了受害人的公平竞争权,这有利于减轻受害者在民事赔偿部分本应承担的举证责任,从而降低受害人获得赔偿的难度。

二、内部行政行为、抽象行政行为的立案审查

(一)内部行政行为

一般情况下,内部行政行为是行政机关针对与其存在行政隶属关系或行政监察关系的行政机关工作人员作出的行为,所涉及的是行政机关公务员所特有的权利义务,不属于行政诉讼的受案范围。但在反行政性垄断诉讼中,司法机关在对内部行政行为进行审查时并未绝对采取内部行政行为不可诉的观点,而是以行政机关的行政行为"是否对原告权利义务产生实际影响"为标准进行衡量。例如,在"上海龙骑计算机科技有限公司卫生行政管理(卫生)案"中,被告原广西卫计委发布关于"全区统一使用《桂妇儿健康服务信息管理系统》的紧急通知",二审法院在确认该通知属于内部行政行为的同时,指出"虽然该《通知》的内容隐含了排除龙骑公司继续对广西各医疗卫生和计划生育机构提供软件服务的意思表示,但该《通知》下发时,广西各医疗卫生和计划生育机构与龙骑公司原存在的使用该软件服务的合同关系已届满,该内部行政行为对龙骑公司的权利义务并没有产生实际性的影响,因此,该内部行政行为具有不可诉性"。法院最终以内部行政行为未对原告权利义务产生实际影响为由裁定不予立案。而在"和和公司案"中,被告应城市政府在专题会议上作出决定,直接确定由应城市蒲阳开发投资公司(以下简称市城投公司)牵头(应城市机电公司、应城市房管局共同参与),负责该棚户区改造项目还建房建设,在会议决定实施过程中,市城投公司进驻该棚户区开展工作,被告作出会议决定的行为事实上阻止了原告应城市和和投资有限公司与市机电总公司关于原机床厂棚户区改造投资协议中有关棚户区改造前期事项的履行,对原告的权利义务产生了实际影响,故法院认为该行政行为属于可诉的行政行为,应城市政府属适格被告。法院认为,行政机关的内部会议纪要如果直接对公民、法人或者其他组织的权利义务产生实际影响,且通过有关途径外化的,属于可诉的行政行为。

由上述案例看出,内部行政行为是否属于受案范围在实践中应通过“是否对原告权利义务产生实际影响”进行衡量,若原告能够举证证明内部行政行为严重影响了原告的公平竞争权,则法院有可能予以立案。

（二）抽象行政行为

2017 年《行政诉讼法》第 53 条第 1 款规定:“公民、法人或者其他组织认为行政行为所依据的国务院部门和地方人民政府及其部门制定的规范性文件不合法,在对行政行为提起诉讼时,可以一并请求对该规范性文件进行审查。”由此确立了行政诉讼中对抽象行政行为附带性审查的标准。但行政相对人若单独对行政机关作出的规范性文件即对抽象行政行为提起诉讼仍缺乏明确规定。有学者提出,从长远来看,要推进对抽象行政行为的反垄断规制,我国有必要借助于司法机制的改造,即通过完善《行政诉讼法》以及《反垄断法》,将抽象行政性垄断行为纳入司法审查的范围,明确抽象行政性垄断行为的可诉性。

笔者对这一观点表示赞同。事实上,在现有法律框架下,从《反垄断法》的角度来看,修订后的《反垄断法》第 45 条已经明确行政机关不得滥用行政权力,制定含有排除、限制竞争内容的规定。《制止滥用行政权力排除、限制竞争行为暂行规定》第 9 条亦明确规定“行政机关不得滥用行政权力,以规定、办法、决定、公告、通知、意见、会议纪要等形式,制定、发布含有排除、限制竞争内容的市场准入、产业发展、招商引资、招标投标、政府采购、经营行为规范、资质标准等涉及市场主体经济活动的规章、规范性文件和其他政策措施”。上述均表明司法机关在审判实践中可以依据反垄断法的相关规定径直将行政机关的抽象行政行为纳入反行政性垄断诉讼的受案范围内。除此之外,从 2017 年《行政诉讼法》角度出发,第 12 条第 8 项规定行政诉讼的受案范围,明确了行政机关滥用行政权力排除、限制竞争的均属于行政诉讼受案范围。笔者认为,此条规定应可以理解为,只要行政机关实施了排除、限制竞争的行为,无论是具体行政行为还是抽象行政行为,公民、法人或其他组织均有权提起诉讼。从《行政诉讼法》第12条来看,单独对抽象行政行为提起行政诉讼也具有法理依据,尽管不是明确的、直接的依据。当然,如若法院能够通过判例或者司法解释的形式对这一问题进行释明,将更有利于在司法实践中推进。

第二节 行政性垄断诉讼主体范围的划定

行政性垄断诉讼受行政诉讼原告资格“利害关系说”的限制,使原告资格范围狭窄,很多受到垄断行为间接侵害的受害者没有诉讼主体资格。此外,行政性垄断在现实生活中多通过行政合同、行政规划、抽象行政行为等多种方式表现出来。我国立法中并无完善详尽的法律规定,现实中也不能将各种垄断形式全部纳入诉讼的受案范围,且抽象行政性垄断行为损害了不特定多数人的利益又无特定的受害人,这些都导致了2017年《行政诉讼法》适用时面临诉讼主体难以确定的问题。因此,明确行政性垄断诉讼主体对于行政相对人更好地维护公平竞争权以及法院更为高效地审理行政性垄断案件具有重要的指导作用。难点则在于确定行政性垄断诉讼主体资格,应该把握什么样的标准,以及直接获益经营者可否作为被告。

一、原告主体资格的确定

这里探讨的原告主体资格即提起行政性垄断诉讼的人所具备的条件。德国《反限制竞争法》第33条第1款规定相关主体一旦受到违法行为的威胁,就享有有关不作为的请求权。相关主体指受到非法损害的竞争者和其他市场参与者,即一切受影响的主体都具有起诉资格。王仁富教授指出,我国可借鉴德国的做法,同时考虑参与行政性垄断法律关系主体的多元性,将行政性垄断诉讼原告范围界定为凡是行政机关的垄断行为影响其利益的人,不仅包括消费者、生产者和经营者,还应包括行政机关、检察机关、特定的公益性团体和自治性组织。[①] 笔者认为，这一观点有待斟酌。以行政机关作出的抽象行政行为排除、限制竞争为例，从直接和间接层面都会影响许多经营者或消费者，若不加以区分，可能产生滥诉现象，不仅造成司法资源的极大浪费，还容易引发虚假诉讼和恶意诉讼的风险。因此，针对不同的行政性垄断，应当通过明确起诉标准以及优化诉讼路径对原告的主体资格进行明确。

（一）一般标准：受侵犯的合法权益＋因果关系

2017年《行政诉讼法》第2条第1款规定："公民、法人或者其他组织认为行政机关和行政机关工作人员的行政行为侵犯其合法权益，有权依照本法向人民法院提起诉讼。"第25条第1款规定："行政行为的相对人以及其他与行政行为有利害关系的公民、法人或者其他组织，有权提起诉讼。"由此可见，公民、法人或者其他组织提起行政性垄断诉讼须具备的第一个要件就是，行政机关和行政机关工作人员的行政行为侵犯其合法权益或者与其有利害关系。关于何为"侵犯合法权益"或"与行政行为有利害关系"，2018年2月8日起开始施行的最高人民法院《关于适用〈中华人民共和国行政诉讼法〉的解释》第12条规定："有下列情形之一的，属于行政诉讼法第二十五条第一款规定的'与行政行为有利害关系'：（一）被诉的行政行为涉及其相邻权或者公平竞争权的……"此条可以看作行政性垄断对侵犯法益的解释。由此可见，当前涉及行政性垄断诉讼时，法院一般以被诉行政行为是否涉及公平竞争权来作为判断原告是否具备诉讼资格的条件之一。例如，在"深圳市斯维尔科技有限公司诉广东省教育厅行政性垄断"案中，第一个争议焦点即为斯维尔公司是否具有原告资格。法院的做法是通过认定被诉行政行为涉及斯维尔公司享有的公平竞争权，而对本案进行了立案处理。受理法院指出，根据相关的证据显示，原告亦具有为涉案的工程

---

① 参见王仁富：《我国行政垄断的可诉性探析》，载漆多俊主编：《经济法论丛》第17卷，中国方正出版社2009年版。

造价基本技能赛项提供相应软件支持的能力。被告广东省教育厅指定在涉案的赛项中独家使用第三人相关软件,可能侵害到原告的公平竞争权,因此,原告与被告指定在涉案的赛项中独家使用第三人相关软件的行为之间存在法律上的利害关系,原告具有提起本案诉讼的主体资格。

除此之外,行政行为还应当与起诉人所遭受的损害之间具有因果关系。行政性垄断行为对市场竞争机制的损害有时无法直观体现或尚未发生,但是从市场运行规律而言,由于损失的形成具有必然性,需要通过司法手段实施救济。① 因此,这种因果关系的存在既包括对起诉人现实利益和可期待利益的侵犯,也包括对起诉人直接利益甚至间接利益的侵犯。

(二)特殊情况:反垄断公益诉讼

在抽象行政行为中,考虑到受害者范围不确定,原告举证难度大,且实践中法院很少受理因抽象行政行为引起的行政性垄断案件,以及个人在行政性垄断诉讼中处于明显弱势,与行政性垄断实施主体强大的地位明显不对等,有观点认为应扩大对抽象行政性垄断提起诉讼的原告范围。从境外立法例来看,根据美国《谢尔曼法》第 7 条与《克莱曼法》第 4 条的规定,任何因反托拉斯违法行为遭受财产或者是遭受营业损失的人均可提起反托拉斯诉讼。这里的"人"未做特别说明,因此,不仅仅局限在公民、法人或其他组织,也包括国家机关等。在规制行政性垄断的司法具体实施中,反行政性垄断公益诉讼可以成为规制行政性垄断的制度选择,可由特定的国家机关或者依据法律特别授权的社会组织代为提起反行政性垄断公益诉讼,弥补原告弱势地位之不足,以加强反垄断诉讼规制作用的实际效力。

行政性垄断违法性本身便源自公权力的滥用,基于行政行为的立

---

① 参见顾全:《行政性垄断司法审查与救济问题研究》,法律出版社 2017 年版,第 108 页。

法精神来判断,行政性垄断行为明显与立法精神不符,因此必须基于立法宗旨作出正确安排。从诉讼类型来看,公益诉讼更有利于维护竞争秩序,帮助受害者获得救济。从诉讼主体来看,建立行政性垄断公益诉讼不仅可以防止滥诉,同时减少了广大受害者维护其自身合法权益所支出的成本。

关于行政性垄断公益诉讼的主体,综观大陆法系国家,绝大多数都没有规定个人具有原告主体资格,而是依法将原告主体的资格赋予了特定的国家机关和社会组织。有学者对"国家机关不可以作为原告"的观点进行了驳斥,其认为不能因为众多的法律、行政法规没有规定国家机关可以具有原告资格,就推定国家机关不可以作原告。一般而言,法律赋予社会主体权利时,不可能对主体的种类一一列举,因为这种做法既冗又繁,且不可能非常周延和科学。科学的做法是采取概括性规定,对于应当排除的,由法律直接作出除外规定;如果没有除外规定,就应当理解为包括所有社会主体。① 笔者非常赞同这一观点。同时,也应当看到,建立公益诉讼制度是社会法制发展的必然趋势,公益诉讼制度正为国家所认可并逐步实施。如前所述,修订后《反垄断法》已针对经济性垄断规定了检察院提起公益诉讼。未来或可将民事公益诉讼的思路扩展到行政性垄断领域。

二、被告主体资格的确定

(一)主要主体:行政机关及授权组织

行政性垄断诉讼被告主体范围,同反垄断执法机构的责任承担主体相同,包括行政性垄断的直接实施主体或主要实施主体,不包括辅助主体。也就是说,不仅可以是除国务院外的地方各级政府机关及政府所属部门,还可以是法律、法规授权的具有管理公共事务职能的组织

---

① 参见易晓钟:《论国家机关可以作为行政诉讼原告》,载《现代法学》1991 年第 6 期。

等。具体而言,在行政机关中,中央政府不应作为被告以及责任承担主体,行政性垄断最高层级至部委层级;经法律、法规授权的组织包括事业单位、社会团体、社会中介组织,特殊企业和特定的普通企业等也可以成为被告。此外,个人不应成为行政性垄断的被告,因为反行政性垄断诉讼的主要诉求是确认行政行为构成垄断并属于违法行为,对其主张行政赔偿等。个人尽管存在滥用行政职权的行为,但当涉及对行政性垄断的司法审查时,本质上仍属于对政府机关行为的审查。

经法律、法规授权的组织的被告主体资格,在认识上可能存在认识误区。在"天津市河西区速捷网络技术服务部诉中国互联网络信息中心行政性垄断"一案中,原告诉称,被告中国互联网络信息中心滥用行政权力,强制经营者从事垄断行为。但一审法院以互联网中心不属于行政诉讼的适格被告为由裁定驳回起诉;二审法院予以维持。原因是中国互联网络信息中心只是域名根服务器运行机构、域名注册管理机构,既不属于行政机关,也不属于经法律、法规或规章授权的组织。

(二)被告型第三人:直接获益经营者

参与行政性垄断法律关系的主体除直接实施行政性垄断行为的行政机关及授权组织外,还有从行政性垄断行为中获利的经营者,二者往往有着共同的利益目标。客观上,二者以各自独立的行为共同实施了一个完整的行政性垄断行为。主观上,二者在实施行政性垄断限制竞争,损害其他竞争者利益时,有着共同的故意。因此,可以考虑将受益经营者列为行政诉讼案件的被告型第三人。若受益经营者众多,可适用代表诉讼的规定来确定诉讼代表名额或者将其列为行政附带民事诉讼的民事被告或具有独立请求权的第三人,法院在确认垄断行为违法之后,可判决二者共同承担责任,并且基于受益经营者在行政性垄断中处于从属地位,故由主要行政机关向受害者进行经济赔偿(行政赔偿性质),受益经营者只承担补充性的连带责任(民事赔偿性质),下文第五节将做具体分析。

第三节　行政性垄断司法审查标准的统一

一般意义下，鉴于反垄断执法机构具有更为专业的知识，并被赋予较大的调查权，对行政性垄断的规制更为直接；而司法审查中，法院仅充当居中裁判者，更多的是从双方提供的证据进行分析，侧重点不在于整个社会的市场经济秩序。因此，对行政性垄断进行事后救济的手段以反垄断执法机构的行政执法为主，司法机构的司法审查为辅。但这并不意味司法审查不重要，恰恰相反，正因为司法审查在这些方面存在薄弱之处，司法审查更应该通过不断优化完善，实现其作为“最后保障”的使命；并和行政执法形成合力，更好地促进反垄断法的实施、构建良性竞争的市场秩序。推进司法审查，首要任务是明晰和统一行政性垄断的司法审查标准。

一、主要标准：合法性审查

针对运用公权力作出行政行为的实施主体来说，合法性审查主要体现为实施主体是否做到了依法行政。在法律规定的职权范围内作出行政行为，不得滥用行政权力，是司法审查在规制行政性垄断时应该把握的尺度和标准。

《反垄断法》将“滥用行政权力”作为行政性垄断的构成要件或区分标准，但对抽象行政行为还是具体行政行为是否存在滥用行政权力的认定均缺乏有效的区分标准和评价方式，对如何判定滥用行政权力缺乏法律规定。实践中，大量的行政性垄断行为是以地方法规、规章或行政规范性文件为依据，而对行政主体依哪类依据作出行政性垄断属于滥用行政权力，法律未做规定。同时，我国目前未明确规定可单独对抽象行政行为申请行政复议或提起行政诉讼，由此导致对行政性垄断的认定变得困难而复杂，甚至可能导致错误。

故在实践中将是否滥用行政权力解读为是否依法行政可能更为具

体,也易于判断,依据“法无授权即禁止”的标准去衡量行政机关是否做到依法行政,更为科学合理。如果行政机关未能做到依法行政,那么,从形式上可以判断行政机关实施行为即构成行政性垄断。但在我国现行体制条件下,由于行政性垄断大都是以抽象行政行为实施的,即使是具体行政行为,大都也是以抽象行政行为为依据的。因此,对行政性垄断的合法性审查具体可以包括权限审查、行为审查和程序审查等方面。如果法院经过审查发现,规章及其以下规范性文件的制定主体越权或滥权、程序违法、内容与上位法相抵触等方面的问题,法院可以决定不予适用或撤销。①

二、附属标准:合理性审查

除了对行政机关的行政行为进行合法性审查外,有时鉴于行政性垄断的隐蔽性及形式上的合法性,适度放开司法机关对行政行为的合理性审查有助于更好地规制行政性垄断。在以往的司法实践中,行政行为的合理性审查只是合法性审查的一个例外,只有在行政处罚显失公平、公正的情形下才会作出变更判决。有观点认为,行政性垄断的合理性司法审查,虽然相对于行政性垄断能否接受司法审查这类话题来说是其次的,但是,对一些行政行为的适度放宽,可以更好地保障行政机关依法维护行政相对人的合法权利。如果行政性垄断行为仅适用形式意义上的合法原则进行判断,则实施行政性垄断的权力机关很容易借助于所谓的“程序合理性”否定“实质合理性”,将大量形式上符合要求的行政性垄断规避在法律规制之外。② 司法审查是相对人实现权利救济的重要机制,有效保护相对人利益是司法权制约行政权的重要目

---

① 参见王仁富:《我国行政垄断的可诉性探析》,载漆多俊主编:《经济法论丛》第17卷,中国方正出版社2009年版。

② 参见张志伟、应品广:《反垄断法思维下的行政性垄断新探》,载《江西财经大学学报》2013年第4期。

的，因此，当相对人的利益受到反垄断执法行为的深刻影响时，法院应当考虑进行较深程度的司法审查。随着我国法院司法审查经验日益丰富以及司法审查能力逐渐增强，法院对反垄断执法的司法审查应当逐步包含合理性审查，这符合约束反垄断执法权的需要，也与法治发展的潮流相适应。①

在反行政性垄断诉讼首案“深圳市斯维尔科技有限公司诉广东省教育厅涉嫌行政性垄断案”中，广东省教育厅及广联达公司上诉称，教育厅组织赛事的程序并不违反法定程序，原审法院对本案涉及的行政行为作正当程序审查以及合理性审查，违反了《行政诉讼法》的规定。二审法院虽未对上诉人的这一上诉理由进行正面回应，但指出，广东省教育厅在指定独家使用广联达公司软件的文件中，未能提供其他证据证明其经过公开、公平的竞争性选择程序指定使用广联达公司软件，且其指定使用该软件的目的是用于学生竞赛，并非从国家安全需要、保守国家秘密、突发事件等正当理由考虑。另外，广东省教育厅指定独家使用广联达公司软件的行为可导致参赛学校师生形成使用习惯，并且对于提高广联达公司的市场声誉有极佳效果，从而提高了广联达公司软件在市场的占有份额。这同时导致了斯维尔公司等同类竞争者的产品在市场占有份额方面的下降，进而损害市场公平竞争秩序，产生了排除、限制竞争的效果。因此，维持了一审判决。可以看出，司法实践中，司法机关在对被诉行政行为进行司法审查时，除了合法性审查之外，已经开始关注合理性审查。

不可否认的是，行政性垄断的合理性司法审查意味着司法权的能动与扩张，对司法权也就提出了更高要求。行政性垄断作为行政权力对于市场竞争的不法排除、限制，由法院宣布其非法性，意味着在此问题上，法院成为市场与行政权力关系的最终判断者，体现了司法权对于政府干预经济生活的控制，这是司法权传统作用领域之外的活动。尽

① 参见游钰：《论反垄断执法的司法审查》，载《中国法学》2013 年第 6 期。

管我们强调对于行政性垄断的合理性审查是必要的，但司法机关在办理行政性垄断案件时须把握的是，应尽量尊重反垄断执法机构对于事实问题的认定和处理决定，避免反垄断行政执法权与反垄断司法权在行政性垄断问题处理方面的不必要冲突。在反垄断执法机构有权对行政性垄断作出具有可诉性的决定的情况下，司法机关对于反垄断执法机构的这类决定的合理性审查应持谦抑态度。也就是说，只要反垄断执法机构的处理决定程序公正合法、结论合理，即便司法机关的判断与反垄断执法机构的判断可能不一致，原则上也应尊重反垄断执法机构的决定。因为合理性审查的目的不是发现唯一正确的答案——法官自己的答案，或决定行政行为和正确答案之间的距离，而只是要求行政决定有可能正确，从而达到了一个“良好判断”。①

第四节　行政性垄断诉讼举证责任分配的平衡

举证责任是指裁判者在当事人提出诉讼主张后，根据立法者预置于法律规范中的证明责任分配规则，分配当事人之间的证明责任，再对各方当事人的证明进行判断并最终认定案件事实的过程。② 如何设定行政诉讼的举证责任制度，是一个争议颇多的问题。最高人民法院《关于审理垄断民事纠纷案件适用法律若干问题的规定》已经对垄断民事纠纷案件中的举证责任进行了明确，但当前关于行政性垄断诉讼案件如何适用法律仍然缺乏配套司法解释或明确依据，仅能按照一般行政诉讼案件分配举证责任，即依循“原告主张，被告举证”的举证原则。尽管 2017 年《行政诉讼法》进一步强化了这种倾斜：第 37—40 条增加了

---

① 参见陈发源：《行政垄断的合理性司法审查》，载《商业研究》2011 年第 10 期。

② 参见张家骥：《对证明责任和证明标准的理论反思》，载《法制与社会发展》2012 年第 2 期。

特定情况下原告举证责任转移等有利于原告的相关规定。[①] 但在实践中,原告、被告双方具体在举证中达到什么样的标准,才能算作完成法律规定的举证责任,由于规定过于原则化,在审判实践中可能仍难掌握。

一、原告的举证责任

从表19中两起法院处理结果迥异的道路交通运输行业行政性垄断诉讼案件可以看出,一般原告在提起反行政性垄断诉讼时,实践中需要达到四个标准。

表19　两起道路交通运输行业案例原告举证责任情况对比

原告举证证明对象	岳阳县通达运输有限公司诉岳阳县道路运输管理所许可案(案例1)	汕尾市真诚公共汽车运输有限公司与汕尾市人民政府其他行政行为案(案例2)
原告具有相应运输资质	第一组证据: 1.道路运输经营许可证,证明原告岳阳县通达运输有限公司是私营运输企业,具有县级经营二类班线的资质,具有诉讼主体资格。 2.工商营业执照,证明线路种类为二类客运班线。 3.法人身份,证明县级客运经营范围。	1.汕尾市城市建设规划局汕城规(1996)39号《关于成立"汕尾市真诚公共汽车运输有限公司"的批复》。 2."道路运输经营许可证"。 证据1—2证明原告于1996年成立,是一家具备资质的公共交通运营企业。 3.汕尾市人民政府纠风办《关于通报2012年度市级单位民主评议政风行风测试结果的函》。证明原告因提供优质服务被评为"满意单位"。

① 参见顾全:《行政性垄断司法审查与救济问题研究》,法律出版社2017年版,第156页。

续表

被告作出了行政行为	第二组证据:“不予交通行政许可决定书”,证明被告岳阳县交通运输管理所作出了对原告岳阳县通达运输有限公司的具体行政行为。	4. 汕尾市政府第45期工作会议纪要。证明被告决定将原告经营权收回,并指定第三人独家经营。 5. 汕尾市交通运输局直属分局汕交直函(2015)75号通知。证明汕尾市交通运输局执行被告工作会议纪要所做决定,通知原告收回经营权。
被告所做行政行为违法	第三组证据:“关于协调解决县汽车运输总公司与通达运输公司有关矛盾问题的会议纪要”,证明该证据被被告岳阳县交通运输管理所作为行政行为的主要依据,不具备合法性。	证据6—11:汕尾日报《40辆应急公交车投入营运》、2015年8月21日《公告》、原告先后9次向被告及交通局提出更换车辆的申请书、第三人汕尾市粤运汽车运输有限公司相关信息。证明省粤运交通集团强行运行原告所经营的2路、4路、6路、7路4条公交路线。汕尾市政府内定省粤运交通集团后,公告邀请符合条件的投资者递交申请。第三人汕尾市粤运汽车运输有限公司与汕尾市国资委存在关联关系。 13.《道路旅客运输企业等级(jt\t630－2005)/中华人民共和国交通行业标准》。证明汕尾市人口数量和面积决定汕尾市公共交通服务无须要求道路旅客运输一级资质企业运营。 14. 2014年6月20日汕尾市人民政府第39期工作会议纪要。证明被告在2014年“国有道路运输资源整合项目”中未经招标已经确定了“引进粤运交通”作为战略投资者,并在还未启动“50公里公交化”项目确定将汕尾市公交经营权独家许可给后者。 证据15—17:证明汕尾市13家相关道路运输企业联名向被告反映情况,要求被告不得以行政干预的形式对交通运输垄断经营。同时还进行信访等活动。

续表

因被告的违法行政行为损害了原告的合法权益	第四组证据:交通部令(2016年34号),省公安厅明传电文,证明我县客运市场的资源发生了新的变化,规定县内班线客运车辆需进有资质的客运公司经营。原告因被告岳阳县交通运输管理所作出不予许可的理由限制原告岳阳县通达运输有限公司参与竞争,致使缺乏公平的竞争环境,原告岳阳县通达运输有限公司企业一直未能得到良性的发展及壮大。	18.第三人公交车及价格牌。证明第三人未经合法程序调整公交客运价格。19.汕尾市民网报道。证明2016年3月11日第三人经营车辆不顾乘客安全抢夺客源造成交通混乱。20."汕尾市网络问政平台"的投诉。证明第三人服务质量差遭到市民投诉。证据18、19、20证明被告行政性垄断行为不仅没有改善公交状况,反而使公交市场更加混乱,损害了公共利益。证据12原告在庭审时撤回。
法院处理结果	撤销被告的行政许可决定	驳回原告诉讼请求

(一)证明享有进行市场公平竞争的合法资质

原告对自身享有合法资质的证明是原告能够提起反行政性垄断诉讼的基础。这也是原告能够公平参与市场竞争的前提,倘若原告尚不具备合法资质,那就根本无法进入相关行业,关于市场竞争损害的问题更是无从谈起。上述案例1和案例2中,两位原告都首先提供道路运输经营许可证、营业执照等证据对自身具备合法交通运营资质进行了说明,这是起诉人具备原告诉讼主体的必要条件,是原告承担初步举证责任必须具备的第一个标准。

(二)证明被告实施了行政行为

在原告请求法院受理其诉讼时,要积极向法院提供证据证明被诉行政行为的存在,法院才有可能受理该案。[①] 正如表19中的两个案件,原告均证明被告实施了行政行为即证明引发行政性垄断的行政行为存

① 参见蔡小雪:《行政诉讼原告承担举证责任的范围》,载《人民司法》2005年第11期。

在。行政性垄断可能由行政机关的作为行为引发,也可能归因于不作为行政行为。在作为型行政性垄断中,行政机关的行政行为包括排除、限制竞争的红头文件、会议纪要、不予行政许可决定书等,通过提供这些证据可以证明行政机关实际上实施了行政行为。而对于不作为型行政性垄断的证据要求,2017 年《行政诉讼法》第 38 条第 1 款有明确规定,“在起诉被告不履行法定职责的案件中,原告应当提供其向被告提出申请的证据。但有下列情形之一的除外:(一)被告应当依职权主动履行法定职责的;(二)原告因正当理由不能提供证据的”。司法实践及法律规定均说明原告需要证明被告实施了行政行为。

(三)证明被告所做的行政行为违法

2017 年《行政诉讼法》第 37 条规定:“原告可以提供证明行政行为违法的证据。原告提供的证据不成立的,不免除被告的举证责任。”此处法律规定使用“可以”二字,而非“应当”,说明该举证责任法律上并未强制性规定,原告可以选择也可以不选择证明行政机关是否滥用了行政权力。但从表 19 中的两个案例可以看出,司法实践中,原告为了加大胜诉的把握,一般会积极收集被告行政行为违法的证据,并积极向法院提供,这也有助于法院更快地查明被告行为的合法性。

(四)证明违法行政行为损害原告合法权益

原告还需要进一步证明被告的违法行政行为损害了原告的合法权益或影响其参与市场公平竞争。上述案例 1 中,原告岳阳县通达运输有限公司积极举证其因被告岳阳县交通运输管理所作的不予许可的行政行为遭受了损害,即被告限制原告参与竞争,致使缺乏公平的竞争环境,原告一直未能得到良性的发展及壮大。案例 2 中,原告汕尾市真诚公共汽车运输有限公司则举证称被告汕尾市人民政府所作行政性垄断行为使公交市场更加混乱,损害了公共利益,但并没有能够证明原告的合法权益与违法行政行为之间的因果关联,所以导致其诉讼请求被法院驳回。因此,原告能否证明违法行政行为是导致自己合法权益受损的原因至关重要。

值得关注的是,根据2017年《行政诉讼法》第38条的规定,在行政赔偿诉讼中,原告认为行政行为侵犯其合法权益并造成了损害,应对损害事实提供相应的证据,承担举证责任;但被告导致原告无法就损害情况举证的,应适用举证责任倒置原则,由被告就该损害情况承担举证责任。

二、被告的举证责任

(一)证明被诉行政行为的合法性

2017年《行政诉讼法》第6条规定:"人民法院审理行政案件,对行政行为是否合法进行审查。"第34条第1款规定:"被告对作出的行政行为负有举证责任,应当提供作出该行政行为的证据和所依据的规范性文件。"可见,被告应证明就其所作行政行为的合法性。合法性具体体现为"证据确凿""适用法律、法规正确""符合法定程序",即一个行政行为同时符合这三者才是合法行政行为。而违法行政行为的认定标准包括,"主要证据不足""适用法律、法规错误""违反法定程序""超越职权""滥用职权""被告不履行或者拖延履行法定职责""行政处罚显失公正",即一个行政行为只要存在以上任一瑕疵就属于违法行政行为。①

(二)证明被诉行政行为的合理性

随着反垄断执法态势的发展,行政性垄断司法审查要求也渐趋严格,所以,被告还需要举证证明被诉行政行为的合理性。在反行政性垄断诉讼首案中,判决书明确指出,在法律没有明确规定遵循何种法定程序的情况下,其应当经过公开、公平的竞争性选择程序来决定,除非有正当理由,否则,构成行政权力的滥用。二审法院创新性地提出,行政

① 参见朱汉卿、程勇庆:《具体行政行为合法性审查原则的解读与反思——以〈行政诉讼法〉和〈行政诉讼法解释〉为依据》,载《湖北文理学院学报》2013年第4期。

机关在证明其行政行为合法性和合理性方面，不能简单地靠“召开专家会议决议”等而是要真正进行合法性和合理性论证。换言之，在一般的招投标程序中，即使有专家论证，如果专家组对合法性和合理性以及正当因素的论证不够，也说明合法性举证程度不符合标准。被告广东省教育厅正是因为无法充分证明其表面上具有合法性的指定交易行政行为的“合理性”，才承担败诉后果。该案判决有利于打击招投标中滥用专家论证掩盖损害公平竞争的现象，有利于推动公平竞争制度的真正有效落实。

同样地，在2020年年初广西“三月三”消费券[①]事件中，广西壮族自治区政府部门指定消费者通过阿里巴巴系企业获取“三月三”消费券、指定参与“三月三”促销活动的企业必须与阿里巴巴系相关企业进行合作的行政行为曾遭网友质疑，但如果有关部门有证据证明，已事先对“三月三”消费券发放工作进行了公开的招投标和专家论证工作且专家组对相关指定交易行为的合法性、合理性和正当因素等的论证足够充分，那么该指定交易行政行为就是合法的、合理的，即使上升到司法审查的层面，也经得起推敲。

第五节　受害者损害赔偿请求权的充分保障

一、建立受害者民事赔偿制度

《民法典》第1165条第1款规定，“行为人因过错侵害他人权益造成损害的，承担侵权责任”。竞争权由于涉及两个平等主体之间的利益，无疑属于一种民事权益，问题的关键是行政主体能否成为承担侵权责任的主体？《国家赔偿法》第2条规定：“国家机关和国家机关工作人

① 参见《三月三超亿元消费券在哪领，怎么花？这个发布会全说明白了！》，载https://mp.weixin.qq.com/s/AAtqy-UCW5eRTRfy-aeJ9Q，最后访问时间2020年5月4日。

员行使职权，有本法规定的侵犯公民、法人和其他组织合法权益的情形，造成损害的，受害人有依照本法取得国家赔偿的权利。本法规定的赔偿义务机关，应当依照本法及时履行赔偿义务。”由此可知，侵权责任的主体包含了行政主体。民法上可以适用于侵权行为的责任形式，有停止侵害、排除妨碍、消除危险、返还财产、恢复原状、赔偿损失、消除影响、恢复名誉、赔礼道歉。

如前文所述，行政性垄断法律关系主体除直接实施行政性垄断行为的行政机关及授权组织外，还包括从行政性垄断行为中获益的经营者，除了被动遵守行政命令的情形外，获益经营者和行政机关及授权组织二者往往有着共同的利益目标，亦即“共谋”。这种共谋在客观上表现为，二者以各自独立的行为共同实施了一个完整的行政性垄断行为，即行政机关及授权组织直接实施行政行为（如作出行政指令），潜在获益的经营者配合实施，二者在相互配合中完成行政性垄断行为。主观上，直接实施行政垄性断行为的行政机关及授权组织存在明显的排除、限制竞争的故意，而潜在获益的经营者明知若自己配合实施这种行为会使自己不当获利，并且会不当减损其他经营者的利益，造成不公平的竞争优势，但仍配合实施，存在主观故意或过失，二者在实施行政性垄断限制竞争、损害其他竞争者利益时，有共同的故意或过失。因此，具体请求赔偿时，可针对获益经营者提出民事赔偿，针对行政机关提出行政赔偿，两种赔偿方案相结合。我国许多学者秉持此种观点，以王仁富教授为代表的学者认为，因行政性垄断行为获益的经营者也应承担赔偿责任。在受理需要承担赔偿责任的行政性垄断案件时，应考虑将受益经营者列为行政诉讼案件的被告型第三人。若受益经营者众多，可适用代表诉讼的规定来确定诉讼代表名额或者将其作为行政附带民事诉讼的民事被告。①

---

① 参见王仁富：《我国行政垄断的可诉性探析》，载漆多俊主编：《经济法论丛》第17卷，中国方正出版社2009年版。

笔者赞同以上观点，当受害者提起行政诉讼，以及检察机关或其他组织的代表提起公益行政诉讼时，可将获益经营者作为共同被告。因为在行政性垄断中，直接实施行政性垄断行为的行政机关及授权组织与受害者之间的地位并不平等，而获益经营者与受害者则处于平等关系，故建立行政附带民事诉讼制度，要求行政机关进行行政赔偿，要求获益经营者进行民事赔偿，即构建“行政赔偿 + 民事赔偿”机制，可以最大限度地保障受害者的损害赔偿请求权。

二、构建连带赔偿责任

在直接实施行政性垄断行为的行政主体和获益经营者之间，存在二者承担的赔偿责任究竟应如何分配的问题。王仁富教授认为，法院在确认垄断行为违法之后，可判决二者承担连带责任，并且基于受益经营者是行政性垄断最主要的获利者，主要由其向受害者进行具有民事赔偿性质的经济赔偿，行政机关只承担具有行政赔偿性质的补充性连带责任。① 本书对这一观点表示赞同。的确，《反垄断法》之所以不规定行政机关因实施行政性垄断行为的损害赔偿责任，是因为行政性垄断行为造成的损害具有特殊性，不能由财政经费给予赔偿，②即行政机关获取的收入主要为纳税人缴纳所得，行政主体赔偿款的支出多为税收，赔偿过多影响二次分配的公平。但如果仅要求获益经营者承担赔偿责任，则存在让获益经营者为行政主体的错误“买单”的不公平状况，可能会过度损害获益经营者的经营利益，并使政府逃脱法定义务和责任的承担。

笔者同意上述观点并认为，连带赔偿责任制度的具体构建需要从恢复市场良好竞争秩序、维护消费者福利和社会公共利益的角度出发，

---

① 参见王仁富：《我国行政垄断的可诉性探析》，载漆多俊主编：《经济法论丛》第17卷，中国方正出版社2009年版。

② 参见吕明瑜：《竞争法教程》，中国人民大学出版社2008年版，第191页。

在国家竞争政策的视角下,通过行政性垄断产生的非法获益的最终流向、查处行政性垄断时的可操作性、实现有效遏制和最优威慑的方法等角度进行综合分析。

首先,从实施行政性垄断的分工来看,行政性垄断的“主谋”是行政主体,“辅助”为获益经营者,但从行政性垄断产生的非法获益的最终流向来看,经营者才是最终获益最大的一方。尽管获益经营者绝大多数起到辅助配合的作用,有一些经营者可能仅是一种不当获利,被无故错用,但多数经营者并不能以其受到政府管制为由主张反垄断法上的豁免。即使经营者受到了管制,除非经营者完全没有决策自主权,否则不可能获得反垄断豁免。在仍有一定自主决策空间的情况下,经营者受到管制只能成为减轻反垄断责任的因素。① 在这种情况下,要求行政主体和获益经营者两者共同承担连带责任,并且要求获益经营者承担主要赔偿责任,对于受害者来说,更有利于实现对自身损失的弥补,最大限度地获得赔偿金额,权利能够得到最充分的救济。

值得一提的是,相关规章的立法部门考虑到了经营者在具体行政性垄断中的责任大小,并为无过错的经营者设定从轻或减轻处罚的情节因素,如《禁止垄断协议暂行规定》第 32 条和《禁止滥用市场支配地位行为暂行规定》第 37 条都有关于“经营者能够证明其达成垄断协议是被动遵守行政命令所导致的,可以依法从轻或者减轻处罚”的规定,这是值得肯定的做法。而在这些暂行规定出台之前,在广东省发改委纠正中山住建局行政性垄断案中,原广东省发改委反垄断执法部门充分考虑了一个客观事实,即具有竞争关系的相关经营者(燃气企业)或是被动地遵守了具有行政强制性的“行业自律准则”从而实施分割市场的横向垄断协议,或是被动地遵守了本不该设定的市场进入门槛(燃气器具备案制度)。虽然这些获益经营者因该备案制度获得了外地竞争

---

① See Suzanne Kingston, *Greening EU Competition Law and Policy*, Cambridge University Press, 2012, p. 344.

对手所没有的公平竞争机会,但它们对行政性垄断完全没有"贡献",所以不要求其承担法律责任,该前瞻性做法非常有现实意义。[①]

如前所述,《禁止垄断协议暂行规定》和《禁止滥用市场支配地位行为暂行规定》的相关规定还可以改进。如果把"经营者能够证明其达成垄断协议/从事的滥用市场支配地位行为是被动遵守行政命令所导致的,可以依法从轻或者减轻处罚"中的"可以"改为"应当",同时将责任宽免等级提高到"免除处罚",并适度降低获益经营者的举证门槛,将使获益经营者更有驱动力提供证据以证明相关行为的被动性,有利于更有效地遏制行政性垄断。因为不少行政性垄断行为,尤其是行政机关主导的"拉郎配"中,企业被动遵守行政命令的现象是常见的。此外,作为市场主体,由于行政权力获益的经营者往往需要实施一些行为,比如在指定交易中参加招投标活动来达成垄断协议行为。从这个意义上讲,经营者很难证明其完全没有责任。因此,有必要降低证明门槛,即只要求证明其没有主要责任即可。

其次,从查处行政性垄断的可操作性出发,构建以获益经营者的民事赔偿为主,引入国家赔偿的连带赔偿责任对于追缴因垄断行为产生的非法所得更加具有可操作性。从垄断力的来源来看,滥用行政权力消除、限制竞争行为是行为主体通过行政手段将行政管理直接或间接地作用于经济竞争活动而产生的,它的优势来源是行政权力,而非经济性因素,不具有经济性垄断形成过程中可能蕴涵的合理性。[②] 因此,如果单纯参照查处经济性垄断的执法和司法审查方式,对行政主体和企业之间的责任承担范围进行划分,未必科学合理。而从要求经营者承担主要赔偿责任且引入国家赔偿的规制角度出发,一则能够对行政性垄断的促成者,即行政主体和获益企业均起到规制作用,并由它们对受

---

① 参见叶高芬:《反行政性垄断执法需问责分明——评广东省发改委纠正中山住建局行政性垄断案》,载《中国市场监管报》2019 年 6 月 4 日,A7 版。

② 参见吕明瑜:《竞争法教程》,中国人民大学出版社 2008 年版,第 191 页。

害者的损失共同承担赔偿责任；二则在实践中的可操作性更强，可增加追缴违法所得的概率和机会。当前，我国《反垄断法》尚未赋予司法机关通过反垄断诉讼启动对受害者的国家赔偿的程序，但对经营者来说，一旦其承担连带责任，法院即可以通过查封、保全财产等措施帮助受害者进行私力救济。这也可以对类似经营者在从事涉嫌行政性垄断行为时起到预警和指示作用，提醒企业慎重考虑经营中配合行政机关实施的某些可能排除、限制竞争的行为。

最后，也是最重要的一点，在于要求经营者承担主要赔偿责任且引入国家赔偿能够从根本上遏制行政性垄断的产生，维护良好的市场竞争秩序，实现反行政性垄断的最优威慑。谈及行政性垄断产生的根本，行政主体及获益企业二者缺一不可，因此应从根本上对症下药。单纯要求二者中的任何一方承担赔偿责任并不能起到应有的威慑作用，某种程度上会导致行政主体和获益企业各自对实施的垄断行为进行事前预估，不利于对二者产生威慑。但通过连带责任的方式可以让行政主体和获益企业意识到，不论是哪一方，对外都需要承担全部责任，特别是对于获益企业而言，行政主体明显处于强势地位，如果行政主体利用公权力的权威拒不承担赔偿责任，最后所有的赔偿金额全部都落到获益经营者身上，更有利于督促企业依法合规经营。对于行政主体而言，如果企业负担过重，无力承担赔偿责任，最终的赔偿便会落在行政主体头上。这样的赔偿责任设置方式更加机动灵活，对于行政主体和企业经营者都能起到有效的威慑作用。至于对内，双方究竟各自承担多少的责任由法院自由裁量，这样更有助于二者良好地履行法律规定的义务和责任。

此外，赋予受害人获取国家赔偿的权利是完善行政性垄断责任方式的关键内容。但其赔偿范围一般应当限于财产损失，而且限定在直接的财产损失范围之内。因为我国行政主体的收入来源有其特殊性，源于国家财政划拨，而国家财政收入的主要来源又是纳税人缴纳的税收。如果在行政性垄断的赔偿中，行政主体为受损害主体赔付损失范围过大,加之受害主体的不确定性,间接损失的扩张性,这笔赔偿费用最终还是由全体纳税人买单,使某些行政主体滥用权力造成损失反而要让全体纳税人分担其损失,这明显不公平和不合理。因此,行政性垄断的国家赔偿应当慎用,且仅限于赔偿直接损失。① 对于获益经营者来说,也需要根据个案情形对其损失赔偿范围进行限制,以免获益经营者因行政主体的垄断行为承担与其非法获益不相称的赔偿责任,导致社会利润的分配失衡。

总之,在国家竞争政策视角下完善矫正型路径,可以从法律实施的角度增强法律的适用性,赋予司法机关更多的可操作性,保证司法审查的专业性,提高司法机关的独立性和权威性,有利于促进法治实施体系更加高效地运转。同时,鉴于司法救济具有更大的透明度,司法参与行政性垄断的处理不易造成对政府干预经济的过度干预。② 故也能够增强行政主体及企业对自身行为是否涉及垄断的可预期性,并使社会大众更明显地感受到竞争政策作为基础性经济政策在规制行政性垄断方面产生的成效,保证权力在阳光下运行,提升法治监督体系的实施效果。

本章小结

本章在国家竞争政策的视角下,从推进司法审查以完善反行政性垄断矫正型路径的角度出发,主要讨论了五个问题:行政性垄断司法审查的受案范围是什么?诉讼主体范围包含哪些?司法审查标准如何统一?行政性垄断诉讼举证责任如何分配?相对人的损害赔偿请求权如

① 参见王岩:《从行政垄断法律责任看政府责任法定化》,载《行政管理改革》2014年第11期。

② 参见曹森林、胡乐乐:《论我国反行政性垄断的司法救济机制》,载《商》2013年第4期。

何得到保障?

第一,关于行政性垄断司法审查的受案范围。在涉及“行民交叉”的复合型行政性垄断诉讼中,一般存在“先行后民”、“先民后行”和“行民并举”三种审理模式,当前我国司法实践及学术界的主流观点支持“先行后民”的审理模式,笔者认为可做改良,即可以进行“行政附带民事诉讼”审理的尝试。此外,对于颇受争议的内部行政行为及抽象行政行为是否属于受案范围的问题,笔者认为,如果内部行政行为对原告权利义务产生实际影响则应当属于司法审查受案范围,抽象行政性垄断行为也应纳入司法审查的范围。

第二,关于行政性垄断诉讼的主体范围。在原告主体资格认定方面,遵循“受侵犯的合法权益 + 因果关系”的一般标准,当潜在受害者众多或不适宜受害者提起行政性垄断诉讼时,可由特定的国家机关(如检察机关)或者依据法律特别授权的社会组织代为提起反行政性垄断公益诉讼。在被告主体资格认定方面,明确一般主体为行政机关及授权组织。在特殊情况下,若直接获益经营者与行政机关存在“共谋”,借助行政机关权力实施了排除、限制竞争的行为,企业应当被纳入被告范围中,同行政机关一起承担连带责任。

第三,统一行政性垄断的司法审查标准,应以合法性审查为主要标准,具体解释为行政机关是否做到了依法行政,是否滥用行政权力。行政机关及授权组织是否滥用行政权力,其“滥用”的判断标准应划定为“是否以限制和排除竞争为目的并产生了实际的后果”。一般而言,只要行政机关及授权组织实施的行政行为含有排除、限制竞争内容并产生了实际的后果,就属于滥用行政权力的行政性垄断行为。为了避免行政性垄断的权力机关借助“程序合理性”否定“实质合理性”,法院对反垄断执法的司法审查应当逐步纳入合理性审查作为附属标准。

第四,关于行政性垄断诉讼举证责任的分配。原告应负责举证:(1)原告享有进行市场公平竞争的合法资质;(2)被告实施了行政行为;(3)被告所做的行政行为违法;(4)被告的违法行政行为损害了原告合法权益。但因被告的原因导致原告无法就损害情况举证的,应适用举证责任倒置原则,由被告就该损害情况承担举证责任,被告应当提供证据证明被诉行政行为的合法性及合理性。

第五,关于相对人的损害赔偿请求权,建立受害者民事赔偿制度,并构建“行政赔偿+民事赔偿”机制。在赔偿责任的分配方式方面,建议由行政性垄断行为的行政机关及授权组织和获益经营者承担连带赔偿责任。特殊情形下,获益经营者可以减轻乃至免除责任。

结　论

本书的研究结论如下：

第一，我国行政性垄断的存在是经济、政治、法律、社会、文化传统等诸多因素长期、综合作用的结果。对74份与行政性垄断规制相关的中共中央政策文件、法律、法规和规范性文件、198件反行政性垄断执法案例和77件反行政性垄断司法案例样本（截至2022年3月31日）的分析发现，我国目前的行政性垄断规制在立法、执法和司法层面还有诸多不足。立法层面的不足包括：相关文件的效力等级较低，欠缺必要的权威性；对体系立法关注不够，我国还没有形成一个反行政性垄断的完整而有机联系的法律体系；相关文件内容也不够完善；行政性垄断的法律责任分层且设置不够合理。执法层面，反垄断执法机构的独立性仍然欠佳；执法权力有限，执法案例的处理结果也不尽理想；案例来源披露不够完善、后续监督不足等。司法规制在抽象行政行为的审查、法律责任的落实等方面尚有完善空间。整体而言，我国目前的行政性垄断规制主要是以单一行政控权为主，侧重对其进行事后矫正，对事前的预防机制重视程度还不够，因此，规制效果不够理想。

第二,国家竞争政策,即国家为建立全国统一大市场而在国家层面推行的一系列有利于市场竞争的经济政策。它和广义的竞争政策基本可做同解,不仅应该包括竞争法律,还包括其他的一切由政府作出的以促进竞争为目的的非法律性质的政策措施。国家竞争政策具有依赖市场配置资源的长效机制、须以符合法治的形式实施和以反行政性垄断为重点三个特征。从长期来看,保障市场竞争机制是经济体制改革的重要推进器,所以需要确立国家竞争政策的基础性地位。自改革开放以来,国家竞争政策不断得到重视,目前,国家竞争政策的基础性地位已经在我国得以确立并得到强化。

第三,在国家竞争政策视角下对现有的行政性垄断规制路径进行优化,即提高对事前预防机制的重视程度,预防型路径和矫正型路径双管齐下,对行政性垄断进行全方位的规制,具有必要性和可行性。

(1)必要性方面。一方面,国家竞争政策视角下反行政性垄断路径优化首先是经济转型关键期的迫切需要,是深化经济体制改革和全面推进政治体制改革的迫切需求。我国经济体制改革进入关键时期,因为涉及政府经济权力配置和行使的改变,经济体制转型(市场化改革)势必需要政治体制改革同步进行。政治体制改革的重要内容是行政管理体制改革,深化行政管理体制改革的核心是转变政府职能。政府职能转变的重要体现,即处理好政府和市场的关系,成为全面深化改革的重点。国家竞争政策旨在以竞争为核心导向,实现市场配置资源的决定性作用,并厘清市场和政府的关系,从而构建全国统一大市场。因此,国家竞争政策视角下反行政性垄断路径优化是完善市场经济体系的紧迫需求,也是“把权力关进制度的笼子里”的深刻践行。其次,鉴于经济全球化和中美贸易战逐渐升级等国际环境的变化,国家竞争政策视角下反行政性垄断路径优化还是我国立足于国际竞争新格局的现实需要,将有助于营造一个公平、和谐的竞争环境,并提升本国企业的国际竞争力。另一方面,国家竞争政策视角下反行政性垄断路径优化也是提升行政性垄断规制效果的必由之路。现有的行政性垄断规制仍然局限于行政系统内部救济、自我纠偏的路径,已经呈现规制乏力的效果。因此,有必要将反行政性垄断置于国家竞争政策的视角下重新考量,发挥国家竞争政策的能动性,通过竞争优先、兼顾多主体利益的价值导向,完善和改进当前的规制标准,通过事前、事中、事后全过程的规制,协调竞争政策和产业政策,纠正侧重于事后自我纠偏的原规制路径的不足。

(2)可行性方面。首先,国家竞争政策视角下反行政性垄断路径优化在我国具有顶层设计和法律规范的高度支撑。其次,美国、欧盟、澳大利亚等市场经济成熟的法域的规制经验,如美国的"州行为"控制制度和放松管制改革、欧盟的国家援助控制制度,以及澳大利亚的"国家竞争政策"改革,对我国具有一定的参考价值。最后,国家竞争政策本身可以为规制行政性垄断提供可操作性较强的制度工具,如可行的行为认定标准及其内在蕴含的全方位制度措施。

第四,国家竞争政策视角下反行政性垄断的预防型路径具有前置性与长效性、全局性与综合性的特点。竞争倡导、竞争中性和竞争评估可归入预防型路径的范畴。竞争倡导重在发挥培育竞争文化、增进竞争意识以防范行政性垄断的先导作用,竞争中性侧重于解决涉及国有企业的行政性垄断问题,竞争评估则针对行政机关滥用行政权力制定排除和限制市场竞争的规范性文件的抽象行政性垄断行为;竞争倡导、竞争中性和竞争评估均能在不同程度上协助其他制度共同实现制度设立的目标。

矫正型路径是国家竞争政策视野下规制行政性垄断的有力举措,即该路径能够克服预防型路径的失灵现象、实现行政性垄断规制的补足性,并能够通过与预防型路径相互配合实现行政性垄断规制的有效性。竞争执法和司法审查可归入矫正型路径的范畴。竞争执法的功能定位于直接与效率,司法审查的功能定位于中立与终局;竞争执法与司法审查应该既相互配合又相互制约,具体体现为有效竞争执法是司法审查的必要支持,合理性司法审查是竞争执法的最后屏障。

第五,竞争倡导是预防型路径之一,它是落实国家竞争政策、预防行政性垄断的重要制度。一方面,竞争倡导有助于落实国家竞争政策,因为竞争倡导制度所提倡的竞争与国家竞争政策所追求的竞争保持一致,并且国家竞争政策的落实需要通过竞争倡导增强行政机关和社会公众的竞争意识。另一方面,竞争倡导有助于预防行政性垄断。竞争倡导在规制行政性垄断方面补充和促进竞争执法,竞争倡导推动竞争文化的构建。竞争倡导制度主要包括五个部分:倡导主体的构建、识别竞争问题、确定倡导对象、选择合适的倡导手段以及倡导后的持续督导与效果评估。竞争倡导在我国的构建需要从三个方面入手:首先,应加强建设履行竞争倡导职能的竞争主管机构;其次,应加强竞争倡导与其他行政性垄断规章制度之间的互动协作,特别包括竞争主管机构与竞争执法、竞争司法、以及规范性文件备案审查机构之间的互动协作;最后,应选取适合我国国情的竞争倡导手段,事先咨询的做法尤其值得在实践中运用。

第六,竞争中性是预防型路径之一,它是国家竞争政策实现有效竞争与资源最优配置、避免政府不正当干预经济的重要手段。竞争中性的目标是消除处于竞争性市场之中的不同所有制企业仅仅因其所有制不同而享有的净竞争优势,特别是国有企业因公共所有权而享有的净竞争优势。本书主要针对如何一视同仁地对待不同所有制的企业(涉及政府与市场的关系)来讨论竞争中性制度。政府违反竞争中性的措施有可能构成行政性垄断。世界各国通常采取一系列的结构性与行为性措施推进竞争中性。我国推进竞争中性制度,重点在于推进国有企业改革与相应的政府监管改革。首先,应当树立起各种所有制企业公平竞争的意识。其次,应坚持推进国有企业分类改革,对处于竞争性行业的国有企业与其他所有制企业一视同仁。再次,合理地补偿国有企业的非竞争业务版块因承担社会普遍服务义务而付出的成本,避免影响竞争性业务的市场公平竞争。最后,竞争中性的有效推进还需要与竞争倡导、竞争评估等其他制度相互联动。

第七，竞争评估制度是预防型路径之一，它是确立竞争政策基础性地位的关键一步，也是遏制行政性垄断的重要抓手。竞争评估介入行政行为的制定过程可以高效地预防行政性垄断，开展竞争评估也有利于增进政策制定机关的竞争合规意识。域外实施的竞争评估制度主要包括五个部分：评估主体、评估范围、评估标准、评估程序与评估方法。评估标准主要包括“限制竞争”要素与“不合理”要素。“限制竞争”要素考察政策措施是否以及如何限制竞争，近来流行通过类型化限制竞争政府行为的竞争评估清单来进行评估。“不合理”要素考察政策措施排除、限制竞争是否在必要限度之内，着重考察政策的目的与限制竞争的手段是否合比例。

我国近年来出台的公平竞争审查制度正在逐步建构具有中国特色的竞争评估制度。首先，公平竞争审查制度融汇了竞争评估的国际经验，同时是对我国政府清理妨碍公平竞争的政策规范的制度创新。其次，我国公平竞争审查制度具有自我审查机制与制度初期的客观状况相适应、审查对象的范围全面以及确立竞争优先兼顾公共利益的价值导向等亮点。但现行公平竞争审查制度也存在内部审查机制尚有碎片化风险、行政系统内部纠偏机制未能为市场主体提供充分救济、合理性审查标准不够明确以及制度的法律权威不足等亟待完善的空间，未来应当从完善内部审查机制并逐渐过渡到统一的外部审查机制、细化竞争限制的合理性判断标准、优化进一步完善存量政策措施的公平竞争审查、探索公平竞争审查的司法救济以及公平竞争审查制度法制化等方面进行完善。

第八，行政执法是矫正型路径之一，它本质上属于行政系统内部规制行政性垄断的行为。为保证反垄断执法机构更有效地规制行政性垄断，转变政府机构职能是关键，保证执法机构高度的独立性及权威性是根本。2018 年我国完成反垄断执法机构的“三合一”改革后采用了单一执法模式，但是，仍有必要通过提高反垄断执法机构的层级设置以及加强执法队伍建设来提升执法机构的独立性和权威性。

关于行政性垄断责任承担主体。中央政府不应构成行政性垄断责任承担的单位主体,承担责任主体的最高层级应截至部委层级;且应只限于行政性垄断的直接实施主体或主要实施主体,而不应包括辅助实施主体。个人应被列为行政性垄断的责任承担主体,但应仅限于直接负责的主管人员和其他直接负责人。经营者如因行政性垄断行为直接获益,也应纳入行政性垄断责任承担主体,对于有证据证明系被动实施垄断行为的经营者,将减轻处罚的规定从目前的"可以从轻或者减轻处罚"修改为"应当从轻或者减轻处罚",更为合理。

关于行政性垄断执法职能的优化。首先,应扩张反垄断执法机构的执法权限,不能仅有建议权,还应包括一定程度的管辖权。其次,应完善受罚主体的法律责任,对于行政单位主体而言,应增加声誉罚与财产罚;对于相关责任人而言,应具化行政处分的具体内容,增加行政罚款这种责任形式,并适当设置刑事责任。最后,在明确直接获益人应承担的责任时,应以经营者是否预见到其行为实施对市场的负面影响,以及是否对行政强制进行"反抗"为标准判断经营者是否处于"被动遵守行政命令"的状态,从而判断是否予以从轻或减轻处罚。

第九,司法审查是矫正型路径之一,它也是维护社会市场经济秩序、抑制和消除行政性垄断行为的最后一道屏障。

(1)关于行政性垄断司法审查的受案范围。当前我国司法实践及学术界主流观点所支持的"先行后民"的审理模式可做改良,即可以进行"行政附带民事诉讼"审理的尝试。此外,如果内部行政行为对原告权利义务产生实际影响则应当属于司法审查受案范围,抽象行政性垄断行为也应纳入司法审查的范围。

(2)关于行政性垄断诉讼的主体范围。在原告主体资格认定方面,遵循"受侵犯的合法权益+因果关系"的一般标准,当潜在受害者众多或不适宜受害者提起行政性垄断诉讼时,可由特定的国家机关(如检察机关)或者依据法律特别授权的社会组织代为提起反行政性垄断公益诉讼。在被告主体资格认定方面,明确一般主体为行政机关及授权组织。在特殊情况下,若直接获益经营者与行政机关存在"共谋",借助行政机关权力实施了排除、限制竞争的行为,企业应当被纳入被告范围中,同行政机关一起承担连带责任。

(3)关于行政性垄断的司法审查标准。行政性垄断的司法审查标准应以"合法性审查"为主要标准。为了避免行政性垄断的权力机关借助"程序合理性"否定"实质合理性",法院对反垄断执法的司法审查应当逐步纳入"合理性审查"作为附属标准。

(4)关于行政性垄断诉讼举证责任的分配。原告应负责举证:①原告享有进行市场公平竞争的合法资质;②被告实施了行政行为;③被告所做的行政行为违法;④被告的违法行政行为损害了原告合法权益。但因被告的原因导致原告无法就损害情况举证的,应适用举证责任倒置原则,被告应负责举证被诉行政行为的合法性及合理性。此外,应建立受害者(相对人)民事赔偿制度,构建"行政赔偿+民事赔偿"机制。

(5)关于赔偿责任的分配方式。应由行政性垄断行为的行政机关及授权组织和获益经营者承担连带赔偿责任。特殊情形下,获益经营者可以减轻乃至免除责任。

我国反垄断法对行政性垄断的规制是从维护竞争、促进经济增长的出发点展开的,相关规制不排斥甚至需要其他法律如宪法、行政法和诉讼法,以及其他调控手段的合力。因此,本书在论述过程中没有局限于反垄断法这一法律体系。行政性垄断的"痛点"是政府和市场的边界不清。毋庸置疑,体制改革是一种釜底抽薪的举措。如果体制改革到位了,行政性垄断问题自然迎刃而解。但体制改革并非一蹴而就,它必然是渐进式的制度变迁,需要一个较漫长的过程,行政性垄断的规制仍然是任重道远。

参考文献

一、中文参考文献

(一)著作

1. 全国人大常委会法制工作委员会经济法室编:《中华人民共和国反垄断法——条文说明、立法理由及相关规定》,北京大学出版社2007年版。

2. 王晓晔:《王晓晔论反垄断法》,社会科学文献出版社2010年版。

3. 王晓晔:《反垄断法》,法律出版社2008年版。

4. 王晓晔主编:《中华人民共和国反垄断法详解》,知识产权出版社2008年版。

5. 王晓晔主编:《反垄断法实施中的重大问题》,社会科学文献出版社2010年版。

6. 张守文主编:《经济法学》(第6版),北京大学出版社2014年版。

7. 时建中主编:《反垄断法——法典释评与学理探源》,中国人民大学出版社2008年版。

8. 时建中、戴龙、焦海涛编著:《反垄断诉讼典型案件分析与解读(2008—2018)》,中国政法大学出版社2018年版。

9. 王先林:《竞争法学》(第2版),中国人民大学出版社 2015 年版。

10. 王先林主编:《竞争法律与政策评论》第 6 卷,法律出版社 2020 年版。

11. 于良春等:《转轨经济中的反行政性垄断与促进竞争政策研究》,经济科学出版社 2011 年版。

12. 尚明主编:《反垄断法理论与中外案例评析》,北京大学出版社 2008 年版。

13. 徐士英:《竞争政策研究——国际比较与中国选择》,法律出版社 2013 年版。

14. 郭宗杰:《行政监管与反垄断法规制研究——以传统垄断行业的规制改革为视角》,法律出版社 2015 年版。

15. 郭宗杰:《行政性垄断之问题与规制》,法律出版社 2007 年版。

16. 郑鹏程:《行政垄断的法律控制研究》,北京大学出版社 2002 年版。

17. 中国世界贸易组织研究会竞争政策与法律专业委员会编著:《中国竞争法律与政策研究报告(2018—2019 年)》,中国商务出版社 2019 年版。

18. 罗豪才等:《软法与公共治理》,北京大学出版社 2006 年版。

19. 卢现祥、刘大洪主编:《法经济学》,北京大学出版社 2007 年版。

20. [西班牙]马西莫·莫塔:《竞争政策——理论与实践》,沈国华译,上海财经大学出版社 2006 年版。

21. 经济合作与发展组织:《竞争中立:维持国有企业与私有企业公平竞争的环境》,谢晖译,经济科学出版社 2015 年版。

22. 李国海:《反垄断法实施机制研究》,中国方正出版社 2006 年版。

23. 吕明瑜:《竞争法教程》,中国人民大学出版社 2008 年版。

24. 胡汝银:《竞争与垄断:社会主义微观经济分析》,上海三联书店 1988 年版。

25. 邓志松:《论行政垄断的成因、特点及法律规制》(第2版),法律出版社2017年版。

26. 杨兰品:《中国行政垄断问题研究》,经济科学出版社2006年版。

27. 关保英、黄辉、曹杰:《行政垄断之行政法规制》,中国政法大学出版社2008年版。

28. 蒲艳:《行政垄断与寻租行为研究》,科学出版社2013年版。

29. 顾全:《行政性垄断司法审查与救济问题研究》,法律出版社2017年版。

30. 冯兴元:《地方政府竞争——理论范式、分析框架与实证研究》,译林出版社2010年版。

31. 牛睿主编:《反垄断法问题研究》,辽宁大学出版社2010年版。

32. 肖竹:《竞争政策与政府规制——关系、协调及竞争法的制度构建》,中国法制出版社2009年版。

33. 姚锐敏、易凤兰:《违法行政及其法律责任研究》,中国方正出版社2000年版。

34. 丁茂中:《竞争中立政策研究》,法律出版社2018年版。

35. 孙晋主编:《公平竞争审查制度——基本原理与中国实践》,经济科学出版社2020年版。

(二)期刊文献

1. 王晓晔:《我国〈反垄断法〉修订的几点思考》,载《法学评论》2020年第2期。

2. 王晓晔:《行政垄断规制的困境与展望》,载《中国物价》2014年第3期。

3. 王晓晔:《关于公平竞争审查制度的若干思考》,载《经济法论丛》2017年第1期。

4. 张守文:《公平竞争审查制度的经济法解析》,载《政治与法律》2017年第11期。

5. 盛杰民:《规制行政性限制竞争行为是中国〈反垄断法〉的必然使命》,载《工商行政管理》2001 年第 9 期。

6. 时建中:《推动实施公平竞争审查制度的又一顶层设计——解读〈公平竞争审查制度实施细则(暂行)〉》,载《中国价格监管与反垄断》2017 年第 11 期。

7. 时建中:《打破行政性垄断　使市场在资源配置中起决定性作用——纪念〈中华人民共和国反垄断法〉实施十周年》,载《价格理论与实践》2018 年第 8 期。

8. 黄勇:《论中国竞争政策基础性地位的法治保障》,载《经贸法律评论》2018 年第 1 期。

9. 黄勇:《推进落实竞争政策　有效监管行政垄断》,载《中国工商管理研究》2014 年第 9 期。

10. 黄勇:《竞争政策的功能与实现路径》,载《中国价格监管与反垄断》2016 年 S1 期。

11. 黄勇:《当行政垄断遭遇法律"挑战"》,载《中国报道》2008 年第 8 期。

12. 王先林:《我国反垄断法修订完善的三个维度》,载《华东政法大学学报》2020 年第 2 期。

13. 王先林:《强化竞争政策基础地位背景下的公平竞争审查和竞争执法》,载《中国市场监管研究》2020 年第 6 期。

14. 王先林:《竞争政策的基础性地位及其主要实现路径初探》,载《中国价格监管与反垄断》2016 年 S1 期。

15. 王先林:《我国反垄断法修订完善的三个维度》,载《华东政法大学学报》2020 年第 2 期。

16. 漆多俊:《中国反垄断立法问题研究》,载《法学评论》1997 年第 4 期。

17. 王保树:《企业联合与制止垄断》,载《法学研究》1990 年第 1 期。

18. 王保树:《论反垄断法对行政垄断的规制》,载《中国社会科学院研究生院学报》1998 年第 5 期。

19. 于良春、张伟:《产业政策与竞争政策的关系与协调问题研究》,载《中国物价》2013 年第 9 期。

20. 于良春、张伟:《中国行业性行政垄断的强度与效率损失研究》,载《经济研究》2010 年第 3 期。

21. 张伟、于良春:《中国竞争政策体系的目标与设计分析》,载《财经问题研究》2010 年第 6 期。

22. 于立、杨童、冯博:《〈反垄断法〉对国有企业的适用性及疑难问题——E-B-C 范式的构建与应用》,载《财经问题研究》2021 年第 4 期。

23. 于立、刘玉斌:《中国市场经济体制的二维推论:竞争政策基础性与市场决定性》,载《改革》2017 年第 1 期。

24. 于立:《关于推动建立国际竞争组织(ICO)的建议》,载《竞争政策研究》2018 年第 4 期。

25. 吴汉洪、权金亮:《日本、韩国的竞争评估制度及对中国的启示》,载《中国物价》2016 年第 4 期。

26. 吴汉洪、周炜、张晓雅:《中国竞争政策的过去、现在和未来》,载《财贸经济》2008 年第 11 期。

27. 罗豪才、宋功德:《现代行政法学与制约、激励机制》,载《中国法学》2000 年第 3 期。

28. 史际春、冯辉:《"问责制"研究——兼论问责制在中国经济法中的地位》,载《政治与法律》2009 年第 1 期。

29. 徐士英:《竞争政策视野下行政性垄断行为规制路径新探》,载《华东政法大学学报》2015 年第 4 期。

30. 徐士英:《竞争政策:反垄断法实施的政策前提》,载《中国价格监管与反垄断》2014 年第 11 期。

31. 徐士英:《在国家竞争政策目标下建设良善的市场秩序》,载《中国市场监管研究》2018 年第 4 期。

32. 徐士英:《竞争政策与反垄断法实施》,载《华东政法大学学报》2011 年第 2 期。

33. 徐士英:《在国家竞争政策目标下建设良善的市场秩序》,载《中国市场监管研究》2018 年第 4 期。

34. 王健:《我国行政性垄断法律责任的再造》,载《法学》2019 年第 6 期。

35. 王健:《政府管制的竞争评估》,载《华东政法大学学报》2015 第 4 期。

36. 王健:《权力共享制抑或权力独享制——我国反垄断执法机关权力配置模式及解决方案》,载《政法论坛》2013 年第 3 期。

37. 王健:《行政垄断法律责任追究的困境与解决思路》,载《上海政法学院学报(法治论丛)》2010 年第 1 期。

38. 叶高芬:《澳大利亚行政性垄断规制经验及其启示——基于"国家竞争政策"的解读》,载《中国社会科学院研究生院学报》2015 年第 3 期。

39. 叶高芬、张广亚:《论国家竞争政策视角下我国的公平竞争审查制度》,载《经济法论丛》2019 年第 1 期。

40. 叶高芬:《反行政性垄断执法需问责分明——评广东省发改委纠正中山住建局行政性垄断案》,载《中国市场监管报》2019 年 6 月 4 日版。

41. 叶高芬:《中国竞争法律与政策实施的现状与发展——垄断协议的反垄断规制》,载中国世界贸易组织研究会竞争政策与法律专业委员会编著:《中国竞争法律与政策研究报告(2018—2019 年)》,法律出版社 2019 年版。

42. [澳]艾伦·菲尔斯:《行政垄断的规制——中国、澳大利亚、美国和欧盟之比较》,叶高芬译,载王晓晔主编:《反垄断法实施中的重大问题》,社会科学文献出版社 2010 年版。

43. 邵建东:《我国反垄断法应当设置刑事制裁制度》,载《南京大学学报》2004 年第 4 期。

44. 孙晋:《新时代确立竞争政策基础性地位的现实意义及其法律实现——兼议〈反垄断法〉的修改》,载《政法论坛》2019 年第 2 期。

45. 李国海:《行政性垄断受益经营者可制裁性分析》,载《法学评论》2019 年第 5 期。

46. 焦海涛:《公平竞争审查制度的实施激励》,载《河北法学》2019 年第 10 期。

47. 张晨颖:《竞争中性的内涵认知与价值实现》,载《比较法研究》2020 年第 2 期。

48. 张晨颖、李兆阳:《竞争中性政策的逻辑、构建与本土化实施》,载《河北法学》2020 年第 6 期。

49. 陈兵:《新时代强化竞争政策基础地位的落实与推进》,载《长白学刊》2020 年第 5 期。

50. 李剑:《中国行政垄断的治理逻辑与现实——从法律治理到行政性治理》,载《华东政法大学学报》2020 年第 6 期。

51. 李剑:《中国反垄断执法机构间的竞争——行为模式、执法效果与刚性权威的克服》,载《法学家》2018 年第 1 期。

52. 王炳:《公平竞争审查的合宪性审查进路》,载《法学评论》2021 年第 2 期。

53. 张占江:《反垄断机构规制政府反竞争行为能力建设研究》,载《竞争政策研究》2016 年第 1 期。

54. 张占江:《论政府反竞争行为的反垄断法规制体系建构》,载《法律科学》2015 年第 4 期。

55. 张占江:《弥补反垄断法行政垄断规制局限的制度方案——基于反垄断经济分析范式的修正》,载《中国价格监管与反垄断》2015 年第 1 期。

56. 张占江:《政府反竞争行为的反垄断法规制路径研究——基于

路径适用的逻辑展开》,载《上海财经大学学报》2014 年第 5 期。

57. 张占江、戚剑英:《反垄断法体系之内的公平竞争审查制度》,载《竞争政策研究》2018 年第 2 期。

58. 张占江:《中国法律竞争评估制度的建构》,载《法学》2015 年第 4 期。

59. 张志伟、应品广:《反垄断法思维下的行政性垄断新探》,载《江西财经大学学报》2013 年第 4 期。

60. 孟雁北:《我国反垄断执法机构与政府产业规制部门的关系》,载《中国人民大学学报》2015 年第 2 期。

61. 刘水林:《经济法是什么——经济法的法哲学反思》,载《政治与法律》2014 年第 8 期。

62. 刘继峰:《论公平竞争审查制度中的问题与解决》,载《价格理论与实践》2016 年第 11 期。

63. 刘继峰:《俄罗斯反垄断法规制行政垄断之借鉴》,载《环球法律评论》2010 年第 2 期。

64. 郭宗杰:《多元主体与复合责任——论反垄断法关于行政性垄断的责任设置》,载《武汉大学学报(人文科学版)》2004 年第 6 期。

65. 叶卫平:《司法审查与行政性垄断规制》,载《法学》2009 年第 1 期。

66. 李青:《中国竞争政策的回顾与展望》,载《中国价格监管与反垄断》2018 年第 7 期。

67. 游钰:《论反垄断执法的司法审查》,载《中国法学》2013 年第 6 期。

68. 张汉东:《深入学习党的十九大精神 以强烈的责任感和使命感 推动公平竞争审查制度全面实施——在全国发改(物价)系统公平竞争审查实施细则培训班上的讲话》,载《中国价格监管与反垄断》2017 年第 12 期。

69. 郑鹏程:《论反垄断法对行政垄断的规制》,载《岳麓法学评论》

2003 年第 2 期。

70. 王日易:《论反垄断法一般理论及基本制度》,载《中国法学》1997 年第 2 期。

71. 封丽萍:《行政垄断与我国反垄断立法》,载《浙江大学学报(人文社会科学版)》1999 年第 5 期。

72. 黄欣、周昀:《行政垄断与反垄断立法研究》,载《中国法学》2001 年第 3 期。

73. 许镇宗:《〈反垄断法〉规制行政性垄断制度研究》,载《法制与经济》2016 年第 8 期。

74. 顾敏康:《竞争政策对竞争法制的影响》,载《法学》2011 年第 9 期。

75. 王锡锌:《行政正当性需求的回归——中国新行政法概念的提出、逻辑与制度框架》,载《清华法学》2009 年第 2 期。

76. 林仲豪:《美国行政垄断规制改革及其启示》,载《经济学家》2008 年第 1 期。

77. 史磊:《反垄断执法中的竞争政策考量》,载《中国价格监管与反垄断》2016 年 S1 期。

78. 王磊:《比例原则下公平竞争的深入审查》,载《西安交通大学学报(社会科学版)》2017 年第 6 期。

79. 李俊峰:《公平竞争自我审查的困局及其破解》,载《华东政法大学学报》2017 年第 1 期。

80. 靳静:《公平竞争审查制度的欧盟路径》,载《中国价格监管与反垄断》2016 年第 2 期。

81. 朱凯:《对我国建立公平竞争审查制度的框架性思考》,载《中国物价》2015 年第 8 期。

82. 曹红英:《澳大利亚竞争政策改革(一)》,载《中国工商管理研究》1999 年第 5 期。

83. 郭登科、付荣:《行政垄断法律责任的界定及构成要件》,载《现代法学》2003 年第 2 期。

84. 王为农:《关于我国反垄断立法的再思考》,载《中国法学》2004 年第 3 期。

85. [美]威廉姆 · E. 考夫新克:《转轨经济国家中经济法改革的制度基础:以竞争政策和反垄断法实施为例》,王传辉译,载《经济法论丛》2006 年第 0 期。

86. 杨红灿:《从竞争规则与执法实践两个层面进行竞争政策的国际协调》,载《竞争政策研究》2017 年第 5 期。

87. 曹森林、胡乐乐:《论我国反行政性垄断的司法救济机制》,载《商》2013 年第 4 期。

88. 朱沛智、陈浩:《关于我国反垄断执法机构设置模式的思考》,载《天津师范大学学报(社会科学版)》2010 年第 5 期。

89. 国家发展和改革委员会价监局处:《竞争政策与行政性垄断》,载《华东政法大学学报》2015 年第 4 期。

90. 姜彦君:《中外行政性垄断与反垄断法立法比较研究》,载《政法论坛》2002 年第 3 期。

91. 王仁富:《我国行政垄断的可诉性探析》,载《经济法论丛》2009 年第 2 期。

二、外文文献

1. OECD. Experiences with Competition Assessment Report on the Implementation of the 2009 OECD Recommendation, http://www.oecd.org/daf/competition/Comp-Assessment-Implementation Report 2014. pdf, accessed August 25,2019.

2. Miles W. Kirkpatrick, *Report of the American Bar Association Section of Antitrust Law Special Committee to Study the Role of the Federal Trade Commission*, Antitrust Law Journal,Vol. 58,No. 1,p. 43 – 180(1989).

3. James C. Cooper & Pautler,Todd J. Zywicki, *Theory and Practice of*

Competition Advocacy at the FTC, Antitrust Law Journal, Vol. 72, No. 3, p. 1111(2005).

4. National Competition Policy Review Report, http://ncp.ncc.gov.au/docs/National% 20Competition% 20Policy% 20Review% 20report% 2C% 20The% 20Hilmer% 20Report% 2C% 20August% 201993.pdf, accessed March 18, 2018.

5. Eleventh Five-Year Plan of India, Volume 1: Inclusive Growth, http://planningcommission.gov.in/plans/planrel/fiveyr/welcome.html, accessed June 27, 2018.

6. Annual Report 2012 – 2013, http://www.mca.gov.in/Ministry/pdf/annualreport_2012_2013.pdf, accessed March 18, 2018.

7. Advocacy and Competition Policy, http://www.internationalcompetitionnetwork.org/uploads/library/doc358.pdf, accessed March 18, 2018.

8. Practice and Effectiveness, http://www.apeccp.org.tw/doc/Workshop/w2011/11_cplg1_019pdf, accessed october 4, 2018.

9. Advocacy, https://www.ftc.gov/policy/advocacy, accessed May 10, 2018.

10. Fair Trade Commission Republic of Korea. Annual Report 2016, http://www.ftc.go.kr/solution/skin/doc.html? fn = aa72de8ae1e085b3fa67b8f20c3a3659adcce09b79c9b1ec2d3254c3646798f9&rs = /fileupload/data/result/BBSMSTR_000000002404/, accessed May 10, 2018.

11. Cooper, James C et al., *U. S. Convergence with International Competition Norms: Antitrust Law and Public Restraints on Competition* (2010). Boston University Law Review, Vol. 90, No. 4, p. 1555 – 1610 (2010).

12. The Competition and Markets Authority. Competition Impact Assessment Part 1: Overview, https://assets.publishing.service.gov.uk/government/uploads/system/uploads/attachment _ data/file/460784/Competition _

impact_assessment_Part_1_ – _overview. pdf, accessed May 10, 2018.

13. Competition Advocacy at the FTC, http://www. sic. gov. co/recursos_user/presentaciones_competencia/matiana_lao. pdf, accessed May 10, 2018.

14. Hong, Dae Sik. Competition Advocacy of the Korean Competition Authority (December 13, 2013). *Competition and the State*, Edited by Thomas K. Cheng, Ioannis Lianos, D. Daniel Sokol, Stanford University Press, 2014.

15. OECD. Overview of Methodologies, http://www. oecd. org/site/schoolingfortomorrowknowledgebase/futuresthinking/overviewofmethodologies. htm, accessed May 10, 2018.

16. Office of Fair Trading. Evaluation of OFT Competition Advocacy, https://londoneconomics. co. uk/wp-content/uploads/2011/09/21-Evaluation-of-OFT-Competition-Advocacy. pdf, accessed May 10, 2018.

17. International Competition Network. Advocacy Toolkit, Part Ⅰ: Advocacy Process and Tools, https://www. international competition network. org/uploads/library/doc745. pdf, accessed May 10, 2018.

18. The US Fedral Trade Commission, FTC Staff Comment to Anchorage Assembly Member Debbie Ossiander, Concerning AO No. 2013 – 36, Proposing Changes to the Regulatory Framework for the Licensing and Permitting of Taxicabs, Limousines, and Other Vehicles for Hire, https://www. ftc. gov/policy/advocacy/advocacy-filings/2013/04/ftc-staff-comment-anchorage-assembly-member-debbie, accessed May 10, 2018.

19. AGCM. 2016 Annual Report, http://www. agcm. it/en/component/joomdoc/annual-reports/AnnualReport2016. pdf/download. html, accessed May 10, 2018.

20. Toolkit on Competition Advocacy in ASEAN, https://asean-competition. org/file/post _ image/Toolkit% 20on% 20Competition%

20Advocacy%20in%20ASEAN. pdf, accessed May 10, 2018.

21. Fair Trade Commission Republic of Korea. Annual Report 2017, http://www. ftc. go. kr/solution/skin/doc. html? fn = bd60e97df64ecfb0bf2578c58ef3a70fc41f48786446f5f55aed59088afd80fd&rs = /fileupload/data/result/BBSMSTR_000000002404/, accessed May 10, 2018.

22. The US Fedral Trade Commission. Annual Highlights 2017, Policy, https://www. ftc. gov/reports/annual-highlights – 2017/policy # reports, accessed May 10, 2018.

23. AGCM. FTC Files Amicus Brief in Appeals Court Case Involving for-Hire Drivers in Seattle, http://www. agcm. it/en/component/joomdoc/annual-reports/AnnualReport2016. pdf/download. html, accessed May 10, 2018.

24. Commonwealth Competition Neutrality Policy Statement, http://archive. treasury. gov. au/contentitem. asp? ContentID = 275, accessed May 10, 2018.

25. The Competition Council of the Republic of Lithuania, The Court Ruling Ended The Dispute Between The Competition Council and the Police Department, https://kt. gov. lt/en/news/the-court-ruling-ended-the-dispute-between-the-competition-council-and-the-police-department – 1, accessed May 10, 2018.

26. OECD. OECD Competition Assessment Toolkit-Vol. 2 Guidance, version 3.0, http://www. oecd. org/daf/competition/45544507. pdf, accessed May 10, 2018.

27. OECD. OECD Recommendation of the Council on Competition Assessment, http://www. oecd. org/daf/competition/oecdrecommendationoncompetitionassessment. htm, accessed May 10, 2018.

28. OECD. Experiences with Competition Assessment Report on the Implementation of the 2009 OECD Recommendation", http://www. oecd. org/daf/competition/Comp-Assessment-Implementation Report 2014, accessed May

10,2018.

29. National Competition Coucil. Guidelines for NCP Legislation Reviews, http://ncp. ncc. gov. au/docs/LEGu – 001. pdf, accessed May 10,2018.

30. OECD. Regulatory Policies in OECD Countries: From Interventionism to Regulatory Governance, https://www. oecd-ilibrary. org/governance/regulatory-policies-in-oecd-countries _ 9789264177437 – en, accessed May 10,2018.

31. OECD. OECD Competition Assessment Toolkit-Vol. 3 Operational Manual, version 3.0, http://www. oecd. org/daf/competition/COMP _ Toolkit_Vol. 3_ENG_2015. pdf, accessed May 10,2018.

32. The UK Government. Better Regulation Framework Manual-Practical Guidance for UK Government Officials, https://www. gov. uk/government/uploads/system/uploads/attachment _ data/file/583871/bis-13-1038-Better-regulation-framework-manual. pdf, accessed May 10,2018.

33. Competition Principles Agreement – 11 April 1995 (As Amended to 13 April 2007), https://www. coag. gov. au/sites/default/files/agreements/competition-principles-agreement-amended – 2007. pdf, accessed May 10,2018.

34. OECD. OECD Regulatory Impact Analysis Best Practices in OECD Countries, http://www. oecd. org/gov/regulatory-policy/35258828. pdf, accessed May 10,2018.

35. OECD. OECD Recommendation of the Council on Competition Assessment, http://www. oecd. org/daf/competition/oecdrecommendationonc-ompetitionassessment. htm, accessed May 10,2018.

36. Intergovernmental Agreement on Competition and Productivity-enhancing Reforms, https://www. coag. gov. au/sites/default/files/agreements/IGA-productivity-reforms. pdf, accessed May 10,2018.

37. National Competition Council. Legislation Review Compendium (Sixth Edition), http://ncp.ncc.gov.au/docs/LRC10－001.pdf, accessed May 10, 2018.

38. European Commission. Impact Assessment Guidelines, https://ec.europa.eu/smart-regulation/impact/commission_guidelines/docs/iag_2009_en.pdf 2009, accessed May 10, 2018.

39. Alberto Santa Maria, *Competition and State Aid: An Analysis of the EU Practice-Second Edition*, Wolters Kluwer Law & Business.

40. The Competition and Markets Authority. Competition Impact Assessment-Part 2: Guidelines, https://assets.publishing.service.gov.uk/government/uploads/system/uploads/attachment_data/file/460787/Competition_impact_assessment_Part_2_-_guidelines.pdf, accessed May 10, 2018.

41. Fair Trade Commission Republic of Korea. Annual Report 2010, http://www.ftc.go.kr/www/cmm/fms/solution.do?param1=FILE_000000000079603&param2=0&param3=A&param4=BBSMSTR_000000002404, accessed May 20, 2018.

42. Japan Fair Trade Commission. Controlling Anticompetitive Action by the State: The Role of Competition Advocacy/Competition Assessment-Japan's Experience, http://www.jftc.go.jp/en/policy_enforcement/speeches/2011/110318.html, accessed May 20, 2018.

43. Competition Commission of Singapore. CCS Guidelines on Competition Impact Assessment for Government Agencies, http://regulatory reform.com/wp-content/uploads/2015/02/Singapore-Guideline-On-Competition-Assessment-2008.pdf, accessed May 20, 2018.

44. Competition Commission of India. Competition Assessment Toolkit, https://www.cci.gov.in/sites/default/files/whats_newdocument/COMPETITION%20ASSESSMENT%20TOOLKIT.pdf, accessed May 20, 2018.

45. European Commission. State Aid Action Plan Less and Better

Targeted State Aid: A Roadmap for State Aid Reform 2005 – 2009", http://ec. europa. eu/competition/state _ aid/reform/saap _ en. pdf, accessed May 20,2018.

46. European Commission. Common Principles for An Economic Assessment of The Compatibility of State Aid Under Article 87. 3, http://ec. europa. eu/competition/state_aid/reform/economic_assessment_en. pdf, accessed May 20,2018.

47. Unctad Research Partnership Platform. Competition Law's Prohibitions of Anti-competitive State Acts and Measures Volume 1: Summary of Answers to Questionnaire, http://unctad. org/en/PublicationsLibrary/ditcclp2015d3_en. pdf, accessed May 20,2018.

48. Gérard Roland, *Transition and Economics: Politics, Markets and Firms*, The MIT Press, 2000.

49. Robert H. Lande, *Challenges to the Chicago School Approach: Chicago's False Foundation: Wealth Transfer (Not Just Efficiency) Should Guide Antitrust*, Antitrust Law Journal, Vol. 58, No. 2, p. 631 – 644(1989).

50. Government of School, http://www. anzsog. edu. au/userfiles/files/ANZSOG _School_Bklt_2009_web. pdf, accessed March 13,2018.

51. Suzanne Kingston, *Greening EU Competition Law and Policy*, Cambridge University Press, 2012, p. 344 – 348.

52. Antonio Capobianco. Hans Christiansen. Competitive Neutrality and State-owned Enterprises: Challenges and Policy Options. 1 May 2011, https://www. oecd-ilibrary. org /docserver/5kg9xfgjdhg6-en. pdf? expires = 1582525915&id = id&accname = guest&checksum = 0F0B785DF45CFFB0B639F1A312E64D57, accessed March 24,2020.

后　记

本书正式付梓之时，正值老舍先生笔下"济南的冬天"初展帷幕，窗外橙黄好景犹在。书稿历经六载终成型，砚墨先后流转于杭州、墨尔本、香港、深圳和济南五地，见证了许多倥偬岁月，颇多感慨，是以记之。

本书系我2015年度教育部人文社会科学研究规划基金的结项成果。选题最初缘起于2014年我申请公派访学研究方向的讨论，王晓晔教授和拟合作导师艾伦·菲尔斯教授力荐结合国家竞争政策（该政策肇端于澳国）研究中国反垄断问题。2016年我前往墨尔本大学法学院访学，在艾伦·菲尔斯的指导下从事该课题研究。彼时正值我国公平竞争审查制度之初建，国内关于竞争政策、公平竞争审查和行政性垄断的研究方兴未艾。2017年访学结束后不久因故移席互联网行业，然竞争合规工作时有惊涛骇浪，又通勤于深港之间，难有成块的时间打磨书稿。秉木铎之心，我于2021年重返象牙塔，决意将不成熟的思考全面整理，终能定稿成书。书稿虽几经斟酌，远未及"吹尽狂沙始到金"，仅做抛砖引玉之用。

本书得以出版，首先，要感谢我的博士生导

师——“中国反垄断之母”王晓晔教授。恩师怀瑾握瑜、持信守正且对后辈多有拔擢。自忝列门墙始,蒙恩师不吝指教,常施鞭策,恩师昧旦晨兴的学术热情和严谨纯粹的治学精神也深深地影响我。恩师和陶正华教授伉俪还惠我以父母般恩泽,恰是师恩如海。其次,要感谢艾伦·菲尔斯,他是恩师好友之一,曾任澳大利亚竞争与消费者委员会前主席。我幸识艾伦·菲尔斯于恩师2009年国际研讨会上,结缘至今已十余年。除了2010年翻译其关于行政垄断雄文时得其宝贵指导之外,在澳访学期间,艾伦·菲尔斯不仅百忙间倾囊相授,还慷慨地腾出自己诺大的办公室。还要感谢主要合作导师墨尔本大学法学院卡伦·比顿-威尔斯教授,她悉心、细致地指导我同期研究“垄断协议法律责任问题”,获益颇丰;感谢我的硕士生导师朱遂斌教授,是他手把手地将一懵懂青衿领入学术研究殿堂,朱老师虽已作古多年,但他的教诲仍萦绕于耳。感谢第二硕导刘宁教授,是他启发我从热点事件中探寻法律思考的研究思维。

感谢王健教授,我在浙江高校工作期间,蒙他关照提携,感戴不浅。可以说,若非他勉励我坚持完成教育部课题,并一直为我保留“回塔”大门,恐难有本书的面世;感谢宁立志教授、郭宗杰教授和张占江教授等专家不吝时力与我讨论,增我智识;感谢孔祥俊教授、张守文教授、史际春教授、盛杰民教授、时建中教授、黄勇教授、王先林教授、徐士英教授、叶卫平教授、蒋岩波教授、蒋悟真教授、吕明瑜教授、孙晋教授、刘大洪教授,以及日本北海道大学 Hienuki 教授和韩国首尔大学 Ohseung Kwon 教授等学界专家的指导和帮助;感谢李海涛、李国海、叶明、黄文俊、朱忠良、金美蓉、黄晋、程然然和韩伟等同门手足多年的支持;感谢张汉东局长、赵国彬局长、李青局长、孙云飞处长、孙文处长、张文新调研员、赵躍程处长、高建平处长、王峥处长、沈建勋处长、尤成湖先生,以及德国卡特尔局 Markus Lange 先生等反垄断执法一线专家的调研支持和宝贵意见;感谢李恒白董事长、司晓院长、胡迎春总经理、杨奇虎总经理、张昕博士和 Sonia 女士等的大力支持。受益于海内外很多专家和学者的帮助，有限的篇幅不能尽数列举，在此一并敬表谢忱。

感谢张广亚、刘敏、李玉珍、李启铭、刘青、罗文壮、张洁和余玉洁等诸位同学对书稿的贡献，书稿的顺利付型离不开他们的参与。写作过程中，我在他们身上也学习到很多，非常珍惜和他们之间亦师亦友的情谊。

还要特别感谢法律出版社的周丽君编辑。因案例样本的更新和法律的修订，我对书稿修改了不下 3 次。经此烦琐，工作量恐已翻倍，书名斟酌、内容修正和出版进度的把控等方面无不浸透她的辛苦付出，令我感动也不安。

感谢腾讯研究院和山东大学经济学院各位领导和同人的关心和帮助，腾讯研究院的历练带给我更加开阔的研究视野；我于经济学院虽只短驻，然岁月缱绻，葳蕤生香；感谢山东大学法学院学院领导和师友们的关心，虽因疫情不得成行青岛校区，心念驰青久矣。

最后，感谢我的父母、舅舅和家人，感谢夏建国老师，著述之苦常发于案牍劳形之间，是你们给予我从事学术研究的精神支撑和坚实保障，你们的爱和付出是我不竭的动力。

2022 年 11 月 14 日

于泉城 山大南院